南开百年学术文库

译苑以鸿，桃李荫翳

——翻译学论著序言选集

王宏印　著

南开大学出版社

天　津

图书在版编目(CIP)数据

译苑以鸿，桃李荫翳：翻译学论著序言选集 / 王宏
印著. —天津：南开大学出版社，2018.7

（南开百年学术文库）

ISBN 978-7-310-05609-5

Ⅰ.①译… Ⅱ.①王… Ⅲ.①翻译学－文集 Ⅳ.
①H059－53

中国版本图书馆 CIP 数据核字(2018)第 120214 号

南开大学出版社出版发行

出版人:刘运峰

地址:天津市南开区卫津路 94 号　　邮政编码:300071

营销部电话:(022)23508339　23500755

营销部传真:(022)23508542　　邮购部电话:(022)23502200

*

三河市同力彩印有限公司印刷

全国各地新华书店经销

*

2018 年 7 月第 1 版　　2018 年 7 月第 1 次印刷

230×155 毫米　16 开本　40.25 印张　6 插页　468 千字

定价:198.00 元

如遇图书印装质量问题,请与本社营销部联系调换,电话:(022)23507125

王宏印(笔名:朱墨),南开大学外国语学院教授,外国语言文学专业博士生导师,中国文化典籍翻译研究会会长,中国翻译协会理事暨专家会员。致力于中西学术传承、翻译研究及创作,出版著作七十余部,发表学术论文百余篇。

目　录

内容提要

　　收录在这个集子中的序言，包括了迄今为止本人为南开大学翻译专业大部分博士论文出版时写的序言，及为校外博士及教授的翻译学专著所写的序言，共近 30 篇，连同附录中三个丛书序言，以及为该序言集所写的序言《序之序，学中学》，则三十有余。这些序言，几乎每一篇都涉及一个独立的领域，就作者视野和文笔所及，不仅评述了该领域的研究情况，而且论及博士和博士后培养的思路和做法，体现了本人的治学方法与教育主张、南开大学翻译专业的办学理念，以及整个现代学术的发展大势和时代精神。作为一部高质量的学术论集，其整理和出版对于个人的学术思想和治学道路来说，也是一次认真的回顾和检阅，希望能有助于我国外语教育和翻译专业的学科建设，并望有志于典籍翻译和文学翻译的后学能从中有所借鉴。

序之序，学中学

　　中国是学问之邦，典籍丰富，中国的学者讲究个学养丰厚。中国自古就有写序的传统，乃至于千年不绝，蔚为大观，例如《古文观止》，就不乏序跋名篇。先秦诸子的文集，人文不分，往往以人名为书名，把序言放在最后。后来，有了请人作序的做法，才置于书的正文前，以示尊重。此一传统延续至今。至于跋则置于书后，虽地位略显谦卑，但价值和见识不见得稍逊色。"五四"以来，新学渐兴，然写序之风，未曾稍减。民国时期，学风自由，文人学者之间，相互交往，互赠序跋，渐次成风气。今人捧读名家名序，当不仅感受其中的人情伦理融融，也不徒见学问昌明学风劲健之明证，就实用的层面而言，当于赐序者和得序者同样受益。盖学者序跋，学术序言，不徒可以鼓励后学，奖励先进，而且不受篇幅和文体的限制，借机伸张自己的学术主张，发挥一己之认识和观点，乃至于扩大到一个学科和一切学界，陈述公理，联通比邻，在人类的精神活动中纵横驰骋，纵论天下学术，推动文明进步，又何乐而不为呢？

　　然而，要把自己的序言出一本序言集，古人未尝有之，今人却不少见，但要为自己的序作序，就难免有自我拔高和叠床架屋之嫌，但毕竟别有一番乐趣在其中，也可以偶尔为之。如果说这样做也有一些道理的话，盖因自己的学术历程，学术交往，学术研究，较之于任何人，还是自己更为清楚些。只要不是文过饰非，能够客观对应，即便为己作序之序，也不会完全没有价值和意义。换言之，倘若能将历次作序的历史背景，意图志趣，乃至长短所在，如实地作一交代，反而比藏着掖着，或者被彻底埋没，更能令世人明了，为学界提供一二方便；倘若能够在一篇序言中，伸张自己的学术主张，或者对某一学科及其发展的来龙去脉作一清晰的勾勒，或许能为今人后辈提供一些营养或教训，便感觉没有什么不妥。如此一想，除了坦然对待而外，也就没有什么可以隐晦，可以遗憾的了。

收录在这本序言集子里的，绝大多数是为校内外翻译学科博士论文改写成的专著而作的序言。

自从 21 世纪初进入南开大学外国语学院从事翻译方向博士和博士后培养以来，几乎每年都有博士毕业，有博士论文整理成专著出版。于是，几年朝夕相处，共同探讨学问，待到毕业后将博士论文改作专著，出版成书，索序者络绎不绝，有本校的，也有外校的。博士之外，甚至还有其他学校的同行教授，也想在他们的研究专著或译文之上，添加几句序言。这也是人之常情，而且人情难却，但也是一种义务，而且是学术义务，是需要认真对待的一件有意义的事情，不可以敷衍了事的。

较早毕业的校外的博士，有苏州大学汪榕培老师的博士蔡华女士。她研究陶渊明诗歌的英文翻译，向我索序，我想到了自己多年前对陶渊明的研究，主要是从文人心理和人格的角度，想写一部中国诗人的心路历程，那是写成的半拉子文字，尚未完稿，而面对翻译的问题，也有感想可发，于是便欣然应允。先从中国的乌托邦说起，进入陶渊明的思想，继而诗歌，进而翻译，后面竟然还为此专门翻译了一首《归园田居一》，算是一个尝试。后来汪老师看见我，表示很高兴。几年后，蔡华又写了研究汪老师的诗歌翻译的著作，我又为之作序，肯定了中国古典诗词翻译中格律派的正统地位和学术贡献。不仅如此，我还重点提出翻译学要有所继承，有所发展，必先有所师承，有传道授业解惑之功，然后也必得有弟子继承老师的学问和治学道路的过程，才有可能形成中国的翻译学流派。当然，另一种学派形成的途径，却是在同行之间，甚至在相邻的专业和行业之间，由于共同的志趣和方法或资料的靠近，形成相似的学派的。例如，英美的超验主义者是集中在康科德的哲学家、文学家、神学家、思想家，后来的新批评和翻译研究学派都是和文学鉴赏和翻译教学有关，还有目的论和德国的功能主义等也和翻译教学不无关系。所以我以为，师生之间，不仅仅是学术研究上的同道，也可以交流思想观点，分享资料和方法，这样总比相互封闭彼此提防如同情敌要好。既然如此，作为学术支持，写一篇序言，虽然费力费时，甚至不算发表，不计研究成果，但从长远来看，则不乏提携后学鼓励先进的作用，而从当下效果来看，也有促进读者了解一个选题和论文成因和成就，以及总结一个学科和一种理论的进展的作用，不可等闲视之，或纯作急功近利之计较。

南开大学校内的博士，最早毕业出版专著而且上门索序的，是崔永禄老师的学生任东升和卞建华，一个研究《圣经》翻译，一个研究功能主义翻译理论。前者早有准备，时间还算从容，后者出版在即，催促甚急，我也没有推辞。不难理解，《圣经》翻译作为宗教题材，在国内有诸多限制，文章都很难发，更不用说出专著了，而且在认识上，有许多误解，在研究上，也有诸多限制。这篇序言，不仅努力消除人们对于封建迷信和宗教经典的误解，明确二者的区分，而且想传达一种文明史和文献学研究意义上的《圣经》翻译和宗教观，还引入亚里士多德的学术层次论：认为越是靠近纯精神的学问，越是无用，但神圣，反之，越是靠近实践的学问，则越是有用而且实用，中间则是介于形上和形下之间的，如伦理学和其他社会科学，兼有道德尺度和行为习惯的因子。虽然，这是一个古老的套子，但用于区分学术的层级，进而从中推出精神学科与应用科学之间的分野，也不失为一孔之见吧。

建华原先想研究林语堂，后来改题研究德国功能学派。她读书和社交兼善，曾邀请诺德教授前来中国讲学，在南开和天外，我们也去听讲，师生共同受益。然而总体说来，英语专业的学生，学问崇尚英美，对于德国的学问渊源不熟悉。何况功能学派的研究，译界也多限于表皮，不能深入到德国学术和哲学的底层，只从纸上得来终觉浅。序中论述了德国的哲学精神和德意志民族思维的特征，指出其重视思辨和技术的两个极端，而功能主义恰好是在行为科学的领域内，发挥了翻译目的论的观点；而今目的论在译界被不加分析地推崇和夸大，到了唯目的论的程度，则变为谬误——从真理的边界朝前走出了一小步而已。记得有一次，我到卞建华所在的青岛大学讲学，建华告诉我，他们学校从德国回来的专家，与我对德国传统的理解大抵接近，这使我在惶恐之余，也有几分安慰。和一个领域有专门研究的人们观点相近，至少在学术上有了一点"德不孤，必有邻"的安全感吧。

南开大学的翻译学方向，也许是由于百年前的建校之初就开启了外语和翻译的传统，在世纪初又一次成为全国翻译学的重要阵地。当年，三位导师相互尊重又相互协助，形成了一种良好的氛围。我招生的第一年，崔老师把他的学生赵秀明转到我的名下。赵秀明喜欢佛经，选了这个题目，不过论文至今未见出版。他后来又从事翻译学的理论批评，来找我作序，我也没有推辞，在序言中既讲了理论批评的意义和范型，也抨击了时下庸俗浅薄的学风，也算是弦外之音，有感而发吧。而商瑞芹是我在课堂上发现对穆旦诗歌有特殊兴趣的学生，后来考上博士，其博士论文《诗魂之再生》发穆旦研究之先声。专著出版，我又为之作序，表达了自己对穆旦研究的初步认识。假若说，其中的若干认识构成后来我的《诗人翻译家穆旦评传》写作的发端和基础，也不为过。在我的专著写作过程中，商瑞芹也为我提供了不少资料。瑞芹入学那一年，刘士聪老师因年龄所限，不再招收博士生了，但仍然续聘带动学术，于是我把商瑞芹拨给了刘老师，他多带了一届学生，也给翻译专业的博士生多上了几年课，使整个翻译专业整体受益。

那几年，南开大学经常聘请国内外的名家前来讲学，奈达、根兹勒、赫曼斯等都来过南开，甚至有外请的教授来本校兼课，讲授莎士比亚，学术交流频繁，师生受益匪浅。大家于课间席间，谈论学术，有时也谈论国内外的大事，追慕先贤大师的足迹，可以说"往来无白丁"，谈吐无官气俗气，绝不议论是非，追慕所谓的时尚。现在回想起来，南开学人温和谦恭，迳一时之风气，还是倍感亲切而留恋。那时候外语学院翻译方向的三位导师，理论和学术研究之外，在翻译实践上也是各有所长，刘老师讲散文翻译，崔老师讲小说翻译，我讲诗歌翻译，形成了自然的分工和协作的格局。三位导师之间，学生之间，师生之间，都有很好的交流关系，学术氛围适合，人际关系融洽，不仅一起上课，一起选题开题、指导论文、毕业答辩，甚至在招生和培养的全过程，导师之间也相互体谅、相互谦让，又相互理解、相互支持，不分你我，互相周济，视若己出，一视同仁。每次聚会，三位导师和三位导师的学生，不分年纪长幼全都出席，大家济济一堂，互相敬酒，谈笑风生，其乐融融，晚上一起唱歌，余兴未尽，告别相送，回到家还要电话询问，互道晚安。那一种氛围，那一种精神，真是南开大学翻译专业鼎盛时期的写照。如今回想起来，还是令人感慨不已。

我最早毕业的学生中有王洪涛和李林波，他们天生聪慧，读书广泛，写作也是能手。王洪涛的论文选择了翻译研究学派的理论批评的路径，显示了学派研究较之一般的个案研究在选题上的优先性和重要性——因为一个学派必包含众多的个人，这样的选题可以在一个领域内形成相互支持的不同个案、相互阐发的不同层面，不至于死木一根，无法下手，或独火一苗，难以持久。同一学派中的不同个体有同有异，又形成一个整体，指向统一的目标。后来，王洪涛出国深造，远赴牛津大学，继续进行社会学翻译学理论的深入研究，以实践他立志从事翻译社会学（或曰社会翻译学）的学科建设的夙愿，在国内的这个领域勇当开路先锋。这和当时他确定的选题和当初的学术指向不无关系。他的博士论文以犀利的文笔阐述了一个学派的理论渊源，作为专著较快地出版并被欣然接受，纳入南京大学张柏然和许均教授主编的翻译学研究丛书，反映了南开大学和南京大学在翻译学建设上南北呼应相互欣赏的可喜局面。如今，王洪涛正从事第二本社会翻译学书籍的编著，我又欣然答应为之作序，可以看作是对这个领域国内外新的发展动向的一种展示，至少在可见的一段时间内，作为国内翻译社会学的倡导者和践行者，他的学术方向和发展进程将蔚为可观。

在西安就跟我读硕士的李林波，她的博士论文选择了中国当下翻译学学科建设的理论研究的题目，有相当的前瞻性和挑战性。当时虽全国提倡翻译学，也有不少研究成果，但还没有一篇博士论文选择这样的当代题目，而她敢于在荒漠上奠基大厦，勤于收集资料，也长于搭架子，行文大气，推论严密，这个题目适合她。她在推进论文写作时一度搁浅，向我求助。我让她把已经写出的各章内容分别一一作结，发给我看看。几周之后，她竟然说已经明白了导师的意图，接续了论文的思路。师生之间，如此默契，前所未有。这样，我几乎没有经过多少文字修改，就看到了她的论文成稿。后来广外的穆雷老师把这篇论文纳入她研究的博士选题研究项目，给予肯定，也说明了该选题的研究成果以大陆为主，兼及港台，殊为可取。可惜当年出版过于匆匆，未来得及作序，致使我与这一至关重要的学科领域的深入探讨失之交臂。

同样出版了专著没有作序的，还有来自山东大学的王克友。他的论文兼顾康德和皮亚杰的学说作为哲学和心理学的基础，把文本作为思维模式来阐述其形上本质，阐述文本作为精神实体从作者到译者到读者之间的交流，对于打通翻译的主客体研究可以说是独具慧眼，出版后反响很好。还有青岛的张思永，研究当代翻译理论家刘宓庆的翻译思想，论文不拘个案本身，不仅探讨湖湘学派的译学渊源，而且上溯到"五四"以来的中西文化论战和汉英语言对比研究的传统，展开其中国翻译学建设的研究背景，并运用哲学思维和形上思辨，深入发掘和评论刘宓庆的主要译学论著，甚至联系当代其他重要译论家的思想和发展，纵横评论，形成一定的整体格局，并有一定的思想深度，可惜毕业数年，至今未能整理出版。

倒是我在西安的第一届硕士生李文革，依靠出国访学的有利条件和有限时间，勤于搜集资料，回国后独自出版了研究西方翻译学理论研究学派的著作。虽然现在看来作为研究专著略显平淡，但在当时引进西方翻译理论的热潮中，题目和内容还是比较领先的。我为其写的序言也纳入了这个集子。如果把这个题目作为世纪初中国翻译学建设的理论准备，倒是在时间上可以置于王洪涛的翻译研究学派的研究之前，作为一个更大的学术背景，加以讨论，和李林波、张思永等的论文接续而读，形成一个系列。与其说那篇序言本身，客观地指出了当时国内有同类书籍好几种，所以作者的贡献有限，不如说它重点讨论了西方翻译学理论发展的三个阶段，即语文学阶段、结构主义阶段和解构主义阶段，并在此基础上，讨论了中国和西方的学术传统、规范和做法，围绕学派建设问题，阐发了发人深思的意见。直到多年后还有人在网上发文，表达对于中西学术流派建设的感慨，竟然是阅读这篇序言的感受。虽然由于种种原因，文革无缘完成博士学业，但他的这本书，至今仍然被列入翻译研究领域的参考书目，而这篇序言，虽然是写给一位硕士的，仍然依据发表的时间顺序，放在了这个集子首篇的位置。

李玉良也是山东籍学生，较早入学，较早毕业，从欲研究翻译学本体论的哲学思辨题目，落实到《诗经》翻译的研究，可以说经历了一个不断探索和落实的过程。而在《易经》翻译本身，玉良也做出了较为满意的分类和分析研究。这篇序言，我一开头就用自己的一首诗，写了《诗经》风雅颂的传承，进而论述中国的讽喻文学传统，几乎可以循此撰写一部诗学史。本文涉及典籍英译较早的基本的探索历程，最后给出了一个典籍翻译模式。这个模式，未曾在其他地方发表过。然而，更为重要的是，我提出了一种博士培养的观点，认为所谓博士论文，当然，在原则上，也可指一切学位论文，即用来证明学生毕业成绩和资格的论文，发表的和未发表的，包括他的选题、写作、修改、审读和答辩，无非是走完了一个学术教育的程序，取得了一个从事学术研究的资格。而其中的学术观点的提出和修正，甚至许多研究资料的提供和分析，都体现了参加这个过程的众多专家学者的集体智慧，甚至体现了国内（外）一个学科的发展水平和当下进展的程度，这不能毕其功于一役，完全归功于论文的作者本人——包括其中潜藏的或明显的谬误和缺陷，以及方法上观点上的不足和可以改进之处。虽然在常规看来，一部作品自然是有版权的，并且作者对此著作享有无可争辩的优先权或专有权，但这二者不是同一个问题。玉良读到这篇序言，专门打电话来谢，语气哽咽，似有感动。这使我也感动不已，感慨一个心怀感激的诚实的毕业生，他的致谢是发自内心的，而不是完成一般写作格式的要求而已。我甚至指出，一个人的博士论文，往往成为个人一生学术研究的制高点，如果在其后没有什么进展和新的开拓和研究，就只能说是一个合格的博士生，而不是一个有所作为的学者。

从汉族典籍的翻译研究，到民族典籍的翻译研究，在我的招生计划和研究计划中，转移比较快。大约在三五年之内，就关注一个新的领域，然后持续多年追踪，锲而不舍，直至获得满意的成果。在一个适当的年份里，我同时招收了内蒙古大学的邢力和新疆大学的李宁，分别做《蒙古秘史》和《福乐智慧》的翻译研究。邢力后来申请到了国家社科项目，投入多年精力，近年才完成结项。而李宁则第一个完成了论文到专著的修改，作为我所主编的"民族典籍翻译研究"丛书的第一本，率先出版了她的《〈福乐智慧〉英译研究》。她们两个的研究和论文写作有一个共同点，就是先从个案研究入手，加以文化的文本的定位，经过详细的分析研究，最后加以理论的概括，称为"理论升华"。而李宁的理论升华称为"双向建构"，即同时从原文和译文文化中吸取营养，建立翻译的文化汇通机制，我很赞赏。在这篇序言中，我还整理出"再生母本""派生文本""再语境化"等多种理论概念。此外，我从《福乐智慧》的个案研究中，结合当时的翻译学多维视野提出了十大翻译研究课题，认为可以继续进行研究。最后，结合博士培养的具体要求，论证了博士生必须具备坚实的学术基础、独立的研究领域、适当的研究课题、相应的研究方法，才能获得理想的研究成果。这些论述，使得翻译专业博士培养的思想，得以初步的系统的阐发。后来，来自云南的崔晓霞完成了博士论文《阿诗玛》的翻译研究，还有北师大导师郑海凌的博士梁真惠，研究史诗《玛纳斯》的翻译，卓有见地，也纳入到这个系列中。她们的研究，在民族典籍翻译研究领域各有建树，而这几篇序言一起构成了我的《中华民族典籍翻译研究概论》的可贵资料和问题先导，并体现在我主编的国家出版基金项目"中华民族典籍翻译研究"丛书（大连海事大学出版社，2016 年）之中了。

博士后的招生和培养，由国外传到国内，在体制和做法上有不少变化。而具体理念和学理，则需要一番探讨。南开大学外国语教学博士后流动站站长的工作，由于大家的一致推荐，我无法推辞，也就在这个领域多费了一些心事，思考了一些问题。于是我想到，博士后的培养，如果说有什么必要和意义的话，就应当寻求一个学科得以成立的学科基础加以论述，或者在相关学科的联系处找到更为广博的学科和学理论据，加以求证，而不应在博士论文基础上进行有限的扩充和完善，也不应在同一起点或水平上另换一个题目，重复式地从头开始，匆匆完成了事。须知，学术的重复无异于止步不前，而平庸是大忌，俗则为文人节操所不齿，何况博士后呢？这一观点，在澳门召开的一次海峡两岸及港澳地区翻译与传播会议上，我提了出来，得到热烈的响应和讨论。在给我的第一个博士后彭利元的翻译的语境化研究的专著写的序言中，也有较为详尽的论述。这里摘录几段：

　　1. 我以为，博士后不是一个在博士学位获得后再拿一个更高的学位，但可以视为在博士学业完成后更高一层次的学业经历和经验。在原则上，博士后不宜再继续博士求学期间所从事的研究题目或领域，假若认为博士论文已经完成了这一项目，哪怕只是部分完成（像博士论文扉页上所写明的那样），也不是要转移到另外一个领域，和博士论文做平行的相应水平的研究，而是要进入一个更高的层次，从事或完成一个真正意义上更加高深的学问或课题。这种理解，在笔者看来，作为博士后，或"后博士"，实乃出于亚里士多德"后物理学"（形而上学）的启示（即学问上的形上形下之分），而不仅仅是"后现代"的意思。

2. 根据这个思路和基本要求，我认为，博士后研究，虽然在不同的学科领域会有不同的要求，但在原则上，应当进入一个领域的尖端的研究（不是一般所谓前沿的研究），或几个领域的综合性的研究（即跨学科的研究，但不是现有的或现成的领域的研究），或者从事一个领域的理论反思和方法论考察性质的研究，或者纯理论的创新性质的研究。例如，在比较文学领域，可以从事比较文学方法局限的研究，以至于论证该学科何以成立的理性根据的研究，或者在翻译学研究领域，考察翻译上的可译性或不可译性一类问题的研究，或者在人文社科的总领域，从事覆盖面广阔而能统领全局的共同的根本问题的研究，而不是再一般地做实证的或综述性的研究。

3. 由于这个最终的学术宗旨，我认为以下几条是不言而喻的：A）作为博士后指导教师，应当是在几个领域有高深造诣的且对学问有想法的导师，而不是只懂一个专业领域或习惯于做常规性研究的指导导师。B）在资历上，原则上应当鼓励招收过博士生并指导完成至少一届毕业生的博士生导师，开展博士后的指导，这样有利于保证和提高博士后培养的水平和层次。C）应当允许或鼓励导师将自己认为在博士层面上难以解决的学术问题作为博士后研究课题，至少在招生过程中，要就研究的题目和候选人做反复的协商，以便真正能按照课题选人，而不是因为不经过入学考试反而降低要求和条件。D）在理论上，而且也是在实践的目的上，博士后研究不应当只是为了本单位录用人才而设置，而应当面向社会、面向学术界和教育界，甚至面向海外国外，优先考虑有海外合作经历和项目的研究人员从事博士后研究。这样，在一个学术研究的较高层次上，应能够尽量与国际接轨和对话。舍此而奢谈创造或创新，或者干脆不敢谈创造和创新，那就只能丧失创造的机会，甚至丧失创新的话语了。（彭利元：《翻译语境化论稿》，湖南人民出版社，2008年，序三第13～15页）

为了具有更多的创新性，注意招收文学和其他语言学专业背景的博士生，进入翻译研究领域，可以形成较为丰厚的研究基础和新的选题和研究思路，这是不言而喻的。我的另一个博士后，山东大学文学专业毕业的吴瑾瑾，起先是研究南方文学和新批评派大家沃伦的，因为她的博士论文带有哲学分析层面，我很赏识，便帮助她走出导师郭继德担心她超出文学范围，影响答辩通过的困境，毕业后吸收她进入南开大学博士后流动站，给她的题目是将沃伦研究转入翻译学领域，寻求两个学科之间的转轨和链接，并在哲学原理上加以深入探讨。后来，吴瑾瑾去了美国哥伦比亚大学读第二个博士专业，而按照美国的要求，不能继续在文学专业里读，只好转向文学教育专业。这反倒和我的想法比较一致，都是鼓励跨学科的研究，避免重复研究或在一个领域"单打独斗"的停留。

来自大连的陈吉荣也是英语文学背景，后来选了张爱玲，算是进入中国现代文学领域，运用自译理论从事《金锁记》的多次自译研究，取得了一定的理论研究成果。其后的《海上花列传》属于方言与普通话之间的翻译研究，可以说继续了同一选题。她研究三年张爱玲，我也看了三年的张爱玲，最后写了一首诗《张爱玲：就是这个问题》，在答辩休息时宣读，后来作为附录发表在她的专著中。在陕西师范大学任教的吕敏宏原来也是学文学的，对叙事学感兴趣，后来再结合修辞学，研究葛浩文中国现当代文学作品的英译，选择了萧红（"五四"时期女作家）的《呼兰河传》、莫言（当代男作家）的《红高粱家族》、朱天文（台湾后现代女作家）的《荒人手记》三个作家的代表作，串成一个极简文学史进行研究。这个选题可以称为系列个案，或个案系列，在选题、资料和研究方法上都具有开拓性的意义，显然有别于一个学派理论研究的方法。序言中，我肯定了这个选题和研究成果，提出汉学家翻译家（威利）、红学家翻译家（霍克斯）、多面手翻译家（葛浩文）的三段定位，论述了中国文化和文学典籍翻译的基本线索，以及中国当代文学走出去的必由之路。不久，在葛浩文翻译研究热已经普遍兴起的时候，果然有人发表了把葛浩文当作汉学家的观点，但我以为，即便他的中国导师柳无忌是诗词专家，但也不是汉学家。这样的定位，并不是贬低作为中国当代小说首席翻译家的葛浩文的翻译功绩和效果，而是要给研究对象一个适当的学术定位，然后才可以进行准确而深入的研究，而不是割断历史，不看个人情况，加以无谓的拔高或蓄意的贬低。

与此同时，我还把多年来对于叙事学的思考，总结出一个三阶段的理论，予以阐述。那就是自然叙事阶段（基本依照发生的事件时空逻辑进行叙事，以史诗和写实作品为代表）、心理叙事阶段（按照心理现实和现代意识流顺序叙事，以现代派作品为代表），诗学叙事阶段（以诗歌创作的自由想象和自由链接为代表，属于后现代叙事模式）。这样的一种理论追求，也体现了一个新的学术渊源，和一种新的思考的高度，无非是要借鉴原作的叙事模式或艺术表现，来实现翻译作品的叙事效果，但其思考的问题，却可以概括为三点：

1. 从宏观上利用哲学思辨和科学论证，综合各种文体的创作要素和翻译的表现要求，打通文学史各种写法和东西方各民族文学的叙事传统，予以总体性的认识和把握，避免由于学科限制而囿于某些方面，影响了其他方面的认识和把握，特别是总体把握世界文学史的叙事能力。

2. 把人类的叙事看作一个连续的精神实体和艺术表现的发展过程，注意古今中外叙事现象的多阶段和多层次，打破文类隔阂注重修辞影响及风格融合，兼顾某一民族文学的叙事模式及其所处的特定阶段和典型表现，以便确定具体作品的翻译策略，体现其追溯的轨迹。

3. 在文学翻译的策略和操作层面，把叙事学、文体学和修辞学作为一个既彼此有别又相互影响的文学创作和翻译的整体来看待，按照一部作品的具体特点和细节要求，付诸翻译实施和评价参照，力争最佳表现和传播效果的统一。（吕敏宏：《葛浩文小说翻译叙事研究》，中国社会科学出版社，2011年，第14页，有修改）

在理论上前后一贯，相互促进和教学相长的，虽然和每个学生都有过，但毋宁说江慧敏最为典型。她的博士论文，选择了在国内已经有数篇博士论文答辩通过的林语堂，但集中在《京华烟云》的"异语写作"和"无本回译"的理论视线之下，使得一个本来可能大而无当的热门题目，成为一个经过慎重选择又有新的理论依托可以深入讨论的题目。而且在无本回译过程中，讨论了包括中国大陆和台湾地区不同时期的三个汉译本，大大地扩充了这一研究的视域，对于理论本身也做了详细的个案应用研究和尝试性的推介研究。而这个理论，最初见于我的《文学翻译批评论稿》（第二版，上海外语教育出版社2010年）和《文学翻译批评概论》（中国人民大学出版社2009年），但在博士答辩时，我根据当时的答辩提问，将"无根回译"改为"无本回译"，虽是一字之改，但理论上更为准确，学术上也更为严格。后来，我将这个序言扩充深化为两篇论文，从林语堂的《京华烟云》扩展到高罗佩的《大唐狄公案》的创作和翻译，在《上海翻译》2015年第3期和2016年第1期相继刊出，不料一年之内，有两个国家社科项目以这个理论为选题基础成功申报，这一社会反响的丰厚回报，真是令人喜出望外。

在选题上志趣最为相投，而且在资料上分享最多的，倒是酷爱诗词的张智中。当年智中放弃在深圳翻译打工挣钱的生涯，想回归学界继续进行诗歌翻译研究，我为他对诗歌的浓厚兴趣而感动，也为他嗜书如命和吃苦耐劳的品质所打动，在十分艰难的情况下选择了他。在教学过程中，他不好理论但对技巧感兴趣，偏于古典诗词外译而对英美诗歌知之有限。所以我的指导其实就只一句话：研究和翻译中国古典诗词，一定要以英美格律诗作为借鉴，但一定要懂现代自由诗，以此作为出路。智中接受了我的指导，但在选题和准备写论文的关键时刻，却丢不下中国诗词翻译中的格律派信条，而且决心不放弃为许渊冲写一本专著的约稿。我不得已而决定让他研究毛泽东诗词的英译，一则毛诗属于格律诗的范畴但富于现代精神，一则又可兼顾许渊冲的英译和其他国内外英译者的不同方法，至少能部分地改变和扩大作者的视野。可以说，智中较好地完成了博士论文，也没有耽误许渊冲的诗歌翻译研究出书，一举两得，也付出了双倍的努力。不是加倍的勤奋者，绝不可能在一年多的时间内完成两部书稿。那时候，智中每天晚上熬夜，什么时候打电话都在伏案写作。

　　毕业前夕，智中把他搜集到的毛泽东诗词英译的全部资料，为我完整地复印了一份，使我甚为感动。后来他的论文，想必也是得益于这个选题的写作，被纳入中国社科院博士文库出版。在那些为智中写序的日子里，我日夜沉浸在毛泽东诗词的氛围里，除了要从毛泽东诗词创作的背景中去伪存真，整理出一个独特的线索和选本之外，还要涉猎大量的中国革命史资料和诗词音响和影视资料。我足不出户，在客厅里连续播放，每日耳濡目染，越陷越深，终于有一天午后，我坐在阳台上，开始翻译毛泽东的《送瘟神》，因为这是各个译本中翻译最差、最散乱、最不成格局的两首诗，由此开始了我个人翻译毛泽东诗词的历程。我花了几个月时间，在结束这个几万字的序言时，我的毛诗研究和翻译已经初具规模，而且奠定了基本的格调了。

　　时代的因素姑且不论，学术的道路不同、指导的方法不同，盖因学生的个性不同、选题不同、要求的指导方法和研究方法均不同。然而，诚如历史地理学家谭其骧先生所言："学术之趋向可变，求实之精神不可变。"我在给陈大亮撰写的序言中，阐述了为博士生开课的初衷，培养的能力分殊，据以将学生的性格和能力分类，而将其可能的研究格局再加以区分和综合。恕笔者在这里不厌其烦地引述如下：

　　　　带了这么多年博士，只上了两门课。一门是中国传统译论经典诠释，以西学治国学，仔细阅读中国传统译论的经典文本，作逻辑的学理的分析，产生反思性批评，旨在培养学生的哲学思辨能力，尤其是养成批判思维的习惯。一门是文学翻译批评概论，以诗歌为素材，感悟艺术和语言，旨在滋养诗性智慧，对艺术和生活产生敏感，自觉地养成鉴赏的灵敏和批评的习性，写出像样的文章来。然而，考较起来，多年弟子中，能同时得此两者，几乎没有，仅能得其一者，稍显某一方面之所长，则另一者必稍愚钝。究其原因，不仅仅因为人之性灵有异，思辨与想象，天性之难以兼顾，而阅历之偏向与教育的问题，也难辞其咎。何况翻译一事，一需有语言和实践，二需有灵性和顿悟，其次才是理论的修养和见识的高下，而博士阶段，则万事罢黜，独尊理论，所以培养理论和思维能力优先，而批评和感悟能力次之，至于翻译本身，则被忽略或贬低为雕虫小技，或因终日苦读，无暇顾及实践，予以边缘化，或小化，甚至以为能提笔翻译的，其理论必不能形而上，而能高谈阔论者，则不必一定会翻译实践也。其中的谬误，距之真理，又何止千万里之遥！

于是，我的博士弟子，也按其学业的倾向分为两类：一类是偏于思辨的和理论的，一类是偏于实证的和评论的，虽然二者鲜能兼顾，但也有愿意尝试者。于是，久而久之，便形成了一个系列和层级系统。例如，王洪涛，对于西方的翻译研究学派的理论进行建构式和历史性的批评，逻辑思维和理论思维俱佳；王克友，借助于康德和皮亚杰的图式理论，努力构建文学翻译中的文本和过程理论，惜未达现象学的境界；还有苏艳，较为系统地整理和分析了神话-原型批评理论，并就《荒原》和《西游记》

中的神话-原型的翻译问题进行研究，已属于能兼通者。吕敏宏的论文，则是研究美国翻译家葛浩文的当代中国三部小说的翻译叙事和风格研究，偏于语言分析，缺乏哲学兴趣。还有李玉良、张智中、荣立宇，分别研究《诗经》、毛泽东诗词以及仓央嘉措的不同英译版本和翻译效果，愈益偏重文本、策略和技巧了。其长处是对于诗歌及其语言表现有一定的见解和领悟能力，惜未入诗歌理论之堂奥。唯独玉良曾对翻译本体论有兴趣，所以在《诗经》各派研究中，略见出思辨与分类的洞见。新近毕业的张思永，虽然从事当代大陆翻译理论家的个案研究，却有哲学思辨和追求形上思维的功底，故而于材料剥析之中，颇有新意。而王晓农，在研究《易经》英译的过程中，也见出文史哲兼通的倾向。其他弟子，各有所长，也有所短，未及一一道也。

由此看来，也可以将研究分为三类：一是理性思辨与理论建构或批评型，难在理论思维的彻底；一是文本分析或经验与感悟型，难在经验感觉的通透；二者之间的结合则要同时有所发现或发明，即在材料和观点上都要有所突破，则是其难处。大亮在选择博士论文题目的时候，兼顾了以上两个难以契合的方面,但总体倾向是偏于理论探究。（陈大亮：《文学翻译的境界：译意·译味·译境》，商务印书馆，2017 年，序二第 4～5 页）

陈大亮在入学之前，就在《中国翻译》发表数篇文章，论述了主客体和主体间性问题，属于西方哲学领域，入学后则想随我进入国学和传统译论领域，以境界论的中国哲学研究文学翻译的审美境界，也颇有建树。他原本是南京师范大学吕俊教授的高足，博士毕业后又进入南京大学博士后流动站跟许钧教授深造，出来后才将论文修改，定名为《译意·译味·译境：文学翻译的审美境界》。逾时八年矣。我给他的序言题目是《哲学的边界处是诗，诗是哲学的核心》，欲将这两个命题合二为一，成为一个复式命题，意在打通哲学与诗学的堂奥。然而，我更感兴趣的，毋宁说是有弟子转益多师，能在南北学风不同的导师手下受教，吸取不同的教学指导方法的长处，得其精华而融汇诸家。这样的求学道路，固然艰苦曲折，要求适应性强，但若能坚持不懈，如愿以偿，必能获益匪浅，学术道路绵长，前途辉煌。

在某种意义上，弟子的学业精进，也是导师学术人格的一种表现，是其治学方法与人生态度的一种折射。有些选题，若找不到合适的人来实施，来完成，虽空有设想，终究是枉然。仅举一例来说明。由于多年对心理学的兴趣但又无缘从事这一职业，却也曾给心理学硕士研究生开讲过西方心理学体系，也有《跨文化心理学导论》和《广义心理学》两本专著出版和若干论文发表，所以对于神话-原型理论和潜意识理论，我一直感兴趣，而且认为翻译过程和文学创作乃至于一切精神活动一样，必然有潜意识活动的参与和影响。直到陈宏薇老师推荐她的弟子苏艳到门下，甚至说服苏艳放弃翻译美学这一虚幻的课题，转而深入探索无意识的论题，把神话原型批评运用于翻译学研究的愿望才得以实现。然而，当我想进一步通过博士论文选题把这些理论用于《庄子》英译和但丁《神曲》的翻译研究时，却不能如愿以偿。这其中除了人为的努力，即知人善任和因材施教之外，不得其人不能不说是一个重要的因素。这使我在教学与研究之余，在指导与总结之余，不得不面临一种什么是真正的学问的考察，甚至要问我们为何要做学问这样一些根本问题。

　　丰厚的文化传统和民族文学资源，加上新异的西方理论和现代学术风气的熏染，是一个人成就事业的大道所在。如果说这就是中西结合的治学之道，那一点也不过分，因为国学的根底，不仅仅在于中华上位文化和轴心时代的圣贤之言，而且更重要的在于来自底层的民风民习的长久熏染，而西方的文化和学术传统，也不仅仅是始终一贯的哲学思维和理性精神，而且更原始的在于二希传统和中世纪的《神曲》精神，以及奠基于西方各民族的生活习俗与致思方式中的深厚渊源。而神话-原型批评理论，恰好就是这样一种又西又中、又古又今的学问路径。懂得了这种学问的渊源，也会真正懂得陈寅恪王国维等先贤所谓的不中不西、不古不新的学问，才是真正的大学问，融合了中华精神和西学格局的现代学术的真精神。否则，学西方只学现代理论，无异于舍本求末，讲国学不讲现代继承，无异于抱残守缺，皆非学问之正途也。如此做学问，即所谓未闻学问之大道。虽有片言只语，一时心得，终难成大器也。眼下的学术风气，着实堪忧。但有两三弟子相随，时有交流，知其进步，观其出息，人生一大欣慰也。（苏艳：《回望失落的精神家园：神话-原型视阈中的文学翻译研究》，华中师范大学出版社，2014年，序第11页）

　　临末了，不能不提一下为校外学子和同行教授写序言的事。在这里首先要致歉的是，由于事务繁忙，加之健康原因，近三年来能接受的序言越来越少，不得已而推脱过去的，即便索序者不察，自己的内心终是抱有歉意。河北师范大学的李正栓教授，多年来一同进行中国典籍翻译研究，同为诗歌翻译爱好者，为其作序，本在分内，然求之者多，能应者少，虽有一两篇，终未尽兴。而辽宁师范大学的宁平教授，则是在一次游学的闲谈中，得知她是南开大学历史系的博士，而她的博士论文，竟然是莎士比亚的历史剧研究，而且已经毕业多年，无暇重提，而我觉得这是一个难得的题目，于是鼓励她把论文整理出版，以飨读者。后来宁平教授索序，我写的题目是《舞台上的英国帝王，莎士比亚的历史观》。一则因为我对历史哲学感兴趣，一则刚好是莎士比亚戏剧的题目，虽然我对历史剧没下过功夫，只在国外留学时，看过几出莎剧电影，但仍然兴致勃勃地完成了任务。可是，我在南开大学的博士生李春江，也是做的莎士比亚翻译研究，反倒无缘作序，颇引以为憾。

序言接近尾声，书却迟迟未能付印。一个是因为出版社人手不够，工作量饱和，催不得；一个是因为初版排出来，到了我的手里，却又因为有些篇幅和文字的出处，未能查到，因而犹豫不决，拖沓了下来，又能怪谁呢？

好在这个时间段，却在赵长江的序言之后，加上了王治国的序言。

更为重要的是，2017 年 9 月 11 日，中国文化典籍翻译研究会老会长汪榕培教授溘然长逝，当时我在美国度暑假，而在此之前，为了赶时间在大连召开汪老师的学术思想研究会议，汪老师的学术论文集已经准备就绪，嘱我作序。我不敢推辞和拖延，只好加班加点，勉力而成。弥留之际的汪老师终于看到了文集和序言，师母也一直表示满意和谢意。这令我在悲伤之中，略感安慰。既然如此，连同数年前为汪老师写的七十华诞纪念序文，一起刊出，也算是完成了一桩心愿。这样，再加上较早为蔡华博士研究汪老师的专著而写的序言，这一主题的序文，共有三篇刊于此集，可谓充足也。

言之不尽，且录序言中一首旧作，略表对汪先生的怀念之意：

吴门修竹浴海风，
春秋七十始成翁。
会得老庄桃源意，
译竟临川牡丹亭。

近有余暇，观诸大师足迹，感慨良多，独与译界泰斗严复先生之遗训，有所领悟，虽不尽赞同。且容我抄录于下，与吾侪师生同道，共勉之：

须知中国不灭，旧法可损益，必不可叛。
须知人要乐生，以身体健康为第一要义。
须勤于所业，知光阴、时日、机会之不复更来。
须勤思，而加条理，须学问，增知能，知做人分量，不易圆满。
事遇群己对待之时，须念己轻群重，更切勿造孽。

若依我之意，仅可将"旧法"，改为"旧学"，可也。
是为序之序。

王宏印
2016 年 8 月 14 日星期日
于美国加州耳湾寓所

二十年凝眸回首，二十载南开译风

世上千般品味，什么最值得纪念？以学人之所见，最难以释怀者，莫过于一个人的学术生涯，而最可珍惜者，莫过于人世间师生之情谊也。

巍巍南开，海河之滨，翻译方向，百年历程，博士专业始建，忽忽二十载已过。2017年底，喜逢南开大学博士方向招生二十周年纪念，想到师生可以团聚，重温昔日学术道路，或畅谈收获，共襄盛举，乃人生一大乐事，岂不快哉！岂料人生苦短，学问尚未达深远，不觉已到退休之年，回眸往事，怅然若失，感慨系之。呜呼，学无涯，而生有涯，人生之患，在吾有身。而倍其悲者，在吾有知矣！

学人一生以学问为尚，然而"学问者何？"西哲西塞罗有言："学问大可作为青年之夸饰；而于穷苦之人，则无所用之，或为晋身之阶可也；至于老迈之人，学问则为其灵魂精神之寄托耳！"去年暑期于美国加州度假，一日晨，我独自坐在鸭湖畔图书馆旁的一块白石上，读到此番话语，不觉泪水涌流，双手掩面而泣。感慨人生百年，忽忽六十有余，虽以传道授业解惑为己任，教书育人为本职，然而学问者何在？"饮慧沧海泛微澜，书友千百学未传"（朱墨诗句《六十自述》）。天下学问无涯无极，罗马哲人、大翻译家西塞罗独能体悟到此，人生与学术，究竟取何种关系，人见人殊，岂不可叹哉！

20 年聚首南开，忆往昔心潮澎湃

2007 年 11 月 18 日，南开大学外国语学院隆重纪念南开大学翻译方向博士教育 20 周年，召集了一个南开大学翻译博士论坛。这个论坛的发起人，实际上是南开大学翻译方向的博士生们。时隔 20 年，他们想回到母校看望自己的导师，感谢当年参加自己开题和答辩的校内外专家学者，乃人之常情。当然，出于同窗之情也想重聚在南开校园，重温当年的学习时光，重温南开的翻译传统。20 年来南开翻译方向的毕业生（包括博士后）约 70 人。这次到会的学生有 40 多人，多半其数也。

与此同时，我们还邀请了校外专家到会，和我们一起分享学术的盛况。他们是：天津外国语大学资深翻译家林克难教授，天津师范大学资深翻译家李运兴教授，北京航空航天大学文军教授，河南大学张克定教授，华中师范大学陈宏薇教授。中国英汉语比较研究会会长、清华大学罗选民教授和中国译协副秘书长、《中国翻译》副主编杨平教授因故未能到会，特意发来贺词，表示祝贺之意。杨平教授贺词全文如下：

今年韩素音青年翻译奖竞赛颁奖典礼拟定在下月 18 号举行，会长要出席，所以你们的活动我难以安排了，很遗憾，感谢盛邀！提前祝贺南开博点建立 20 周年和你们 20 年来取得的成就，预祝庆祝活动圆满成功！（杨平，2017 年 11 月 16 日）

罗选民教授贺词摘要如下：

南开大学博士点的翻译方向十分了不起，是我国翻译研究的重镇，培养了最多的翻译学博士，在科学研究和翻译实践、在笔译与口译、创新与传承、在人才培养和专业结构等方方面面都做出了骄人的成绩。作为曾经的南开大学兼职教授和博导，我为能成为这个伟大团队中的一员感到骄傲。（罗选民，2017 年 11 月 17 日写于羊城白云山）

在校内外专家学者中，先后为南开大学翻译方向博士开题答辩做出重要贡献的还有：北京大学辜正坤教授，北京师范大学田桂森教授，山东大学王守元教授（已故）、孙迎春教授。他们虽然因故未能到会，但他们的贡献并未被忘记。王宏印教授在会议发言中一一回顾了他们的贡献，并致以崇高的感谢之情。

准备和主持这次会议的主要是南开大学翻译方向博士导师苗菊教授。她请示了外国语学院领导并筹措经费，周密地计划了会议议程，逐一邀请嘉宾，并主持了整个会议过程。开幕式上，外国语学院阎国栋院长首先致辞，他热烈欢迎各位博士生返校，衷心感谢各位嘉宾的光临，高度评价了南开大学翻译专业的巨大成就，扼要总结了南开大学翻译博士点的五大特点，即理论领先、强调实践、人才辈出、项目多多和特点突出，并鼓励大家再接再厉，更上一层楼。

会前几日，苗菊教授就收到了张克定教授的贺诗，并给予回应。张教授的《贺南开翻译博士点二十周年》共两首：

弹指一挥二十载，弟子金秋返校来；
师生同庆博点建，翻译重镇在南开。
译论纵横领风骚，典籍妙言击浪涛。
培育桃李满天下，花开译界无限好。

很少写诗的苗菊教授即兴作答，回应道：

美好赋诗随仙至，桃李含苞待君来。

他们的唱和之作在大会一开头就当场朗诵了，赢得了热烈的掌声。大会发言的来宾有文军教授、张克定教授、陈宏薇教授、林克难教授和李运兴教授。他们高度评价了南开博士点的培养方案和实际效果，并且满怀深情地回忆了和南开师生的学术交往。文军教授从导师队伍、学位点建设和研究成果（包括导师的研究成果和博士生的研究成果）三个方面总结了南开大学翻译方向的突出成就，给予了高度评价。他还满怀激情地回顾了和南开的学术交往，肯定了南开大学翻译方向博导的前沿地位和博士培养的可观成就，对南开大学博士方向的师生寄予了殷切的期望。林克难教授的发言强调了南开大学翻译博士点的凝聚力，发挥了生力军、先锋队的作用，并总结了南开大学博士论文八大选题，即《红楼梦》翻译研究、民族典籍翻译研究、诗歌翻译研究、《圣经》翻译研究、翻译能力研究、术语翻译研究、西方译论研究和汉籍外译研究。他还推荐了 9 种英文杂志给大家看，强调了阅读在学习外语和翻译中的基础作用。李运兴教授回顾了南开大学和南开中学之间的学术渊源和继承关系，总结了和南开几位导师亦师亦友的关系，对学子们的感召和教育作用尤其深刻。李运兴教授的学术活动也受到了南开大学散文翻译传统的影响，他甚至幽默地把自己退休以后的散文翻译活动称为"学术养生"。陈宏薇教授在发言中畅谈了她和南开大学的学术友谊，包括参加全国首届《红楼梦》翻译研讨会和南开翻译方向首届博士答辩的体会。发言感人至深，体现了深厚的学术修养和对翻译事业的厚爱，谆谆教诲令学子们深受教育，赢得了阵阵掌声。

作为博士生导师，这次盛会的推动者苗菊教授以近乎诗化的语言，热情地赞扬了南开人开拓进取的勇气、南开精神和奋斗历程：

> 老一辈资深博导们开疆扩土，岁月峥嵘，于 1997 年，开始了英语语言文学专业翻译方向博士生招生的先河。迄今已经 20 年过去了，他们培养的学生，桃李满天下。二十年岂能弹指一挥间！他们不辞付出，不辍耕耘，传承学业，传授南开精神，历史将记得南开翻译方向博士教育，二十年峥嵘岁月，光荣历程。（根据录音整理）

南开大学外国语学院老院长、资深翻译家刘士聪教授作为东道主首先发言。他认为创业是一个艰苦的学习过程。他回顾了南开大学外国语言文学专业的历史，1992 年文学专业开始招收博士，1997 年翻译方向开始招收博士到 2017 年恰好 20 年。这 20 年南开办学很认真，从一无所有到向外取经，逐渐积累了经验。他当年去北京大学，和正在读博士的辜正坤联系，了解博士招生和培养的程序，几年后，刘士聪教授邀请辜正坤教授主持第一届博士毕业答辩。他感谢兄弟院校的大力支持，认为南开的经验是办学认真，并鼓励大家努力搞好教学，加强科学研究。他特别强调要多读中文和英文的经典作品。英文的自不待言，单就中文来说，从司马迁到鲁迅都要读。读司马迁的《报任安书》，可以懂得一个人为了理想，如何可以忍辱负重，不辱使命；读鲁迅的作品，要长文人的骨气，要关注当下中国和国际上现实社会的问题，用学术去解决。他鼓励大家加强翻译实践和基本训练，注重学术研究的社会效果，坚持数年，不要松懈，必成大器。

联合国资深翻译家崔永路教授首先表达了对于南开大学外国语学院新一代领导班子的信任和支持，相信他们在新的时代会取得新的成就，推动事业发展。在发言中崔永路教授回顾了南开大学的翻译传统，认为学术传承十分重要，不能中断。他回忆道南社诗人柳亚子之子柳无忌曾在南开任教，后来移居美国，培养了当代中国现代文学首席翻译家葛浩文。《尤利西斯》的译者金隄先生从南开大学调到天津外语学院，曾是刘士聪、崔永禄、林克难等学者的老师，当年教授他们精读课，收获颇丰。此外，李霁野和查良铮都是值得怀念和学习、继承的。崔永路教授还赋诗一首《海阳情》，抒发了他的闲情逸趣。

博士导师王宏印教授回顾了南开大学翻译专业博士开题和答辩的基本历程，逐一总结了每位校外专家学者的特殊贡献，并代表南开博士点和博士后流动站向他们致以衷心的感谢。他为此赋诗一首，可谓"不尽贵宾感恩多，涌泉相报何噙噙！"期间，王宏印教授"登台点将"，把所有已毕业的博士生姓名串接为一首长诗，极具联想意义，展现了他幽默风趣的一面。他提及南开学风，指出 20 年来毕业生达六七十人的规模，强调南开博士点译笔劲健、文以载道的训练方法和辛勤治学、为人低调的处世态度，总体上概括为：

> 学子六十半天下，南开学风更无涯；
> 译兼散韵笔力健，不事张扬不浮华。

王宏印教授的发言以诗歌比较和阐释为主，以诗代稿，按照主持人苗菊教授的解释，这是"想用诗歌表达心系南开这样一种学术情怀"。他写有《南开翻译专业二十周年感兴》（诗四

首），由《贵宾赞》《学子榜》《名师谱》《博后表》组成。请看
《名师谱》：

> 南开译事有渊源，名家辈出非等闲。
> 《简爱》不是寻常事，（李霁野）
> 《唐璜》译竟倍艰难！（查良铮）

> 博士招生二十载，师大外院助南开。
> 仨 L 一体津门赞，（刘士聪，林克难，李运兴）
> 刘催王赶始向前。（刘士聪，崔永禄，王宏印）

当然，最重要的也是最能代表南开翻译精神的，是他新创
作的一首四言体《南开译风歌》：

> 学贵传承，文脉乃通；
> 研究恒久，始有大成。
> 人际斡旋，世事洞明；
> 人情练达，智开鸿蒙。
> 文史兼备，哲思贯通；
> 不尚玄谈，实务为宗。
> 译兼散韵，思追西东；
> 英汉互译，文赋比兴。
> 民族典籍，华夏文明；
> 汉译外译，世界大同。
> 异语写作，瞬息京华；
> 无本回译，根深叶浓。
> 海外汉学，红楼遗梦；

国学纷纭，代有传承。

传统译学，追根寻踪；

西方译论，为我所用。

不事张扬，不务虚名；

实事求是，养我学风。

厚积薄发，笔力沉雄；

文气浩荡，寰宇振兴。

译事千古，廿载尤同；

不忘初心，方得始终。

京津学堂，南开译风；

兴我门第，惠我师生。

王宏印（朱墨）

2017 年 10 月 27 日午夜

于龙兴里寓所床榻

11 月 13 日夜 11 时

北二外寓所改定

《南开译风歌》在微信上发出以后，收到强烈反响。南开弟子张宝红认为："《南开译风歌》有着《大风歌》般的豪迈与气概，让人想到南开译风起兮云飞扬的豪情满怀与踌躇满志！为老师的诗才与文采点赞！"刘士聪教授的短信中写道："《译风歌》深沉雄健，文脉贯通，有一气呵成之感。聚会时给大家读一读，提升文人聚会的格调。或请院里安排复印，发给大家。非常好。"

在后期（11 月 25 日至 26 日）于上海举办的第十届全国典籍翻译研讨会开幕式上，王宏印教授代表中国文化典籍翻译研究会重读了这首《南开译风歌》，烘托了大会古典翻译学的浓厚气氛，博得了与会者的好评和赞赏。

　　下午的庆祝会上，南开学子纷纷发言，回忆求学之日及师生之情，孙建成、马会娟、任东升、卞建华、王洪涛、张翼荟、陈大亮、冯全功、张景华、彭利元、张智中、荣立宇等争先发言，不少人流泪哽咽或赋诗高歌，现场朗诵自己的作品，大会高潮迭起。

　　也许这里重温一下南开学子们的名单是合适的：

学子榜

　　　学子六十半天下，
　　　建华建成张景华。
　　　智中治国仲明国；
　　　苗菊于东崔晓霞。

　　　过了黄河过长江，
　　　两个长江不一样：
　　　治江春江赵长江，
　　　邢力丙奎栗长江。

　　　高乾刘明啜京中，
　　　李宁李晶李晶晶；
　　　大亮少爽王晓农，
　　　张媛立宇冯全功。

　　　海霖林波任东升，
　　　黄勤瑞芹张宝红。

玉良玉卿张思永，
扬平罗丹陈吉荣。

树槐朱琳温秀颖，
洪涛敏宏王艳红。
静莹清珍江慧敏，
会娟翠娥赵秀明。

高燕苏艳李双燕，
王平向辉张蓊荟，
克友廷德刘艳春，
长坤淑坤马红军。

昔日博士成博导，
硕导教授更不少；
不能一一来指明，
尚未毕业便无名。

博后表

南开博后流动站，
三年挂牌无人管。
一届招生有生源，
一招招了彭利元。

后来招了王雪明，
研究吴宓志不穷。

更有山大吴瑾瑾，

至今哥大奔前程。

博士们的发言大致可以概括为以下五个方面：

一是重续南开学缘，重温南开情怀，表达对母校南开大学、导师、任课教师、论文外审和答辩专家及主席的感激之情（如马会娟、彭利元、冯全功）。

二是回忆在南开大学的求学生活，短则三年四年，长则六年七年，期间师生教学相长，学友补短取长，教诲受益终身，学术友谊难忘（如任东升、孙建成、王洪涛）。

三是汇报自己的学业和毕业后的学术进展，包括已完成和正在进行中的研究项目、取得的优异成绩，以及在行政管理、科学研究、学位培养等方面的成就和动向（如卞建华、陈大亮、马会娟）。

四是总结南开学风，继承南开精神，认为南开翻译方向古今融通、中西结合的治学传统既是一个平台，也是一种激励的名校效应，导师的人格魅力、学术平等和包容并蓄影响深远（如任东升、张景华，张蓊荟）。

五是赋诗作文，歌颂南开学风和青春理想，回顾人生经历，增添新的认识，诗作涵盖新诗旧体，令人感慨无限（如张智中、陈大亮、荣立宇）。

作为代表，兹选录一首荣立宇的作品：

忆南开学旅

——兼为外院翻译博士点二十周年贺

浮云看了，廿载光阴，转瞬去如梭；

忆及当年，读书听课，光景宛如昨；

亲炙名师，德邻高友，受益着实多；

闲时命笔，兴至高歌，一醉笑颜陀；

年华苦乐，乐自苦中脱；

苦中有乐，此乐不可说。

荣立宇

2017 年 11 月 15 日

重读《中国翻译》专栏，重申南开办学理念

21 世纪初，正值中国翻译学学科建设的启动阶段，中国译协会刊《中国翻译》高瞻远瞩，不失时机地刊登了中国高等院校建立翻译学科的情况。首先邀请的便是南开大学博士方向的学科带头人刘士聪教授。该刊 2003 年第三期在"师生论坛"中，系统而客观地介绍了南开大学外国语学院翻译学科建设情况，包括学科简介、导师论坛、学生笔谈三个栏目。在学科简介栏目中，围绕南开大学外国语学院英语系的学科建设历史，有下列一段文字介绍：

英语系于 80 年代初招收翻译方向硕士生，至 2002 年夏，已有约 50 人毕业。1990 年，国务院学位办批准在南开大学英语系设英语语言文学博士点，使其成为具有博士学位授予权的单位。设置三个研究方向：英美文学、语言学和翻译学。1997 年开始招收翻译学博士研究生，2001 年夏有了第一个毕业生。现有三个翻译博士导师和一个兼职导师，近 20 名学生，大家共同学习，共同研究，是一个

关心学术发展，热心翻译实践和理论研究的学术群体。(《中国翻译》，2003 年第三期，第 48 页）

　　当时南开大学的三位博士导师是刘士聪教授、崔永禄教授和王宏印教授，一位兼职导师是清华大学的罗选民教授（当时清华大学还没有翻译博士点）。在文学翻译领域，三位导师各有所侧重，刘士聪教授侧重于散文翻译，崔永禄教授侧重于小说翻译，王宏印教授侧重于诗歌翻译。当时主要开设的课程有翻译理论研究、中国传统译论现代诠释、诗歌翻译与翻译批评、中国古典小说翻译研究、散文翻译研究以及治学方法与论文写作等课程。后来还成立了翻译研究中心。1998 年召开了京津及华北地区翻译理论研讨会，有 50 位学者参加了会议。2002 年 10 月，召开了全国《红楼梦》翻译研讨会，著名红学家冯其庸先生、宁宗一教授和古典诗词专家叶嘉莹教授应邀作了专题发言。翻译家霍克思给大会发来回电，杨宪益也让家人给会议回信。会后出版了《红楼译评——红楼梦翻译研究论文集》。此为全国首届《红楼梦》翻译研讨会，不仅有大陆学者，还有香港的学者也参加了会议。王宏印教授的大会总结提出"红楼译评"的学科设想和文学翻译批评的基本框架，影响深远。

　　时隔多年，退休在家的刘士聪教授还模仿《红楼梦》中《好了歌》的语调作诗一首，表达了他淡泊名利、一心向学的初心：

　　　　世上只有读书好，唯有光阴忘不了。
　　　　但从诗书觅芝兰，利禄功名不要了。

　　　　　　　　　　　　　　　　刘士聪仿《好了歌》作

　　三位博士生导师的学术观点和教学主张在专栏中都有发表，这里简述如下。

　　刘士聪教授的论文题目是《加强文学经典翻译研究》，文章的主题有两点：第一，文学翻译是一种语言艺术。强调文学和翻译的依存关系，创作对翻译的影响作用。第二，通过大量研读汉英文学经典和翻译作品，提高翻译质量，进行理论思考，产生理论认识。他认为：

　　　　为了在理论上有所发现，有所创新，文学翻译研究需要学习借鉴新的学术思想和研究方法，同时也要特别重视阅读文学经典著作，把文学翻译的研究与语言文学和文化（既包括异域的也包括本土的）实际结合起来，而阅读、研究文学经典著作，可以使我们在这些方面有自己的体验和认识，避免单纯的重复别人的概念；可以使我们从有血有肉的语言文学和文化的现实中吸取营养，总结出硬硬实实的，有自己独到见解的东西。（《中国翻译》，2003 年第三期，第 51 页）

　　崔永禄教授的论文题目是《翻译理论教学与研究中的开放姿态》。他回顾了中国翻译史和翻译传统，肯定了中国翻译理论有其自身的价值，也强调了学习西方翻译理论的重要性。他指出了当时翻译理论研究的一些偏向，鼓励大家树立文化自信，改变落后状态。关于博士培养问题，也提出了自己的认识：

　　　　博士生的研究首先要广博，对所研究的学科和相关的学科要有广博的了解，非如此不能有一个向高深的方向发展的基础。博士生的研究还要有所突破，要在前人发展的基础上有所前进，有所提高，否则其研究工作就失去了意义。在博士生翻译理论的教学中，持一种平衡开放的心态，采取兼收并蓄的方针，走中外结合的路子，以开拓创新的精神，为中国译学的发展作出努力，这就是开设翻译理论课和赏析课奉行的宗旨。(《中国翻译》，2003 年第三期，第 50 页)

王宏印教授的论文题目是《探索典籍翻译及其翻译理论的教学与研究规律》。他重点讨论了中国文化典籍翻译和世界文化典籍翻译的关系及其在翻译博士培养中的巨大意义。

关于研究方向，我认为典籍翻译及其理论研究，可以包括三个方面：1) 文化典籍翻译主要指中国历代文学，哲学、史学、艺术等领域的经典著作的对外翻译 (包括中国人和外国人的译作) 及其翻译研究 (包括文本批评研究和理论问题研究)。2) 与此同时，兼搞一些最重要的西方文化典籍的翻译及其研究，例如宗教经典、学术名著及英语文学的翻译研究，以便体现和发现中外文化交流的互动对应关系。3) 最后，也是最终的学科目标是：可凭借以上两方面的努力和成果，进行中外翻译批评及翻译理论的比较研究甚至综合研究。(《中国翻译》，2003 年第三期，第 48 页)

王宏印教授现为中国文化典籍翻译研究会会长、南开大学外国语言文学博士后流动站站长。他以学术的前瞻性眼光论述了典籍翻译和当时正在热门讨论的翻译学的关系问题，至今仍有启示意义：

　　至于典籍翻译研究对翻译学取何种关系，是一个值得重视的问题。我以为典籍翻译对于推动和发展中国翻译学可以取三种态势：1）大量典籍翻译文本和原文本的对照研究，可以形成作品、译者、国别层面上的翻译研究评论和直接的资料成果；2）这三方面的串通连贯，可以形成典籍翻译史的运演线索，以及中外文化交流史的双向互动图景；3）其中重大问题的研究成果，有助于形成翻译上的中小型理论，向着统一的系统化理论过渡。在可以设想的视野内，在这三者的结合处有指望形成中国翻译学的雄厚而扎实的学科基础。(《中国翻译》，2003 年第三期，第49 页)

　　另外，王宏印教授还讲解了具体的学科分布和课程情况，包括基础课程、专题研究、交叉性研究的关系，强调博士阶段打好学科基础和推动前沿研究的关系，人文学科的教育与学科可持续发展以及个性化人才培养方针等重要问题。这些主张为学界所重视，并影响了中国大陆的翻译博士培养模式的形成。

　　在《博士生笔谈记录》栏目中，上述三位导师的学生都有发言记录，共九位。大家讨论了三位导师开设的课程各自具有的重要性和授课的不同特点，讲述了自己读书与学习的收获，特别是思想转变与治学方法的收获。有的就自己的研究方法和研究方向讲述了治学的认识和体会。各抒己见，畅所欲言。其中，当时还在读博的苗菊教授的发言颇见真知，在一定程度上体现了其后努力的方向。

　　我是在职博士生，目前已写完论文，正准备答辩。说起课程设置，我觉得比较全面、合理、系统。每一学期的教学内容都有缜密的安排，使我们在各方面有步骤提高。教学计划包括加强语言功底，提高文学修养和审美鉴赏力，拓宽知识面等。在理论方面讲授重要流派观点，提高了分析研究和解决问题的能力，在实践方面，精选了不同文体的篇章，作了较多的翻译练习，使得实践与理论相互观照。（《中国翻译》，2003 年第三期，第 52 页）

总之，《中国翻译》刊登翻译博士点的信息，为此开设栏目，无论在当时还是对以后都产生了深远的影响，对于翻译专业本身的发展也起到了很好的推动作用。说起南开博士点和《中国翻译》的良好关系，可以说源远流长，多年来相互支持，相互促进，共同繁荣，友谊长存。有诗为证：

专业始建便领先，《中国翻译》开专栏；
如今学业传英美，莎翁故乡《哈姆雷》。

（朱墨）

这后半部分说的便是莎士比亚剧作《哈姆雷特》王宏印中文译本敬赠莎翁故乡的事情，在《中国翻译》上也有专门报道（可参见王洪涛撰文《庄谐韵散熔一体，论疏评点铸新译——王宏印新译"哈姆雷特"评析》，《中国翻译》2014 年第 3 期）。

《牛津之魂》有历史可鉴，"家园在此"当永志不忘

天津是近代以来中国北方改革开放的港口，也是一个十分注重翻译的地方。世纪之交以来，南开大学研究生会以外语学院翻译专业为依托，联合天津市翻译协会，先后组织举办了十

多届天津市翻译大赛。这项活动虽然因故中断，但对于奠定南开译风、推动天津市译学发展，曾起到十分重要的作用。

　　这次 20 周年纪念的主要内容是翻译方向的学术论坛和纪念活动，自然应该有一项翻译本身的活动。王宏印教授查阅了很多资料，终于找到一篇适合的散文，作为翻译练习。他想让这些已经毕业多年的翻译博士们重温一下翻译的实践课，也趁机检验一下他们的翻译能力是否有所提高。这篇散文事先发在"南开外院博士同学"微信上，还不无幽默地说明是复考竞赛。散文原文如下：

Essays in Criticism (Excerpts)

　　Beautiful city! So venerable, so lovely, so unravaged by the fierce intellectual life of our century, so serene! "There are our young barbarians, all at play!" And yet, steeped in sentiment as she lies, spreading her gardens to the moonlight, and whispering from her towers the last enchantments of the Middle Age, who will deny that Oxford, by her ineffable charm keeps ever calling us nearer to the true goal of all of us, to the ideal, to perfection—to beauty in a word, which is only truth seen from another side?—nearer perhaps than all the science of Tubingen. Adorable dreamer, whose heart has been so romantic! Who hast given thyself so prodigally, given thyself to sides and to heroes not mine, only never to the Philistines! Home of lost causes, and forsaken beliefs, and unpopular names, and impossible loyalties!

（*Essays in Criticism*，1st series，by M. Arnold）

刘士聪教授评价说，阿诺德的文字虽短，难度不小。简而言之，这篇散文非常符合选题的目的：以牛津大学为楷模，紧扣学校纪念的主题；篇幅短小，有翻译的要点和考试的挑战性。有的学生领会到了导师的出题意图，例如李林波将最后一个句子的形容词倒置于中心词后，成为系表结构，可以理解为描述性话语，距离正确的理解和翻译靠近了一步。

在下午的总结报告中，王宏印教授给出了他的参考译文，并对翻译进行了解释说明。

牛津之魂

美丽城！这般古老，这般可爱，我们世纪凶猛的知识生活未曾侵蚀的一方圣地呀，这般宁静！"这里有我们年轻的野蛮小子，戏玩不知年少！"然而，不尽然。此刻，她一往情深地安卧着，花园在月光下敞开着，尖塔发出悄悄的低语，传达着中世纪的最后的魅力。美哉牛津，其魅力无可言状！谁能无视牛津？她不断地召唤我们去接近我们全部的真实的目标，接近理想，接近完美——总之，接近美，因为美无非是真从另一个角度观之。或许，杜宾根的全部科学也难以如此接近，而牛津近之。可爱的梦想家，你的心灵何其浪漫！何其慷慨，你把自己献给各方各业，献给不属于我的英雄，只是绝不献给市侩势利之徒！事业未竟，家园在此；信仰难守，家园在此；盛誉不再，家园在此；衷心可鉴，家园在此！

（节译自阿诺德：《批评文集第一集》，
王佐良编著《英语散文的流变》，第 171～172 页）

王宏印教授的说明如下：

马修·阿诺德（Matthew Arnold, 1822—1888）是英国 19 世纪著名的文学批评家、诗人、散文家，其父是历史学家和教育家托马斯·阿诺德。他以优秀学业毕业于牛津大学，1851 年起长期担任教育部学监，经常出国考察，刊出教育报告，促进英国教育发展，极有影响力。对于文化问题，他著有《文化与混乱》（*Culture and Anarchy*，1869），涉及希伯来和希腊文化及当时英国的文化状况，是文化理论和批评方面的名著。他在古典文学和翻译方面著有《论荷马史诗的翻译》（1861），在文学批评方面，著有《批评文集》（初集，*Essays in Criticism*，1st series，1865），此后转而关注社会与宗教等问题，并有多种文集诗集出版。阿诺德始终关注文学的社会功能，倡导诗歌的人文教化作用，对后世诗人影响颇大，至今仍有启迪意义。

这里所选阿诺德关于牛津大学的一节文字，其实极具深意。他歌颂了牛津精神，表达了对美和真的追求、对青春岁月的回顾及对人生理想的向往，但那是一个可以无限接近却始终不能完全实现的终极目标。他甚至用德国大学和科研机构的所在地图宾根（杜宾根）与之相比较，认为科学未必可以达到的真理和美善，人文却一定能达到，至少是更为接近。最后，牛津还是一个精神家园，于事业、声名、信仰和忠诚而言都是最后的家园。人生道路漫漫，以之为起点，以之为归宿，牛津是不朽的，不可忽视的！他唯独反对市侩（译文作"市侩势利之徒"），与一世纪的凶猛的知识生活相比，牛津始终是一方未曾招致侵蚀的圣洁之地。

There are our young barbarians, all at play!
这里有我们年轻的野蛮小子，戏玩不知年少！

青春年少，风华正茂，才高八斗，岂可夸耀！诗一样的华章，必须用诗一样的语言才能翻译。译文采用的正是这样一种语言策略。在现代汉语使用的基础上，讲究文白相济，古今交融，注意节奏的跳跃和变化，尤其在乎意境的推出和展示，再加上一个漂亮的收笔。一种高贵华美的语言格调伴之以精彩的细节和严密的逻辑思路，乃是文章正轨，千古译业！尤其是最后的四字结构，具有颂歌一样的效果，对于揭示主题，提升境界，具有至关重要的作用。超越前辈译家，文笔语势功力的成败在此一举。

Home of lost causes, and forsaken beliefs,
and unpopular names, and impossible loyalties!
事业未竟，家园在此；信仰难守，家园在此；
盛誉不再，家园在此；忠心可鉴，家园在此！

关于译文最后四个四言对子，想再多说几句，权作解读与发挥。

"事业未竟，家园在此"。可以想象得到，一个人在事业上失败了，或是要后继无人了，但是他的家园仍然在，那便是他的母校。例如，革命的先行者孙中山创立了黄埔军校（原名为"陆军军官学校"），因在广州黄埔而得名。它曾经为北伐战争、抗日战争、解放战争培养了不少知名的将领。当时，蒋介石是校长，周恩来是政治部副主任，一个是国民党的领袖，一个是共产党的领袖。他们信仰各异，道路有别，除了曾经共举北伐，同攘日寇，也有过针锋相对，乃至残酷激烈的军事对抗；直至后来中华人民共和国成立，共产党赢得了天下和人心，国民党到了台湾，偏居一方，黄埔军校也迁往台湾，在大陆留下了第三批全国重点文物保护单位。可是，回顾历史，黄埔军校培养了一批又一批著名将领，如杜聿明、张灵甫、郑洞国、叶挺、徐向前、林彪、陈赓、刘志丹等，有谁能说他们不是黄埔军校的精英、黄埔军校的骄傲，甚至是黄埔军校精神的体现呢？时隔多年以后，当黄埔同学会成立，昔日同窗在珠江边聚首的时候，来自海峡两岸的曾经的热血青年、党政要员，如今已是满头白发，感慨满腔，但他们拥有共同的记忆、一个共同的家园，那是他们的青春和梦想萌芽、成长的地方。哪怕理想未竟，而家园犹在！黄埔精神，黄埔作风，以文治国，以武兴邦，曾经心系国家繁荣昌盛，寄托民族复兴未竟之梦！

　　"信仰难守，家园在此"。在国外，特别是古代欧洲，宗教信仰占据精神生活首位，至高无上。对一些极端的民众来说，改变信仰就意味着你背叛了自己的祖国和民族，背叛了所有的亲人，甚至会被开除教籍，或者驱逐出境，永远不能回来。因追求科学精神和真理而无法兼顾自己的宗教信仰，甚至被宗教裁判所加以迫害，在火刑柱上被活活烧死，甘冒此险者，有哥白尼的先驱，意大利天文学家采科·达斯科里。按照"日心说"理论，地球不再是宇宙的核心了，那么上帝应该安放在什么地方呢？这样一种世界观、宇宙观、真理观，就是"哥白尼革命"，它必然要破坏现实秩序，动摇基督信仰，因为它是一场革命，是科学的革命、认识的革命和人类文明的革命，但哥白尼本人同时还是波兰教士、天主教徒，"抱着真纯无瑕的正统信仰"（罗素语）。他坚持科学真理，就一定背叛做人的原则吗？他不能再回就读过的克拉科夫大学，但那里就不是他的精神家园了吗？难道非要把他开除出去吗？非也！"信仰难守，家园在此"呀！

　　关于阿伦特，可以看一个电影，是关于犹太人在第二次世界大战期间被德国法西斯屠杀的内容。战后很多法西斯头目改换了自己的身份和姓名，逃亡和潜藏在世界各地，他们中有的人最终被挖掘出来，押上了法庭。犹太人是多么欢欣鼓舞啊！他们需要有人来为他们辩护，最佳的辩护人当然是阿伦特。阿伦特是德国哲学家海德格尔的学生和恋人，也是雅斯贝尔斯教授所爱，这二人是同事，但观点不同。阿伦特先爱上了海德格尔，后来也帮助过雅斯贝尔斯，最后又回到了海德格尔身边，还在美国帮助出版他的著作。她在为犹太人辩护的过程中，发现法庭上的一些不尽如人意之处，犹太人在对待祸害他们的敌人的时候，表现得有失公义，缺少某种高尚的品质。她显然是立足于一个人道主义和终极关怀的较高境界，来写作报道和评论这场法庭审判的。她对公义的坚持在同胞看来太过中立，以至惹来了所有犹太人，包括她的同事和她的爱人对她的非议，没有一个人理解她。但是，阿伦特是了不起的，坚持了她所思考和追求的哲学真理和人道主义的最高理想，她不能放弃，她别无选择。细想一下，德国有弗赖堡大学，难道不因为阿伦特是他们中最优秀的学生吗？她从此就不是海德格尔的弟子了吗？在海德格尔心目中，会失去这个年轻时青春活力、拥有无限魅力的年轻学子吗？不会的，她的母校将永远记得她。那里有海德格尔、雅斯贝尔斯，那里的老师和他们的学生都是世界上最优秀的哲学家和思想家。海德格尔本人曾经两度服兵役，德国法西斯执政期间，在弗赖堡大学求过学的他曾经当过这所大学的校长，照这样看，他在政治上应该是有污点的，但这个污点难道能够影响到海德格尔的哲学声誉吗？难道能够影响他的《存在与时间》的传播和接受吗？难道能够影响他存在于追求真理的时间的长河中吗？不，在人们心目中，德国弗赖堡大学是产生哲学家的摇篮，是世界一流的师生汇聚的地方，是孕育大学校长的地方!信仰难守，在德国法西斯统治的年代里，守住信仰需要勇气和感情，需要感性和人性，少了这个信仰而守不住精神家园，你就什么都不是了。坚守信念、坚守理念，谈何容易？

"盛誉不再，家园在此"。天津大学校园里有一尊马寅初的浮雕塑像，在石头的墙壁上格外突出。他有一张方正正直的脸，目光炯炯有神，额头宽阔坦荡，男子汉的鼻梁为真理而生，绝不向权贵低头。马寅初是一个伟大的教育家，他当过北京大学的校长，这是 1949 年以后的事。他是一个人口学家，蒋介石执政的时候叫他出来做官，他不愿意。1949 年后，他提出人口问题，受到不公正的对待，为了保护自己免遭迫害和侮辱，他机智地说："我马寅初的马，是马克思的马，不是马尔萨斯的马！"可是在是非混淆的时代，他还有什么声誉呢？他什么也不是。他晚年退隐在家，花了好多年的功夫写出一本关于农事的书，最终也被毁掉。学术成果给毁了，他的理想和信念也一起毁了么？他一生最辉煌的成就在北京大学，他做过北京大学的校长，而在天津大学他只是一个学生。可如今，天津大学有他的雕像，北京大学却没有。这难道不是北京大学引人深思的地方，不是天津大学值得骄傲的地方吗？

天津大学，即当年的北洋大学，也有张太雷的塑像。你可能觉得不协调，大学是书声琅琅的地方，怎么能有流血牺牲的革命烈士？我以前走过常有这种感觉，但有一次，我突然觉得，张太雷是了不起的，他是广州起义的总指挥，在起义失败的当夜，他赶往指挥所的路上被乱枪打死，警卫员也死了。当年的一介书生为革命信仰而牺牲在战斗前线，像匈牙利诗人裴多菲死在侵略者的矛尖上，难道不值得骄傲？他的母校为张太雷而骄傲，为他立塑像，是应该的。

同样的，在南开大学，在"九叶"诗人穆旦教书和翻译的地方，如今有了一个塑像，后面写着"诗魂"的字样，那也是应该的。穿过战争的硝烟，作为中国远征军翻译的穆旦走来，带着孩子气的微笑，他踉跄着，随时会倒下，倒在野人山大撤退的荒草里，头上正开满野花。战友们还在风雨中挣扎，要回到祖国，回到忍受饥饿与失业的大后方。历史可能会把他们暂时遗忘，但岁月终将捧起他们的勋章。晚年，穆旦在南开大学校园的马蹄湖边，见到一棵小树，他摇了摇说，今天我摇了你，明天会埋在你的树下。终于有这样一天，他把希望埋在南开大学的沃土里，新诗在后花园里冒出新芽。南开没有忘记他！看，张伯苓校长走来了，他在一派新气象里孤独地走着，他是校长，故去了，有周恩来总理以学生的名义给老师送行。南开校园里的梨园旁有张伯苓塑像，他是西南联大领导人之一，因曾在旧时代政府做官而在新时代被冷落，以至无法回到自己创立的校园。但南开人铭记着老校长，为他找到了永久安身立命的地方。大中路上，常青树下，校长的家园在此！如今人们知道：有个学校叫南开。

"五四"时期的学术精英胡适先生，是中国新文化运动的代表和领袖之一。他当年离开北大赴任国民党政府的驻美大使，写过一个条子，告诉他的北大的同仁们，做官不是他的目的，将来有一天他还要回来做学问。然而时局突变，他几成异乡异客。许多年后政局一度缓解，有人提出在北京大学校园里立一尊胡适像，终因各种考虑没有被校方采纳。这是蔡元培做过校长的北大，假若主张兼容并包的他还在，"五四"的学术领袖胡适先生，作为国学大师季羡林的老师，难道不应该在北大拥有一尊塑像吗？信仰难守，盛誉不再，事业的成败殊难预料！但北大永远是中国学人的精神家园，还有南开大学和清华大学，当年建立不朽的西南联大的那段辉煌的历史，光照寰宇！三校并立，成为有教育理想的一代学人的精神家园，还有什么比这个更值得骄傲的呢？

"忠心可鉴，家园在此！"什么叫爱国？什么叫爱国主义？但丁是意大利文艺复兴时期的学者、作家、诗人，也是政治家。他所在的意大利当时处于改革和革命的动乱年代，他所支持的白党因为不愿受教皇统治，奋起抗争，最终失败，但丁愤而离开了他的祖国，再也没有回去。代表封建势力的黑党控制下的祖国弃置了他，他也弃置了统治者。但他对祖国是有爱的，在那里有一张世界上最美丽的脸，那是他小时候在街上碰到的小姑娘贝阿特里切，是他一生所爱。在国外流浪的日子里，他把她写在《神曲》不朽的作品里，让她站在仅次于上帝的天堂的高位上。但丁在异邦的时候，他的祖国要羞辱他、处死他，他不愿意回来。如今他成名了，祖国怀念他了，让他回来，可他已经死了。祖国要把他的墓迁回来，最后他的脸模拓坯被留下，存放在佛洛伦萨美第奇博物馆。但丁的身躯、头颅，放在哪里才有意义？燃烧的长明灯火是从他在国外的墓地迁移过来的，但丁所在的学校、他曾经读书的地方，能把他除名吗？他是忠于祖国、忠于理想、忠于爱情、忠于文学的，他的忠心可鉴！那曾经的学校，他研读希腊古典的地方，永远有他的精神家园！学校里有他的名字，谁也抹不去，因为家园在此！

《牛津之魂》这篇译文在会后以微信形式广泛传播于南开翻译博士团、南开外院博士同学、南开王老师同门等平台。此番解读只是当时对于译文的一种解释，像《红楼梦》中的《"好了歌"解》一样，无非是对最后一个难句的一些例证而已。事后根据录音整理并有文字上的添加和修改，若干细节未及详考，仅供参考。

最后，回到这次纪念活动的会场，回到主持人闭幕式的现场。

苗菊教授最简短的闭幕词是这样的：

二十年栉风沐雨，二十年春华秋实。今天，历届南开翻译博士再次回到南开园，再次见到了自己的导师，见到了（当年的）答辩主席。南开，是我们曾经满怀憧憬求学奋斗的地方，往事历历在目，感慨万千。南开大学翻译方向博士招生二十年以来，为国家培养了六十多名博士毕业生和博士后。南开博士已成为翻译学术领域和翻译教育领域的骨干力量，取得的成绩、成功，令每一位南开人感到自豪和骄傲。各位前辈，各位南开翻译博士同仁，短暂的一天引发了无数美好的瞬间，引发了无数令人感动的瞬间。相聚总是短暂，伴随落日余晖，2017年南开翻译博士论坛暨庆祝南开大学翻译方向博士招生二十周年纪念活动即将落下帷幕。聚是一团火，散是满天星。衷心感谢各位南开校友同仁，心系南开，汇聚力量，不忘初心，继续前行。（根据录音整理）

我想，这个简短的闭幕词便是此文最佳的结束语了。
愿南开译事传承有序，翻译香火后继有人，愈加兴旺！

历届博士/博士后毕业生论文题目

（按入学时间排序）

一、博士

1. 赵秀明：《佛经译论研究》（第一届，2001 年入学，2004 年毕业，论文未出版，天津工业大学，教授）

2. 李林波：《中国新时期翻译研究考察》（第二届，2002 年入学，2005 年毕业，论文已出版，无序，西安外国语大学，教授）

3. 张智中：《毛泽东诗词英译比较研究》（第二届，2002 年入学，2005 年毕业，论文 2005 年出版，有序，天津师范大学，教授）

4. 王克友：《文本模式研究》（第二届，2002 年入学，2006 年毕业，论文 2006 年出版，无序，山东大学，副教授）

5. 张宝红：《诗歌翻译研究》（第二届，2002 年入学，2006 年毕业，论文未出版，广东外语外贸大学，教授）

6. 王洪涛：《翻译学的学科建构与文化转向：当代西方翻译研究学派理论研究》（第三届，2003 年入学，2006 年毕业，论文 2007 年出版，有序，天津外国语大学，教授）

7. 李玉良：《整合与变异——〈诗经〉英译研究》（第三届，2003 年入学，2006 年毕业，论文 2007 出版，有序，青岛科技大学，教授）

8. 李春江：《莎士比亚戏剧汉译研究》（第三届，2003 年入学，2009 年毕业，论文 2010 年出版，无序，南开大学，副教授）

9. 商瑞芹：《诗魂之再生：查良铮英诗汉译研究》（第三届，2003 年入学，2006 年毕业，论文 2007 年出版，有序，南开大学，副教授）

10. 李宁：《跨越疆界，双向构建：〈福乐智慧〉英译研究》（第四届，2004 年入学，2007 年毕业，论文 2010 年出版，有序，北京第二外国语大学，副教授）

11. 邢力：《〈蒙古秘史〉的多维翻译研究——民族典籍的复原、转译与异域传播》（第四届，2004 年入学，2007 年毕业，论文未出版，北京航空航天大学，副教授）

12. 陈大亮：《译意·译味·译境：文学翻译的审美境界》（第五届，2005 年入学，2008 年毕业，论文 2016 年出版，有序，天津外国语大学，教授）

13. 陈吉荣：《张爱玲自译的描写性研究》（第五届，2005 年入学，2008 年毕业，论文出版，无序，辽宁师范大学，教授）

14. 马向晖：《庄子英译研究》（第五届，2005 年入学，2011 年毕业，论文未出版，湖南工业大学，副教授）

15. 苏艳：《回望失落的精神家园：神话-原型视阈中的文学翻译研究》（第六届，2006 年入学，2009 年毕业，论文 2014 年出版，有序，华中师范大学，副教授）

16. 吕敏宏《手中放飞的风筝：葛浩文小说翻译的叙事研究》（第六届，2006 年入学，2010 年毕业，论文 2011 年出版，有序，陕西师范大学，副教授）

17. 王治国：《集体记忆的千年传唱：格萨尔翻译与传播研究》（第七届，2008 年入学，2011 年毕业，论文 2017 年出版，

有序，天津工业大学，副教授）

18. 崔晓霞：《叙事话语再现：〈阿诗玛〉英译研究》（第七届，2008 年入学，2012 年毕业，论文 2013 年出版，有序，云南财经大学，教授）

19. 江慧敏：《京华旧事，译坛烟云——林语堂"京华烟云"无本回译研究》（第八届，2009 年入学，2012 年毕业，论文 2016 年出版，有序，北京第二外国语大学翻译学院，讲师）

20. 张思永：《刘宓庆翻译思想研究》（第八届，2009 年入学，2014 年毕业，论文未出版，天津职业技术师范大学，副教授）

21. 荣立宇：《仓央嘉措诗歌翻译与传播研究》（第九届，2010 年入学，2013 年毕业，论文未出版，天津师范大学，讲师）

22. 赵长江：《十九世纪中国文化典籍英译研究》（第九届，2010 年入学，2014 年毕业，论文 2016 年出版，有序，西藏民族大学，教授）

23. 张媛：《民族身份与诗人情结：中国当代人类学诗学之翻译研究》（第十届，2011 年入学，2015 年毕业，论文未出版，内蒙古工业大学，副教授）

24. 李丙奎：《"神曲"的汉译研究》（第十届，2011 年入学，2016 年毕业，论文未出版，辽宁师范大学，讲师）

25. 王晓农：《"易经"英译的符号学研究》（第十一届，2012 年入学，2015 年毕业，论文 2016 年出版，有序，鲁东大学，副教授）

26. 梁高燕：《秦晋现代农村小说英译研究——以赵树理、柳青和贾平凹为例》（第十二届，2013 年入学，2017 年毕业，论文未出版，山西财经学院，讲师）

27. 杨森：《图像与花朵：陈敬容对波德莱尔与里尔克的诗

歌翻译研究》（第十三届，2014 年入学，在读，讲师）

28. 宋士振：《白先勇〈台北人〉英译研究》（第十四届，2015 年入学，在读，安徽阜阳师范学院，讲师）

29. 潘帅英：《〈突厥语大辞典〉翻译研究》（第十四届，2015 年入学，在读，新疆喀什大学，副教授）

二、博士后

1. 彭利元：《论语境化的翻译》（2006 年进站，2009 年出站，博士论文《翻译语境化论稿》年出版，有序，湖南工业大学教授）

2. 吴瑾瑾：《沃伦作品在中国的译介与传播研究》（2009 年进站，2015 年出站，论文未出版，山东财经大学教授，现在美国哥伦比亚大学陪读）

3. 王雪明：《被遮蔽的另面景观——"学衡"派翻译研究》（2010 年进站，2012 年出站，论文未出版，北京对外经贸大学，副教授）

昌明传统，融化新知：迎接中国翻译学派的春天

——李文革《西方翻译理论流派研究》序言

翻译是人类文化交往的常见形式，中外古已有之，今日则格外昌盛。然而，虽然翻译作为一种活动早已为人们所重视，但作为一门科学为学界所关注，却历史不长。如此，正应了心理学的一句老话："历史悠久，学科年轻。"

大体说来，在中国，翻译作为学科提出来，乃是 20 世纪最后 20 年的事情。据学界有的同志考证，中国的翻译学，或者有关的研究，在短短 20 年间，经历了西方几个世纪的历程。这一说法，虽有鼓舞人心的作用，仔细考察，却未必尽合乎事实。倘若如此容易，如此神速，又为何中国翻译学的建立如此步履艰难，为何中国翻译学派的诞生如此姗姗来迟！

让我们先来回顾一下西方翻译理论走过的主要历程。

西方的翻译理论，若作以粗略的划分，大体可以说经历了以下三个阶段：

第一阶段，语文学阶段：语文学是一个古老的名称，可以概括大约现代语言学诞生以前漫长的历史时期西方世界翻译活动的一般情况，包括古希腊罗马、中世纪、文艺复兴和所谓近代欧美各国的翻译。其特点是以《圣经》《荷马史诗》《莎士比

亚剧作》等宗教和文学经典翻译和转译为主要活动，按照经典文本解释的语文学传统形成了比较零散而带有经验性的翻译理论，例如关于翻译标准和风格传译问题的讨论。不过，这些讨论虽然尚不能成为系统的学科架构，却已经有了一些规范性的思维特征，而且在某些方面已触及翻译的本质。

第二阶段，结构主义阶段：结构主义虽然是一种哲学思潮和思维方式，和法国唯理派哲学传统关系密切，并且是现代科学的基本阵营，可参阅皮亚杰的小册子《结构主义》。但在这里主要是一个语言学概念，即以现代语言学（索绪尔结构主义语言学）的建立为起点，以将语言学理论用于讨论翻译问题并作为翻译的理论基础为基本特征（例如雅各布森的翻译理论）。结构主义的翻译理论并不是纯粹的结构主义理论，而是较有系统框架又融合了其他学科知识的翻译理论，例如，奈达的翻译理论尽管和他的《圣经》翻译活动不无关系，但却是带有明显的结构主义的理论特征，同时也吸收了工程学、信息论、文化学等理论的精华部分融合而成的。因此，今天谈论西方翻译理论的时候，"结构主义"一词仍然是一个并非贬义的学术词语，但其中的含义，则应仔细辨别，莫可轻轻放过。

第三阶段，解构主义阶段：解构主义是对结构主义的反叛，属于后现代主义的一个重要派别，几乎可以用来代表后现代主义的理论精神，那就是拒斥形而上学、反对中心和权威，包括破除语言中心论和人类中心论的观点，提倡解构文本、解构殖民主义和文化帝国主义，以及运用描写主义的方法和结构主义的规定性方法相对立并超越之。但是，解构主义在翻译理论领域的表现，由于文化转向、语言转向、文本转向等因素的介入，变得异常复杂多样，是不可以一概而论的。这里有的是解构主义与解释学、现象学的结合，有的是解构主义对于西方文化中心论或男权中心论的消解，有的甚至是翻译与比较文学和文化学的结合等等。充其量，解构主义只能是一种理论导向、价值观念和学术思潮。它在消解传统和主体的同时，也最终会消解自身于多元化的翻译理论建构之中。

尽管如此，西方翻译理论在经历了漫长的传统阶段之后，已经取得了十分辉煌的成就，这是毋庸置疑的。学派林立，高潮迭起，也是担当得起的。事实上，如果说中国的翻译理论和西方传统译论一样经历了漫长的古典时期，它却是在近年来才开始关注翻译学科和理论建设的，其理论建树和学科成就仍然没有脱离草创和借鉴阶段，难免显示出一些荒芜和杂乱。

回顾这一过程，必要时和苏联的情况加以比照，总结一些经验教训，想必是有益的。

中国的传统译论诚然有着丰厚的文化底蕴和美学特点，但长期隐藏在朦胧的经验性思维的面纱背后，不见真相，难放光芒。所以，当新时期开始时，像多次历史上类似的机遇一样，伴随着思想解放的运动和学术自由的启运，介绍风靡一时的奈达理论和提倡翻译学的建立，作为对严复"信达雅"观念的突破（且不说"信达雅"百年来有过多少理论变体）就英语二升了。这曾经是一个激动人心的阶段，有着许多要学的东西和想学的东西。伴随着奈达的来华讲学和奈达书籍的翻译出版，奈达理论在客观上起了超脱直译意译争论的老话题的催化剂作用，但其后中国译界遂陷入了科学艺术之争的二元对立的老套路而不能自拔。很快的，奈达被怀疑、被质问、被批判、被抛弃。除了金隄先生的《等效翻译探索》，以自己的"等值论"替代了奈达的"等效论"之外，已经很少有什么反应了。因为在许多中国翻译理论家看来，文本是翻译之本和译者的本分，而阅读效果是不能测量的。这在缺乏科学主义传统和实证操作精神的中国翻译界，也不足为奇，读者的反应要么是各行其是（由于读者的多样性），要么是无法掌握（由于统计的无效性）。

在本族文化一方看来是言之成理的地方，也包括了否定奈达的其他理由：

1. 奈达理论是西方的，不适合中国，尤其是没有考虑到汉语和印欧语言的差别。
2. 奈达理论是建立在《圣经》翻译经验基础上的，不适合宗教典籍以外的翻译。
3. "动态对等"无法实现，不科学；"读者反应"无着落，也不科学。
4. 奈达理论是结构主义的翻译理论，在解构主义面前已经过时了。

在关于奈达理论的零碎的争论中，有人说中国译学成熟了，有人说中国译学仍然幼稚，但是一个基本的事实是：中国译界迄今未有一部关于奈达理论的系统研究的专著（介绍性书籍不在其列），也没有一种"理论"企图把奈达理论的某一部分或某些要素或某些做法纳入其中，即以某种形式加以借鉴和融合。可见我们的理论意识和理论建构能力真的是又小又弱。

但这一例证，尚不足以一概说明近年来接受西方其他翻译理论的情况（但愿也不仅仅是一个特例）。值得一提的是，在同样以文学翻译和文学翻译理论为主的非西方传统中，比如说，在俄罗斯环境下，在西方翻译理论进入的时候，或者说主要是现代语言学理论对翻译发生影响的时候，却产生了语言学派和文艺学派之间很有意义的论争，大大地推进了俄国现代翻译研究的发展。它表现出下列特点和标志：

1. 就翻译的一系列基本问题，例如翻译的性质和可译性问题，展开了认真而富有成效的理论论争。

2. 争论持续了一定的时间，形成了相当的规模，吸引了主要的理论家参加并产生了各自的代表人物和代表作品。

3. 进一步推动了翻译的语言学派和文艺学派自身的发展，产生了后续的理论研究成果，例如在散文和诗歌翻译、语体和语义翻译等领域。

别的不说，就这些，在我们面对几十年来国内翻译学讨论所取得的区区成就而言，就是值得羡慕和学习的。事实上，俄国的学派论争，构成了西方翻译学由古典向现代转换的一个合适的逻辑环节，弥补了西方翻译学史的一个理论空缺——如果把俄国也看作是属于西方而又有别于西欧和北美的话。

前不久有人提到中国学派，不是作为已有的存在，而是作为可行的问题，提出来讨论。言外之意是：中国没有翻译学派，为什么？

这当然是一个和西方翻译理论研究不无关系的重大问题。但是，欲回答这个问题，先要明了为何西方如此学派林立，观点迭起？

我个人认为，有以下几点原因：

1. 西方是一个统一的犹太-基督教传统下的多民族国家和多语言文化的多样统一体；

2. 西方有良好的社会规范和学术规范，包括人类创造力的学术激励和智源供应系统；

3. 有利的学术自由和思想自由，包括知识产权的尊重和发表机会的增加不容忽视；

4. 在西方，科学和人文传统是同样的发达，而且二者之间可以互相借鉴、吸取和促进；

5. 频繁的跨语言跨文化的交流（国内的或国际的）直接促
进了翻译活动及其理论研究。

这是大环境，具体而言，还有如下的翻译理论学派产生的
直接条件：

1. 一般不追求"翻译学"这样全面的学科体系，而是立足
于具体的问题研究；

2. 研究者往往具有不同的知识结构和职业背景，其语言、
思想和方法绝不雷同；

3. 不同背景相同志趣的研究者共同工作，相互探讨，容易
彼此沟通和激发思想火花；

4. 发散性思维和异向思维，批判性和吸收性创造，是理论
创新的基本途径和经验所在；

5. 长期在一个领域内坚持研究，若有发现，敢于先发表出
来，然后再求完善和系统化。

反过来思考问题，就可以发现我们目前仍然缺乏一些建立
学派的条件或要素：

1. 学术规范没有建立起来，大量重复而缺乏创见的文章和
书籍充斥于学界和课堂；

2. 可以借鉴的其他理论来源不像西方那样多，例如语言学
和文艺学的理论流派贫乏；

3. 趋同思维，教条套用，缺乏理解力、批判力、创造力的
情况即使在职业译论家那里也很普遍；

4. 喜欢大而全的理论体系和框架（忽视理论对现实问题的
关注），而不能长期致力于一个问题的研究因而获益处，
即没有独立的研究领域和持久的研究课题；

5. 学界互相封闭，缺乏必要的沟通和借鉴，或者只有形式
主义的开会式的交流，而无实质性的交流，即不能利用

他人智慧进行创造性思维和独立的理论创造。

笔者以为，只要能够克服上述条件和因素上的不足，就有可能建立中国翻译学的理论流派。当然，这样做也不是很容易的。其实，是否能够建立中国翻译理论的流派，作为终极目标或者努力的方向，虽然很重要，但是对于目前如何借鉴西方翻译理论流派，实际上并无直接的了不得的关系。这样说的目的，无非是想在谈论借鉴西方翻译理论的时候，首先关注一下中国自己的翻译理论和译学传统，至少在一定程度上有助于避免急功近利的创造和拿来主义的态度。

西方的翻译理论流派，对于我们目前的甚至将来的译学建设，究竟有什么样的关系，或者说到底应当怎样来看待以至于利用这一笔财富？我以为下面的途径或方面不容忽视：

1. 把这些翻译理论作为现成的理论研究成果，接受下来，引入课堂，当作知识传授，造就人才，使之成为理论创新的前期基础。

2. 把这些翻译理论看作西方文化和学术研究的一个环节或阶段，并在人类知识总体发展中去认识西方译论的方法论意义及其所达到的高度。

3. 研究这些翻译理论在何种程度上或者在哪些方面可以为建设中的中国翻译理论所吸收和借鉴，以便最终创造出自己的翻译理论和价值体系。

若是靠近中国翻译理论本身的发展问题，即中国传统译论如何在与西学的融通中求得新生的问题，则思路会略有变化。在这一方面，抽象而笼统地谈论中西结合是无用的，甚至援用已有的体用关系模式来套用也是无益的。我这里提出一个基本思路，即借助比较文学的研究思路，在中国传统译论和西方现代译论交融的过程中，进行理论上的相互阐发，互相发明，以期对中西译论的认识在学术互动中加深和扩展。在这个意义上，西方的翻译理论与中国翻译理论的关系也是多维的，如同西方理论本身就是多维的一样。

具体说来，可以采取的策略和做法如下：

1. 以西方现代译学和哲学的框架为参照框架，对于中国传统译论中的相关问题进行清理，从中寻找相关论题，加以理论阐释，加以条理化和明晰化，以便形成和国际译界对话的资格。例如"五失本，三不易"作为本体论问题，"信达雅"作为翻译标准问题，等等，其中有的要先进行命题转换才能进行理论操作。

2. 把中国传统译论中最有价值和特色的理论加以整理，进行提炼加工，主要是在原理基础上增加演绎系统和合理的逻辑推演，使其具有现代译论的明晰性特征和生机勃勃的时代精神，或者成为现代译论的一部分，例如，"文质"问题、"神似"问题、"化境"问题、"译味"问题，等等。

3. 从中国传统译论或者文论中吸取可用的概念，对于西方现代译论中相关问题进行对等阐释，发掘其中的隐秘意义，以便形成中西文化资源上的最佳结合。例如，可以利用中国传统文论中的"互文见义""旁征博引"等机制，对于西方的"互文性"概念加以深入阐释，丰富之，深化之，中国化之。

4. 借助中国传统哲学中的某些概念，例如老子的"道器""有无"、儒家的"诚""仁"、佛家的"如""相"等思想，对于西方现代哲学、文论和译论中相关的基本问题进行阐释，例如翻译起源问题、翻译本体问题、主体客体及其关系问题、主体间性问题，以及语言问题，使其具有东方哲学的博大精神而不显得过分条分缕析和支离破碎。

5. 利用国学中的训诂学优势和西方的语言学、解释学相结合，用佛学的世界观原理和西方的现象学相结合，用先秦的《公孙龙子》和《墨经》名学与西方的语言哲学和逻辑语义学相结合，用中国的诗学和西方的诗学相结合，用中国传统的文章分析学和西方的语文学和篇章分析相结合，等等。这样可以形成相互对接的中西现代学术的统一基础，作为译学的理论资源和思路启发。

6. 最后，用中国翻译史上的典型事例为例证，对西方重要的翻译理论和假设进行验证。或者把西方某一重大的翻译理论，用于研究中国翻译史的分段或整体，以便深入理解中国翻译史本身，或者通过实证研究检验现有理论的普适性和局限性。例如，运用伊万·左哈尔的多元系统理论，来关照中国翻译史上的四次高潮，可以收到理论检验和历史认识两个方面的兼通效果。

我想，如果这样做了，中国翻译学领域最终一定会有进步和成就。对此，我深信不疑。

正是在这样的学术大背景下，要我转而谈论这本《西方翻译理论流派研究》。其实要说的话，大部分都已经在前面说过。最后一些重要的话，是关于这本书和他的作者的一些情况和看法。

本书的作者李文革同志，是我在西安工作时的硕士研究生，也是我的开门弟子。当时我的研究方向就是中国文化典籍翻译和翻译理论研究，开的课比较多。政治和二外不算，专业课和专业基础课中除了文学和古汉语分别请外语系和中文系的老师来上，其余主要的课几乎全由我自己上，包括语言学理论、中西翻译史、中西典籍翻译、跨文化传通以及翻译理论等。文革是系上的青年教师，立志要攻读硕士学位，教学之余上研究生课程，写论文，还要照顾家务和孩子，很是繁忙。但他学习刻苦，从不拉课，也不拖作业。毕业答辩以后不久，文革去了新加坡留学，我也离开西安，到了天津。文革对于理论的兴趣本来就很大，这次利用国外深造的机会，一面选修课程，一面收集资料，为撰写这本《西方翻译理论流派研究》倾注了大量心血，做了充足的准备。而我在学术交往日益扩大的同时，和西安的学生一直保持着密切的联系，看到他们的进步，比如，谁又发了文章，就很高兴。迄至文革把一本完整的西方翻译理论流派的书稿捎给我，并嘱我写序，我便应承下来。

写序是一件难事，况且我知道同类书籍在国内外已有先例。一本是美国翻译理论家根茨勒的《当代翻译理论》，流传颇广，并且出了修订版，惜迄今尚无中译本。另一本是廖七一教授编著的《当代西方翻译理论探索》，《中国翻译》有书评，在国内尤其有影响。但是我还是觉得，在一个西学东渐即中国需要颇多借鉴西方的时代，在中国翻译学正在紧锣密鼓地积极建设的时期，介绍和评述西方翻译理论的书籍，仍然是多好于少，而且愈精愈好。何况这本《西方翻译理论流派研究》除了有鲜明的特色之外，仍然是少数几本具有先进性的西方翻译理论流派研究专著之一，对于国内学界了解西方翻译理论的发生和发展，以及在理论上的继承和借鉴，都是有积极意义的。

就我所知，文革的这本书，属于陕西师大人文社会科学重点课题，也是他在给研究生一面上课一面撰写完成的，其中有些章节曾作为教材试用过，收到了良好的教学效果。对于作者的编写原则我是十分赞成的，例如，宏观与微观的设计、重点与全面的顾及、理论同异的辨析、源流交代的清晰，以及介绍与评论相结合的写法。尤其是要在有限的篇幅里贯通西方两千多年的翻译理论史实，勾勒出发展的大势，基本上坚持了厚今薄古突出现代的思路，而又能条理清晰安排得当，是不容易的。另一方面，在力图认真准确地转述西方翻译理论的同时，作者自己对于各派理论的认识和评论，往往给人以提醒和启发，有些地方甚至表现出相当的研究深度，闪耀出理论思维的智慧的火花。

尽管如此，作为一本具有开拓性的理论研究专书，要它在取舍和评论上处处精当，仍然是过高的要求。对于一位独立撰写第一本书的年轻学者来说，有些成长中的缺点，原本是可以原谅的。只要想一想我国目前翻译理论的术语仍然不够统一而又亟待统一，而作为翻译专业，这原本是一件多么不能原谅的事情！而且在读者一方，由于不同的学术背景和翻译观点，对于有些一时拿不准的理论，即便会产生见仁见智的看法，我认为也是正常的。在学术问题上，我特别不能认同于统一思想一类说法，或者动辄用达成共识来框架思想，也未必有利于学科的发展。随着理论研究的深入，和新材料的发现，以及中国翻译理论本身的发展变化，有些西方理论需要进行重新认识和评价，也是完全可能的。

本书的适用范围，我想应当包括那些需要了解国外翻译理论的过去和今天的广大读者，以及那些具有一定的翻译学科基础而力求进一步发展学业的青年读者，对于专业的翻译理论工作者和研究人员，想必也有一定的参考价值。如果读者能够和同类书籍参照阅读，最好是能够参照原文仔细阅读，则收获会更大。

正是在这个意义上，如同我们在理论探讨和学术研究的一切问题上一样，发展的眼光始终是需要的。我衷心地企望，本书能在广大读者和西方译论之间搭起一座桥梁，一直通向中国译论学派的辉煌的前景。

　　在 2003 年新春到来之际，让我们从这里开始，努力昌明国学传统，融化外来新知，以新的姿态迎接中国翻译学派的新春的到来！

王宏印

2003 年春节前夕

天津，南开大学

翻译依然神圣

——序任东升《〈圣经〉汉译文化研究》

国庆长假，已毕业的博士任东升从海洋边打来电话，一是照例问候老师，一是恳请为他的专著《〈圣经〉汉译文化研究》写一篇序言。想起和东升这一届南开博士那些一起相处的难忘的日子，和他们一张张洋溢着青春朝气的学子的笑脸，我欣然答应了。

接着收到了东升寄来的书稿，我发现已经在博士论文的基础上做了较大的改动，俨然是一部专著的模样了。一个显著的变化，是标题上增加了"文化"二字，而在正文的第一章则专门论述了翻译文化和翻译文化史的概念。其中引述了王克非教授的观点：

> 翻译文化史应视为文化史的一部分。翻译文化史研究实质上是翻译史与思想史、文化史的结合，通过对历史上翻译活动的考察，研究不同文化接触中的种种现象，包括政治、经济、思想、社会、语言、文学的变化，并探究它们在思想文化发展史上的意义。（任东升：《圣经汉译文化研究》，湖北教育出版社，2007年，第22页）

我也很赞同"相对于过去的翻译研究，翻译文化史研究提供了一个新的扩大的视角"的观点，只是其中的罗列漏掉了至关重要的"宗教"一词。这使我想到和《圣经》以及《圣经》翻译有关的一些问题：

一是《圣经》的地位问题。作为历史、神学和文学三个方面相综合的文化典籍，《圣经》在西方文化史乃至世界文化史上的地位是毋庸置疑的。基于这样的学术信念，我在前几年编著的《世界名作汉译选析》中将《圣经》的翻译列在了开篇的首要位置，并提出《圣经》文体的问题。实际上，这也是东升知道我也对《圣经》感兴趣并且还比较重视的一个学术契机。

一是《圣经》在西方翻译史上不断被翻译和重译的问题，说明了《圣经》翻译在西方文化经典的翻译中一直居于核心和源头的地位。于是，在有一年的博士专业考题中，我出了这样一道题：让考生以《圣经》翻译为例，说明翻译文化史上一再出现的定本和不定本的相对关系，其目的无非是想让考生能够借助扎实的史实介入关于定本的理论问题的深刻反思。

然而，《圣经》翻译的研究却始终是一个误区甚至禁区，和国外及国际上的《圣经》翻译和《圣经》研究相比，无论在规模上还是在水平上，我们都无法相比，而和港台澳相比，大陆的情况也不容乐观。关于研究成果的具体的数字比较，东升的专著里已有，恕不赘言。单就《圣经》的翻译与研究之难而言，以及成果的出版与发表之难而言，自然有其方方面面的原因，但追根溯源，则难免涉及对于宗教的理解和对待上。一种常见的认识，就是不加辨别地把宗教和迷信画等号，以至于混淆了两个不同的概念和领域。中国文化的世俗化倾向姑且不论，假如我们依据康德关于知识和信仰的划分，就可以把这一问题澄清在科学认识的常识内。

　　回到翻译文化史，而且从文化史的角度来看，宗教毕竟是一种人类文化现象，无论在生活中还是在学术上，是既不能回避，也不容易搞得明白的。于是，下面一种近乎文学的描述也许是适当的：

　　　　宗教是人类精神生活的重要方面。宗教这朵不结果实的精神花朵，盛开在形上思维与神话想象嫁接而成的高枝上。它远离生活的坚实土壤，伸向虚幻无垠的天空，沐浴着高渺的信仰之光，吸取着圣洁的希望之露，不仅开得早，而且久盛不衰。（王宏印编著：《世界名作汉译选析》，上海交通大学出版社，2000 年，第 1 页）

　　然而，作为学问，无论是宏观而全面地研究宗教现象的宗教学，还是侧重宗教经典和原理、信仰注重论证的神学，毫无疑问都是人类文化知识的一部分，而且是至关重要的一部分。古代的学问中，神学往往和哲学不分家，而且属于哲学，这一事实使得人们对于宗教有一种敬而远之的畏惧感或敬畏感——如同孔夫子对于天命的敬畏一样。可能正由于此，古希腊哲学家亚里士多德按照学问的分类和研究的对象相联系的精神，提出了"任何神圣事物的学术也必是神圣的"著名论断。他的论证是这样的：

　　　　因为最神圣的学术也是最光荣的，这学术必然在两方面均属光荣。于神最合适的学术正应是一门神圣的学术，任何讨论神圣事物的学术也必是神圣的；而哲学确正如此……所有其他学术，较之哲学确为更切实用，但任何学术均不比哲学为更佳。（亚里士多德：《形而上学》，吴寿彭

译，转引自王宏印编著《世界名作汉译选析》，上海交通大学出版社，2000 年，第 232 页）

既然关于神圣的事物的学问是神圣的，关于神圣的事物的文本的翻译也是神圣的，而关于神圣的事物的翻译研究，当然也是一种神圣的事业。至少我们应当对此抱有一种神圣的态度，一种有所敬畏然而毕竟是要严肃对待的态度。

以这种态度从事翻译和翻译研究，而且持续多年，四处奔波，呕心沥血，不能不出成果。

在这个意义上，我们不妨说，东升同志是抱着一种虔诚的态度来求学和求学问的。

任东升同志是南开大学外国语学院英语语言文学专业翻译方向博士生。其硕士也在南开就读，因其学习刻苦，成绩优异，于 2002 年毕业时被直接推荐进入博士研究项目继续深造，是一名优秀的博士研究生。我和任东升同志交往有年，虽然是师生关系，但谈论学术和人生皆无所忌。东升性格开朗，坦率大方，乐于助人，尊敬师长，团结同学，善于与人合作共事，并表现出突出的社交能力和一定的组织能力。

对于世界文化典籍《圣经》及其翻译问题，东升有浓厚而持久的学习兴趣与研究热情，其硕士阶段就开始研究并以之为论文题目，经过持续而深入的研究，前后历时 6 年，可以说已经形成了自己独特的研究领域，并取得了喜人的研究成果。其博士论文《〈圣经〉汉译研究》顺利通过答辩，围绕此题目发表的学术论文多篇，也引起学界关注，其前景自然可喜。现在，他的学术成果要以专著的形式出版，对社会产生影响，我当然为之高兴。

高兴的原因不用细说，似乎其中也有了自己的影子，兹罗列一些值得记取的要点：

一是它使我回忆起我的留学生活和记载那番经历的《彼岸集》，其中有一篇散文《业余信徒》，记叙了留美期间几个礼拜日上华人教会听一位物理学家做《圣经》演讲的经历和感受。

二是我想起在西安工作期间曾经指导过一篇硕士论文，是关于《圣经》合和本的翻译的。其研究成果使我注意到这个本子的翻译对于白话文进入文学语言可能具有启迪和推动作用。

三是我曾经写过一篇名曰《蛇谱》的诗，以《圣经》传说的伊甸园为题目，写了亚当夏娃沦落人间的对话，和上帝在荒园中感到孤独的天堂，也算是基于神话原型的文学创作吧。

而东升的这本书却是纯学术的，因此需要一些纯学术的评论。首先一个印象是：这大概是大陆近年来第一部论述《圣经》翻译的专著，其资料的占有详尽和论述的专业和专门都是不用细说的。以下只是对这部书的一些简要的认识和评价：

1. 本书引入了翻译文化史的概念，将《圣经》翻译及其研究纳入其中，正当其时；

2. 让《圣经》翻译研究超越中西文化的一般对比，超越英语和汉语的局限，视野可谓宏阔；

3. 将《圣经》翻译与《佛经》及《古兰经》的翻译作对比研究，虽然还比较简略，但已属于比较宗教翻译研究的先驱性探索；

4. 关于严复翻译《圣经》资料的新发现及研究，为《圣经》翻译研究和严复研究添加了新的内容；

5. 论述了《圣经》翻译与中国现代文学的关系，可视为比较文学影响研究之一翼。

当然，《圣经》博大精深，其翻译历史之长，版本之多，研究之深之广，远非一部专著几篇论文可以穷尽，也非一个人穷其毕生可以彻悟。愿东升和译界学界更多的有志者，继续努力，共同研究，克服困难，取得更大的成绩。

最后，想借机就南开大学翻译专业博士培养的基本理念和做法，重点说一下论文选题与学术创新问题。

结合国内目前的教育体制和翻译专业的实际，我个人认为，在本科和硕士阶段的专业入门阶段，应坚持翻译理论与实践并重，强调学会独立思考，养成良好的学风和习惯。到了博士阶段，则要强调本专业领域和学科动向的全面掌握，注意形成个人的学科优势和合理的知识结构，特别强调按照学术规范在继承传统中推陈出新，其途径无非是经过重大研究课题的选择，实现重大的学术研究突破。

我们认为，博士阶段在很大程度上，是在广泛读书和深入指导基础上围绕学位论文做工作，不可按照常规教学机械要求。事实上，必须从招生一开始，就注意发现、选择和培养学生的研究优势和优势课题，其中包括可能的研究选题、规划选题的能力及完成课题的潜能。因为对于博士生来说，学位论文选题的正确与适当与否，意味着整个学业的成功与失败，需要从容的准备和长期的酝酿才能形成。我们在第一年上课之后，用一年时间完成选题报告，正式开题。然后经过预答辩和正式答辩，再听取意见进一步修改、完成，最后在有条件的时候，争取改写成专著，将成果出版，推向社会。

总结翻译学专业近年来的具体情况，我们的博士选题显现出如下几种类型：

1. 在熟悉的领域里深挖未知，做窄而深的分析。这种研究一般是继续多年的选题，包括硕士期间的研究选题的开拓和深化研究。其优势是容易深入，但缺点是视野狭窄，容易钻牛角尖。除非特别有价值和有前途的题目，或者特别有优势和能力以及有了研究方法和资料的保证，一般不提倡在同一领域继续按照一个方向探索下去。

2. 在交汇地带穿梭运行，进行跨学科创新的交互视野下的研究。跨学科研究的学科基础是一个很大的问题，结合方法与契合点的选择也是一个很大的问题。翻译专业的相邻专业不少，例如文学批评、语言学理论的应用，但真正掌握得好到能用的程度的，比较少，而依靠专业敏感发现问题，实现有利的经验迁移，能有效突破的就更少。

3. 在理论的制高点上俯瞰天地，针对当前研究习惯和思维方式开展批判性思维，通过反思提供新的思路，得出新的结论，是一条重要的创新和发现道路，尤其适合于博士和博士后的研究，可惜在国内利用得不够。例如，以西学考察国学的研究传统自"五四"以来就有，但至今收效甚微。考其原因，跟风和以思潮为观点的研究不少，但未能深入学问的根本，立意不够高远，也是其主要的问题所在。

显然，任东升的《圣经汉译文化研究》属于第一种类型。它之所以能够成功，除了作者的努力和导师的指导以外，这个选题本身所包含的丰富内涵和回旋余地，也有相当的关系。在这本书出版的时候，我一面为任东升一届博士生已取得的成果感到高兴，一面也为湖北教育出版社能有这样的学术眼光和出版精神而深为感动。我觉得一个人，或是一个社团，要是以全部精力和生命去做一件事，那是没有什么事情做不成的。因为人类的学术成果和作者的人格魅力之间具有一种本源和体现的关系。

有一次，在和学生座谈如何做学问的时候，我讲了做学问的三种途径、层次或境界：第一种是以知识和智慧做学问，凭借博闻强记、联想丰富、迁移有方以及社交能力和消息灵通等，例如胡适、郭沫若，以强烈的文化参与在社会上争取自由，具有一定的功利色彩，依靠社会的评价和认可，容易获得显著成绩，但难以获得永久的文化价值。

第二种是以功力和习惯做学问，凭借语言功底（包括外语和古汉语）、思维的敏捷和想象力等创造潜能做学问，再加上个人无可改变的读书习惯，例如吴宓、钱钟书属于这一类。当然二人的性格和悟性不同，但各得了艺术或人生之彻悟，体现了一定的人格价值。

第三种人是全身心与人格皆学问，体现为自由意志、创造精神和至高的人格魅力与人生境界，以王国维、陈寅恪为代表，洞悉人类本性，感悟文化命运，抱有终极关怀，通过学问实现人生价值和人文理想，与天地宇宙齐一，舍生忘死而不悔，乃千秋不朽之功业，殊为可贵。

我以这一番话，和我的学生和同道们共勉。

我还要说一句话：翻译依然神圣。

是为序。

王宏印

2006 年 10 月 20 日

于南开大学寓所

说不完的《红楼梦》

——序赵长江《霍译〈红楼梦〉回目与人名翻译研究》

我和《红楼梦》有缘，始于对翻译的喜欢。

不知什么时候，一见到《红楼梦》的书和文章，就要翻开看看。

其实我读《红楼梦》，很晚很晚。大约是在"文化大革命"期间，我中学没毕业，返乡在家，听老人说，"看了《红楼梦》，得了相思病"。十几岁的我，竟不知所云。后来，在教乡村小学的时候，听和我同龄的同事说，《红楼梦》里面的妙玉如何如何，那时候，还没有看过《红楼梦》哩。第一次看《红楼梦》的时间和情景已不可考，大约是在一个雨天不能出工的日子，自己捧着一本借来的掉了封面的《红楼梦》，靠在炕上硬着头皮读下去的吧。但肯定第一遍是没有读完的，而且印象也不深。因为太拖沓，太冗长了。

以后不知什么时候，读完了第一遍。

第一次从头至尾草草地读了一遍，但印象却是最深的，乃是杨宪益和戴乃迭夫妇翻译的《红楼梦》的英文本。那是 20 世纪 70 年代中期，当时是从一位大学同学那里借来的，因为喜欢其中的诗词，而且有感于竟然可以译为英文，于是就把这些诗词一首接一首地抄在一个精致的本子上，反复地背诵和记忆，想领悟其中的奥妙。

2001 年，在我离开陕西师大以后，该大学出版社出版了我的第一本《红楼梦》研究专著《〈红楼梦〉诗词曲赋英译比较研究》。在这以前，2000 年，我主编的《长安译论》开设了一个"红楼译评"栏目，而在此前后，我在不同刊物上连续发表了三篇关于《红楼梦》回目的研究论文。到了 2002 年 10 月，我所在的南开大学外国语学院翻译研究中心召开了全国第一次《红楼梦》翻译研讨会，请来了冯其庸等"红学"大家做报告，并展开了充分的讨论，会后，出版了《红楼译评——〈红楼梦〉翻译研究论文集》。会议的总结报告中，我联想到《红楼梦》不同语种的版本和流传情况，提出建立《红楼梦》译评的设想，于是，全国的《红楼梦》翻译研究开始启动。

第一次系统而认真地阅读《红楼梦》，大约是在 1998 年的夏季，在宁夏函授教育的空闲里，在一间容纳了三个教师——另外两个是美术专业的教师——的房间里，我抱着一本《红楼梦》，仔细地读了一遍，随手摘出其中富于哲理的段落，想写一本关于《红楼梦》思想的小册子。可是回来以后，又不能成思，只写了三篇关于《红楼梦》回目的论文，陆续发表了。从此以后，我陆续读了杨宪益和霍克思的两个英文全译本，而且做了较为系统的比较研究，特别是关于其中的诗词曲赋的翻译，有了一些体会。又对于霍译的体制问题，做过一些考察，仅此而已。

本来想就《红楼梦》翻译的文体和叙事问题，作系统的研究，可是迟迟不能开始，也就搁下了。有一次拿起杨宪益英译的《红楼梦》，想就译文本身仔细地读下去，但一读就感到中文的味道太浓，和英文的味混合在一起，竟然读不下去。幸而我在西安培养的硕士研究生，有一个系列的《红楼梦》英译研究论文，包括全书的叙事结构、红楼梦组曲和金陵十二钗的册子，以及人名翻译的研究。这些研究虽然还不能算深入和系统，但已有了一些见解，特别是其中一篇从叙事角度研究翻译的文章，给我印象较深。

谁能想到，几年过去了，正当我为自己在《红楼梦》翻译研究领域无所事事而苦恼时，赵长江却在《红楼梦》的回目和人名两个领域做了比较系统的翻译研究，并将其合而为一，寄来了一本书的清样，而且嘱我作序。

作序本当是一件好事，但其难，对于作序者来说，是不言而喻的。

好在可以实话实说。

赵长江是河北师范大学外语学院的青年教师，为人热情豪爽，办事精明干练。他曾在我这里听过一段博士生的课程，无形中受到一些影响。他原来是学习中国文论的，对于《文心雕龙》有些心得，后来从事典籍翻译教学，又被《红楼梦》的英译迷上了。于是，花了数年的工夫，写出这一部文学翻译批评的书来，也就不足为奇了。

至于为何要选择回目和人名的翻译进行研究，而且要选择霍译，而且是前八十回，作者在《前言》中是说得明白的：

1. 回目是一回的"眼"；人名是人物的"魂"。

2. 霍译与王译及杨译的不同有四：无注释，长序言，易体制，多方法。

3. 以为曹雪芹的前八十回可靠无异议，而高鹗续的后四十回则不取（只在附录中体现）。

由此涉及这本书的结构和研究重点，自然也是充满了作者主体性的发挥的。

另一个十分瞩目而又引起思考的是本书研究的宗旨：

　　本书采用的研究方法是从具体事实入手，抽出有价值的部分进行评述，之后把规律性的东西拿出来进行总结。在评述的过程中，融会入一些有关《红楼梦》的知识，以及笔者的一孔之见，以期读者获得更多的"红学"知识，引起更多的思考，更加关注我们的瑰宝《红楼梦》。（赵长江：《霍译〈红楼梦〉回目人名翻译研究》，河北教育出版社，2007年，前言第3页）

　　其实，这种所谓无方法的方法，还是有一个名称，那就是个案研究的方法。它的基本方法可以做如下说明：

　　1. 选定一个研究领域或题目（往往是凭兴趣），作为研究的对象。

　　2. 按照这个具体的研究对象的实际情况，将某一现象进行分析和分类。

　　3. 最后，对于分析的结果（分类本身也是常见的分析方法）进行解释和评论，一般是说明原因（因果分析），或好坏（价值判断）。

　　例如，关于《红楼梦》回目的翻译研究，便是从回目每行八字和上下对仗的自然句子入手，理出原文的信息（四、五、六各式，略近于内容）、结构（形式结构，略近于语法形式）、对仗、典故、叠字等修辞要点，作为翻译研究的基础；其英译的分析，则有对仗、创译、似译、译味、叠字与叠词、深化与浅化、模糊与具体、有意误译等，是分头进行研究的。所谓的"不解之处"，在我看来，也并非完全不可解，例如 In which 引起的句子，在英文标题中，就是指代本章内容的。它原是英文标题的一种常见句法，不过在进入汉语时难免使人不可理解。至于写作的顺序则是按照原书的自然顺序进行排列书写，并增加一些各回的具体内容和处理上的说明，以便沟通和解释。

同样，研究《红楼梦》人物的名称，包括历史人物（有些是神话人物）和虚构人物的翻译，作者也是用了一番心思的。具体做法可概括如下：

1. 对原文的人物名称，甚至上溯到中国传统的起名和号的方式，都做了统一的交代。

2. 将原著中的人名分组介绍（有些没有分组），说明其英译的长处和策略，一一考据，加以评论。这些研究的分类方式包括：译字面意、创译、半音半意、非音似意、汉英谐音等。在历史人物翻译研究中，分为省略、增加信息、释译、威妥玛-翟理斯拼音的使用，译意不译音、译熟不译生、复姓的翻译，以及按排行起名的译法等。其中有些研究，不仅评论原译，而且还给出作者自己的观点和译法，可以参考。

3. 在行文的过程中，容纳剧情和诗词，例如，渺渺真人之于《好了歌》，加深了主题和意义。有些名称下面，引经据典，考证爬梳，旁征博引，像是一个个中国文化词条。这就使得人名的翻译研究有了一点"百科全书"的性质。

以上构成这本书的研究特点的一些说明。

构成本书研究宗旨的还有作者对于翻译理论的态度，兹引述如下：

> 本书关注的不是形而上的翻译理论，不以任何理论作为指导，也不把某些翻译理论拉进来，硬与某些观点和某些翻译挂钩以显示其高深。翻译就是翻译，翻译理论应该从翻译实践中来，又回到翻译实践中去，为翻译实践服务。就翻译论翻译是本书的宗旨。（赵长江：《霍译〈红楼梦〉回目人名翻译研究》，前言第3页）

不关注翻译理论也不接受任何理论的指导，是否可以进行研究，尤其是进行翻译批评式的研究，是一个值得讨论的问题。不过，这里无暇进行长篇大论的展开论述，只能列出笔者的认识的如下要点，以供讨论和参考：

1. 有些研究，属于实证性的个案性的研究，例如以翻译批评为宗旨的翻译研究，因为其对象指向具体的翻译文本和翻译现象，也可以不顾及翻译理论，或者说它有别于一般的翻译理论研究。不懂得这一点，不区分应用性研究和理论性研究，不看具体的研究对象和需要，或者说不能设立一套行之有效的具体的研究方法和方案，进行具体的对象化的研究，而是研究伊始，就一定要拉一种理论作为垫背（例如名人的论述），或者拉大旗做虎皮（例如时兴的外国理论），是如今翻译批评缺乏底气的表现，也是翻译批评型研究难以深入和难以有所发现的致命弊端。当然，这里强调的是翻译研究的类型问题，和特殊的研究类型与一般理论所处的相对的等级性的关系问题，而不等于认为翻译批评可以不要理论，或者运用翻译理论就不能做翻译批评了。

2. 是否可以有"就翻译论翻译"的翻译研究——如同作者宣称的那样？回答是：可以，而且有案可查，有例可证。其实这种研究，如前所述，是就一个具体问题进行研究的为研究而研究，在方法上，属于一种综合性的研究。这种研究，只要它有明晰的研究对象，和一套适合的研究方法，按照一定的研究方案和程序研究下去，最后，得出一定的研究结论，并且能够做出说明和解释，就是有效的和有价值的。这种研究，不必具有普遍性的指导一切的研究结论和理论（结论泛化和理论上的大而无当正是国内许多研究的通病），但并不意味着它是随意的、无目的的，或者根本不按照一套科学的研究程序进行的。

至于归根结底，任何研究本身，都反映研究者一定的理论认识水平，并且隐含着某种理论问题，则另当别论。

3．最后，翻译理论，是否一定要从实践中才能得来，或者一定要回到实践中去？那也不一定。因为理论的来源，作为一种智力资源，也可能并非直接来源于某一具体的或解决问题的研究过程和任务定向的实践活动，而是有其理论层面上的来源，比如来源于其他的理论，或者其他学科的相关理论，或者对其他理论的批判性认识。同样，理论的归宿也不必一定要回到实践中去指导实践，因为理论也可以有理论的去处，例如对其他理论产生影响，或者影响到新的理论的产生。实际上，这种直接将理论与实践挂钩和等同的做法和认识，具有一定的经验主义的认识局限，在某些条件下，可能既会妨碍理论研究的纯粹性和思辨性，也会妨碍实证研究的科学性和普遍性，同时，对于翻译实践，无论在认识和操作上，均会妨碍其提高和改进。这也是必须指出的重要的认识问题。

那么，在说了一些理论性的话语以后，让我们再回到翻译批评本身，而且就翻译批评本身进行一些讨论。因为不言而喻，本书作为中国古典文学名著《红楼梦》的英文翻译的专题研究，势必涉及文学翻译批评的概念、做法和进程，以及一些有待深入讨论的问题。我们不妨借助这个有兴趣的话题，在序言的最后部分，再多说一些意见。

一个是文学翻译批评的类型划分。

一个是如何进一步提高鉴赏与研究的水平。

一个是如何使翻译批评向科学化和学科化的方向努力。

首先，关于翻译批评的类型划分，迄今仍缺乏权威的公认的标准和根据，所以借助文学批评的类型划分，就是一个可以认可而且比较容易开始的话题。法国批评家蒂博代的《六说文学批评》中，有这样的论述：

> 这三种批评，我将称之为有教养者的批评，专业工作者的批评和艺术家的批评。有教养者的批评或自发的批评是由公众来实施的，或者更正确地说，是由公众中那一部分有修养的人和公众的直接代言人来实施的。专业工作者的批评是由专家来完成的，他们的职业就是看书，从这些书中总结出某种共同的理论，使所有的书，不分何时何地，建立起某种联系。艺术家的批评是由作家自己进行的批评，作家对他们的艺术进行一番思索，在车间里研究他们的产品。同样这些产品要在沙龙里（包括一年一度展览这些作品的沙龙展览会和它们装饰和使之活跃的私人沙龙）经受有教养者的批评，还要在博物馆里经历专业工作者批评的检验、讨论和修复。毫无疑问，应该把三种批评看作三个方向，而不应该看做固定的范围；应该把它们看做三种活跃的倾向，而不是彼此割裂的格局。（[法]蒂博代：《六说文学批评》，赵坚译，生活·读书·新知三联书店，2002年，第46～47页）

其实，所谓自发的批评，就是公众代言人的批评，多数是口头的、非专业的意见，以及随机的无系统的观点，虽然多数缺乏理论的见解，但有基本的判断和参考价值。翻译批评中，所谓自发的批评，主要来自学外语的青年读者和外国文学爱好者，以及对于典籍翻译有一定兴趣的广大读者。他们的意见代表一定的舆论倾向和时代趣味，是不能忽视的。

而专业的批评或专家的批评，大约要算那些理论家和学者的批评了。在翻译批评领域，翻译理论家和研究人员的意见，以及一部分从事翻译教学的人员的意见，往往具有举足轻重的作用。然而，如同自发的批评一样，专家的意见也未必是一致的，因为理论背景的不同，从业经验的不同，以及个人好恶与审美趣味的不同，都有可能导致批评意见的不同。重要的是，其中少数权威人士的意见，尤其是翻译批评权威对某一具体作品的批评意见，可能具有举足轻重的作用。

所谓艺术家的意见，在创作领域就是作家的意见，而在翻译领域，就是翻译家的意见了。然而值得注意的是：按照蒂博代的划分倾向，似乎艺术家的意见具有最终裁决的性质。而实际上，作者、艺术家和批评专家、理论家，这两个难免形成对立集团的意见，何者更为重要甚至更高，是很难下定论的。关于这一部分人的意见，尤其是在翻译批评领域，似乎还没有一个倾向性的意见。在目前理论研究占据主要话语权的条件下，在翻译家们很少能在个人翻译之外公正地进入翻译批评的情况下，也许批评专家和理论家们的意见更应具有权威性和影响力吧。

关于这三种批评的进一步的学科归属和发展的关系，蒂博代有下面的论述：

> 自发的批评流于沙龙谈话，职业批评很快成为文学史的组成部分，艺术家的批评迅速变为普通美学。批评只有抵抗这三个难以回避的滑坡，或者（更应如此）只有试图连续地追随这三种批评并从中找出共同的分水岭，才能在纯批评中得以存在。（［法］蒂博代：《六说文学批评》，赵坚译，第 136～137 页）

其实，参照以上的划分和分析，已经可以说明三种文学批评和文学翻译批评的去向和结果了。另一方面，也有助于说明如何进一步改进翻译批评质量的问题，甚至关于科学化和学科化建设的问题，也可以从中吸取营养。

如果说自发的批评不借助任何理论资源，在选题上也任其自然，研究随性之所至，书写表达也比较自由的话，那么，在保持密切接触实际和灵活反映的研究优势的同时，提高选题的专业水平和研究方法的专门化，正是自发式批评进入专业水平的翻译批评的基本条件。另一方面，专业性的翻译批评，除了具有明显的学科优势以外，则容易从概念出发去选题、去研究，而研究的结论，也容易符合甚至迎合某种既定理论和观点。这在一定程度上既可以说是一种职业和专业优势，但也会影响研究的客观性和有效性。只有经过专业训练的研究人员从事文学批评和文学翻译批评，才有可能摆脱目前有关研究在队伍和方法上的困境。

自发的批评可以从沙龙进入日常生活对文学和翻译文学的反映，专业性批评在经过文学史家的吸纳和筛选以后可能会进入文学史或文学翻译史（翻译文学史），而艺术家即作家和文学翻译家们的研究，则要进入到文学翻译理论和翻译实践本身，而他们的意见进入美学和翻译学，是需要更加理论化专业化的工作的。在这里，科学化和学科化如果不细加区分，几乎是一个意思了。但若细加区分，还是可以看得出来：科学化偏重于指文学翻译批评与研究结论的客观有效性和普遍的可验证性，而学科化则是指和文学翻译批评的学科建设密切相关的部分，例如，在翻译批评的方法和理论原则上的讨论，以及如何构建和完善翻译批评学科体系的考虑。在这一方面，除了专业理论家们的周密的思考以外，来自自发的批评的旷野的呼声也需要认真倾听，而艺术家们所提供的，不仅有艺术灵感和直觉思维的发现契机，而且在沟通各派理论的横沟上，也能起到相当的作用。

至于何谓"纯批评"，那将是一个异常复杂而难以说明的问题，姑且搁置吧。

但我们知道，关于实用批评，瑞恰兹曾写过一本《实用批评》的小册子，讨论了诗歌接受的十大问题，指向了"批评中的主要的困难"。

而这本《霍译〈红楼梦〉回目与人名翻译研究》肯定不是纯批评，它属于实用批评领域，而且是批评的实践本身。

是为序。

王宏印

2006 年 11 月 20 日

于南开大学寓所

诗性智慧的探索

——序商瑞芹《查良铮英诗汉译研究》

查良铮（1918—1977），生于天津，祖籍浙江海宁，清朝学士查慎行后裔。曾用笔名穆旦、慕旦、梁真。"九叶诗人"之一，以笔名穆旦行于世。查良铮早年在南开中学时期就开始写诗著文，后入清华大学（西南联大）英文系学习，20世纪40年代即为著名的现代主义诗人，自己出版了《探险队》（1945）、《穆旦诗集》（1939—1945）、《旗》（1948）等三部诗集，其诗风深受叶芝、艾略特、奥登等现代派诗人的影响。1948年赴美国芝加哥大学攻读文学硕士，1953年回国后在南开大学外文系任教，由于"历史问题"受到不公正待遇，遂由诗歌创作逐渐转向英语、俄语诗歌翻译，译介了大量浪漫派诗歌与部分现代派诗歌，诗人翻译家以查良铮传。2005年，人民文学出版社出版了八卷本《穆旦译文集》，2006年又出版了两卷本《穆旦诗文集》，基本上收录了他的全部译诗、大部诗作、评论和书信、日记。

其实，对于熟悉查良铮或者穆旦名字的人，这个小传式的介绍是不需要的。不过，对于今天的大多数年轻人来说，甚至对于今日难得的文学青年来说，不仅诗人穆旦和翻译家查良铮的名字很难联系起来，"九叶"派诗人穆旦的名字也几乎被人淡忘了。除了在拜伦、雪莱的译诗的封面上出现，或者在普希金、丘特切夫逸事的谈论中提起，这位大名鼎鼎的翻译家的真名也很少有人想起了。这不仅是因为相对于诗人，译者在许多时候是隐身的，而且因为在现代和后现代大行其道的时代，中国大陆的浪漫主义的余响日见衰微，而在英美现代文学、文化巨大的冲击波作用下，俄罗斯诗歌的声音也很难听到了。

在今天的南开，在查良铮曾经教授过英国文学课程的地方，今天的南开大学外语学院英语系的学子们，连查良铮的名字几乎也无人知晓了。也许文学院由于专业的缘故或者容易怀旧的心理，无论是在老师和学生中间还保留一些起码的日见陌生的记忆。而南开的老年教授，例如那曾经和查良铮一起蹲过牛棚的历史学教授来新夏，他谈起那不堪的往事和苦难中的朋友，禁不住老泪纵横。还有一些老教工，或者因为和文学无缘，至今只记得那个衣衫褴褛、低眉吞声的图书馆打扫厕所的老工友的形象。谁能想得到，昔日的人下人，竟然是一流的大诗人呢？

然而，在南开大学某教工的书房里，或者偶尔碰巧在湖边树下一起谈论文学的，据说就是当年熟悉查良铮的老南开的教授们，如今也已退休像查良铮当年躲在书房里那样翻译诗歌或散文了。在友人面前提起他的时候，或者在有人问起他的时候，他的表情仍然带着几分惊异，询问来人如何又要旧事重提，在那些难堪的岁月过去之后；而且多是带着几分敬意，不无骄傲地评说他的学问如何、人品如何、才气如何！并且往往含有几分惊疑，正题之余，好奇地拼凑一些令人生疑的新消息，而且顺便打听一下他的远在海外的子女和晚年交的几个青年朋友的近况如何、境遇如何，感慨万千人生变幻得有些难以置信；当然啦，言谈之间，也许流露出几分经意或者不经意地，渲染一番和这位 20 世纪少有的中国桂冠诗人的友谊和交往，或者遗憾地表示没有什么交往。谁晓得一个近在身边的邻人，他原来会有如此大的身后名呢？

　　20 世纪 40 年代风靡一时的"九叶"派诗人穆旦，由于参加杜聿明领导的中国军队出兵缅甸对日作战（前日电视上报道，当年从缅甸野人山原始森林逃出来的唯一的女兵，在多年后被他的出生入死的丈夫抛弃之后，被一位女作家找到了），受到不公正的待遇，不但被迫从事翻译而放弃了创作，而且离开了大学讲堂。当年和他有深交的巴金萧珊夫妇，在他的生前身后都已先后逝世。"九叶"中继诗人杜运燮等过世以后，2006年 4 月在天津召开的"穆旦诗歌创作学术研讨会"上，就只有白发苍苍的郑敏在发出一个独特的声音，而另一位老诗人牛汉，则以浓重的山西方言，朗诵了他著名的一首诗"一棵大树倒下了"的前半。会议期间，连同诗人翻译家的子女，在海外的和国内的，大家一起来到"文化大革命"后期查良铮一家六口居住过的平房——东村七十号，听当事人讲一些过去的事情：穆旦于 1977 年不幸去世以后，家属们还在这里住到 1980年秋。其实那故居早已不复存在，面对的不过是另一排相似的红砖房而已。

　　其实，这一切不过是为了回忆。回忆一些值得记取的人物，忘掉那些不该发生的事情。

　　会议之外，学界的讨论却在继续。穆旦的又一些作品被发现了，还有另一些，发现就意味着不存在。

　　穆旦之于我，一个诗歌和翻译的爱好者，完全是一个学习和发现的过程，一个精神的存在。

　　2000 年，当我经过了夏季在延安和榆林的教学和参观活动，在翻译了《白蒂诗自选集》并准备了一段时间的中国现代诗歌研究以后，在打算离开陕西和古城西安的时候，在西安解放路图书大厦的顶层见到了绿色封面的《穆旦诗全集》，由此开始了对穆旦诗歌的研究历程。老实说，穆旦的现代诗，的确不好懂。相比之下，甚至比英美的现代派诗歌，如庞德和艾略特，还要难懂。此后，在初到南开的岁月里，除了翻译和研究陕北民歌之外，我花了更多的时间，反复阅读穆旦诗集中的 146 首（组）诗作，从中挑选出 60 多首，译成英文，并加详细的注释和解读，于 2004 年出版了《穆旦诗英译与解析》。在此书的前言中，我将穆旦一生的诗歌创作和翻译活动，做了一个大致的分期研究：

第一时期（1934—1937）尝试期：主要是南开中学阶段，开始在《南开中学生》上发表诗作和文章，已经显示出早慧和诗才。

第二时期（1938—1948）高峰期：从清华到西南联大，再到 1949 年前出国留学为止，穆旦的大部分诗作属于这一时期，在创作思想、语言风格上最具代表性。是著名的"九叶派"诗人之一。

第三时期（1951—1957）受挫期：从 1949 年初留学归国到"反右"运动，以《九十九家争鸣记》招来大祸，结束了这一时期艰难的适应和很难适应的创作实践。一般说来，这一时期的创作成就不很高，数量也不大，但有些诗作，仍具有很强的资料和研究价值。

第四时期（1958—1977）翻译期：1958 年接受机关管制，不能发表诗作，诗人以本名查良铮（实际上翻译活动开始于 1953 年）发表大量翻译作品，包括苏联文艺理论、普希金、丘特切夫等俄国诗歌以及拜伦、雪莱等英国浪漫派诗歌。特别值得一提的是，晚年翻译了英国现代派诗歌选集。其翻译成就无论在数量上还是质量上都为译者赢来当代中国最优秀的翻译家之一的荣誉。翻译活动一直持续到 1977 年诗人去世。

第五时期（1975—1976）圆熟期：晚年的诗歌创作复兴，自 1975 年只有一首《苍蝇》戏作，诗人重新拿起诗笔，1976 年诗人有近 30 首（组）诗作，其思想和艺术达到了圆熟老到炉火纯青的很高境界，与前期诗风有明显不同。

一个要说明的情况是：上述最后一个时期，即诗人翻译家最后两三年的创作，和翻译活动几乎是并肩而行的，而创作到了最后一年，就已经停止了。因此这里所说的圆熟期，显然只能指诗歌创作，连同尝试期、高峰期和受挫期（包含政治上的受挫），可以用来说明诗歌创作的总体情况，而第四期的翻译期，则涵盖了很长一段时期，直到生命的终结。这样，原本在时间段上可以包含在第四时期的第五时期，却因为创作活动需要一个特殊的命名而分离出来了。当然，与此同时，各分期的命名原则，在逻辑上也就不完全统一了。

穆旦诗歌的创作，虽然有很大的精神含量和情感动力，客观上记录了诗人一生中经历的若干历史时期和重大事件，例如抗日战争（包括西南联大）、解放战争（国统区）、反右扩大化运动和"文化大革命"，但另一方面，还真实地反映了诗人成长和成熟以及不断追寻自我、改造自我和自我发展的基本历程。其诗歌研究，除了其他方法之外，也可以按主题把他的全部诗作归结为十大类别（括号里是每一主题下的代表作）：

1. 劳苦大众（如《更夫》《报贩》《洗衣妇》）

2. 民族命运（如《野兽》《合唱二章》《赞美》《控诉》《饥饿的中国》）

3. 战争思考（如《出发》《奉献》《森林之魅：祭胡康河上的白骨》）

4. 浪漫爱情（如《诗八首》《一个战士需要温柔的时候》）

5. 自我追寻（如《自己》《我》《听说我老了》《问》）

6. 自然景色（如《云》《黄昏》《自然底梦》）

7. 精神信仰（如《祈神二章》《隐现》）

8. 生存处境（如《被围者》《活下去》《智慧之歌》）

9. 文明反思（如《良心颂》《暴力》《城市的街心》）

10. 诗歌艺术（如《诗》）

这十大主题，集中到一个中心，就是中国知识分子所具有的对于国事民生最高的精神关注，即"忧患意识"，借来一个临近学科的翻译术语"心态史学"，可以把它归结为一种"心态诗学"。这种诗学"心态"，由于兼顾了内化了的"大我"与"小我"，显然有别于西方诗人艾略特的"非个人化"观念。要而言之，落实到穆旦的诗歌创作动因，可以说，诗人以一种纯真而复杂的心态，体验人生，对待社会，在那个特定的天翻地覆的时代，在中国诗学和政治的纠缠不清的关系即诗教与讽喻交织的传统中，诗人因其诗歌创作得以丰富，也因其诗人责任而备感痛苦。这就是典型的中国式的现代派诗歌理念，和现代诗人的使命感。

穆旦在我国新诗创作上的最大贡献，在我看来，就是塑造了"被围者"形象，得以形成中国现代诗歌史上与"倦行者"和"寻梦人"三足鼎立的格局。"被围者"是一个人群，他真实地记录了抗日战争中中国孤立无援的状态，和急于突围得救的生存意识与消沉涣散的民族存在状态。"被围者"是一个自我，他生动地写出了中国知识分子处于强大的社会和文化传统的包围中而不得出的狂躁心态和沉沦过程。"被围者"是一种文化，他不写实体也不写关系，而是写一种个体群体在时间和空间化一的旋转和沉没的惯性中，肉体无法自救、灵魂无法拯救的悲惨处境和悲剧氛围。在这个意义上，诗人穆旦获得了巨大的成功。他的"被围者"较之"倦行者"和"寻梦人"深刻得多，普遍得多。作为智慧型诗人，即使一生未能杀出重围，他也很少流露出倦行的老态和寻梦的幻灭，倒是显示了一贯的荒原意识。这是诗人穆旦一生新诗创作能保持形上高度和独立品位的文化心理动力学上的基本定位所使然，也是至今读他的诗仍然使人能在强烈的冲击和震撼之余感到"丰富和丰富的痛苦"的文化心理内涵的奥秘所在。

一个秋冬之交的黄昏，我走出南开大学校园，沿着复康路上的河边散步，隔河可以望见校园的"红砖楼房"（难道和这个词语在英文里"不怎么样的学校"的意象是一个偶然的吻合？）。路上，我为一丛丛深绿而肥厚的冬青灌木枝叶那充满生命力的伸展而动情，不觉驻足观良久，突然，"绿色的火焰，……"一句诗冒出脑际，于是有了下面一首"穆旦印象"：

穆旦印象

想象中的你
从绿色的诗句中渗出
凝重而清新——好酷
如今来到你曾是的所在
冬日里你的形象
反而这般模糊

每一片叶子都留有你的踪迹
风，却不指点迷津

可你那不屈的灵魂
和诗性的智慧一道
早已飞上九天的高度

一颗明星在天边闪烁

闪烁着新诗的桂冠

多少年来

仍然难以有人企及

无论是在诗坛

在译苑

可是，关于穆旦的诗歌翻译，我是说他所翻译的英美诗歌和俄语诗歌，还没有开始研究。于是，我在新华书店的书架上或者从附近各处的古旧书摊上，陆续地搜来署名查良铮的译作：不同版本的《雪莱诗选》《拜伦诗选》《普希金诗选》《普希金叙事诗》还有《唐璜》，如饥似渴地阅读、比照、思考。终于有一天，在刘士聪教授的书房里，我们又一次谈起查良铮诗歌翻译的研究问题，刘老师说，可以专门研究一下《唐璜》。

众所周知，《唐璜》是拜伦的政治讽刺长诗，但很少有人知道，在极为困难的条件下，忍受着巨大的精神压力和生活困难，查良铮花了 11 年时间，才译完了《唐璜》；期间经过一遍一遍的修改，他终于把一叠一叠的手稿装在一只箱子里，逃过了红卫兵的抄家和"文化大革命"的熊熊烈火，寄到了出版社，但一直到他临终也没有看见这部译作的出版，甚至不能肯定它一定会出。要理解这一难以理解的事实，就要了解那一段历史和那个特殊的时代，了解查良铮的生平和那一代知识分子的命运。

查良铮所处的时代，是一个翻译的时代。而查良铮自己，由于天分、努力和机遇，当然，还有和那个时代格格不入的望族出身和他热情而倔强的个性，使他成为那个时代文学翻译特别是诗歌翻译的佼佼者，取得了令人赞叹的成就。以下分头叙述之：

1．1949 年以来，经过了"文化大革命"一直到改革开放初期，许多事情百废待兴。中国的翻译界基本上是在一个没有和国际接轨，也没有严格组织的条件下自发地工作的。换言之，这是一个翻译版权要求不严格的时代，许多译作打上"内部参考"的字样，就可以秘密地或公开地发行和销售。假如要通过正常手续，大量外国文学作品的翻译和出版，几乎是不可能的。这也许是查良铮一代翻译家的大幸。别的姑且不论，著名学者和翻译家季羡林，据他自己说，就是在 1973 年"着手偷译印度古代两大史诗之一的《罗摩衍那》（*Ramayana*）"的。

2．由于各种政治运动频繁，自由创作受到限制，特别是历史与现行的各种问题和罪名的罗织，迫使一部分有创作能力的作家转而从事翻译事业，在翻译领域做出了重要的贡献。对于查良铮来说，翻译事业几乎是他后半生个人全身心投入的事业和个体生命的全部意义。假若没有诗歌的翻译日夜陪伴着他，很难设想他还有活下去的希望。事实上，有些诗歌的翻译过程，是在连家人也不知情的情况下秘密地进行和完成的。以至于直至翻译家去世以后，出版社寄来稿费，家人才得知又有一部诗作的翻译问世。

3．查良铮本人的语言能力是杰出的。他对汉语的精通自不待言，而外语学习也是经过了艰苦的磨炼和持久的锻炼，到达了一个相当高的水平。早在西南联大时期他就打下了良好的英语基础，熟悉英国文学，在美国留学期间又进一步学习了俄语和俄罗斯文学。这样他就成为难得的翻译领域的双枪将，在当时学习苏联和俄罗斯文学传统的主战场和英美文学的另一战场同时作战，左右逢源，成就辉煌。在这个意义上，查良铮的翻译成就，可以同时抵得上俄语翻译家戈宝权和英语翻译家王佐良。

4．第四个要说明的问题是：查良铮不仅从英语和俄语翻译了大量的浪漫派诗歌，完成或出版了拜伦的《唐璜》和普希金的《奥涅金》两部名著，以及雪莱、济慈、丘特切夫等诗歌选集，而且在晚年还抓紧时机翻译了英国现代派诗歌选集，包括他所熟悉和喜爱的奥登和艾略特的译诗，这使得查良铮成为最全面的翻译家。尤其是长诗《荒原》的翻译，让查良铮能够跻身于中国现代派诗歌创作和翻译的最早期、最高峰和最前沿位置。他的翻译成就，完全可以和赵箩蕤等艾略特专家相媲美，或有过之。

5．诗歌翻译以外，查良铮还翻译了俄语的文学批评原理一类文论书籍，特别是《别林斯基论文学》和季摩菲耶夫的《文学原理》，虽然现在已不流行，但当时却是作为全国流行的文艺理论教材而受到普遍欢迎。这对于提高翻译家的理论素养，形成以马列文论为基调的文艺理论观点，并且锻炼其理论表达的笔法都是有益的。这一方面的努力，构成查良铮文艺理论和诗学思想的一个哲学基础，但他的思想不限于此。通过译者所写的一系列前言后语可以看出，浪漫派诗歌和现代派诗歌的深层理念和表现手法，通过翻译活动已无可怀疑地渗透到译者的诗学观念中了。

6．查良铮本人的翻译理论和文艺理论观点，基本上属于现实主义的范畴，这体现为无论创作还是翻译，都具有明显的现实的指向，靠近马列文论的精神，甚至具有一点儒家思想以文艺为教化的影子。但其具体的艺术观念却是复杂的，同时包含有浪漫主义和现代主义的艺术元素，受到俄罗斯文学和英语文学传统的双重影响，而中国古典诗学的影响却相对较少。最后，在艺术和诗学的最高追求上，则有一个至高无上的形而上的"纯诗"高度。这一点是理解查良铮诗歌翻译和创作的基本点，也是他诗歌创作和翻译取得巨大成就的关键因素。

不觉又几年过去了。除了上面一些情况的逐渐明了和认识上的趋向于一致，穆旦和查良铮研究又有了一些新的进展。其中最令人欣慰的成果，就是现在摆在读者面前的这本《查良铮英诗汉译研究》。这是商瑞芹女士在其博士论文基础上，经过认真修改而出版的一部研究专著。大体说来，它包括以下几个方面的内容：

1. 中西诗歌美学与西诗引进和影响下的中国新诗的发展，以及中西诗歌翻译的理论背景的讨论，为这一课题的研究提供了历史背景和理论分析范畴；同时说明了作者的研究方法、研究对象与全书的章节安排。

2. 查良铮浪漫主义诗歌的翻译研究，认为查译浪漫主义诗歌注重意境重造和有创造的形式移植，在语言上则力避浮靡空洞、矫揉造作的流弊，讲究凝练、自然、质朴的文风。由于语种和篇幅所限，这项研究不包括俄语诗歌的翻译。

3. 拜伦长篇政治讽刺诗《唐璜》的翻译，包括英语诗体移植、注释与语体等的详尽研究，构成本书十分重要的一章。作者对于抒情诗和叙事诗的美学特点和翻译要求，提出了自己独特的看法。她明确指出，翻译家查良铮所体现的译诗风格，和德莱顿、蒲伯、拜伦的诗歌风格有一脉相承的继承关系，这也是穆旦抒情诗创作成功的秘诀之一。不过，熟悉俄语诗歌的可能会强调普希金的影响作用。

4. 查良铮英语现代派诗歌的翻译，包括了叶芝、奥登、艾略特等人的代表性诗作翻译，为了加深印象，深入研究，作者往往同时运用几个译本进行分析比较，以便发现译作的差异和各自的审美特征。作者认为，现代派诗歌晦涩难懂，有一定的抗译性，而查译成功的秘诀在于：以现代口语入诗，直译原诗的奇特意象，并赋予自由体诗歌以疏散的韵脚，这样既保持了原诗的张力，又达到了陌生化的艺术效果。

5．结合诗人的创作，研究了拟作、改写、重写、翻译，以及诗人翻译与创作的影响关系。作者指出：查良铮诗歌翻译与诗歌创作之间体现了拟作、改写与翻译的关系。从诗人译诗的角度来看，诗人创作中对英诗的拟作为他从事诗歌翻译提供了优势条件；拟作式创作在客观上使诗人翻译家与原作者风格更加契合，同时，受原文激发的灵感得以在拟作中释放，使他在翻译中能够对自己的创造性加以适度控制。改写是翻译家创造性的体现，重写则体现了影响翻译的各种社会文化因素，包括文学多元系统与意识形态等复杂关系。不过，各种复杂关系的详尽研究，尚有待于时日和更多资料与成熟理论的准备齐全。

下面，我想重点讨论一下构成本书研究主要特色的三个问题：

1．以顿代步：译诗形式的考究：

学术研究，要能够抓取最重要的课题，以及当下课题中至关重要的理论问题。在中国现代诗歌翻译史上，最重要的理论问题而且是许多诗歌翻译实践家奉为金科玉律的，便是"以顿代步"的译诗原则。而商瑞芹的查良铮译诗研究，恰好抓住了这个关键性的问题，而且提出了自己的研究结论和独特的观点。

大体说来，"以顿代步"是中国现代诗歌史上翻译西洋诗歌为现代汉语诗歌的一种基本的形式化策略。20 世纪 30 年代翻译家孙大雨提出以汉语的"音组"（即后来的"顿"）替代英语的"音步"，来翻译莎士比亚的《李尔王》（孙译名为《黎琊王》）。卞之琳继而正式提出"以顿代步"的格律诗翻译原则，即以汉语的二、三字为一顿，对应于英语诗歌的音步，不计平仄，按原诗加韵的原则。此后此主张在诗歌翻译领域得到不少追随者和实践者。到了黄杲炘那里，则进一步将"以顿代步"发展为"兼顾顿数、字数和韵式"的完整的形式化翻译方案了。

诚然，这是一种理想化的形式移植方案，在理想的情况下，可以达到理想的艺术效果。例如，卞之琳所译布莱克的《老虎》有这样的诗节：

> 什么样/铁链？什么样/铁锤？
> 什么样/熔炉里/炼你的/脑髓？
> 什么样/铁砧？什么样/猛劲
> 一下子/掐住了/骇人的/雷霆？

然而，本书的作者通过仔细的研究所得出的结论是，查良铮的翻译实践并没有追随"以顿代步"的译诗原则，而是有自己的译诗策略，至少找不出译家有任何与之类似的言论来证明他的翻译策略是依据了"以顿代步"原则的。对于这样的发现，究竟该做何评论呢？

笔者以为，一个具有一定普遍性的问题是：假若说"以顿代步"是基于英汉诗歌语言特点的对比，是在承认差异的前提下来寻求形式对应的，那么，对于译诗这项复杂的活动来说，下列形式因素和非形式因素必须也在考虑之列：

1）与英语诗歌语言的重读音节和非重读音节相比，汉语诗歌的轻重，既有轻重音的区别，也有音长音短与声调变化（平仄），可见，顿和步不应是简单的形式对应关系，或者说，汉语的顿是一个并不严格的英语音步的对应形式单位，因此，在翻译中应当考虑更多的形式因素的制约。

2）由于顿的字数不固定，从一字、二字、三字到四字甚至更多字数，在一顿内部构成复杂的意义和语音关系，因此，不仅在形式上很难确定顿的概念，而且在翻译上一定要结合思想感情的起伏变化，和诗句音节本身的错落有致来安排语言的形式因素，而不应单纯以顿数相应为标准，更不应追求以字数相等为准绳。

3）由于诗歌并不仅仅由形式因素一个方面构成，而是包含意象、意境以及思想、情感等因素的综合体，所以，译诗本身即便达到声音和意义的最佳结合，即顿是音节/音组和意义的统一体（节奏），但若缺乏意象的准确捕捉和意境的充分渲染，仍然可能是徒有形式的失败之作。

也许这样可以说明查良铮的译诗策略，即虽然基本上追随原诗的格律和节奏，但并不因循严格的顿数和韵脚布置，而是在大体遵循的前提下，有若干变通的可能。他的一个基本策略就是：在严格遵循的格局里留下一个破格，也就在这个破格的空间里争得些许自由，从而有可能调整整个诗行和诗节，以便兼顾意象、语气等其他在他看来是必须保持或一定要传达的东西。这一点点变化，使得查译诗歌表现出异常的灵动而无翻译的呆板，但也正因为这一点点变化，留下了一个在形式上不能尽传原诗之美的遗憾，为许多译诗专家和评论家所感叹。

2. 数理统计：科学方法与诗歌研究

现代诗学研究的一个显著特点，就是可以借用社会科学以至于自然科学的研究方法，进行比较准确而客观的研究。商瑞芹在查良铮英诗汉译的研究中引入了量化方法，得到了导师的首肯和论文评阅人的赞赏，认为"借用数理统计等跨学科研究方法，使得诗歌翻译批评具有了较强的客观性"。那么，本书运用数学方法研究诗学和翻译，究竟有什么值得特别关注的呢？

　　我以为，下列几点做法具有一定的普遍性，是值得关注的：

　　1）针对前人的研究形成自己的问题，然后为了研究问题而寻求"更加科学"的方法。

　　如前所述，由于翻译名家的提出又得到广泛的实践，再加上权威人物的认定和推介，"以顿代步"已经成为具有代表性的英诗汉译模式，以至于以此为原则，又从这个原则出发，难免将有影响的译诗都归结为"以顿代步"的注脚或变式。卞之琳和杨德豫都认为，查良铮的翻译虽然可能是无意识的，但其结果却是暗合了以顿代步的翻译格局。作者对此说表示怀疑，并批评其有"循环论证"之嫌。但她没有止于此，而是寻求科学方法和数据证据力图来证伪这个说法。

　　2）仔细考察译诗每行顿数与每顿长度（字数），通过统计和比较得出明确的结论。

　　最有力的证据莫过于数字，而最明显的结论莫过于比较。商瑞芹选中立论人之一杨德豫的译诗和查译进行比较，可谓十分贴近。"为了准确比较查译和杨译在形式上的差异，本文采用随即抽样结合统计推断的方法，对查良铮译本与杨德豫译本每行诗中顿数的使用情况和每顿中的字数（长度）进行比较。"（商瑞芹：《诗魂之再生：查良铮英诗汉译研究》，南开大学出版社，2007 年，第 67 页）比较的步骤和结果简述如下：

　　（1）杨译的每行顿数严格为 5 顿，而查译"并不拘泥于每行 5 顿的原则"。

　　（2）与杨译的二字顿和三字顿为主干相比，"查译选择的顿的范围更加宽泛，从而形成了较丰富的顿类：一字顿、二字顿、三字顿、四字顿甚至五字顿在诗行中交错替换，更容易产生多样化的舒促相间的节奏"。

　　（3）结论："查良铮译《唐璜》显然没有遵从'以顿代步'

的译诗原则，而卞之琳却因此批评查译《唐璜》形式不够规整，并主观地认为'只要稍一调整，也就和原诗诗行基本合拍了"。

（4）内证：既然这里的比较研究是以《唐璜》为基础的，作者就在上述一般性结论之后，专门就《唐璜》的翻译进一步进行比较研究，在研究了杨译和查译《唐璜》八行体韵式的移植的不同策略以后，作者引用查良铮的《关于韵脚的说明》和他实际的翻译格式，例如混合使用隔行韵和双行韵的做法，论证了查译《唐璜》是"创造性移植"的结论。这样，"以顿代步"的说法，就不攻自破了。

3）定性研究与定量研究的结合，论证方式与评论方式的结合。

不难看出，商瑞芹是从问题出发，对既定的说法加以质疑，然后援用数理统计和比较研究的方法论证了查译并非以"以顿代步"为译诗原则，尽管由于诗歌本身的节奏和形式表现，译诗总会和原诗和别的译本有相似之点，但查译从理论到实践均没有暗合这种原则。同时，作者又借助查良铮本身的诗学观点和译诗主张，例如说"不能每行都有韵""要避免单调"等原则，论证了查译如此做法的认识基础和理论根据。这样，就完成了实证研究到理论解释的过程，在实践和理论上同时完整地说明了查译的基本做法和内在根据。这种研究方法，较之一味地空谈理论和印象式的说明，或者以科学研究为装饰或者为量化而量化的排列数据要好得多，值得推广和提倡。当然，具体的研究过程和论证的措辞，则是可以深入一层讨论和有待于进一步完善的。

关于在文学作品的翻译中如何利用定性研究与定量研究以及二者的关系问题，历来存在不同的意见，也有不同的做法。一般说来，引入定量研究和自然科学的方法有利于推进和实现文学与文科研究的客观化和科学化，但也不是一切以定量研究为好，也不存在孰高孰低的问题。一个值得注意的问题是某一研究方法对于某一研究论题的对象是否适合与恰当的问题。例如，运用量化和统计方法分析诗歌翻译，有可能注意到的是诗歌语言的词汇的频率问题，而不是诗味和诗意的理解和传达问题，由此造成的一个结果，也可能会导致诗歌翻译要按照原诗的词汇分布直译词语的做法。倘若真的如此，那倒是一个值得重视的严肃的问题了。

3. 改写、拟作与翻译等活动

运用新的翻译理论和研究方法进行翻译研究，是年轻一代学人研究的特点，尤其是博士论文写作的重要特征。商瑞芹在研究查良铮的翻译活动的时候，运用勒菲弗尔翻译诗歌策略中的阐释法，包括改写和拟作的策略，考察查译的种种形态，收到了显著的成效。她首先认为，它们之间只是诠释程度的不同。"翻译是依照原作者的方式对原文主题加以解释,改写主要是保留原文的实质，不顾及原文的形式，拟作实际上是译者借题发挥，借原作某些意境或意象创作自己的诗歌。"（商瑞芹：《诗魂之再生：查良铮英诗汉译研究》，南开大学出版社，2007 年，第 124 页）作为翻译与创作之间的一个居间形态，这里我们重点说明一下拟作。为了和严格意义上的翻译相区分，作者把查良铮的拟作和翻译的关系分为三类，并加以说明：

1）拟作而不翻译

这种情况从主体方面来看，反映了诗人的模仿与再创作的能力，显示了以创作替代原作和译作的潜意识，在接受环境上，拟作更合乎译入语言的习惯和读者的接受心理;而与原作相比，由于拟作不受原诗形式的严格限制，允许译者有创作的自由和发挥的余地，所以，拟作往往名副其实地胜于原作。查良铮对于一些优秀的诗作进行拟作，产生了不少优秀诗作，例如，其《野兽》《摇篮歌》《苍蝇》，可以看出受布莱克的 The Tyger, A Cradle Song, The Fly 的影响和启发。对于这些直接启发诗人创作思路的诗歌，查良铮一般不再翻译原诗。当然，这些诗作的创作本身肯定受到过原诗的影响，但究竟在何种意义上和何种程度上说是拟作，仍然有待于进一步研究厘定。

2）翻译而不拟作

此类诗歌数量最多，既包括英语和俄语诗歌中的浪漫派诗歌，也包括英语的现代派诗歌的翻译。当然，这一部分翻译的诗歌，对诗人的创作也有潜移默化的影响。作者认为："查良铮的诗歌翻译并不是随意为之的，而是严肃、认真、有计划、有系统的翻译。他适度地控制自己诗人的创造的天分，既忠实于原文实质，又注重译文形式。"（商瑞芹：《诗魂之再生：查良铮英诗汉译研究》，南开大学出版社，2007 年，第 129 页）可以说，这个评价是十分中肯的。

3）既拟作又翻译

既拟作又翻译的诗歌占有一种特殊的地位，在三类中数量最少。作者认为，这样一来，原诗、译诗和拟作的诗歌形成复杂的互文关系，而拟作在主题、风格等方面同时指向原诗和译诗，既传达了原诗的审美经验，又在某种程度上为译诗的接受做了铺垫。这里，作者举了拟作《冬·一》，和查译布莱克的《老牧人之歌》以及英文原诗进行比照，说明了它们之间复杂的关系。

总而言之，从作者关于拟作、翻译和创作的关系的研究中，我们不仅了解到一位诗人翻译家多方面的才能、多方面的活动和他所利用的多方面的资源，而且可以进一步说明一些深刻的理论问题。至于更加细腻的理论问题，例如涉及改写与重写的关系问题，这里就不详细讨论了。

我们知道，穆旦的诗是智慧性的，他的诗性是智慧的，而他的最具代表性的诗作便是晚年的《智慧之歌》。他对于诗的探索，也是智慧的，那首作于 1948 年的《诗》，包含有这样富于哲理的诗句：

> 在我们之间是永远的追寻：
> 你，一个不可知，横越我的里面
> 和外面，在那儿上帝统治着
> 呵，渺无踪迹的丛林的秘密，

也许，用这一节诗来说明今天我们的研究和诗人的关系，当然也包括诗人翻译家的翻译活动和我们的探索在内，是再恰当不过的。因为在诗性智慧的探索里，无知和不可知永远不仅仅是外在的、对象化的，而且是内在的、人性论的。我们不知道，诗的国度，是否由上帝统治着，如但丁所想，但我们知道，诗人已逝，成为一个永恒，而我们的追寻，方才开始：

> 你，安息的终点；我，一个开始，
> 你追寻于是展开这个世界。

而我们，在哲人已经展开的世界上，才刚刚进入，或者说，正是因为我们进入，世界才向我们展开，如同真理的阳光，当我们拨开乌云和雾霾，它才向我们投射下来，启发我们，照亮我们的路。

这是一条智慧之路，哲人的智慧，诗人的智慧，照耀着我们，而我们，在诗性智慧的照耀下，去探索，去追寻，于是我们说，我们的探索，也有了一点儿智慧的影子，诗性的影子。

直到有一天，我们发现，在我们的思维里和言辞间，也有一些诗性和诗性的智慧，于是我们知道，这大约是一种感染，一种传承，文明的传承，像圣火，通过接力和翻译，从古希腊一路跑来，到了我们这一代，仰仗那些保护火的人，那些善于保护火的人：

　　那些善于保护火的人

　　能读到震旦，黎明

　　黎明带来乐园的希望，

　　给那些善于继承文明传统的人。

　　　　　　　　　　　（庞德：《掘石机诗章》）

于是，诗人、圣火与文明的关系，在我们心中豁然开朗，如黎明，在震旦，以荒漠为乐园。

此时，我们发现，我们和诗人、翻译家、探索者，有一个共同的诗歌的梦！

曾经和现在，这梦想，燃烧，在南开园。

写到这里，似乎这个序言要接近尾声了，而我的感觉，穆旦的研究，还有查良铮的研究，似乎才刚刚开始。当然这个开始，不是说在此之前此类研究完全是空白，也不是说这里的研究都不作数，而是说《诗魂之再生：查良铮英诗汉译研究》，据我所知，是目前为止第一部论述查良铮诗歌翻译的专著。而它的出版，适逢诗人翻译家查良铮逝世三十周年纪念活动即将来临，使得这一成果格外显得厚重，其意义也格外重大。作者商瑞芹，一位刻苦、勤奋而有成效的探索者，在诗歌翻译的原野上，躬耕不辍，注定是有收获的。对于一位年轻学人，这一初步的收获，已经很是喜人。当然，由于语种的限制，俄语诗歌的翻译基本上没有涉及，这一研究，有待于懂俄语的诗歌翻译研究者来做。还有一些问题，例如自译诗的问题，也有待于新的资料的陆续披露，才能真正进行。

还有，我想说，穆旦是说不完的，查良铮是说不完的，只要探索还在进行。

祝贺商瑞芹有这样一个良好的探索的开端，也祝愿她有新的研究成果呈献！

王宏印

2007 年元月 6 日凌晨

于南开大学龙兴里

翻译研究学派与中国当下的翻译学研究

——序王洪涛《翻译学的学科建构与文化转向》

王洪涛送来他的博士论文，嘱我作序，原在意料之中。

想来洪涛毕业，不觉已有一年。将博士论文改写成专著出版，在当今学界已成一种习惯；嘱咐导师写一篇序言，一是出于礼貌，二来也是一种惯例。当然导师作序，自然也不同于请海内名家作序，可能因为对学生和论文都很了解，反而能说的话不多，或不必要多说，似乎在开题、答辩过程中都已说完。不过，真的说起来也许不会太少，无非是借助这个话题，将一些平常所思所想联通起来，发挥出来而已。

我和洪涛认识，早在他考博前和硕士毕业前。他利用天津外国语学院的地利之便，前来听课，当然是"近水楼台先得月"，加上考博以后将我所上的两门博士课再听一遍，总共听了两遍，功课学得自然扎实。其天资聪敏自不待言，而他听课仔细，又勤于做笔记、提问题，所以学习效果很好。可能是师承关系的影响，洪涛在思维方式和写作方面也较下功夫，所以指导起来似乎不大费劲，选题也来得容易些。

这个选题，基本上是洪涛的自选题，我只是反复听取他的进展和意见，最后表态确定下来的。其根据和过程大体如下：1）一门之内，学生的天性与志趣不同，有的偏于文学和作品评论，有的偏于中国译论和国学研究，而洪涛的学业则既偏于理论，又偏于西学，而且是侧重现代西方译论，由此形成自己的特色和兴趣；2）按照他的初衷，他能够找到一个学派而不是一位单独的理论家进行述评；在南开的博士论文中，这是继多元系统论和德国功能学派的评述之后，又一个以学派为研究对象的选题，它超越了早期以奈达等个人为研究对象的题目，显得更有理论深度和更大的评论空间；3）经过一段时间的摸索和收集资料，在他不断和我谈话的过程中，我觉得他对于自己所要研究的翻译研究学派，有了比较适中的了解，也就是在基本的学术的事实之后，有了一些理论性的认识；4）最后，根据他平时的理论修养、思维习惯和批评性论文的写作要求，再加上一定的思路上的指导，我认为他已具有进行理论批评的能力，并且在关键部位有了一些创新性的想法。于是，这个题目就选定了。

最后答辩的论文题目是这样的:《翻译学的学科建构与文化转向——当代西方翻译研究学派理论研究》，侧重于从学科建构与文化转向两个方面对于翻译研究学派进行理论研究。大体说来，这篇关于翻译研究学派（Translation Studies）的论文包括三大部分：1. 绪论部分论述了研究对象、方法与设计（在出书时有一些修改）；2. 正文部分论述了该学派的理论背景、发展历程与分期、研究范式与思路转变、学科建构与文化转向等方面；3. 结论部分，讨论了翻译研究学派的贡献与不足，以及对该学派的借鉴与规避。应当说，这是一个比较完备而符合逻辑的研究程序和写作成品，在一定程度上填补了翻译研究学派在国内进行系统研究的空白。关于这篇论文的评价，我想引用两段校外专家的评论（摘自《南开大学博士学位论文评阅书》）：

　　　　论文比较全面、系统地追述了翻译研究学派的兴起、发展以及逐渐成熟的过程，特别注意从历史的视角，客观地分析了这一学派产生的原因，他的母论以及它的作用和影响，从而令人满意地理清了翻译研究学派的来龙去脉。值得一提的是，作者对于翻译研究学派采取了辩证的态度加以研究，既看到它的优点，予以充分肯定，也同时指出它的不足。这说明作者对每一种理论都有自己的见解，并没有随波逐流，人云亦云。这是值得肯定的。

论文的点睛之笔是对翻译研究的展望。在充分肯定翻译研究学派的基础上，提出了翻译研究今后发展的方向，构想了一个所谓"社会翻译学"，并对社会翻译学做了阐述和界定。这种在翻译学科博士毕业论文中提出一种翻译新学派设想的做法，并不多见，是很有创意的。

当然，对于论文的缺点，专家一点也没有因为客气而隐瞒。例如，有的专家指出"论文在修辞上可以更加精练一些。个别地方有为了修辞效果而影响表达精确的情况"。

对于该研究本身我多少有一些评论性的话，主要是想把研究引向深入，然后就这个题目以及当代西方翻译理论在中国的命运与功用发表一些个人的意见，然后再具体到我们如何从传统的国学转向现代翻译学的学科建设，讨论到一些当前的问题作为结束。

首先是西方理论作为一个学术事件,它发生了,如何研究？也就是说，作为学术事件的翻译研究学派，它发生在西方或人类的学术史上的什么时候，什么地点？大的文化背景和理论资源如何？创始人个人的独特状态和特殊贡献是什么，以及事件发生的历程包括阶段划分以及随后产生的影响如何？甚至包括西方和中国学界对这个理论的评价与反应，都可以包括在事件的范围内进行研究，而且值得研究。洪涛的论文，第二章和第三章讨论的问题属于这个领域。例如第二章，关于翻译研究学派发生的理论背景，其爬疏整理，涉及文艺学比较文学的启发，俄罗斯形式主义和多元系统论的影响，以及文化研究与解构思潮的导向等方面，基本上属于近因的研究而远因的研究略嫌不足。就近因来说，究其实际，由于许多事情都发生在 20 世纪 60—70 年代这一翻译理论发展的关键时期，同时这一时期也是现代思潮和学术向后现代思潮和文化状态转变的关键时期，这就使得事情格外复杂，扑朔迷离，难以决断。例如，多元系统论，就其代表作品的发表时间而言（*The Position of Translation Literature within the Literary Polysystem*, by Itamar Even-Zohar, 1978/revised 1990），实际上和翻译研究学派的代表作的时间（*The Name and Nature of Translation Studies*, by James S. Holmes, 1972/revised several times）不相上下，甚至后者还要靠前，但又多有修改，一直延续到 90 年代，期间有些时候各种理论迭出，交相辉映，按照一般的确定前后以判别因果的影响关系，就很难说谁是谁的背景了。

　　另一方面，如果将西方文化中的学科和学术发展的理论背景，和某一理论所依托的直接的理论来源和文化资源详加区分，而且能将前者转换成后者，详加研究，那么，将会使翻译研究学派的研究引向深入，而许多重大问题也会迎刃而解，当然这样一来，研究的彻底性和难度的增加就越发显示出来了。正是抱着这样的期待，我们希望该论文能有进一步的研究和说明。可喜的是，在第六章"翻译学的文化转向"的题目下，我们发现作者不仅利用一定的篇幅说明了多元系统理论作为一种文化理论对于翻译研究学派的影响作用和渊源关系，而且进一步说明了翻译研究学派与文化转向的深层的影响关系。作者指出：

可以说，多元系统论作为一种从文学领域逐渐扩展开来的文化理论，其本身就具有鲜明的文化指向。当该理论的创设人佐哈将其应用到翻译领域中来的时候，这种文化指向自然而然地被移植到翻译学研究中来。后来佐哈思想的承继者图里、兰姆伯特和勒弗维尔在其翻译学研究中对多元系统论的积极应用促成了翻译学与多元系统论的联姻，而这种联姻的结果之一就是翻译学从多元系统论那里承继了一种文化基因，进而形成了后来的文化转向。（王洪涛：《翻译学的学科建构与文化转向》，上海译文出版社，2008 年，第 206～207 页）

如果说，作为事件的西方翻译理论研究流派，在该论文中得到了基本的事实的澄清和较好的说明（事实上关于理论来源的说明还有待于进一步加强和澄清），那么其次，翻译研究学派作为一个理论系统，如何认识和评价它的理论价值和知识系统，包括基本范畴、逻辑架构、研究范式、哲学基础、现实指向等等问题，都是值得进一步研究的问题。在这一方面，洪涛的论文在第三章、第四章和第五章、第六章，都给出了很好的研究，其中有些地方的论述不乏精彩之处。例如，在第四章论述翻译研究学派的研究范式时，作者并不是直接借用库恩的较为固定的范式概念，而是针对具体的研究对象的理论致思特点，体现为流动和转变的一系列概念，诸如，"研究起点：从源语走向译本；研究对象：从形式走向功能；研究方法：从规范走向描写；研究角度：从共时走向历时；研究视野：从微观走向宏观"。虽然这里的说法和修辞设置有些过分整齐划一的逻辑化倾向，然而不可否认，其研究思路是活跃的，理论概括基本上是精当的。

由于翻译研究学派不是一个个人理论的总结，而是围绕翻译学的建设问题进行的一系列研究和成果发表的持续多年的学术活动，它的理论概括既要求能够疏通大意和理出思路，也要求能够尽量说明各个理论之间的关系，最后则要求能够看作一个沿着某一主线而持续发展的理论体系。应当说，在这一方面，在进一步作为总体的理论的单个评析方面，还有很多事情要做。但作者紧紧抓取每一理论家主要理论框架，围绕翻译学的学科架构问题进行介绍和分析，做到思路清晰，表现到位。其中包括霍姆斯和巴斯奈特的翻译学学科框架图，图里的"描写翻译学内部关系"图、"描写翻译学与理论翻译学之间关系"图，以及"（纯）翻译学与其应用性延伸部分之间的关系"图，等等，不仅以模式化的方法清晰地展示出各理论的基本思路和面目，而且给出简要而中肯的评析。尤其难能可贵的是，作者在借助图释介绍和分析各个理论的时候，能够沿着一条学科发展的主线展开分析，使得这些单个的理论前后相继，相互说明，构成粗略的体系。例如在说明图里对于霍姆斯的理论继承关系的时候，作者阐述了下列分析要点：

1. 图里以功能为导向阐发和论证了描写翻译学内部各分支的关系，基本上厘清了面向产品、面向过程和面向功能三个分支的关系；

2. 图里对理论翻译学和描写翻译学、（纯）翻译学与应用性延伸部分的关系，较之霍姆斯迈进了一大步，从模糊和宽泛走向明晰和细致；

3. 图里将描写翻译学置于"枢要性地位"，使其能够为理论翻译学提供形成"法则"的材料和证据，又能够使其实现理论翻译学与应用性延伸部分之间的连接和沟通。

当然，作者认为图里的思路"也有值得商榷的地方"：一是以功能为取向进行描述时，会使得产品、过程和功能三个部分之间失去平衡，从而缩小描写翻译学本身；二是在强调"纯翻译学"的时候有将"应用性延伸部分"排斥出去的倾向。

应当说，这样的分析是实事求是的，也是学术性的和有一定见解的。联系到国内关于翻译研究学派，以及其他西方译论流派的研究，长期流于浮泛难以深入下去的情况，不免令人担忧，而这样的研究还是值得关注和肯定的。

如何评价一个颇有影响的理论流派，尤其像翻译研究学派这样一个对于翻译学具有奠基作用的理论流派，是一件严肃的而且是很难的事。然而更难的，是究竟如何可以利用西方的翻译理论研究的成果和方法，促进我国的翻译理论研究，乃至建立中国的翻译学理论。毋宁说，后者的创造正需要凭借前者的评论性认识。值得注意的是，在评价翻译研究学派的文化转向动因的时候，作者已经肯定了它的三个意图，即揭示翻译的文化属性，扩充翻译的外部研究，并借以提高翻译的学科地位。同时又指出翻译研究学派在这样做的时候，又有意无意地忽略了翻译语言学性质，并在一定程度上夸大了翻译的外部研究，这样就有可能将翻译研究引向一种注重社会和文化的归宿和归结论。作者认为，由于泛文化主义的影响和文化本身难以界定，最终将导向社会学翻译学的研究。关于翻译研究学派的归宿，是否一定要归结为社会翻译学（本人更喜欢"翻译社会学"，但在这里不拟论证），而不可能有别的出路和选择，甚至包括翻译研究上的文化转向，是否一定只能是一个外部的研究，而没有或不可能深入到翻译的心理层面与文本分析方面，都是可以进一步讨论的。但是毫无疑问，作者企图建立社会翻译学的努力，是有一定的认识根据的，在实践上也是值得一试的。事实上，在对书稿进行最后修改的时候，作者着力较多的也是在社会翻译学的建设上做文章，其中包括名与实的正名论的研究和若干具体内容（特别是翻译与社会和社会与翻译双向关系）的探讨。应当说，这一部分论述不仅作为这篇博士论文的一个创新点具有鲜明特色，而且很可能成为作者今后的学术致思的一个方向，作为作者对于翻译学建设的一种持续的努力目标。我期待这种努力能取得显著的成绩！

关于洪涛的这篇论文的直接的评论性意见，暂且讲到这里，而一个更大的问题，即如何认识和评价西方译论以便进行理论思考，以及如何将其融合在国内的学术研究中进行学术创新，则有待于开始。在这一方面，考察一下有关的现象就不难发现，在借鉴西方译论来建设中国自己的翻译学的时候，我们似乎有三种习以为常的致思途径或研究层面。首先是概念的借用。对于一个完整的理论体系我们并不去深入地理解和全面地去求掌握，往往记住一些关键词语也就是基本范畴然后加以直接借用。在这一方面，直译意译固然不好追溯到哪一个人的贡献，而动态对等之于奈达，归化异化之于韦努蒂，都面临着同样的命运。在一个讲究实用的文化传统里，这种借用几乎成为我们翻译研究的关键词，舍此几乎就没有理论思维了。但真正的创造性的概念借用并不容易，关键是在一个新概念里面要注入更新的思想，或者将它置于一个更大的理论体系内进行创造性思考，以便成为一个新的理论的一部分。例如，许多人喜欢谈"范式"，可是库恩的范式是科学哲学概念和精通科学史的认识结果，它是对于科学革命的理论概括，而这一概念本身几乎是不需要任何论证的理论公设了。对于我们来说，可能是由于缺乏翻译史和学术史的通观性的认识，和打通中西学术与古今传统的功力和努力，致使这一"范式"在中国找不到实际的意义和有效的应用范围，许多"范式"之谈变为装点和习惯，已经失去其洞察历史之精义，几乎变成了我们的"凡是"了。我们可以说，不思考问题只借用一个概念，或者不去进行理论思考而只是重复某些概念，乃是一种急功近利的学术挪用，终究是难以化利用为创造的。这是一部分人的思想方法，不能不引起注意的。

　　第二种借助西方译论和西学的方法，像许多人所认为的，就是直接借用它的理论成果和研究方法，进行批判性继承性的理论创造。但是在这一方面，至今成效甚少。无论是实证研究的方法还是哲学思辨的方法，都有人提倡（这种提倡往往带有压制另一方的倾向），但都难以继承下去，落实到具体而深入的研究课题中去，乃至最终成为我们自己的得心应手的创造工具。多年以前在西安，我曾经问过奈达一个长期困扰我的问题："翻译研究应当是思辨性的还是实证性的？"奈达没有给出明确的回答。这使我很失望。后来，在霍姆斯的译学框架和学科定位中，终于看到了他以翻译学为实证科学或经验科学的说法。我以为相对于奈达是一个进步。尽管实证的研究也可以有一个在理论上思辨的层次和方法，甚至需要一个人文的价值的思考前提，但那是另外一个问题。霍姆斯的论断还直接引发我思考了另外一个问题，一个最为关键的但又是基础性的东西，就是要不要进入西方当下翻译学的问题和框架，按照一定的思路进行下去。这里面包括两个问题，也可以说是认识问题。一个是有人会说西方学术有自己的问题，中国学术有自己的问题，问题不同如何借鉴？这当然也不错，不过归根结底有一个何谓"国学"、何谓"西学"的问题？如果以"国学"为传统的涉及中国人自身社会文化的安身立命的学问（一个保守性的界定），则西学基本上是一个具有现代精神和普遍科学性的学科规模与传统（当然西学也有它的来源和传统部分）。所以国学与西学始终处于一个不怎么恰当的对比关系，需要学科地位上的重新安顿。而且我们不能总是采用中西对比和对立态度如此这般地说一些对立的话，或者说一些大而无当的极度概括的话。"五四"以来试图中西打通古今贯通的"通人"之学姑且不论，作为翻译学的理论工作者，我们至少必须认真地进入现代学科体系来面对如何应对与建设新的学术的问题。在这样一种学术视野之下，一定的学科自然有它的基本问题，在面对一个新兴学科的时候，中西学术的路径不同或所处的阶段不同，可能对于该学科的问题的认识不同，但毋庸置疑，都有一个涉入深浅的问题、介入角度的问题以及最终效用的问题，要不就是游离于学科之外的问题。所以，如果老是强调我们的特殊性，拒绝或不能进入现代学术规范和学科问题，就永远只能跟在洋人后面亦步亦趋地爬行，而永远无法超越它，因为我们对此领域可能无所贡献，也无从言说。

　　另一个就是如何面对翻译学的理论框架的问题。事实上，在翻译学领域，我们曾经设想过不同的学科框架（例如刘宓庆），也修订过霍姆斯的翻译学框架（例如杨自俭），这些无疑都是有开拓精神和开创之功的。但是，我们为何不可以在认真面对霍姆斯的翻译学研究框架和图里的研究框架的时候，思考一下自己的具体的研究领域和翻译学定位，为何不可以选择一个中等程度和规模的研究范围和对象作为自己的研究任务和依托，追寻其中基本的问题长期坚持下去，而不是不断地跟风，也即跟西方结构主义和解构主义的思潮，或者一些新出现的理论流派便忙于或满足于简单介绍和一味肯定的评论，作些片面观察便仓促地跳向结论。当然，对于我们的现代学术的建设而言，这些介绍和评论永远都是必要的，但一定要有自己独立的研究领域和学术基点，有不断深入研究的理论问题和学科问题。须知无论是对于个人还是民族，介绍和评论永远只能是基础而不是归宿，是开端而不是结论，甚至不是研究的内容和过程（当然对于一部分专门研究某一学派的人员来说，也是研究）。正是在这个意义上，我认为，到目前为止，中国的翻译学界已经基本上走过了对于西方译学基本理论的初步介绍阶段，逐渐进入到一个亟待深入研究和批判继承的阶段。在这一阶段如果还不能有一家一家的专门的研究专著和一定程度上的批评与超越，即出现一些涉足翻译学领域的标志性成果，我们就有再度落伍的危险。庆幸的是，国内近年来的博士论文完成了一批选择西方译学理论进行专门研究的选题，而且有的已经顺利通过答辩，正在出成专著，相继问世。这是一项了不起的工程。由上海译文出版社出版的这套《译学新论丛书》，就是一个很好的开头和奠基。我祝愿这套丛书有一个兴旺发达的推进！

　　第三是学科地位与学术规范的借鉴问题，以至于要落实到从传统学术向现代学科的转变问题。这一问题的重要性，可能过一段时间才能为人们所真正认识到。欲学习他人必先反求诸己，明白自己，由此不得不回到国学问题的现代状态。我以为，自晚清以至于"五四"以来，在面临新旧学术交替的时代，关于通人之学与具体学科的关系问题，一直在讨论但一直没有解决，而今已经到了不得不解决的时候，也是有条件解决的时候了。这个问题不解决，就会妨碍具体学科的建立和一系列学术问题的认识上的解决。首先，中国的传统学术，基本上可以说是通才的教育，以文史哲为主的道德文章教育。从先秦诸子百家争鸣到秦汉儒学定于一尊，从东汉佛经东土传入到宋明心性之学的融会贯通，以至于从明末清初的西学东渐到"五四"以来现代学术的成长过程，实际上沿用的学术本体仍然是通才的教育。在现代学术的开端处，也就是与传统学术的断裂处（与接续处），有所谓的宋学作为学术继承的接力处，无论是冯友兰的"新理学"，还是熊十力和陈寅恪鼓吹的"新宋学"，都是越过和评判清代"朴学"（乾嘉考据之学）而返回宋明理学的哲学本体的过程，以至于可以追溯到"尊周继宋"的儒学正统学统。实际上，他们从事的毋宁说是打通中外贯通古今的通人之学。回忆国学大师们走过的道路，基本上也是通人的道路，也即人文的和文科的解释学的道路，包括熊十力由佛返儒性质的"本体论解释学"、陈寅恪具有"文化托命之人"意识的"历史解释学"，和钱钟书具有文艺心理学色彩的"圆融辩证的文学解释学"，也都有这样的基本倾向。这种学问的基本特点和传播方式是三重的：即道德本体的重建和理想毁灭（例如王国维"独立之精神，自由之思想"与殉道之举）之借鉴，著书立说之立言追求与精神幻灭（例如陈寅恪的史学三著和王氏三评）之见证，和开坛讲学与知识分子的社会责任践行（例如吴宓的"博雅之士"的教育主张与实践几成悲惨结局）之艰难。实际上，通人治学模式一直主张和实践的是一条道德、文章加影响力的学术大师的"内圣外王"之道。

如果说兼通中西语言与学问、多学科身份与跨学科研究、文史哲几个领域的多项成果，是一代鸿儒的道德文章事业的体现，那么，现代学术意义上的专家身份和科学家贡献就是另一回事了。其实，老一辈国学大师如陈寅恪对此也不是没有意识到，即传统学问向现代学术的转变。他采取的学术态度，即通过个人人格实践树立学术典范的努力，通过历史著述表彰古典典型以"发潜德之幽光"的尝试，及通过学术评论以树立现代文化人典型的做法，无不指向"转移一时之风气，而示来者以轨则"的良苦用心。相比之下，钱钟书则在更具现代学术精神和现代意识的基点上，致力于淡化学人的道德主体重建意识，消解形而上学的等级体制观念。在功成业就之后，他甚至拒绝以好为人师的"大师"面目出现，而是以强调职业道德的"旁观者"身份隐居起来，走完了自己的学人历程。而陈寅恪的好友、钱钟书的老师、公认的中国比较文学学科的奠基人、一生致力于"文学与人生"的教育的吴宓先生，在现代的中国比较文学教程中，竟然找不到一个名字。这是发人深思的。在中国现当代学术语境中，传统学术与现代科学的断裂状，以及从前者向后者的转移是何等的举步维艰，就可想而知了。

最后，在涉及关于翻译学本身的问题的时候，让我们回忆一下国内近二十年来有关翻译学科建设的一系列重大问题的争论。有些问题虽然没有产生公开的激烈的争论，但也曾引起过普遍的关注和一定程度的思考，因此也在这里一并列出，以供参考。另一方面，我们并非只是将这些问题显摆出来，而是透过对于这些问题所组成的基本格局的认识和评价，旨在分析我们的翻译学建设的关注焦点和明显漏洞，同时也想通过对于这些问题的思考和简要的评论，引发一系列新的具有全局性意义的问题的深入探索。以下是十个问题及其简要评论。

1. 受到儒家正名思想的影响，围绕翻译学名称的讨论，例如翻译学、译学、翻译研究、翻译科学等（及其相应的外文名称）。之所以说主要是受到儒家正名思想的影响，是因为我们在讨论一个学科时容易从名称上来确定它的合理性、合法性以至于科学性。不仅在逻辑上具有如此根据，在社会认识和心理上也是如此的根据。当然，在西方关于翻译学的名称问题也有一些争论，甚至也沿用了名与实的说法，但总体说来，这一问题虽然与学科相关，却并不显得如此重要。他们并不像我们那样将名称看得极端重要，而是对一个一个的实际问题进行研究，或者一个领域一个领域的研究，就连翻译学科建设这样的会议，也没有开过几个，而是扎扎实实地在从事科学研究，也许人们相信，等到相关的问题研究出了名堂，一个学科的诞生就在其中了。当然，我们的学科意识和命名之争也有意义，对于促进译学建设和认识翻译的本质都有帮助，但不宜拘泥过甚，以至于消耗过多精力和时间。

2. 从可行性与现实性方面来考虑，围绕翻译学是梦想还是科学的争论。在翻译学建设过程中，尤其是初期，曾发生过翻译到底能不能成为一门学问的激烈争论，在公开发表的学术刊物上，甚至有人提出翻译学是一个难圆的梦。诚然，这里面可能有一些过分炒作的性质和略嫌吵闹的声音，但就客观效果而言，对于提醒翻译学的建设之路不可能一帆风顺，对于反对学科建设上的急躁冒进和浮夸之风，也不是没有好处。其深层的心理与认识的根源，也可能包含了翻译实践与理论的关系的倾向性认识，以及翻译理论有用无用这样的认识，甚至含有对于当时流行的西方译论的本能的拒斥倾向，因此其发起和讨论并不完全属于或控制在可行性的论证之内，而是更多地具有现实性的考虑，和囿于个人实践和经验性认识的特点。或者笼统地说，其否定的意见，反映了对于翻译学学科建设既缺乏认识而又想积极参与讨论的矛盾态度。

3. 受奈达的启发同时也囿于他的思路，围绕翻译学是科学还是艺术的争论。关于翻译是科学还是艺术的讨论，本身是一个涉及翻译性质的问题，它当然是一个切题的而且是具有一定论辩色彩的问题。当然，这一问题的讨论注定是没有简单的结论的，也许可以说，只要参加讨论的双方对于艺术与科学本身尚缺乏真正的了解和专业性的认识，进一步也缺乏科学的对比性的认识，就必然会限制讨论的深度。在逻辑上，一个简单的结合的思路在否定非此即彼逻辑和亦此亦彼逻辑的时候，也不显得那么高明。之所以说这场讨论和奈达有关而且囿于他的思路，一是问题确实来源于对奈达的认识和他关于翻译学科的认识，一是他将二者平行地摆在那里没有结论，还有便是以奈达晚年思想变化为依据的幼稚的说法作为权威依据代替了思考，甚至问题的最后消解也伴随着奈达研究热的减退悄然而去了。

4．作为传统国学存在的延伸和证明，围绕中国（特色的）翻译学与世界普遍翻译学的思考。在所有有关翻译学的讨论中，这一问题应当说是最具挑战性和理论思辨性的，然而也是最需要实证性和有待于时间证明的。不过，关于特殊的中国传统译论的现代转换的研究起点和承认科学的普遍翻译学的最终目标的实现，由于理论的得宜也便于赢得实际的支持，尽管这些支持并不都是学术性的而且也有社会心理的因素。与之相关的问题是中国特色的翻译学是否科学和科学有无国籍与国界的问题，还有中国翻译学是否要强调汉语与外语的翻译特点，以至于最终将涉及翻译学科的人文性（民族性、特殊性）与科学性（普遍性、必然性）之间的平衡和倾斜的认识，顺便会涉及理论形态与话语权的问题。

5．关于翻译学属于自然科学、社会科学抑或是人文学科的学科归属的争论。翻译学科的归属问题，是每一个新兴学科都会面临的学科定位问题，但对于翻译学似乎更为复杂而艰难。传统的文艺学路线由于操作和认识的局限，自然认为翻译应当属于人文学科和艺术掌握与领悟的领域，而科学主义的认识倾向则主张翻译应当具有自然科学的规范与严谨，甚至应当是世界主义的反映普遍而必然的真理性的。二者之间的一个折中降落到社会科学领域，倾向于把翻译看作一种有目的的社会行为，因而提倡社会认知和行为科学的方法。有趣的是，对翻译学的哲学形而上学的认识则再度使其恢复或返回到人文学科的领域，特别是对于技术层面的反对和形上思维的提倡，最终将翻译视为人的精神返回的意识活动（存在主义的观点），或者按照解释学的观点，将翻译视为一种探询意义的解释性活动。这些观点之间的争论未必持续发生，但潜在的冲突和短暂的交锋是极为重要的。

6. 鉴于西方译学的学派林立，围绕有没有和如何建立中国学派的翻译学的争论。关于学派问题的讨论虽然涉及翻译学但并不始于翻译学也不限于翻译学。例如比较文学上关于中国学派的讨论和提倡，成就了平行研究影响研究以外的阐释研究的中国学派。但在翻译学领域，表现为对中国传统译论的认识、对中国翻译学特质的确定等比较具体的问题，当然也在深层体现了在强大的西方现代译论的攻势下企图建立学术规范活跃学界气氛的焦虑感。具体的讨论，自然会涉及学派诞生的社会文化条件、学术团体的组织与活动情况，以及标志性学术成果等问题，更加深刻的原因则是学术规范与创新的机制问题。原则上，有没有中国学派不是讨论出来的，而是干出来的（即研究本身显示出来的），当然一定的阶段性总结和认识前提是必要的。

7. 关于如何看待中国传统翻译理论（或译学话语）及其如何转换为现代译论的争论。关于中国传统译论的讨论直接来源于如何对待中国历史上长达几千年的翻译理论成果和如何继承与转化为现代译学理论的问题。它所面临的问题是中国有没有自己的译论，这些译论是系统的还是零散的，是过时了的还是可以作为遗产重新发现和整理，甚至可以转换为现代译论进入当下的译学领域，或者作为翻译学的一个分支如文艺学派与西方的"科学"的译论并驾齐驱，如此等等。在西学东渐的大潮冲击下，这一研究是有风险的，但也是有奉献的，最终得到了译界和学界相当的承认和支持。但是，面对这样一大笔遗产，我们只是整理了一小部分，作为整体的研究还远远没有完成，许多问题仍然在发现、发展和探讨中。

8. 围绕翻译标准问题的讨论，因翻译批评的刺激和解构方法的攻击，反而日益激烈。本来，在翻译学科建设的一片呼声中，翻译标准问题作为传统概念曾一度被淡化，但是随着翻译批评的再度兴起而被重新提出来，在总体倾向上反映出一条从忠实到对等再到解释学的依次否定的路线。由于解构主义思潮的兴起，开始了对忠实和通顺的理论上的解构和批判，一方面加深了人们在理论上对于翻译本质的认识，促进了翻译学从传统模式走向现代模式，但另一方面，尤其是在实践操作和经验认识层面上，和翻译标准的虚无化相联系，也造成了一定程度的混乱，使人产生无可依托的感觉。实际上，标准问题可能作为翻译实践和研究的基本问题长期存在于具体操作和翻译评论中（表现为译者的标准和批评的标准的区分），而在理论研究领域则会以不同的认识维度和价值尺度表现出来（体现为理论的反思和哲学批判的思路）。

9. 围绕学科标志和规范问题，关于何谓中国翻译学或翻译学在中国是否已经建立的争论。严格说来，这一问题并不等同于第四个问题和第七个问题，因为前者涉及中国翻译学的本体问题，后者涉及如何对待中国译学传统的问题，而这里的问题则涉及中国现代译学作为学科是否建立的问题。这一问题的讨论既涉及学科诞生和成熟与否的问题，也涉及学科设置是否进入现行教育体制的问题。在前一种意义上，讨论始终没有取得一致的意见，一直存在着已经成立的乐观派和尚未成熟的稳健派之间的争论；在后一种意义上，倒是有了明确的标志，那就是翻译学作为学科名称上了国务院颁布的学科目录，不过在学科分类与归属问题上仍然不够理想，也即翻译学的学科划分与归属之间存在学术界的不同认识和行政管理部门的惯常做法之间的矛盾。在这对矛盾中，学术界永远是激进的，而政府行为则偏于落后和保守。

10. 关于翻译理论与翻译实践的关系问题的讨论。实际上是一个长期争论而又不可能论辩清楚的问题，因为这一问题至为复杂，但在翻译学建设过程中的讨论十分有益。这一问题的引发可以追溯到"翻译理论与实践"这一学科名称的两重性和分裂状，但最集中的讨论则集中在《上海科技翻译》2003年第1期"关于翻译理论与实践关系的讨论（一）"，实际上后来就没了下文。其中比较重要的观点涉及翻译的实践性第一和实践与理论并重的认识、理论与实践互动的认识，较为系统的理论功能说与对忽视理论的原因的探索，以及结合翻译学科建设分为实践基础、评论中介和理论升华的层次论观点等。也有结合教材编写和教学方法讨论翻译的理论与实践的关系的。总之，这次讨论在一定程度上纠正了鄙薄理论忽视理论研究的倾向，在各抒己见的过程中加深了对这一基本问题的认识，但在总体上仍然需要继续深化讨论。

总而言之，以上十大问题只是中国建立翻译学过程中的若干重大问题的综述，并不涵盖所有的问题，例如面临西方现代译学特别是翻译研究学派的基本的理论框架，在修改、比拼和另起炉灶的选择上，究竟如何建立翻译学的学科框架和理论体系的争论，并没有纳入。还有在一些具体的问题上，例如翻译学词典的编撰如何可以促进或规范译学发展的问题，等等，都无法一一进行述评。一种处理方法，就是留待以后更充分地加以讨论，另一种办法，就是结合下面将要涉及的文化转向问题，作为其中的问题之一或一部分，进一步讨论下去。

虽然中国的翻译学建设问题和来自西方学术界的文化转向之间，有着千丝万缕的联系，但毕竟文化转向在中国学界和翻译界来得要晚一些。实际上，随着翻译的文化转向，我国的翻译界围绕一系列大小问题产生了一些惯常的做法和认识，这些做法和认识具有一定的必然性和代表性，因此其本身也有分析和研究的价值。以下列出的十条是自己近年来观察和思考中总结出来的问题（这几条在"首届海峡两岸翻译与跨文化交流研讨会"上曾做过简要的陈述，但未能记录下来，现根据回忆再行阐发），以为借鉴和鉴戒：

1. 泛文化的讨论迟迟不能进入学科问题。随着文化转向的来临，当人们将一切都说成文化或将文化作为一切研究的关键词的时候，泛文化的危险就来临了。但是由于文化问题很难归入哪一个学科（文化学？），所以很多时候文化讨论都是泛泛而谈，始终无法进入具体的学科，也无法变为学科性的专业性的问题和系统知识得到扎实的研究。因此，泛文化的结果就是文化的无根基、无家园的流浪身份和放逐状态。

2. 真正的文化问题反而没有得到应有的研究。由于缺乏专业基础和专门研究，真正的文化问题反而在谈论中没有得到研究。许多人谈文化，实际上并不了解文化哲学、文化人类学等专业，甚至有的人连世界通史或中国文化概论都没有看过。这种完全不了解文化地谈论文化，往往拿来一个新词做标签借题发挥，要么使文化研究庸俗化，要么进一步加剧了文化的泛化。

3. 将中西文化对立起来进行生硬的比较，得出绝对的或相对主义的结论。其实这是"五四"以来比较东西文化或中西文化的思路的延伸，一般是片面强调或无限夸大中西文化的差距，将二者看作是天经地义的无法改变的既成事实，得出不相容的绝对的结论，或者采用虚无的无所谓的态度，得出相对的无差别的结论。它的一个逻辑错误是在文化类型学上漏掉了许多中间状态的文化例如印度、日本等文化，或者在哲学上缺乏中介进行无中介和无凭借的判断和推论。

4.不加思考地滥用强势文化和弱势文化的概念形成二元对立格局。许多人对文化缺乏具体研究，尤其不了解文化的分层性质，因此直接接受和借用西方所谓的强势文化与弱势文化的二元对立概念，而且往往将中国文化说成是弱势文化，将美国文化说成是强势文化。这种不加分析和思考的文化观点其实是有害的，作者本人曾提出强势文化的三条标准或参照因素（源远流长，综合实力，心理认同），希望有利于问题的解决。

5.将文化与语言对立起来，或者用文化研究代替语言研究。在翻译领域里表现为将文化与语言对立起来，认为研究语言就不是研究文化，或者研究文化就不能研究语言。或者在研究范式上认为翻译的语言研究落伍了（许多人的理由是语言学是结构主义的），企图用解构主义的文化观点来替代翻译的语言学研究，其实在语言学和文化学研究中都是既存在结构主义流派也存在解构主义流派的。

6.没有使文化进入翻译的各个层面进行系统研究。即便有些地方涉及文化，而且也能联系到一些专业问题讨论文化，但仍然不能将文化深入和渗透到翻译研究的各个层面达到有效的系统的研究。这种问题的造成，可能是有些懂文化的研究者不懂翻译专业，或者懂翻译的不懂文化，总之是缺乏分析和分离的观点，致使研究思路和结合的方法也出现问题。

7.简单地把翻译和文化的关系归结为要么归化要么异化的翻译策略。一个比较有意义而又有一定理论基础和深度的观点，就是借鉴韦努蒂的异化翻译概念，把翻译简单地归结为归化或异化策略，以为这样就解决了一切翻译的文化问题，或文化翻译问题，实际上是一种不动脑子的研究结论。这一理论主张的复杂形式表现为归化或异化都要有度的掌握，或者是归化与异化的有条件的结合。

8. 将文化翻译简单地说成是直译甚至音译加注解的翻译方法。有些人采用简单化的做法，把文化翻译和翻译的文化问题简单地等同于或归结为翻译技巧和方法，而且简单地认为只要处理好文化词语（即文化局限词）问题就是解决了翻译的文化问题，甚至认为采用直译加注释或音译加注释的方法就是找到了最佳翻译方法。

9. 许多人说翻译是跨文化的交际活动，但并不是基于跨文化交际的专业背景。文化转向以前，人们习惯于说翻译是跨语言的实践活动，文化转向以后，许多人立即加上翻译是跨文化的活动，但是不少人并没有跨文化交际学的学科背景和专业知识，所以这样说并不等于加深了对于翻译本质的理解。由于缺乏翻译与跨文化交际专业的深层结合（当然还有与其他学科结合的可能），缺乏跨学科研究的翻译研究始终无助于翻译问题的文化解决。

10. 用文化翻译替代文学翻译，以为翻译应是原封不动地传达原语的文化因素。文化转向以后，有些人觉得文化问题重要起来了，于是片面强调文化性以至于掩盖或企图替代文学翻译中的艺术性的解决要求。有些人认为既然文学翻译的目的是为了传播原语文化，于是就不顾一切地企图将原语文化中的一切因素全部直接生硬地转达出去，以至于造成译文不堪卒读的悲剧效果。大概在中国文化典籍的对外翻译中这种倾向表现得最为明显也最为严重。

以上的种种表现可以粗略地地归结为学术研究的流俗状态，但这并不是学术研究的整个图景，因为在此基础上还有精英状态，他们虽然共处于现代的学术语境，但采用的是完全不同的学术路径。之所以将这些归纳出来明示出来，无非是提醒和告诫，以便克服和提升。再回到前面所总结的翻译学学科建设中的十大问题，其争论的性质在很大程度上倒是有点精英学术的味道了，当然也不是争论的双方全部精英，精英中也有流俗态或最终沉沦为流俗的可能，而在一定的条件下流俗也有可能转化或上升为精英。一个人的学术之路如此，一个学科在众多学科中的地位亦然，一个民族在世界民族之林中的地位和姿态也可能大抵如此。学如逆水行舟，不进则退。随波逐流者，流俗也，逆流而上抵达本源，知本而后创造者，精英也。精英遇时势而不辍者，可大成也。

　　吾以此言和思想与学界同人共勉。

　　是为序。

王宏印

2007 年 7 月 15 日星期五

于南开大学龙兴里寓所

学有缉熙于光明

——序李玉良《〈诗经〉英译研究》

记得写过一首小诗，是关于风的。

近日玉良寄来他的书稿《〈诗经〉英译研究》，嘱作序，便想起这首和《诗经》有关系的诗来。兹录于下：

风

风从四极八荒涌来
带着尖锐的刺
空在中央积聚着云雨
天下遂化为一道风景

这首诗写于 2003 年 3 月 17 日夜，玉良当时还没有跟我读书，可是《诗经》的情结早已在我的心里凝结，或许还要早些。回想起来，分明是在 20 世纪在古城西安工作的时候，我与叶舒宪相交较多。那个被我们唤作"小列宁"的才子，当时在研究《诗经》。他说过中国是一个"风"的国度，我印象颇深。再往前不易追溯，或许孟子的"诗亡而后史出"的论断，使我坚信，诗歌的诞生是人类文明早期心态的表露，和文明的起源密切相关。总之，无论如何，《诗经》作为中国文化典籍之一和中国诗歌的源头，在我的心里有了不可磨灭的印象。也是我的学术视野所时常关注的一个自己尚未涉足的领域。除了读过一两本《诗经》，还有一本《〈易经〉古歌考释》，使我爱不释手。这本并不十分惹人注目的书，将《易经》中的韵体摘录出来，使其单独成篇，发现里面隐藏着大量的古代歌谣，于是推测《易经》起源于对这些古代诗歌所反映的早期先民的生活与命运的哲学解释和理论说明。其中所蕴含的观点，似乎说明像《易经》这样典型的占卜-哲学著作，也是从早期的诗歌中得到启发，才生发出来一些哲学思想，成为一部旷世奇书的。后来"诗三百"这部古代北方的诗歌总集，自己也成为经典，这在一个把诗歌看得至关重要的民族那里，本无可厚非，但中国文化对于诗歌的实用化的态度和伦理政治性的利用，却是一部《诗经》研究史所难以回避的。也许，要真正读懂《诗经》，在中国的文化语境下，就不仅要懂得《诗经》版本的散佚与流传散播的曲线，而且要懂得《诗经》如何被伦理政治化的过程，也就是它特殊的人文教化作用——这已经和上面那首诗的"风"（讽）和"刺"以及"云雨"的双向运作的隐语相吻合了。

当然，《诗经》作为中国文学源头的诗歌总集，并不局限于"风"，也就是民间文学，反映民间疾苦、社会风俗与人民愿望的"国风"，还有体现贵族生活方式和高雅情趣的贵族文学"雅"，包括"大雅"和"小雅"。有趣的是，中国几千年的社会发展中，在官与民的统治与反叛的反复斗争中，贵族精神和贵族文学得以减弱，"大雅"之不易存只有"小雅"还在了（不是指具体的诗而是指精神实质），因而对于民间情趣的雅化和文化品位的提高所起作用甚少，而作为"颂"的庙堂文学则高高在上，宗庙社稷的政治与宗教合一，出于史官的历史与政余弄文的官方文学不分，共同起着文明教化的作用。当然，由于贵族阶层的被打击与消磨，因而缺乏一个适合的调停和中介，也由于宗教文化的弱化或先天不足，以及世俗文化的逐渐发展与发达，庙堂文学的绝对精神高度也有一定的局限，所以影响了它的政治学的纯洁和神学的以至于哲学形而上学的思辨与精神追求，终于使得单纯的"颂"的文学功能难以为继了。于是，一面有自下而上的讽喻与美刺，一面有自上而下的教化与约束，同时伴随着歌功颂德与皇恩浩荡（例如在儒家官本位文化价值观里所反映的那样），以及牧民保民安民敬民的各种治理机制，和王权统治下的贪官清官忠臣奸臣的二元划分，于是，二者之间的"上位文化"与"下位文化"的对立与融合就构成中国文化的典型风景了。由此可见，在《诗经》风雅颂的三分法里，不仅包含了中国文学的三元系统的完整结构，而且包含了中国文化的三位一体的结构内核，和双向互动的运作推进机制了。

　　作为文学艺术源头之一的《诗经》，开创了中国文学赋比兴传统的先河。近世以来，让《诗经》回归文学的研究上的努力，当然是值得关注和赞许的，然而，《诗经》研究何曾有一日离开过赋比兴？即便是儒家伦理政治视野中的《诗经》研究，甚至宋明理学视野中的《诗经》研究，也一直是利用甚至推进了赋比兴的认识的。例如，朱熹对于赋比兴的经典界定，至今仍然被奉为经典解释，所谓"赋者，敷陈其事而直言之者也""比者，以彼物比此物也"以及"兴者，先言他物以引起所咏之词也"。所以，今日对于《诗经》的文学价值的认识，不是一概否定儒家的《诗经》研究成果（何况儒家文学也是中国文学之一途），而是继承其精华和精神，在新的研究方法和包容的视野中予以推进和加深，开拓出新的研究领域并发掘出新的成果来。这样，诗经研究的领域和论题就会大大超过古代的《诗经》学传统，进而出现新的百家争鸣的可喜局面。初步想来，今日的《诗经》

研究可能有如下领域或论题：

1. 关于诗歌起源乃至于文学起源的认识，涉及诗歌与一般文学的共同点，与宗教、生产及艺术的关系，以及诗歌作为文学主流在中国文明起源上的知识考古价值；

2.《诗经》中包含的社会认识价值，例如古代社会结构、生产方式、婚姻制度、民间风俗、价值与信仰系统，以及其他方面的认识，可以笼统地归入文化人类学的研究领域；

3.《诗经》中所描绘的名物，包括动物、植物，以及其他物质形态的事物的状况及其与人类生产生活的关系，这一部分研究基本上是考据性的，构成人类和自然关系的一部分；

4.《诗经》的语言学上的认识，作为古代的语言可有方言地理学上的分布，语音、词汇、语法与修辞方面的知识，以及古文字、音韵等可以构成中国古典语言学的一个宝库，用之不尽的；

5.《诗经》中文学意象系统的研究，这一部分实际上是文学研究的核心部分，它不仅对外通向自然与社会对象，而且对内通向人的心理与精神现实，在中间又离不开语言的中介附着作用；

6. 围绕《诗经》的主题和形式所产生的历代文学与艺术作品的研究，例如绘画作品、音乐作品、其他文学作品的研究，构成《诗经》影响的一部分和中国文学艺术史的一个重要方面；

7.《诗经》研究的历史与演变规律的研究，包括各种意识形态（儒释道及官方）对于《诗经》的改造与解释，原型的、伦理的、文学的、艺术的以及其他方面的意义阐释与价值发觉；

8.《诗经》以各种文本形式，包括注释与疏解、今译和外译，特别是英译本在中国以及世界的传播与接受情况的研究，同时也包括这些译本的回译与往复翻译对中国文化的反哺行为的研究。

当然，以上的提示并没有穷尽《诗经》研究的范围和题目，只是一个粗略的提纲而已。要之，《诗经》研究也可以按照传统国学的精神，分为考据、辞章、义理等研究领域，当然同时也要融合新的西洋的研究方法，使其丰富与更新，例如人类学民俗学的研究方法、现代语言学诗学的研究方法，甚至神话-原型批评以及心理学与文学研究方法等等。李玉良的这本《〈诗经〉英译研究》，正是在这样的现代学术背景下选题、写作和完成的。

和玉良的结识，多少也缘于诗歌和哲学。

有一次玉良在我的书房里夜谈，看到我新写的一首现代诗，记得是《冰河》，我让他给我讲一下大体的印象，他看了一遍，就直说出反映的是现代人的存在紧张与精神焦虑。我发现他懂现代诗，不禁心中暗喜。因为在我的头脑里形成了一条不成文的认识，不懂诗歌不足以言文学，而不懂现代诗，则不足以言诗歌。后来，大约在玉良被录取为博士生以后，我得知他数年前曾专程前往湖南拜访过刘重德老先生，为他的执着而大为感动。不过起初，玉良的兴趣似乎在哲学，他雄心勃勃想做翻译的本体论研究，而我给他的任务是先精通哲学本体论问题，然后向翻译本体论靠拢，直到对后者有所领悟为止。期间我鼓励他借鉴文学和艺术的顿悟思路，补充交际学的框架谋求突破。尽管后来玉良没有做本体论的题目（他只以此为题写过一篇论文，参加了一次学术会议的发言），但当他告诉我他决心选择《诗经》英译作为博士论文时，我毫不犹豫地答应了。因为我觉得他做这个题目有三个条件：

1. 对哲学问题执着追求和长期思考而不得的潜在动因；
2. 对诗歌，包括现代诗的快速领悟与直觉把握；

3．锲而不舍的钻研精神。

事实证明，玉良后来在做这个题目时比较得心应手，没有出现大的问题。由于国内条件所限，高本汉的《诗经》全译本找不到，但我想没有太大的关系，只要主要的本子找得到，就可以进行研究了。结果，玉良找到了九个英语全译本（其中有两个是同一译者的不同版本）和九个英语节译本。他的研究主要建立在这些全译本上，同时参考了某些节译本，例如，结合杨宪益的《国风》节译本，说明了当时意识形态的影响。

那么，这个《诗经》英译研究有哪些特点呢？我觉得有如下的特点和贡献：

1．首先，整个翻译研究是建立在国内"诗经学"的研究基础上的。从先秦诸子的《诗》学到汉代《诗经》的确立，中间经过唐代的喻政宣礼、宋代的心性之学、清代的正教功能，一直到"五四"以来的文学研究的加强，和当代多元化的研究趋势，可以说对《诗经》的研究历史和主要资料比较熟悉了。这项研究大大地拓宽和加深了作者对《诗经》的理解和《诗经》翻译的认识，同时为《诗经》的文本理解和翻译研究提供了必不可少的文化资源与学术基础。

2．第二是对各种英译本所依据的底本的研究。本来，翻译研究和译作批评就应当包括版本的研究（参阅拙作《文学翻译批评论稿》相关内容），尤其是对于翻译所从出的底本的研究，但是近年来的翻译研究似乎不大重视底本的研究，尤其是一些西方当代翻译理论受某种文学理论和哲学思潮的影响，干脆不要原文了，只注重译本在译入语文化中的作用，这实际上是不够的。玉良的研究，针对不同的英译本所从出的原本做综合考察，更进一步包含了译者所依据的各种参考文献，摸清了译者的底细，尤其是理雅各的文献多达 50 多种，为下一步的译本研究准备了充足的条件。这是值得称道的。

3. 其次是各个译本本身的研究及相互的比较研究。在一篇博士论文中涉及众多译本的研究，一般难以照顾周全，但作者是有重点有观点的研究。他借助不同的理论观点洞悉不同的翻译现象，所以能使各译本的研究线索清晰，评价各得其所。例如，理雅各的译本注重经学传统与正教功能的发挥，注重中西宗教层面上的语词对接与替代，同时兼顾了《诗经》名物历史真实性的传达。詹宁斯的译本兼顾儒家道德理想与以诗译诗的文学翻译原则，而阿连壁的翻译则体现西方诗学对中国古典诗学的改变，又渗入了文化人类学的研究成果在译本中，对原诗的诗歌形式改变较大。威利的翻译通过意象转换和传达进一步加强了文学性，同时淡化了政治教化作用，使得《诗经》中的文化与民俗因素得到彰显，甚至深入到原始宗教与伦理思想的层面，因此具有更大认识和参考价值。意象派大师庞德的《诗经》翻译，则是典型的诗人译诗，注重转化和创造意象，而蒙太奇语言的使用、风格的多样化、美国民歌风格的借鉴以及中国和西方古典诗歌风格的模仿，被熔于一炉，服务于他独特的宣扬儒家思想和抨击西方政治的目的。除了不同时期西方译者的翻译以外，作者特别选取了我国当代著名诗歌翻译家许渊冲和汪榕培的《诗经》翻译，他们的特点是：注重吸取和借鉴中国当代诗学的研究成果，尊重史料与文化价值的保持，注重汉诗审美特征的保留和传达，但在诗歌译文的语言创造和艺术性上贡献不多。

关于这八个译本的总体的比较研究，作者得出了如下的概括性的结论：

以上八个《诗经》译本的对比研究显示，尽管《诗经》

居六经之首，在我国传统文化中占有极其重要的地位，但
它的任何一个译本都没有像所期待的那样，把元典原原本
本地翻译出来，也没有像某些翻译理论所说的那样，因为
它是至关重要的文化典籍就被以最严肃的态度，以最忠实
的笔法进行翻译。从原文的角度来看，没有那一个英文译
本绝对准确地理解和翻译了《诗经》，更没有一个译本十分
圆满地用英文表达了各个诗篇所表现出的特色鲜明的中国
古代文化；而总是出于某种原因——或者理解的原因，或
者语言差异的原因，或者文化差异的原因——与原文的历
史文化和思想艺术内涵拉开了一定的距离。所以无论哪个
译本，总是读起来部分像《诗经》，而部分又不像《诗经》。
这似乎可以证明，翻译在任何情况下都不会是完美的。(李
玉良：《〈诗经〉英译研究》，齐鲁书社，2007 年，第 353～
354 页)

4. 最后，就是论文的理论升华，直接论述到整合与变异问
题。现在的翻译研究有一个特点或曰共性，那就是要涉及理论，
如果自己不能设计理论，也要涉及一点别人的理论，否则不成
为研究。其实研究是有众多类型的，有实证性研究，有理论性
研究，也有鉴赏性评价性研究。不过，博士论文的研究，无论
是何种研究都需要一定的理论背景和研究功底，否则就事论事，
烦琐细碎，比较单薄。而理论可以是框架，也可以是观点，是
洞见，甚至可以是叙述的语言和概念，不可以一概论之的。但
是总归说来，却必须是方法，不能进入方法层面上的理论，是
死理论和教条，充其量是装饰，于研究无补。仔细考察起来，
就玉良的这篇《诗经》翻译研究而言，也可以说包含了几个方
面的研究方法在内的：一个是《绪论》中的方法部分作者明言

的比较方法与综合方法，一个是各种学科的具体的研究方法，例如文化人类学的方法和诗学的研究方法。没有这些方法，就不可能对现有的《诗经》研究和翻译进行分类和分析。

然而最重要的，却是一种我们最近几年在博士论文写作与答辩中所提出的称为"理论升华"的部分。所谓"理论升华"，它的基本意思是：在一个具有个案性质的研究中，如果不是事先确定要按照或借用一个固定的理论框架进行具体研究，至少可以在一个研究（往往是具有综合性质的研究）之后，在基本的事实层面实证层面有所发现的基础上，就其所涉及的理论问题进行一些讨论。在理想的情况下，这个讨论可以对这项研究本身做出理论性的说明，而在更为理想的情况下，甚至可以提出一种具有相当解释力的有较普遍意义的理论，至少可以提出一些此类研究所普遍关心的理论问题来。玉良的这项研究的理论升华，就是称为"整合与变异"的理论研究。事实上，他在论文写作中把《整合与变异》作为正标题而把《〈诗经〉英译研究》作为副标题放在下面，就体现了他的理论研究倾向。

在《整合与变异》的大标题下，玉良对于《诗经》英译研究做了理论的阐发，其要点如下：

1. 关于译者的主体性地位：作者认为，"翻译过程所有因素中只有译者是最活跃、最主动、最关键、最根本的因素，一切其他因素必须通过译者这个媒介才能对翻译最终真正发生作用"（《〈诗经〉英译研究》，第 362 页）。他分析了赞助人的作用和政治与社会文化因素的作用，认为这些因素固然重要，但必须最终通过译者起作用，而译者既是被决定的，也有选择和决定作用。这里值得注意的是，译者主体性既不是译者决定论，也不是社会文化因素或意识形态决定论，而是一种体现多重关系和多因素的合力论，和有条件的选择论。

2．关于翻译客体：他认为翻译中的文本是意义的再生体，其实这里主要指的是原文本，而把整个翻译过程理解为是一个无限可以被理解和变异的过程。这里玉良借助解构主义观点阐明了自己的意思："《诗经》译者虽然没有自觉地去'解构'过《诗经》，但却往往有意无意地陷入了解构主义的解读方式：每一位译者身上都体现了一种与众不同的理解。这恰恰证明了《诗经》文本内在的模糊性和意义再生性。伴随着历史的脚步，《诗经》文本的距离性被进一步加剧，其间接性和模糊性问题也越来越突出。可以预见，未来的《诗经》翻译仍会是一个分延过程留下的'痕迹'，无论采用什么方法来翻译结果都是如此；若按经学传统来翻译，可以说是丰富了传统文化；若按文本内容翻译，则可以说是《诗经》文字'延异'的延伸，是对《诗经》意义的不断丰富。"（《〈诗经〉英译研究》，第 364 页）

3．关于翻译中的整合与变异：玉良借鉴了生物学上的变异概念和文化学上的整合概念，认为翻译过程是一个整合与变异同时发生的过程，其中包含：文本的互文、语言的同化、诗学的交锋与交融，以及文化的融合与发展等方面。这些方面或因素构成所谓整合与变异的多因素一体化过程，其中有许多值得注意的思想火花。例如，关于诗学问题，他认为包括在宏观上诗学观念的渗透和微观上原作艺术的吸收，但二者又都是不彻底的、不全面的。这里就道出了翻译的居间性质和调停性质，以至于译文在文化上"将永远是一个既不完全像父亲也不完全像母亲的混血儿"。另一方面，作者也注意到整合与变异的方向和接受的条件问题。例如，在涉及语言同化的时候，作者认为一般的方向是译入语会向着源语的方向同化，但是，"源语语言因素的翻译越接近目的语规范，与目的语之间互补性越大，与目的文化的关联性和互补性越强，它就越容易为目的语所接受，

反之就会遭到目的语的抵抗乃至排斥和抛弃"(《〈诗经〉英译研究》，第 373～374 页)

从这个选题的研究结果来看，可以说，玉良的《诗经》翻译研究，是迄今为止一项比较系统而又有一定理论深度的研究，将对中国典籍《诗经》走向世界起到鼓与呼的作用，并对《诗经》学的研究起到补充和扩大的作用。在毕业后的一年里，作者又做了若干重要的修改，尤其是各章小结和最后的理论升华部分，下了较大的功夫，取得了喜人的成绩。如今这项成果就要以专著的形式公开向社会和学界发表了，我怀着欣喜的心情，表示祝贺，也希望玉良在未来的道路上，潜心学问，精益求精，取得更大的成就。

在最后关于希望和寄语一类话语里，我想谈两点个人意见：

其一，关于博士论文问题。概而言之，一篇博士论文的完成，充其量只是一个大体的宏观任务的完成，所谓"in partial fulfilment"（部分完成），而不意味着这个研究项目的结束。事实上，有的项目可能意味着作者在一定时期内自己规定的学术任务的完成，但更多时候，往往甚至只是个人的或整个学界学术兴趣的转移而暂时离开，在个别情况下，有的项目可能穷尽一生精力和时间也没有完成。所以在基本完成写作和答辩以后，下来遗留的问题是很多的，例如如何公正而客观地对待每一个译本，也就是关于一个英译本的全面而准确的评价，这和在论文中把一个译本当作某一种典型案例做简要的评论是不同的。它实际上涉及论文的整体结构性论述与各个译本研究上的细化处理问题，有待于按照一个译本一个案例的原则，进行穷尽式的调查研究，才能得出客观全面而公正的结论。进一步而言，在深层的译本评价中，甚至需要注意到批评者的价值取向与翻译批评判断上的多元化与同一性的获得，而这种获得，除了需要对各种貌似相互冲突的古今中外的翻译理论做原则性的协调统一的功夫外，还需要在学术思想上具备一个大而化之的整体观，通观历史深入现状的洞达精神，和极为平和淡泊的学人心态。这些深刻的问题，在《诗经》和其他典籍的翻译研究中，却始终是一个未能很好解决甚至还没有被学界普遍意识到的问题。

　　最后部分的理论升华问题，一般标志着一篇论文的理论高度，在有的时候，也可能标志一个人一生学术所达到的研究高度，所以，不能小视之，而应当力求做得最好。至少在修改的时候，要能够概括和反映当下整篇论文的资料所能支撑的高度。例如，关于整合与变异的理论升华，虽然有了较为系统的论述，而且有了一些深刻的思想，但是，要让它能够成为一个具有逻辑一贯性和理论统一性的理论观点，成为一个有一定普适性和站得住脚的翻译理论，就要超脱《诗经》英译的狭隘经验，将其纳入典籍翻译和一般翻译的宏观视野进行考察。尤其要全力解决翻译理论思考的多维度观察与总体构思上不够协调的问题，除了各部分研究的协调以外，其中的一个涉及价值判断的关键问题，就是原作是否作为翻译的终极判断的标准问题，以及和译作的理想化也就是理想的译作状态的关系问题，究竟应当站在哪一方，仍然是一个未来得及解决的问题。这不是危言耸听，也不是吹毛求疵，而是涉及翻译批评的根本倾向问题，因为事实上，形形色色的翻译理论都在从不同的角度和在不同的程度上多多少少地在回答这个问题。简而言之，论文思路所及，在原文的权威性与多个译文的合理性之间的钟摆式的摆动，因为加入了语言暴力问题而唐突贸然，甚至可以说，这一问题构成传统译论与现代译论在终极价值上的冲突的焦点，因而可以算做一个枢纽性的问题。

在这个意义上，也就是在学术研究的整体性和终极结果的意义上，我们不难看出，一项研究，其最终的成果和成就，并不完全取决于研究者个人的努力和天分，甚至也不完全取决于导师的水平和指导的程度，它似乎冥冥之中取决于整个国家甚至国际的学术状态和研究水准，以及这些综合条件为这项具体研究所提供的有利的和不利的相关的环境因素和价值参照。在这个意义上，我一直认为，博士论文（甚至包括硕士论文在内），总之，一切学位论文，作为一种制度化的教育行为和规范性的学术行为，在原则和精神上应当体现为一种集体研究的成果，包括它的成就和缺陷、规模和局限，都多多少少反映我们国内同类研究的水平和学术状态或心态。且不说在这一整个过程中，从选题到写作，从答辩到修改，诚然作者本人的努力是主要的和极为重要的，但作为一个学术过程，它始终渗透或融入了包括导师组和专家评阅组在内的学术团队的智慧和心血。最终的成果形式，毫无疑义，除了作为研究成果本身有其个人的努力与版权的归属以外，毕竟是作为博士候选人已经具备一种独立研究的资格和能力的证明。进一步而言，在学位论文改编成专著出版问世的时候，以至于在后续的接受与交流的诸环节中，诚然也是这一研究的延续和提高的过程，却也离不开出版部门的努力和学界的支持和帮助。归根结底，虽然学术研究是具有个体劳作性质和人类精神探索的活动，但它的科学性和人文性价值的获得和确认，却始终是伦理的、群体取向和社会完成的。无论作为过程还是作为结果，都是如此。

其二，关于典籍翻译问题：《诗经》翻译属于典籍翻译，《诗经》翻译研究自然属于典籍翻译研究。在这一方面，玉良的研究已经做出了开拓性的贡献，这是毫无疑义的，是值得肯定的。但是，这项研究并没有穷尽《诗经》翻译研究，例如，在汉译外特别是汉译英方面，结合几个主要英译本的研究，许多重要的问题都已经涉及，并得到了一定程度的解决。但是，仍然还有一些领域未及涉及，有些问题未及解决。例如，古文今译的问题，作为语内翻译，本来也可以纳入《诗经》研究的范围。还有回译的问题，无论是作为翻译质量的评判还是作为翻译研究的手段，也可以纳入研究的范围。这样一来，《诗经》翻译的问题就复杂起来了，整合与变异的理论问题也就更加复杂和有意义了。由此引发的一些关于典籍翻译，甚至一般翻译的理论问题的思考，就更加具有普遍的意义和研究的价值了。本文并不企图回答所有的问题，只打算就几个方面的关系谈一些基本的认识，看其在理论上究竟可以达到怎样的广度和深度。

首先，关于原文的版本和所谓"诗经学"的研究，如何可以对今天的翻译研究提供帮助？这是没有定论的。诚然，对《诗经》的研究历史和主要资料的熟悉，有利于拓宽和加深我们对《诗经》的理解和《诗经》翻译的认识，同时，为《诗经》的文本理解和翻译研究提供必不可少的文化资源与学术基础，但是这样说仍然是比较笼统的。我个人倾向于认为应当围绕翻译问题，关键是将前人有关《诗经》文本的理解的线索汇聚起来，为一首诗的翻译和翻译评判提供依据。也就是说基本上要回归文本研究，向着翻译研究过渡。在这一方面，特别重要的是《诗经》的文本注释和疏解，包括一些名物的考订和主题的探索，以及诗学的形式的认识。在多个解释和相互抵牾的疏解面前，要根据翻译的需要和译者的独立思考做出选择，既不能放弃判断无所事事，也不能草率从事只求新异。一般不要太多的陷入《诗经》研究各流派的枝节上的争论，也不要陷入所谓的《诗经》"学"是否成立的无解的问题。在这一方面，庞德的《诗经》翻译经验和做法可以借鉴，也就是为了翻译的研究和导向翻译的研究，或者称为"翻译性研究"。它构成"研究性翻译"的学术基础。而霍克思的《红楼梦》翻译研究，在"红学"丰富的宝库中左右取材，谨慎思考，竟然可以导致一个新的综合性底本的产生，直接作为翻译的文本基础。在理想的情况下，这个底本本身应以译者自己的注释和疏解为基础。正是在这个意义上，翻译性的研究不同于一般的学术研究和典籍研究，因而有了自己独特的研究价值和独立地位。

　　作为《诗经》研究的一个方面，特别是近年以来，有些研究者尝试把其中的一些诗作甚至全部诗作翻译成白话文（例如，著名的有程俊英译注的《〈诗经〉译注》，上海古籍出版社 1985年版），其他古典文学的文本亦然。如何看待和要不要利用这一成果，以及如何利用，是一个重要的问题。但在翻译界还没有引起足够的重视。一般说来，古文今译的作者，往往也是对原作有相当研究的人员（究竟有无研究可以判断），他们对于古文的理解显然也会有所帮助，但是我个人认为古文今译只可以作为翻译和翻译研究的参考，而不能作为翻译的文本依据。虽然古文今译是语内的不同变体的异文表现，但毕竟不是第一文本，在有第一文本的时候，为何要舍弃原本而采用译本进行转译？何况今译也会有古体诗仿作、松散的格律诗和现代自由诗各种形式，如果直接从其中一种转译为外文，将会产生误导和偏离。当然，另一方面，有创造性的今译对于外文翻译在观念和手法上也会有许多借鉴之处，有些词语处理甚至可以作为原型触发新的翻译灵感，这都是没有问题的。

　　结合我个人对于《诗品》的今译，也曾提出了如下的要求，可供今译作一原则性的参考：

　　　1）译为诗体，要有诗味，兼顾哲理；2）押大体相同的韵，但不求一韵到底，因为不是歌词；3）语言要有现代气息，句子长短错落有致，以适合现代读者；4）适当吸收现代诗和英诗写法，增强表现力。（王宏印：《〈诗品〉注译与司空图诗学研究》，北京图书馆出版社，2002 年，第 76 页）

进一步的认识还包括：在汉语语内转换的时候，译文对于原文语句的扩充，对现代汉语的妙用，在诗学翻译中对原诗意境的仿造，对原诗哲理的阐释，以及对英诗精华的吸取等效果。

古文的翻译，沿着今译是一条子，沿着外译则是另一条路子。即便从上述今译的基本要求来看，二者之间的不同也是显而易见的。以下结合个人观察，列出中国古诗英译可能发生的一些重要变化，以供参考：

1. 从古文用词、语法特点到英语诗歌语言的转换，可以说前者愈来愈少，后者愈来愈多。

2. 典型的中国文化和文学意象的保持或改变，直至创造新的意象的努力，例如庞德的努力。

3. 典型的中国叙述和抒情方式的保持或改变，包括人称、时态等的改变所引起的其他变化。

4. 典故与文化局限词，以及个别名物的淡化，以外国译者为多；或强化（以音译之，或加注解），以国人译者为多。

5. 诗歌形式的保持，仿作或完全套用西方现代的或古典的诗歌形式，以求诗的灵魂。

6. 诗歌标题的改变或重新命名，往往伴随着篇章形式的改变或主题的重新理解与阐释，以外国译者为多。

7. 以任何形式或以任何理由（政治的或诗学的，学术的或个人的理由），将西方或英语的要素纳入进来，使其发生重大的或微妙的变化，以外国译者为多。

8. 暂时无法理解的原因，所发生的翻译性的变化。中外译者皆有。

最后一个逻辑的环节，就是回译，也即是经过英文翻译以后的诗歌文本，再向中文方向的回译。在理论上，回译的可能性建立在下列比较肤浅的翻译假说上：

1. 翻译是一种语言转换行为，依赖简单的技巧操作可以达到固定的目标。

2. 翻译中不存在偶然因素的作用，和暧昧未名的行为，一切都是可控制的，明确可知的。

3. 翻译是一种单向的单线的活动，没有任何侧向和反向可能的运动轨迹，故而是可逆的。

实际上，回译绝非如此简单，就个人观察而言，我对于回译的认识开始于对霍译《红楼梦》诗词曲赋的回译与研究中。基本的认识可以说集中在下面一段话中：

> 就此而论，回译之不可能似乎已成定论。但是，且慢。回译之不可能是说回到原点之不可能，而不是从原译出发进行归化和异化相统一的"回译"之不可能。如果按照上述观点认为回译也是一种翻译并且和任何翻译没有什么不同（只要能够去除对原作的阅读印象和企图回到原作的心理定势），那么，回译就是从原译开始向着原语（回译入语）的方向归化而去，同时离开原译向着适应回译入语（即原语）的方向异化而去。这两个方向的合力就是回译的理想效果，可见回译是不能用是否和原文一样来衡量的。恰恰相反，回译中所发现的不同于原作的地方，恰恰是原译的创造性所致（假如排除了误译的成分的话）。（王宏印：《〈红

楼梦〉诗词曲赋英译比较研究》,陕西师范大学出版社,2001年，第 275～279 页）

纽马克曾经提出回译作为检验译文质量的一种手段，而我则倾向于将回译作为翻译实践的一种实验，和翻译理论的一个极为复杂的研究依托。这样就提出了"检验性回译"与"研究性回译"两种不同的概念。再结合归化异化的翻译讨论，把二者看作是一个统一的翻译过程，那么，在归化与异化之间就存在一个"灰色地带"，或称翻译的折中的度，为此而做的翻译努力可称为"等化"翻译。这样就有了一个新的参照：

> 简而言之，等化是离开原作向译作进发过程中的介于归化异化（和直译意译）之间的一个"度"，一个顺向的"度"，而回译则是从译文返回原文（虚拟性的返回）过程中的一个"度"，一个逆向的"度"。明乎此，则翻译的顺向与逆向就不再是绝对矛盾的或彼此排斥的，而是一个合乎逻辑的顺向或逆向的运演——既是翻译过程的描述性的理论运演，也是思维逻辑的翻译化的理论运演。（王宏印（与张智中合写）:《归化异化三论:从翻译策略到翻译过程的展开》，《外语论坛》，2003 年第 4 期）

既然直译意译和归化异化可以集中在一个统一的翻译过程中，既然原文的外译、今译可以是两条方向不同的运作路线，既然回译可以从外译甚至也可以从今译向原文返回（部分的虚拟的返回），那么,古文翻译就有了四个维度和四种方法与途径，由此组成一个完整的动力系统，图释如下：

原文（古文注释本）————————→ 外译（外文本）

今译（白话文本）←————————回译（混杂中文本）

最后，想指出一点，那就是外文回译和今译以及回译的不同。外文的回译是介于原作古文和英文翻译之间的一个混杂语文本（一般并不是古英语或中古英语译文本，而是现代英语文本），其中对于英文创造因素的保留和古汉语特点的保留比例是一个难题，但保留二者到达一个语篇和谐可读的程度，是理想的回译文的标志之一。在多数情况下，今译回译实际上不必要（甚至不可能，现代人古文写作能力的丧失是一个条件性的限制），只是对于极少数创造性极强的今译本来说，可以作为汉语古今文学语言表达的变体的研究课题。汉语今译和外文回译为汉语的现代语本的区别仍然是明显的，即便双方都在竭力把它译为现代意义上的诗歌形式，但由于文化因素的过滤作用，再加上诗歌翻译的极度个人化的观念和操作，两者之间的差别仍然是显而易见的，甚至是不容忽视的。

兹总结一下翻译的多维视野下的几条公设：

1. 翻译是从原文出发向着语内或语际任何语言变体和文学变体的转换生成过程，其最终产品不是固定的，而是多种可能性的产品的现实实现。所以任何以一个或一种既定译本为最终标志的说法都是滑稽可笑的，有碍于翻译的自由创造精神和理性探索精神。

2. 在原则上，翻译是不可倒逆的，因为其中有各种人为的目的性因素和手段性因素的综合作用，而且操作中会遇到偶然性及外在不可控制性因素的作用。由于这种多变量的因素影响，使得翻译的行为和翻译过程既不可重复也不可完全复制出来。翻译产品亦然。

3．无论处于何种目的和运用何种手段，一切人为的复制和重复都是虚拟的和象征意义上的，而非终极的和实在发生的。实际上，一切回译都是原作因素与译作因素的一个折中与调和仿拟状态，而不是一个纯粹的译本。一切原初的或转译的作品亦然。

4．为了理论研究的必要而考虑，或者纯粹出于个人好奇，人类一切严格控制下的实验研究都是非自然状态下的人为活动，其理据可能是科学的，但未必是自然的。对于翻译研究而言，也是如此。所以，一切翻译理论都具有目的论色彩和模拟化的特点，而不可能是能终极的真理。

5．作为人类和人文价值摄入的过程，翻译批评始终是人文的理解与解释的活动（翻译亦然），而翻译的过程探索，则可以是人文的也可以是科学的或理论的，也即翻译研究始终会有两条并行不悖的路线，但相互的借鉴和渗透，则构成关于翻译活动持续的认知动力和智慧资源。

在即将结束这篇序言的时候，我想借用《诗经》"周颂"中《敬之》的一个片段，表达一种对学问的敬畏之心，以之和玉良及海内外译界学界的同仁共勉。毋庸讳言，这里的译文，也是有点学术化了。

【原文】

敬　之

敬之，敬之，
天维显思，

命不易哉！

……

日就月将，
学有缉熙于光明。

【译文】

敬　畏

敬畏加警惕，
天理昭彰兮，
使命不易！

……

月累日积，
为学渐丰厚兮，
始显真明理。

王宏印
于天津，南开大学寓所
2007 年 8 月 29 日

重铸雄奇瑰丽词，别求知音于异邦

——序张智中《毛泽东诗词英译比较研究》

中国是诗的大国。中国人对于诗的喜爱和习惯，就好像衣食住行一样，须臾不能离开。而毛泽东一代伟人，其诗歌创作与交流，代表着一代诗风与世风。这本身就已经很复杂了。再论及毛诗的英译以及在西方世界的传播，则是另一件更为复杂的事情了。好在再复杂的事情也可以分开叙述，于是，就从毛诗本身开始吧。

一、自信人生二百年，会当水击三千里：
毛诗数量知多少

毛泽东（1893—1976），湖南人，字润之，是领袖，是导师，是政治、军事、文化等方面的全才，尤其对于诗文，可以说是文章圣手，诗歌巨匠。要说他是诗人，在当代诗坛上独领风骚，自成高格，几乎用不着论证和争议。可是，要说明毛泽东一生写过多少首诗词，马上就成为一个问题了。

第一，从版本演变看毛泽东诗词创作的概貌。

要从发表的角度看，1957 年《诗刊》创刊号发表毛泽东诗词 18 首，是一个标志性的时间和数量。1958 年 7 月，人民文学出版社出了线装书《毛主席诗词十九首》。同年 9 月，文物出版社出版刻印大字本《毛主席诗词十九首》的同时，又新增当年新发表的两首，出版了线装本《毛主席诗词二十一首》。此后，毛主席诗词的数量逐渐是 37 首、39 首、42 首，到 1986 年人民文学出版社为纪念毛泽东逝世十周年而出版的《毛泽东诗词选》，已刊登 50 首。

> 正编四十二首，都是作者生前校订定稿的和正式发表过的。副编八首，内五首曾陆续见于近年的各种出版物。副编诸作及其他一些本集没有收入的作品，作者写成后都没有最后定稿。其中虽可能间或有因作者忘了，未及再看到和考虑修订的，但一般是作者所不准备发表，有些还明确表示过拒绝发表的。(《毛泽东诗词选》，人民文学出版社，1986 年，出版说明）

值得注意的是，这个基本上是来自官方的正式的说明，不仅代表了毛泽东本人对于自己诗词的意见，而且定下了一个基调和格式，那就是正编四十二首和副编数首，不仅作者的处理意见有别，而且暗示了编辑所谓的质量有别。正如毛泽东的秘书胡乔木同志在 1986 年 5 月 14 日专门写信答复的那样："正、副编的分类（这类问题去年未能向你们和人民文学出版社同志说明，实为疏误，请予谅解），实际界限在于诗词质量，读者当可意会。"此后，随着毛泽东热的兴起和不断升温，随着和毛泽东诗词的进一步发现，毛诗总量也在各种正式的鉴赏性书籍中逐年上升，从 1996 年中央文献出版社的《毛泽东诗词集》的 67 首，猛增到 1998 年南京出版社出版的《毛泽东诗词鉴赏大全》的 109 首。目前，笔者手头新购到的《毛泽东诗词全集赏读》（太白文艺出版社 2007 年 10 月版），已经包含了 151 首。

编著者麓山子在"后记"中说：

> 尽管这次在众多专家学者的精勤劳动与努力下，我们
> 通过对以上出版的各种不同版本的分析、对比、斟选，并
> 借助于现代网络搜索技术，从浩如烟海的史籍、文献及网
> 络资源中搜集、整理、汇编、补充而成这部目前堪称最全
> 的《毛泽东诗词全集赏读》（共 151 首，其中包括补遗之作
> 13 首、存疑之作 26 首）读本。但我们仍不敢断言这就一
> 定是收集了毛泽东诗词的全部。（麓山子编著：《毛泽东诗
> 词全集赏读》，太白文艺出版社，2007 年，第 439 页）

现依据这部最全的但不一定是最权威的毛诗集的体例，对
于毛泽东诗词的创作情况和真伪问题进行说明，以期理出一个
大致的头绪。

先说正编的 112 首，分为若干时期，基本上是按照中国革
命史的分期，兼顾了毛泽东本人的生平历程，而且基本上是编
者认为可以认定的毛泽东本人的诗词作品。以下的说明重在要
点和区别，而不求全面：

1. 1893～1919 年（青少年时期）

本编共 24 首，除了《七言诗·送纵宇一郎东行》（1918 年）
在其他集子里作为开篇诗以外，大多数都是新编入的，其中最
可注目的有，少年时期的几首儿歌，《呈父亲》与《祭母文》，
几首悼亡诗，联句等明志诗。在形式上，四、五、七言诗都有，
题咏、改编和联句也都有（但有残句），说明少年毛泽东的诗路
广泛而诗才早慧。

2. 1920～1937 年（土地革命时期）

也是 24 首，这一部分基本上是原来常见版本所收录的 19

首，从而构成毛诗的基本部分。值得注意的是，在一般以《沁园春·长沙》（1925）开篇的前面，有《贺新郎·别友》（1923）和《虞美人·赠杨开慧》（1921）。其中《别友》为其他后补的本子所收集作为开端，但是否是给夫人杨开慧的则有疑问。另外，后来发表的1936年的《临江仙·给丁玲同志》也在内，与之相比，最后的一首改自《诗经》的四言《懦夫奋臂》（1936）则比较少见。

3. 1931～1945年（抗日战争时期）

4首，几乎都是新发表。其中最值得注意的是《祭黄帝陵》（1937年4月6日），由林伯渠代表中华苏维埃主席毛泽东和抗日红军总司令朱德，与国民党一起公祭黄陵的祭文，是毛泽东撰写的四言诗。因为历史原因，当时无法发表。还有五律《悼戴安澜将军》（1942年秋），在悼念阵亡的国民党将军的挽诗中，别具一格。

4. 1945～1949年（解放战争时期）

5首。除了大家熟知的七律《人民解放军占领南京》和七律《和柳亚子先生》之外，有两首诗值得注意：一首是七律《忆重庆谈判》（1945年），一首是五律《张冠道中》（1947年）。前者又名《有田有地吾为主》，曾和著名的《沁园春·雪》（1936年）同时在传抄，但一直没有公开发表。后者则是描写转战陕北的唯一的一首。

5. 1949～1976年（新中国建设时期）

共51首。这一部分最为复杂。首先，它无疑包含了以前发表的1949年以来所有的毛诗。一般始于1950年10月和11月和柳亚子的两首《浣溪沙》，而终点则有《满江红·和郭沫若同志》（1963年1月9日），和一直到《念奴娇·鸟儿问答》（1965年秋）两种。其中后一种模式则是在标准的官方版本（截止1963

年）之后，又增加了几首重要的晚年诗作，包括《贺新郎·读史》（1964 年春），《水调歌头·重上井冈山》（1965 年 5 月）等。而在现有的版本基础上扩充的，则前有《五绝·赞密使 1 号》（1950 年 1 月上旬），是悼念被台湾当局杀害的我方间谍的，后有五绝和七律《呈郭老读〈封建论〉》（1973 年 8 月 5 日），以及特别值得记取的《贺新郎·悼董必武》（1975 年 4 月），作为最后一首毛诗。可见其时间上和种类上的延续，远甚于此前通行的标准本甚至扩充本。在这一时间段里，最重要的一些新近披露或早就被传抄的诗作包括：议论国际形势和反苏美的四首七律《读报有感》（1959 年—1960 年），七绝二首《纪念鲁迅八十寿辰》（1961 年），七律一首改自鲁迅《亥年残秋偶作》（1961年），《咏贾谊》（1964 年）两首。值得一提的还有，到"文化大革命"前最后一首而且反映策动此运动意图的《七律·有所思》，等等。凡此种种，就构成了 1949 年以来毛泽东诗词的复杂画面和诗人中、晚年的复杂心情的复杂流露。

附录一，补遗部分，共有诗词 13 首。其中重要的有：四言诗《红四军司令部布告》（1929 年），六言诗《讨逆檄文》（1930年）和《苏维埃政府布告》（1931 年）。还有一些题词等，均是具有实用性质的韵文。其中的五律《西行》（1965 年 7 月），实际上是给陈毅修改的诗，不能算是毛诗。当时陈毅任外交部部长，得组诗《六国之行》7 首，呈毛泽东修改，毛只改了一首，并有复信。

附录二，存疑部分，共有诗词 26 首。来源比较复杂，而且许多是传抄和传作，有早期的几首和六七十年代庆祝两次核试验成功的两首，有涉及文革和反苏题材的几首，也有一些是混在其他文献或讲话中的韵文，不能算作诗歌的。例如，"峣峣者易折，皎皎者易污，/阳春白雪，和者盖寡。/盛名之下，其实难副"（1966 年 7 月 8 日）。不少是涉及保持晚节和江山继任的诗作，多有毛诗的套语或历史套话，答友人的也无具体人名，其中一部分没有写作年代和地点，很难确定真伪。

最后，要说明一下，毛泽东诗词的总量，到现在仍然是个谜。因为就在所谓全集之外，还不断地有所发现，出现在不同的资料来源中。例如，由北京中体音像出版中心出版发行的《毛泽东诗词名家朗诵》（1～2）中，就有几首未曾见到的"新作"。

第二，不同时期毛泽东诗词创作的种类与成就。

毛泽东诗词创作伴随着诗人革命家的一生，但其高峰集中在土地革命时期，和 1949 年以后到"文化大革命"以前这一时期。就其诗歌创作活动而言，有数量大、品种多、质量高、持续时间长，影响持久等特点，非一般诗人所能望其项背。以下按照不同时期的典型诗词作品进行一些分类和分析：

1. 明志诗。从目前发现的最早的毛诗来看，第一首童谣《狮子眼鼓鼓》，其时不过八九岁，天真可爱；五言诗《赞井》《咏指甲花》，是最早的咏物诗，而十几岁所写的杂言诗《耕田乐》云："农事毕，/读书甚馨香，/坐待时机自主张。"已经可以说是明志诗了。第一首真正的明志诗是 17 岁的毛泽东根据一首日本诗《题壁》改写而成。当时毛泽东要离开韶山去长沙读书，"临行前他改写了一首诗，夹在父亲每天必看的账簿里"。可以称得上明志诗的还有小时候改写的《咏蛙》，体现了毛泽东的霸气。诗人晚年回忆说起他的少年志向："自信人生二百年，会当水击三千里。"真可谓"可见神气十足了"。正面明志的是长沙求学期间写于 1915 年 5 月的四言诗《明耻篇》题志："五月七日，民国奇耻。何以报仇，在我学子！"今有手迹留存，其书法刚健奇崛，开张洒脱。另外，1918 年 8 月 18 日与罗章龙联句的《魏都怀古》，则寄托了对曹操功业的赞颂，为其后来写下《浪淘沙·北戴河》（1954 年夏）"魏武挥鞭，/东临碣石有遗篇"
的名句奠定了基础。当然，少年毛泽东的明志诗发展成为革命
家的壮烈抒怀，以至于发下弥天誓愿："不到长城非好汉！""欲
与天公试比高！""试看天地翻覆！"需要一个漫长的过程，然而
在这里，从早期诗歌中，已经可以窥见其高远的志向、博大的
胸怀（以 1925 年的《沁园春·长沙》为结束的标志："问苍茫
大地/谁主沉浮？"）。这是一般旧文人和专业诗人所难以企及的
高度。

　　2．军旅诗。革命家的职业生涯和充满传奇色彩的人生，使
毛泽东诗词和中国革命的历程相伴随，相表里，相互证明，相
互阐发。在这一方面，由于中国革命战争的特殊经历和创作环
境，军旅题材的诗词占有相当大的比重，而且主要集中在土地
革命战争时期，多数在所谓"十九首"之内。这些诗歌基本上
是每战一首，直接取自战争状态，并且直接描写了战争的状态
或进程，或结果。词牌加小令的选材，一般篇幅都比较短，有
的只是行军途中的一个场面，例如《广昌路上》《元旦》，但已
经可以感觉到战争气氛的营造是十分强烈而感人的。从标题上
来说，取自时间和地名的都有，而取自战争和事件的更多，例
如《秋收起义》《蒋桂战争》《反第一次大围剿》和《反第二次
大围剿》。其重要性来说，有的是历史上著名的战役和战争，有
的只是一般的战斗，而诗人竟能投入时间去写诗，可见名副其
实是马背上哼出来的。在真实印象的基础上，多了一些诗意的
装饰和夸张与想象。这和后面诗人写的七律诗《长征》（1935
年 10 月）和《人民解放军占领南京》（1947 年 4 月），表现重
大战争的进程和关键事件有所不同。可见诗人在军旅题材的掌
握和处理上有一个从琐碎具体到大气完整的过程。从体裁上说，
一个突出的变化是，诗人起先多采现成的词牌填词，而后面的

几首则转为律诗。不知道是诗人有意地追求变化，各种形式都想试一下，还是认为律诗更加庄重大气。当然，从词牌到小令，也显示出一个篇幅不断缩短的过程，直到找到一种新的体裁为止。总之，这一时期以词为主、以诗为副的创作模式，相对于青少年时期各种题材都有一点的实验期，还是显示出诗人独特的以词为主的创作倾向的。这一倾向，一直继续到1949年以后相当一段时间的创作中，到了晚年，又有各种诗词形式都有一点的状态了。

　　3. 唱和诗。和平的来临与交往的需要，使得唱和诗词增多，构成这一时期明显的标志。其中最为重要的包括1950年与诗人柳亚子的两次唱和《浣溪沙·和柳亚子先生》《蝶恋花·答李淑一》、1961年的《七律·答友人》，以及1961年的《七律·和郭沫若同志》和1963年的《满江红·和郭沫若同志》。当然，作为政治家的诗人毛泽东和南社诗人柳亚子先生的交情是较早而且长远的。这一过程可以在1949年4月29日的《七律·和柳亚子先生》的前半部分准确地回忆出来：

　　　　饮茶粤海未能忘，（1926年广州初次见面。）
　　　　索句渝州叶正黄。（1948 年重庆谈判再次见面，并赠
　　　　　　　　　　　　《沁园春·雪》，是首次发表。）
　　　　三十一年还旧国，（1949 年北京第三次见面，读其诗，
　　　　　　　　　　　　而加以劝导之。）
　　　　落花时节读华章。

　　针对柳亚子返乡隐居的消极思想，毛泽东的规劝和教育不仅成全了领袖和"有气节的旧文人"的交情，而且为新中国的建设争取到最初的吉祥和力量。这种带有思想倾向和观点较量

的唱和诗词,在和郭沫若的几次交往中日渐明朗且最具代表性。1961 年的《七律·和郭沫若同志》,是共同观看《孙悟空三打白骨精》绍兴剧引发的争论,毛泽东借此纠正了郭老对唐僧的错误认识。1963 年的《满江红·和郭沫若同志》,应答了郭老那首带有元旦贺词性质的《满江红》,但表现出毛对于世界事务的积极的介入态度,甚至可以认为是诗人在《念奴娇·昆仑》(1935 年)首次表现出世界意识之后的一个正面的亮相。1973 年的七律《读〈封建论〉——呈郭老》,则在评法批儒运动的背景下,在如何看秦始皇和孔子的问题上引起争论,并对郭的《十批判书》加以批判,代表了晚年毛泽东的思想,涉及对于中国历史功过的一系列重大问题的认识上的分歧(其中有些分歧,例如在尊孔还是反孔问题上,甚至延续了古已有之的政治家和文人的传统命题)。可见唱和诗在毛泽东那里是有思想交锋和态度影响的,而不是一般的以文会友的场合做文字游戏或打笔墨官司的。当然,加上和李淑一交流个人感情并怀念亡妻的《蝶恋花》(1957)、《和周世钊同志》(1955)以及和周世钊等人怀旧与怀乡的《答友人》(1961),毛泽东的诗词唱和可以说兼有交游、怀旧、述志、议论的多重功能。这是一般文人和专业诗人所难以兼备的。

4．抒怀诗。以最具代表性的而言,抒怀诗可以列表并简示如下:

1)《沁园春·长沙》(1925 年)少年壮志：粪土当年万户侯。

2)《菩萨蛮·黄鹤楼》(1927 年)政治抱负：心潮逐浪高。

3)《念奴娇·昆仑》(1935 年)世界理想：环球同此凉热。

4)《沁园春·雪》(1936 年)进入历史：数风流人物,还看今朝。

5)《浪淘沙·北戴河》(1954)怀古抚今：萧瑟秋风今又是，换了人间。

6)《水调歌头·游泳》(1956)建设蓝图：高峡出平湖。

7)《七律·到韶山》(1959)革命豪情：为有牺牲多壮志，敢教日月换新天。

8)《七律·登庐山》(1959)胸怀天下：冷眼向洋看世界，热风吹雨洒江天。

9)《贺新郎·读史》(1964)唯物史观：盗跖庄蹻流誉后，更陈王奋起挥黄钺。

10)《水调歌头·重上井冈山》(1965)乐观进取：世上无难事，只要肯登攀。

这里面有几个问题要说明一下：

其一，并非抒怀诗就是单纯的抒发情怀，而是要有行为和事件的依托，要有景物和心境的感通，而且往往和具体时间（时代背景）和个人事件（各种活动）相关联，其中最多的是登临（包括爬山）、望海（包括游泳），同时有景物描写和感兴过程，所以并非是单独的或单纯的抒情。例如，写于同一年的《念奴娇·井冈山》，似乎具有更加明显的登临性质，而区别于更有代表性的《水调歌头·重上井冈山》；另一个区别是有无名句，如后者有"世上无难事，只要肯登攀"。当然，这样说不意味着《井冈山》只是记事，恰恰相反，它的感情更加内涵，意象更加奇幻。例如："独有豪情，天际悬明月，/风雷磅礴。/一声鸡唱，/万怪烟消云落。"

其二，与一首诗的单纯的事件性相比，抒怀必须占有突出的极为重要的位置，否则不能算作抒怀诗。但另一方面，一首诗的内容是复杂的，包括复杂的社会文化背景和诗人复杂的心境，而不能做过于简单的解释和过于直白的说明，因为这毕竟是诗歌，而不是政治口号或学术报告（这也是毛泽东本人一再申明的对于他和其他一切诗歌的基本态度）。例如《七律·到韶山》，既有开篇对于时间流逝的抱怨，也有继而回到家乡的感叹，既有对家乡风景的赞美，也有对劳动人民的歌颂，而最主要的还是对于革命岁月的回忆和牺牲精神的颂扬，同时包含对于诗人为革命牺牲的六位亲人的怀念（"为有牺牲多壮志，敢教日月换新天"）。

　　如果说毛泽东的唱和诗和咏怀诗是直接涉及政治主题，其中写景和状物也主要服从于这个主题的话，那么，他关于人物的评价和历史的认识，却是以比较直接而单纯的处理方式，表达了自己的观点和见解。较早涉及历史人物而且对众多人物加以评价的诗篇，应是写于 1936 年 2 月的《沁园春·雪》。上阕的起兴实际上是雪景。作为一个南方人，历尽长征千难万苦，初到陕北，看见如此美妙而壮阔的雪景，为其感动，当是找到了一个绝妙的景物抒发一下豪情。这首诗不仅评价了秦始皇、汉武帝，说他们"略输文采"，批评了唐太宗、宋太祖，说他们"稍逊风骚"，而且讥讽了成吉思汗，说他"只识弯弓射大雕"。这固然是对于历史人物的评价，但却不是对于历史人物的全面评价，且不说对于历史人物的全面评价，实际上也不是写诗的任务。毋宁说诗中言之所及，仍然是以抒情为主或者言志为要，即便是对人物的品评也只是大略地和有情感地表达思想的大要而已。

　　5. 纪念诗。如果说作为政治家的古代人物，在上述历代帝王以外，毛泽东特别关注的是曹操和贾谊，那么，作为文人，毛泽东最喜欢的毋宁说是古代楚国的屈原和当今的鲁迅。有趣的是，对曹操的评价，集中见于《浪淘沙·北戴河》，其中虽有"往事越千年，魏武挥鞭"的纪实性回忆，但却凭借"东临碣石有遗篇，萧瑟秋风今又是"的诗歌互文，把曹操作为诗人的一面突显出来了。同样，咏贾谊的两首诗中，除了评价贾谊的志向和才华以外，更多的却是把贾谊和屈原相联系，感叹他的英年早逝和壮志未酬。例如七绝《贾谊》（1964 年）："贾生才调世无伦，/哭泣情怀吊屈文。/梁王堕马寻常事，/何用哀伤付一生。"七律《咏贾谊》（1964 年）的首联和尾联也是如此："少年倜傥廊庙才，壮志未酬事堪哀。……千古同惜长沙傅，空白汨罗步尘埃。"这里不仅使人联想到两位杰出人物都属于湖湘文化的精英，而且多少会让人感觉到诗中的人物哀悼和评价，往往是联想式的，而不是推断式的。或者说，是灵感和理性的结合状（即谓现实主义和浪漫主义相结合的创作手法）。

值得一提的是，虽然毛泽东对屈原和《离骚》的喜爱是终其一生的，但在诗中悼念屈原的却只有一首七绝，而且是剪影性地描写了这位杰出的浪漫主义诗人的楚辞《离骚》、人格高尚和投江而死。相比之下，关于鲁迅先生却有两首七绝《纪念鲁迅八十寿辰》（1961 年），一首重在鲁迅的硬骨头精神及其诗歌创作，一首却联系到绍兴名士、鉴湖女侠和剑南诗社。

至此，关于诗歌中的人物评价问题，可以有以下几条简单的归纳了：

1）诗歌中的人物往往是在写景状物、抒情畅志的过程中显示的，即便是直接的提及和描写，也不一定是专门的评价，甚至诗歌之意不在评价。它常常要服从诗歌艺术的需要，即利用意象和塑造人物来抒发情怀。例如，《沁园春·雪》中对于历史人物的提及和简评。

2）即便是专门为某人而写的诗歌，如纪念诗和悼亡诗，也不能认为就是对此人全面的或者中肯的评价，由于感性和感兴的作用，诗中所写往往是一鳞半爪，跳跃联想，为塑造形象和意境服务，而不是展开的论文和历史的翻版，例如关于贾谊的几首诗。

3）对于人物的评价和全面的认识与了解，除了诗歌本身的线索之外，还要在诗人的有关文章中、演讲中，甚至日常谈话中寻求支持和佐证，例如毛泽东关于鲁迅的谈话和纪念文章，可作为诗歌描写的补充。

4）一个人的一生，对历史人物和现实人物的认识会逐渐深入和扩大，而且由于场所、角度的变化和年龄与阅历的缘故，也会有不同的认识与评价的侧重。例如要全面理解毛泽东对于孔子的认识和评价，就不能仅仅依靠诗人给郭沫若的一首诗来确定。

6. 咏史诗。在毛泽东抒怀诗词中，有相当一部分涉及历史或现实中的事件和人物，就联系到人物评价问题。在涉及历史和古典的时候，一个更加综合性的例子，就是毛泽东的诗词中的《咏史》诗。而在涉及现代人物和日常生活中的人物的时候，则有了悼亡诗和纪念性诗篇。咏史作为一个传统的诗歌题材，在精通文史的毛泽东那里本应有更多的篇幅和分量，也许因为对于现实问题的关注和工作极为繁忙，熟读和批注《二十四史》的毛泽东只有一首《咏史》（1964年），但其中的内容十分丰富，而且寓意深刻，概括性极强，使人读之难忘。准确地说，它不仅是对于中国历史的概括，同时也是对于人类历史的概括，远远超过了历史上以咏史为名实则表现今不如昔的消极思想或者逃避现实遁入个人悲惜的弱式表述。其要点可概括如下：上阕以极为简略的文笔概括了石器时代、取火与冶炼时期，以及战争与和平交替的历史进程与流血场面；下阕对于围绕帝王将相改朝换代做文章的旧史学进行批判，树立了奴隶创造历史的唯物史观。这里给我们的印象是，从中可以发现毛泽东的文艺作品和他的文艺思想以及整个思想体系的惊人的一致性，同时，也说明了毛泽东诗词中所包含的巨大思想内涵和艺术概括的广度和深度。

7. 政治讽刺诗。如何或者能否区分政治讽刺诗和一般的抒怀诗，或者进一步而言，如何区分一首诗的政治含义和把整个一首诗理解为是一首政治诗，乃是研究作为政治家的毛泽东诗词的一个难点。因为毛泽东本人曾经对他的一些重要的诗词中的词句、意象、创作背景和创作意图作过权威性的说明和解释，这些说明性的文字曾经成为正确理解毛泽东诗词的最高指示。如何解读他的政治诗，在一定程度上也就意味着如何对待他的解读。有一些专门的政治讽刺诗，只要了解时代背景，和诗人的修辞手法，其实意义甚显。专门的政治讽刺诗，在毛泽东诗词中占有一定的比重。特别是在 1949 年以后，而且特别是诗人晚年的诗歌创作包括了一些改写与戏拟之作，多有毫不隐瞒的讽刺态度，多为政治诗。其中有一类，既有一定政治倾向和思想内容，但又有很强的诗歌意象和艺术价值的作品，其实也不能限于政治诗的范围，只不过在诗词中包含关于敌我的矛盾、形势的理解以及深层的含义，需要诗人自己的说明作为正确理解的基础。在毛泽东诗词发表以后，有许多不同的理解，有些不符合诗人的意思，有些不符合当时的情况，毛泽东认为有责任加以说明，曾经提供了一份完整的说明。

例如，《西江月·井冈山》中的"山下旌旗在望，山头鼓角相闻"。诗人说，"旌旗"和"鼓角"都是指我军。黄洋界险陡，阵地在山腰，指挥在山头，敌人仰攻。山下并没有被敌人占领，没有严重到这个程度。"旌旗在望"，其实没有飘扬的旗子，都是卷起的。关于《七律·到韶山》，诗人说"别梦依稀咒逝川，故国三十二年前。红旗卷起农奴戟，黑手高悬霸主鞭"开头的

"咒逝川""三十二年前"，指大革命失败，反动派镇压了革命。这里的"霸主"，就是蒋介石。还有关于《满江红·和郭沫若同志》中的"正西风落叶下长安，飞鸣镝"。诗人解释说，"飞鸣镝"指我们的进攻。"正西风落叶下长安"，虫子怕秋冬。形势变得很快，那时是"百丈冰"，而现在正是"四海翻腾云水怒，五洲震荡风雷激"了。从去年起，我们进攻，九月开始写文章，一评苏共中央的公开信。

至于一些专门的政治讽刺诗，最早而且最集中的四首《读报有感》，从 1959 年 10 月到 1960 年 6 月 13 日，集中应对国际上的苏修和美帝等反华势力和恶劣环境（之一和之二写于 1959 年 10 月和 11 月）。之一开头云："西海如今出圣人，涂脂抹粉上豪门。"以反讽的笔调讽刺了赫鲁晓夫对美帝的依附，之二开头云："反苏忆昔闹群蛙，今日欣看大反华。"直接叙述了反苏和反华的形式。这几首诗的真实性不仅在于作者的政治立场和面对当时的国际形势的坚定态度毋庸置疑，而且从之二、之三和之四起，还刊登了董必武的和诗。其中有《奉和毛主席读报有感七律一首》（1959 年 12 月 10 日）、《再为奉和毛主席诗韵》（1960 年 1 月 13 日）、《奉和毛主席 1960 年 6 月 13 日读报有感韵》（1960 年 6 月 14 日夜），以及《8 月 2 日夜大风雨仍次居韵》。此外，还有"五老"中的谢觉哉和林伯渠等人的和诗可以为证。由于毛泽东的这组诗歌的消息来源于报纸上的国际新闻，而他的诗也没有公开发表，大概是以其他形式传抄或在高层流传，所以最早的正式披露也就随着那些奉和的诗作见于《董必武诗选》（人民文学出版社 1977 年版），或者还有其他类似的来源。显然，对于这些专门的政治讽刺诗，如果没有专门的研究，不明确当时特定的政治背景和作者的地位与态度，那是不容易明白诗中的深意的。

政治讽刺诗作为一个新的品种，在 1965 年创作的《念奴娇·鸟儿问答》达到了高潮，而且在写法上也值得注意。如果说这首词的前半部分是借助庄子的大鹏和蓬间雀的飞翔对比来营造气氛和形象的话，那么，后半部分就是直接以政治事件和政治语言入诗，直接讽刺了英美苏关于《禁止在大气层、外层空间和水下进行核武器试验条约》,和苏联所谓的"土豆烧牛肉"的庸俗共产主义，将叙述，议论和述怀融为一体了（其中语言的俗语化，既符合纪实风格的朴实，又加强了诗人对政敌的不屑和蔑视。这和前期诗歌创作的高雅化倾向是不同的）。

8．仿拟与戏作。除了一些专门创作的以外，毛泽东还利用戏改和仿拟等手法写作政治讽刺诗，在内容上不仅用来对付国际上的反华反共势力，也用来嘲笑自己身边的政敌，甚至包括反党集团头目。前者可拿 1961 年的七律《改鲁迅〈亥年残秋偶作〉》为例，同样达到了讽刺国际上的政敌的意图，甚至效果更佳。而后者则涉及一个重大的国内事件和党内人物。1971 年，林彪驾机叛逃，摔死在温都尔汗，朝野震惊，举世瞩目。同年晚些时候，毛泽东戏改李攀龙的《怀明卿》和杜甫的《咏怀古迹》其三，讽刺林彪在庐山会议期间的反常表现和可悲下场。这里只录杜甫的诗，原为纪念王昭君远嫁匈奴而作，因林彪也是湖北人，也是远去大漠，一去不复返，所以通篇只改动了一个名词，即把"明妃"改为"林彪"，就已经全盘搞定了：

> 群山万壑赴荆门，
> 生长林彪尚有村。
> 一去紫台连朔漠，
> 独留青冢向黄昏。

9. 状物与写景。即便有些乍一看十分简单的诗篇，例如纯粹的写景状物的短诗篇，按照作者自己的解释，和文本的独特表现和意义，二者之间仍然具有一定的差别，留下了复杂的意义关系。下面是一首脍炙人口的短诗：为李进同志题所摄庐山仙人洞照（1961 年 9 月 9 日）。其中有"暮色苍茫看劲松，/乱云飞渡仍从容"。理解的问题是：是松从容，还是云从容？

从字面的语法意义和逻辑关系以及语气的贯通而言，都可以认为是劲松从容（特别因了"仍"字的让步语气，和首当其冲"看"的是劲松）。然而诗人的解释是："是云从容，我喜欢乱云。"（见陈晋《毛泽东之魂》）更加进一步的解释是，"郭沫若请教毛泽东：'乱云所指为何？'毛泽东答曰：'大跃进和人民公社运动。'"（见彭程、王芳著《庐山：1959》，解放军出版社 1989 年）这里的问题有五个：

1）作者创作时的心境，和他的时代背景是否具有直接的关系，或者说，作者在看乱云和劲松的时候，是什么促使他想到了要写一首诗，或者在看到一幅照片的时候，为什么要为它配一首诗？这些说明是事后的解释，还是事前的动机而后才进入作品的表现？换言之，作者是在见到这幅景色的时候才想到要表现他久居脑海的主题（例如政治运动），还是在为了这个主题去专门寻找或设立一个象征性的诗歌意象或意境？

2）是否需要或有可能把诗歌的文本意义和作者的意图区分出来，单独作一艺术的理解？也就是说，由于交际语境的远离，是否要逐渐淡化或舍去诗人原来设想的概念（或解释中的意思），而作为景色中的意象去理解和把握一首诗，即在纯粹诗学的意义上从乱云和劲松一动一静的关系中去理解诗的境界？何况还有仙人洞和充满无限风光的险峰在后面更为险要的章法位置上呢？

　　3）那么，进一步而言，假定作者是面对这样一个景色，在劲松和乱云的关系中，他究竟注重凝重而实在的前景劲松，还是企图让目光穿过劲松去追逐漂浮而运动的乱云——哪一个更加具有诗歌的意境？或者说，哪一个更加符合人的审美心理的凝视？从毛泽东注重运动的性格和富于挑战的气质来看，后一种解释不是没有道理。从那幅照片的硕大的云彩和天空的空间来看，构成视觉印象焦点的，也的确可以是乱云飞渡的从容状态，而苍劲的松枝只是天空的边缘和轮廓的衬托。

　　4）然而，更为复杂的是，在一首诗的语言内部，作者的创作意图或意愿中的意思，是否有足够的语言因素来加以充分的表现，或者说，通过语言的表现有充分的流露，以至于让读者能够排除别的可能的误解，去正确地把握和理解，而不能做别的理解。例如，"天生一个仙人洞"和"无限风光在险峰"，究竟是把目光和注意力从前两句逐渐转到后两句（作为一个过程），或者在为了绝句的完整性的要求之后，再来一些丰富性和层次感（像一幅风景照片），一定要出一个和前面对应的画面，让前后景物两者均衡地摆在一起，就像许多中国古诗所呈现的意象并置的矛盾和多重主题的暗示那样？

　　5）最后，作为一首诗而言，是否允许有双重的乃至于多重的理解？这不仅仅由于语词的多意义性有言不尽意的缺憾，和诗歌语言在意象和形象思维本身所留下的巨大空间，供人们去想象，去感受，而且因为每一个读者都可能把自己的生活经验和审美感受带到阅读诗歌的过程中，按照自己的理解做合理的想象和有意义的解释。这样，画面上的劲松、乱云、险峰、仙人洞，就不是一种固定的关系，而是可以依据个人的理解和感受，有多重的空间组合关系和多重的主题暗示，从而获得了意境的不同侧面和层次不同的统一感了。

10.爱情与神话：在中国古典诗词中，与咏史密切相关的是用事。我们仅借助毛泽东的爱情诗来做一点说明。在那首著名的游仙诗《蝶恋花·答李淑一》中，毛泽东对神话传说的运用达到了十分娴熟的地步，关于月宫的传说（嫦娥奔月和吴刚砍树）完整地融化在诗歌的情境中，而且神话人物和神化了的亲人直接交流，相互感动，形成了前所未有的效果。这里悼念亡妻和兼怀战友的情绪，在天上人间的想象和夸张中，得到了尽情的抒发。这种利用神话原型创作艺术形象的手法，其效果是比较直白的早期抒情诗《虞美人·赠杨开慧》（1921 年）和借助夸张和细腻描写的《贺新郎·别友》（1923 年）所无可比拟的。这首诗在艺术上之所以重要，单就神话的运用而言，就比《水调歌头·游泳》中让巫山神女旁观人间巨变而"当惊世界殊"要好得多，和《七律二首·送瘟神》（1958 年）相比，也比让传说中的牛郎仅仅"欲问瘟神事，/一样悲欢逐逝波"发表一点感叹要高明许多。

就诗歌的结构和艺术张力而言，如果说，《蝶恋花·答李淑一》是诗魂游仙，是上升，那么，另一首几乎同样重要的诗《七律·答友人》（1961 年）就是神仙下凡，是下降。后者的开头如是："九嶷山上白云飞，/帝子乘风下翠微。/斑竹一枝千滴泪，/红霞万朵百重衣"在舜帝的两个妃子娥皇、女英有感于人间的变化，乘风下到凡间的时候，原来也是带有诗人对于她们的美好寄托的，例如，红霞万朵的描写中，就寄托了诗人对杨开慧（诗人心中的"霞姑"）的思念和希望她能下凡来到人间重新团聚的愿望。然而，出乎意料的是，在诗的下半部分，诗人并没有让自己的个人感情无限喷涌，而是让洞庭湖的波涛涌起连天的雪浪，让长岛（橘子洲）的人们歌唱动地的诗篇。于是，诗歌就给非个人化了，意境就升华了，天地就交合了，人间就成为天堂了。"我欲因之梦寥廓，/芙蓉国里尽朝晖"就不仅是湖南家乡的美景宜人，而且是神州大地的太平盛世了。在这个过程中，诗人的小我升华为大我。在艺术上，不仅依赖神仙的下凡和向下的降临，而且借助人间的迎合和向上的努力。在这个意义上，与《蝶恋花》的忠魂飞升天上相应的泪飞化为雨水下降并返回地面的循环结构相比，《答友人》的天女下凡而人间万众用歌声响应、连同自然界也参与其事共同应和的交接格局，后者似乎更加具有气势和意境。当然，也可以把二者视作不同的类型，参校解释并分别理解之。

第三，关于毛泽东诗词创作的总体认识。

至此，可以说关于毛泽东诗词的主要部分都已经有所涉及和交代了。我们几乎可以说，毛泽东是一个诗歌的全才。就题材论，有咏物、明志、咏史、军旅、悼亡、议论、唱和、戏作、讽刺诗等类型，取材十分广泛，而且各有兴会，时有标新。就体裁论，四言诗、五言诗、六言诗、七言诗、杂言诗、律诗、绝句等，构成他的诗的丰富多彩的表现形式，而在他自己也认为比较擅长的词创作领域，常见的词牌名如蝶恋花、虞美人、贺新郎、沁园春、渔家傲、清平乐、念奴娇、浣溪沙、满江红等，几乎无所不用，而且运用自如，自成高格。一个总体的感觉是：毛泽东通过他的艺术实践，大大扩充、丰富和提升了中国古典诗词在现代诗歌领域的地位，使得"五四"以来在新诗冲击作用下几乎濒于式微的旧体诗，连他自己也认为不宜提倡因为束缚青年人思想的旧瓶子，装入了崭新的思想内容和新鲜的艺术感受，古木春发，得以重生，并发扬光大，赢得了和新诗并驾齐驱、比翼双飞的生机、实力和声望。就其个人成就和巨大影响而言，旧体诗不仅无让于新诗，甚或过之。

显然，对毛泽东诗词的全面论述和评价，并非本文的意图，这里仅摘其史料大端，略加钩沉，就其艺术表现，简要阐述，以见大要而已。剩下的问题，不能——细究，只能待来日继续研讨或就教于时贤高明。

一个总的评价性的认识是，毛泽东的诗歌创作，伴随他丰富而曲折的人生阅历和斗争生涯，是一项终其一生的事业，同时也是他革命实践的一部分。作为历史的记录和见证，毛泽东诗词是诗人独特而丰富的心路历程和中国革命曲折而光辉的历史进程的可靠而直接的证明和艺术化的表述，具有无可替代的文献价值。就诗人文化活动的范围而言，毛泽东的诗歌创作和他的其他相关活动，组成一个活动系统，包括诗歌创作、诗论写作、诗词修改（包括修改自己的诗和修改别人的诗，以及请人修改自己的诗）、诗词批注、书法表现，以及相关的文章写作与社会交流。究竟如何深入其中分别进行研究，并加以融会贯通，有所发现，暂时还无法做全面而深入的研究，也就不能做全面而准确的评论。

二、云开衡岳积阴止，天马凤凰春树里：
　　英译始于十九首

毛泽东诗词的创作自中国大陆始，而他的有影响的翻译基本上也是从中国大陆始。如果将其他零散的翻译（其中包括国外比较早的一些翻译）暂时不算作数的话。我们的毛诗英译研究也从国内的第一个重要的英译本开始。

第一，风云际会，毛诗的初译与改写。

毛泽东诗词的较早的英译本（个人零散选译的可以不计），和毛泽东诗词的发表几乎是同步的。那时就 1957 年经毛泽东亲自审定同意在《诗刊》创刊号上发表的 18 首，以及 1958 年新增加的一首"游仙诗"（The Immortals），前十八首是由 Andrew

Boyd 翻译的，最后一首则是戴乃迭翻译的，一起收在《毛泽东诗词十九首》（毛体集字）（*Mao Tse-tung Nineteen Poems*）这个小册子里，由外文出版社于 1958 年当年出版。这个本子除了选材精当之外，正文前面有出版者的话（说明成书的经过和译者及参与人员情况，以及按时间顺序排列的原则）、毛泽东致《诗刊》主编臧克家的信（附有毛体原件），后面有周振甫的注释和臧克家关于每一首诗的解读，都是翻译成英文的。因此可以说，这个英文本的出版，从其体例和操作上来看，是体现官方意图的第一个毛泽东诗词英文本，其中较多的注释和解读，使得诗歌的理解具有现实基础。但诗词的翻译，则是英语本族人直接翻译的，反映译者的理念和效果。因此，诗歌采用的体制，是不押韵的自由体，基本遵照原诗的分行和分节，但行文有明显的散文化倾向，标题的翻译，则以题目为主，将词牌放在副标题的位置上，用音译写出。这样的格局，为后面的标准本提供了样板和依据。另外，最为重要的是，全书用英文出版，并不附有中文原诗，可见它的读者指向，是国外的英文读者。

就翻译质量而言，我以为理解基本上是准确的，而翻译最好的几首，包括：1)《七律·和柳亚子先生》，翻译得有亲切感，朴素自然；2)《七律·长征》，理解准确，叙述性强，有一定的对仗和汉语特点；3)《浪淘沙·北戴河》，保持了相关的景物、语气和互文关系。下面全文给出：

PEITAIHE

—To the melody Lang Tao Sha

A rainstorm falls on this northern land,
White breakers leap to the sky.

Of the fishing boats from Chinhuangdao

There is not one to be seen on all the ocean.

Where have they gone?

More than a thousand years in the past

The Emperor Wu of Wei wielded his whip;

"Eastwards to Chiehshih," his poem, remains.

"The autumn wind is sighing" still today—

The world has changed!

    下来一个非常重要的本子，几乎是沿着这同一个路线下来的，是外文出版社 1976 年的英译《毛泽东诗词》（*MAO TSETUNG POEMS*）第一版，以及根据这个本子排印的商务印书馆 1976 年英汉对照本。现以商务版为例，来说明和上述十九首本子之间的关系。其中重要的变动包括，中英文的书名有变化，增加了一幅毛泽东照片，下有毛泽东的签名手迹；删去了上述《毛泽东诗词十九首》的所有注释和解读（只有原诗注释照直译为英文），删去了出版者前言；在书末增加了《原作诗体简释》（英汉对照）；目录只显示诗词的标题（不显示词牌名和诗体），正文在副标题下增加了发表的时间。为了说明正文部分的继承与变化，仍列出《北戴河》的英文如下：

PEITAIHE

—To the melody *Lang Tao Sha*

Summer 1954

A rainstorm sweeps down on this northern land,

White breakers leap to the sky.

No fishing boats off Chinhuangdao

Are seen on the boundless ocean.

Where are they gone?

Nearly two thousand years ago

Wielding his whip, the Emperor Wu of Wei

Rode eastward to Chiehshih; his poem survives.

Today the autumn wind still sighs,

But the world has changed!

其中的继承关系是明显的，修改也是明显的。要点如下：

1. 基本上沿用了原译的词句和构思，但改变了排列的错落方式，趋向于整齐。

2. 相对于原译的"粗糙"，译文有精致化倾向，字面上更准确，更精练。

3. 但由于语义翻译，个别句子长短控制略差，出现了散文化倾向。

4. 就这首诗而言，叙事的连贯性有增加，但互文性有所缺失。

第二，无韵直译，一种毛诗翻译模式的建立。

综上所述，1976 年的商务版毛泽东诗词英汉对照本，由于以上的变化，特别是由于毛泽东诗词正文由 19 首扩充为 37 首。总共增加了 18 首，特别是 1958 年的《送瘟神》到 1965 年的《鸟儿问答》，连续增加了 12 首，解放以前的也增加了 6 首，包括土地革命战争时期的 5 首和《人民解放军占领南京》1 首。明显的扩充，使得这个本子成为官方出版的最为全面和权威的毛泽东诗词英译本。就体例而言，可以说定下了一个基调，其大要如下：

1. 选材精当，排列有序。全部诗词及其排列暗示了一个结构，即毛泽东生活、思想、中国革命历程及主要事件的一致性；当然，相对于一个过渡性本子以《满江红·和郭沫若同志》的国际形势结尾，这里的《鸟儿问答》也是国际形势的一个延伸。所以这里的结构，也是一个相对的意思，如同各部分和各时期并不平衡一样。

2. 文本为主，精译少注。诗词正文以外无译者注释，只译出极少的原注，放宽了理解的空间，减少了参照的依据。这一方面可以认为是面对领袖诗人的特殊身份，何人有这样的注释权利的问题所使然，或者说在一个特殊的年代，也是充分尊重原作的状态。但另一方面，像《雪》中历史人物完全无注释，只注明"原驰蜡象"是"秦晋高原"，也不注明在重庆发表的历史背景，仍然会使外国读者的历史文化理解面临困难。

3. 无韵有节，语义重组。在形式上，诗词各篇均无韵，有节奏，分行和分节与原诗同。有的地方采用以节为单位的翻译，重新组合，有很好的效果。例如，《蒋桂战争》第一节：

> Sudden veer of wind and rain
> Showering misery through the land,
> The warlords are clashing anew—
> Yet another Golden Millet Dream.

4. 文化本位，意境贯通。基本上是语义翻译，和原文形式及字面很贴切。照顾意象和意境，不离中国文化本位。例如《答李淑一》，不仅上阕用了中文的"杨""柳"的直译表示人物，而且下阕用嫦娥和吴刚的典故直译，制造意境，也是中国式的，只用了英文的词句。

> The lonely moon goddess spreads her ample sleeves
> To dance for these loyal souls in infinite space.
> Earth suddenly reports the tiger subdued,
> Tears of joy pour forth falling as mighty rain.

5．中西结合，汉英互衬。在形式上，有跨行、对仗、警句中西结合的痕迹。翻译技法灵活多变。例如，《大柏地》下阕用一个整句译出，颇具有英文的构形感觉：

> A furious battle once raged here,
> The village walls, bullet-scarred,
> Now adorn hill and pass
> And make them doubly fair.

6．讲究对仗，上下呼应。最具有汉语诗歌特征的是警句、对仗，一如《娄山关》的末尾"苍山如海，残阳如血"，译文有中文的味道，但英文很地道：

> The rolling hills sea-blue,
> The dying sun blood-red.

至于《送瘟神》中的对句"红雨随心翻作浪，青山着意化为桥"，运用同样的翻译方法，但缺乏深层的思考与变通，译文过于对仗，形同虚设了；也过于字面化，难以理解了：

Crimson rain swirls in waves under our will,

Green mountains turn to bridges at our wish.

7．诗词有分，体制有别。至于诗和词的译文，在形式区分上虽有感觉，但不甚明显。其中的关键，可能和句子的长短有关，和叙事与抒情的语气也有关。例如，《雪》的开头，以短语结构排列，有词的味道：

North country scene:

A hundred leagues locked in ice,

A thousand leagues of whirling snow.

相反，《七律·长征》起首的叙述语气比较从容舒缓，甚至容易产生散文的感觉：

The Red Army fears not the trials of the Long March.

Holding light ten thousand crags and torrents.

同样，《念奴娇·昆仑》下阕的开头，也有这样的感觉，在词中介于诗词之间：

To Kunlun now I say,

Neither all your height

Nor all your snow is needed.

第三，瑕瑜互见，影响深远。

非韵体的自由诗体翻译，以外文社的翻译版本为标准，独树一帜。虽然这个版本最初也是参考了外国人翻译的本子，但作为集体翻译的成果，融会了集体的智慧，包括职业翻译家和诗人、学者在内的集体合作和努力。其中在理解上尽可能地参照了国内当时的研究，甚至毛泽东本人的说明，例如，七绝《为李进同志题所摄庐山仙人洞照》的"云从容"的理解，就符合毛泽东本人的说明。兹引如下：

> 暮色苍茫看劲松，乱云飞渡仍从容。
> Amid the growing shades of dusk stand sturdy pines,
> Riotous clouds sweep past, swift and tranquil.

尽管如此，仍然存在理解上的问题。例如，七律《登庐山》最后一联：

> 陶令不知何处去，桃花源里可耕田？
> Who knows whither Prefect Tao Yuan-ming is gone
> Now that he can till fields in the Land of Peach Blossoms?

这里显然不是问陶渊明在桃花源里耕田，因为他从来也没在桃花源里耕过田（他只是写过《桃花源记》，而且主要是虚构的）。这里问的是陶渊明不知哪里去了，而他的理想国桃花源里能耕田吗？毛泽东显然不是相信桃花源那样的乌托邦，而是关心农事和农时的意思，他关心的是桃花源里能否耕田的问题，而不是陶渊明是否耕田的问题。同样的问题，在《浪淘沙·北戴河》里也有，那就是对秦皇岛外打鱼船的询问和关注，体现了渔家的思想：

秦皇岛外打鱼船。

一片汪洋都不见，

知向谁边？

No fishing boats off Chinwangtao

Are seen on the boundless ocean.

Where are they gone?

不过，这一次，译文是对的。

还有一个证据可以说明外文社本的奠基性质。那就是，这个本子出来之后，国内不少译本都参考过，无论作为批评的对象还是作为模仿的对象，而且有些句子和这个本子很相似。最明显的是《满江红·和郭沫若同志》下阕开头部分：

多少事，

从来急；

天地转，

光阴迫。

一万年太久，

只争朝夕。

So many deeds cry out to be done,

And always urgently;

The world rolls on,

Time presses.

Ten thousand years are too long,

Seize the day, seize the hour!

赵恒元的译本是这样的：

So many things

To be done urgently.

The earth rotates,

Time presses.

Ten thousand years are too long;

Seize the day and seize the hour.

此外，辜正坤的本子也有从这里词句化出的痕迹，也说明了这个本子的底本性质。

三、冷眼向洋看世界，热风吹雨洒江天：
　　异域毛诗的想象空间

毛泽东诗词的英文翻译，是一个重大的事件。特别是当它发生在异国他乡的时候，就有一种吸引人的注意力，让我们不得不关注一个中国现代革命领袖的思想和感情，如何可以在一个异域文化和文学传统的关照下，改换成另一个模样。从翻译学的角度来看，就是寻找另外一种模式。

第一，复杂文本的结构，多维视野的呈现。

如果说商务版的《毛泽东诗词》英汉对照本是一个标准，特别是反映国内的准确理解和直译策略的话，那么，与之时间上最为靠近的国外的毛泽东诗词翻译，则树立了另一个标准，一个完全不同的异样的标准，那就是彻底西化和现代诗化的译文格局。时间集中在 1972 年，有三个英译本。

1. Anne Fremantle 翻译的 *Mao Tze-tung: An Anthology of His Writings—Updated and Expanded to Include a Special Selection of the Poems of Mao*（《毛泽东作品选集：包括毛泽东

诗词选的修订版》)。诗词在全书后面，又分为两部分，第一部分有 10 首诗词，第二部分有 37 首诗词，是根据南京大学法语教授旅法华人何如（He Ju）的法语译本转译为英文的。这里只是提及，不做评论。

2. 第一个值得重视的全译本是 *The Poems of Mao Tse-tung, Ttranslation, Introduction, Notes* (Willis Barnstone in collaboration with Ko Ching-po, Harper & Row, Publishers)。译者巴恩斯通是印第安纳大学比较文学教授、诗人、东亚及中国政治与历史专家，而合作者郭清波来自大陆，也是该校比较文学教授，可以说是一种国际合作的翻译形式。该书收毛诗词 37 首，前有长达 25 页的导言，包括了毛泽东生平与革命生涯、诗词创作概况，还有导言本身的注释 35 条。书后的附录有三：关于翻译的说明，汉语诗词格式的说明，以及毛泽东手书《六盘山》一幅。当然，译者的小传也有助于读者的了解和译作的流传。更为有趣的是，译者还亲自为毛泽东画像，可见其对诗人喜欢的程度。

这个本子的价值部分地在于导言中关于中国诗词传统和毛泽东个人诗词创作的论述。它以中西比较文学的宏阔视野，论述了中国帝王写诗传统和西方文人写诗传统的不同，中国诗人传统既是个人的又是集体的，既是政治的又是私人的，而且全文翻译了毛泽东致臧克家的关于诗歌的信件。对毛泽东的诗歌创作过程，译者做了这样的描述：

> 毫不奇怪，诗人毛泽东是人类人口四分之一的领袖，比世界历史上任何领袖领导的人都要多，……但出人意料的是，他是重要的诗人，是独创的大师。他以其特殊的方式创作诗词，但很少交付出版，尽管他一生都在写诗。毛

的诗歌写作是迷人的，在转战的岁月里，在安居的窑洞里，整夜的写，一连几夜地写，然后不经意地把他的"草稿"丢弃。他知道有比写诗更加重要的事要做，这种态度使得他的诗词的无情的力量和权威性不无矛盾。部分的是由于他的天才，他的倔强与谦恭赋予他的诗词以非同凡响的价值。到发表第一个诗词选集为止，他已经 65 岁了。在塑造诗人的自我形象方面，上天和国家都尽了非常之力。(*The Poems of Mao Tse-tung, Translation, Introduction, Notes* by Willis Barnstone in collaboration with Ko Ching-po, Harper & Row, Publishers, p.17)

令人吃惊的是，译者对于毛泽东，对中国革命和中国诗歌传统，有无比深刻的认识和准确的把握。不仅在艺术上，而且在历史中。这种融会贯通，老实说，即便对于我们国内的学者、翻译家与诗人，也是难能可贵的，值得一读的：

诗句的一瞬间，同时闪烁着古时汉代的征战和长征途中的战旗，在古老道家山水之上浮动着神圣的黄鹤。诗中有运动的军旅，冰冻的天空，震颤或安静地止歇在日月同辉的黎明，雄鸡一唱天下白。格调是抒情的，又是史诗的。他留给我们的诗没有悲伤和绝望；肉体的痛苦只是考验，而不是终结。然而，尽管时代、神话、历史典故浑然一体，如同本世纪很少几位优秀诗人那样，毛仍然是直接可以接近的，事实上可以说是平易的诗人——假如说迷惑人的话，至少也让人感觉是如此。这种表面的平易中，毛和弗罗斯特一样，有一种罕见的能力，能够同时在不同的层面上给我们言说。在象形汉字的无言的书法中，他的自然与人类的象的写照，清澈而流畅。在他清新的诗风中旧中国和新中国，融为一体，表现为一种传统的写作风格。(*The Poems of Mao Tse-tung, Translation, Introduction, Notes* by Willis Barnstone in collaboration with Ko Ching-po, Harper & Row, Publishers, pp.24-25)

对于中国诗歌中的意象问题的极端重视，以及翻译的可能性的自信，是亚瑟·威利和艾兹拉· 庞德意象翻译的传统，源远流长，而且后继有人。追求字面对应的翻译，几乎成为译者合作翻译的共同原则了。

当下的译文可以称为贴近的翻译。我的同事郭清波和我研究了每一个汉字，然后选求英语对应词语.什么也没有省略。在极个别的地方，当原文的内涵中国人可以懂而外国人不可以懂的时候，我认为也有必要添加一点词语。每当遇到多义词现象，无论是普通的障碍还是为翻译提供契机，都会在诗歌的注释中提到。这个译本和其他译本的区别还在于专有名词，特别是地名，往往是翻译的，时而给出汉语音译，然后是英语的解释。九嶷山就成为九问题山，……汉语的专有名词，特别富于启发性。(*The Poems of Mao Tse-tung, Translation, Introduction, Notes* by Willis Barnstone in collaboration with Ko Ching-po, Harper & Row, Publishers, p.25)

不难理解，这样一个翻译的原则，再加上合作的方式，会导致两个极端的翻译结果，要么过分西化，要么过分汉化，在一首诗词里就难以有和谐的艺术效果。特别是地名的翻译，不能采取一劳永逸的方法进行，也不可能制定一条原则，规定所有的地名都如何翻。不过，双重性的翻译策略，仍然有它一定的使用范围和实用价值。例如《沁园春·长沙》的上阕就反映出英文描写的细腻和中文数词的介入等双重因素的结合状态：

> I stand alone in cold autumn.
>
> The River Hsiang goes north
>
> Around the promontory of Orange Island.
>
> I see the thousands mountains gone red
>
> And rows of stained forests.
>
> The great river is glassy jade
>
> Swarming with one hundred boats.
>
> Eagles flash over clouds
>
> And fish float near the clear bottom.
>
> In the freezing air a million creatures compete
>
> For freedom.
>
> In this immensity
>
> I ask the huge greenblue earth,
>
> Who is master of nature?

　　平心而论，这里的结合还是不错的，在无韵脚的分层描述中，显示色彩和层次，给一般中文式的英文增加色彩和诗意。但橘子洲并没有海岬和悬崖高耸，而是比较平坦缓和的曲线，因此，用 promontory（海岬、悬崖）就有点过了。但是，用 glassy jade 来译"漫江碧透"却是十分贴切的用词，极富英文的味道。greenblue 译"苍茫"并不合适，因为这里强调的是迷茫广大，而不是葱绿一片。只有如此，才能引出下面的提问："问苍茫大地，/谁主沉浮？"顺便提一下，按照诗人自己的解释，回答应当是偏重于社会和人生，而不是偏于自然界的主宰。不过，涉及翻译正确性的问题，在关涉诗词的时候，会十分复杂。笔者以为，在一个可以接受的范围内，不同的译文都是可以接受的。

第二，统一性的再丧失，五十步与百步之遥？

如果说巴恩斯通的译本由于理解有误出现误译，那在外国译者的翻译中也不奇怪。一些奇怪的误译本不值得讨论，即使有中国学者的配合，汉语和诗歌水平也不一定很理想。但在诗歌翻译中最大的损失，还是在于语义翻译的拘谨，以至于造成诗体的不具备，例如《和柳亚子先生》（七律）的译文中，前半部分的散文化回忆和平实的叙事之后，便是对仗的过于简略与结句的过于烦琐，形成了鲜明的对照：

> Be careful not to be torn inside.
> Open your vision to the world.
> Don't say that waters of Kunming Lake are too shallow.
> We can watch fish better here than in the Fuchun River in the south.

为什么会译散了？如果说这里的部分原因是律诗和词的长短句的区别的话，那么，造成这种效果的影响就不会是简单的。就连中文非常好的作家兼翻译家聂华苓（Hua-ling Nieh Engle）和她的丈夫保罗·恩格尔（Paul Engle），都难逃此厄运。他们合作翻译的这首诗的后半部分，同样可以拿来对照：

Do not let too much sorrow

break your heart.

Keep the whole world always in your

farsighted eyes.

Do not say that the waters

of Kunming Lake are shallow,

For watching fish they are

better than Fuchun River.

　　显然，如果说聂的翻译没有散架，乃是由于排列的缘故，再加上语气和缓的因素所致，而不是证明译者已经掌握了律诗的节奏和劝告的意味。在有些地方，甚至可以说一行分作两行的形式是徒有其名。平心而论，这首诗的难处，恐怕在于既要表达友情和亲切感，又不能散文化和无格调。而要在汉语七律的有限篇幅和格局内，完成英语形式上的转换，实在是难上加难。但是，值得庆幸的是，按照这样排列的方式，恰好是词的长短句所可以容许的，甚至是欢迎的。于是就造成词的翻译特别适合，而且特别地有味了：

Snow
February 1936

Landscape of the north:

Hundreds of miles ice-frozen,

Thousands of miles snow flying.

Look at the Great Wall,

This side, other side,

Only white wilderness.

Up and down the Yellow River,

Suddenly deep waves disappear.

Mountains, silver snakes dancing;

Plateaus, wax-white elephants running,

Trying to be higher than heaven.

Some fine day you will see the land

Dressed in red, wrapped with white,

Flirting, enchanting.

Rivers and mountains so beautiful

Heroes compete

In bowing humbly before them.

Pity Emperors Chin Huang and Han Wu,

Not brilliant enough in letters.

Pity Emperors Tang Tsung and Sung Tsu,

Not radiant enough in poetry.

That tough spoiled child of heaven,

Genghis Khan,

Only knew to pull the bow

Shooting eagles.

All are gone.

For heroes, now is the time.

　　这首词之所以翻译成功，其原因是多方面的。一个当然是作为长短句，译者擅长的排列方式和近乎短语出句的方式，都非常适合这首词的行文和构思，尤其是那坚定的语气和铺陈的景致。但另一方面，诗眼的保持、情绪的调动、译文节奏与原词步调的一致，以至于高潮的推进和语出惊人的宣布，都是成功的原因。因此，如果仅仅理解为是形式上的，那就只是说对了一半。因为，细心的读者一定会发现，即便在形式上，译文也没有完全依赖原文，在建行上，几处就有适当的调整和增加，就是为了延长和发挥这种排列的方式，使其成为一种英文读者能习惯和接受的诗歌体制。

在这个意义上，即在找到一种合适的方式翻译词的意义上，聂华苓是成功的。这一成功，还可以推广到普遍的范围，造成一系列词作品的佳译，例如《忆秦娥》《咏梅》《反第二次大围剿》。然而，在译者企图以同样的形式翻译诗的时候，却遇到了严重的问题。除了前面提到的七律《和柳亚子先生》的高雅与平易风格不易传达以外，还有诸如七律《冬云》的苍茫与豪迈。后者同样造成翻译的困难，导致形式和意境的双重不统一。

Winter Clouds
December 1962

Snow weight on winter clouds,
white flakes in flight,
Countless flowers falling—
suddenly few.
High heaven whirls with waves of cold.
Great earth gentle with warm air blowing.
Only heroes drive tigers and leopards.
No brave men are frightened by bears.

Plum blossoms like a sky of blowing snow:

Not strange that flies freeze and die.

　　同样不适合的律诗翻译，还有《到韶山》《送瘟神》《看孙悟空三打白骨精》等。然而，为了寻找诗的对应形式，或者说在寻求律诗翻译形式的道路上，聂华苓不得不放弃和离开词的错落的短句排列而倾向于诗的整齐和分节了。也就是说，译者不得不放弃自己一开始确定的比较归化的现代风格的英文式的翻译格调，进入或回归比较汉语化的古典的传统的老路上去了。这一过程，从整个一本书的前后翻译的顺序基本上可以推断，除非译者完全没有按照诗词出现的自然顺序安排翻译的进度。可惜的是，她的这一尝试不是用在律诗的翻译上，而是用在了词的翻译上。这种矛盾的形式一旦强加于词，其后果是不堪设想的。一个极端的例证，就是译者把《重上井冈山》的上下阕强行分为四个诗节，而且每节的行数也不统一，一、四节是六行，二、三节是五行。诚然，这样的分节并不是完全不看原诗的语义层次，而且或许方便了读者的阅读和理解，但是，在形式上混淆两种诗歌体制，无疑却是一个巨大的损失。

　　第三，毛诗风沙弥漫处，追寻散失的延安岁月。

　　在我们即将转向国内的翻译情况的时候，让我们总结一下聂华苓夫妇的译本，并关注其中给我们最有价值的地方。聂华苓夫妇的译本包括 36 首诗词，1972 年出版，正文之外有较长的导言，详细介绍了毛泽东诗词的创作背景、主题、体裁等方面的情况，有相当的参考价值。关于翻译的说明包含一些翻译的难点，特别是汉语翻译的困难，以及翻译与创作的关系和可译性等问题。关于注释的说明，则集中说明了注释的必要性。最后，还英译了郭沫若喜读毛泽东六首诗词的文章。每一首诗则带有比较详细的说明，方便了西方读者。关于这些说明，译者专门做了强调：

> 毛诗和大多数英语诗不同，需要大量的政治、历史、神话及文学的注释。因此，应在读诗之前和之后阅读我们的注释。没有这些注释，这些诗词有许多是不可完全理解的。我们尽可能的找到这些信息，以便对于诗词中所涉及到的中国的过去和当前的行为做出解释说明。(*The Poems of Mao Tse-tung, Translation, Introduction, Notes* by Willis Barnstone in collaboration with Ko Ching-po, Harper & Row, Publishers, p.28)

带着这样的信息去阅读聂华苓翻译的毛泽东诗词，就会觉得这些诗词是比较容易理解的了，进一步而言，即便译诗有浅近的一面，也是可以宽容和理解了。聂华苓译本的另一个重要的价值，在于其导言中关于毛泽东诗词的发行量的估计。译者认为，大约有 5700 万的毛诗销售量，这个数字相当于迄今为止英语诗歌的总量，包括全部英语诗人的全部英语诗作。这是一个惊人的数字。另一方面，译者还在导言中，就毛泽东诗词创作的总量提出疑问。她认为，从当时发表的毛诗来看，第一首是《沁园春·长沙》，发表于 1925 年，毛时年 32 岁，最后一首发表的诗词写于 1965 年，毛时年 72 岁，期间有 40 年的创作期。译者认为，毛的早期必定还有其他诗作，因为《长沙》是一首十分成熟的诗，不可能凭空而来。再说，也不可能突然停笔，一首诗也不写。这样提出问题，在今天看来似乎没有什么，因为已经发现的毛诗总量早已过百首，但在当时，尤其在海外消息比较闭塞的情况下，却是有见地的。关于延安时期传说中的毛诗集，也有一段说明：

> 据罗伯特·佩恩说，延安时期毛曾经出版过一个诗集，
> 《风沙集》（*Wind and Sand Poems*）。我们无法得到它。其
> 中所收的诗词在后来的集子中都没有出现过。佩恩坚持认
> 为毛的朋友曾经说，毛从少年时期就开始写诗了。佩恩还
> 说，在延安，苏维埃政府会议上，毛和其他人一样都会信
> 手在纸上写诗，然后就丢在地上，总会有人争着拣起来。
> 因此，很可能有一些毛诗未曾发表，甚或根本不为人所知
> 道。（*The Poems of Mao Tse-tung, Translation, Introduction,*
> *Notes* by Willis Barnstone in collaboration with Ko Ching-po,
> Harper & Row, Publishers, pp.16-17）

关于这个集子，至今仍然没有新的材料来证明。不过，延
安时期十三年，是一段相对比较稳定的时期，毛泽东在窑洞里
写的著作不少，而诗词创作却极少，当是一个问题。

四、喜看稻菽千重浪，遍地英雄下夕烟：
　　典籍英译弹古调

当我们把视野从国内移到国外再移到国内、从官方移到民
间、从合作翻译移到自由翻译的个人创造空间的时候，一些重
要的变化就呈现在我们眼前了。和毛泽东诗词创作的丰富多样
扑朔迷离的情况相比，翻译选本所受时代和资料的局限，对于
诗歌中政治因素的强调和淡化，文化因素的驳杂和统一，以及
诗歌翻译审美体制的不同追求等问题，就成为这一部分要格外
关注的问题了。如果说迄今为止，我们已经有了两种明显的模

式，那就是以外文社为主的不押韵而精练的直译模式，和以聂华苓为首的不押韵而集中的词格模式，那么，一种更加追求押韵和诗化效果的新模式就呈现在我们眼前，而且带有很强的理论倾向。这后一种，正是在中国大陆翻译界几成套路的中国古典诗词翻译模式，当然也就是毛泽东诗词的翻译模式了。

中国大陆对毛泽东诗词的研究，可以说在毛泽东逝世以后进入了一个高潮。随着毛泽东热的不断升温（包括思想日益解放），随着新的毛诗资料（包括书法资料）的发现，从官方机构和随同人员、亲属的研究逐渐转向普通民众和知识界、翻译界的关注、研究和翻译，已形成了相当的规模（包括毛泽东传记、毛泽东文稿，毛泽东诗词），也取得了相当的成就。毛泽东诗词的版本和研究已数十种，而外文的翻译主要集中在英语译本中，也不下十多种。早期翻译和长期流传在民间的英译本（包括从"文化大革命"期间就流传的自行翻译的各种毛诗集），大约具有零散不整、信笔成体和讹误较多的特点。相比之下，外文社和商务印书馆的版本，提供了一个蓝图和模式，但也遭到了一定的批评，包括一些词句和名物的考据性的批评，尤其是赵甄陶先生的批评。另一个方面的批评，却是格式上的和审美的，那就是不少人对于前述本子的翻译模式不予认可，他们追求更高的美学价值，要求或努力营造新的韵体的翻译效果。在正式出版且有一定规模和影响的翻译家中，黄龙、许渊冲、辜正坤、赵甄陶等的译本，均属于这一类，而且在时间上都集中在1992年和1993年这一两年。

第一，湘水那边红一角，毛诗英译原则的制订者。

赵甄陶是湖南人，他的两个毛诗英译的本子也分别在湖南人民出版社（1980）和湖南师大出版社（1993）出版。仅以后者为例，除了正文的39首诗以外，前有韩素音的小序，肯定了

"赵教授的这本可能是最好的译本之一"，和译者前言；后有作者的两篇论文：《谈谈毛主席诗词英译本译文中的几个问题》和《再谈毛主席诗词英译本译文中的问题》，针对外文版的翻译问，加上译者对于毛诗的独特理解，发表了不少的意见，其中有的是考证性的，有的是意见性的。最有代表性的是前言中的几条意见，作为翻译毛泽东诗词的原则，可概括如下：

1. 保持中文典故以增强文学联想，但不以损害诗歌的艺术品位和情感力量为限度；

2. 加注说明诗词的历史、地理、社会及革命背景，以及原诗风格和与文体，以助理解；

3. 每行诗的音步控制在 6 个之内，以抑扬格为主，但不拘限于此，因为有例外；

4. 以通俗的现代英语口语为主，以保持译文丰富的现代性质；不求古雅，以合时宜；

5. 译者的翻译申明是基于个人的长期研究，包括诗人的语言和典故等的独特理解。

应当说，这些原则不仅具有普遍性，而且观点开明达观，在实践上也可以操作。译者的主张，是以自由体译自由诗，以格律体译格律诗，因为译者相信，"诗歌的新体裁在全世界范围内还没有得到令人满意的结果"，而"一种新的体裁往往需要几百年才能达到成熟的境界"，因此：

　　　　在这种情况下，我认为，现在只有以自由诗体译自由诗而以格律诗体译格律诗，译文才能在风格上和韵律上与原诗贴切或相似。当然，这个问题不是几句话能够说清楚的，而且也不属于本文讨论的范围。但由于我有这样的看法，现在我就试用我认为还可以为读者接受的英文格律诗体来译毛主席的诗词了。如果我译得完全不能令人满意，那只是因为我水平有限，不是英文格律诗体本身的错。(*The Poems of Mao Tse-tung, Translation, Introduction, Notes* by Willis Barnstone in collaboration with Ko Ching-po, Harper & Row, Publishers, p.169)

运用这样的原则，尤其适合律诗的翻译，虽然难免有凑韵脚的痕迹，甚至个别地方还有商榷的余地（例如，若"熊罴"暗指苏修，则未必是各色各样），但呈现出的译文，不但较之外文版的更精致，和西化的海外译文更是判然有别了。以下是《七律·冬云》的译文：

Winter Clouds
December 26, 1962

Snow weighs on winter clouds with cotton fluff afloat,
And now unfallen blossoms are rare far and near.
Above, across the skies the chilly currents sweep;
On earth, a breath of balmy air is blowing here.
None but the brave can quell the tiger and the pards,
And various bears the heroes always will defy.
The plum flowers enjoy a sky of whirling snow,
But it is little wonder flies should freeze and die.

第二，译中三昧：以气胜，还是以韵胜？

如果说，赵甄陶是毛泽东诗词翻译的先驱者、理论原则的制订者，那么，许渊冲就是这一原则和译文本身朝着美学方面的继续者和完善者（当然，在实践上，赵甄陶则承认有对许渊冲的继承和学习）。1993 年中国对外翻译出版公司出版的许渊冲翻译的《毛泽东诗词选》（英汉对照），收录了毛泽东的 47 首诗词。恰逢毛泽东 100 周年诞辰，毛岸英和韶华写了小序。译者也用英文和中文写了译序。译序不仅列出历来的毛诗英译本，而且申明了译者自己的以"三似"（音似、形似、意似）为基础的"三美"（音美、形美、意美）原则，作为翻译毛泽东诗词和中国古典诗词的一贯原则。译者希望，"新译本的问世，会有助于英语世界的读者欣赏中国诗词的意美、音美和形美"。

　　从许渊冲翻译的毛泽东诗词来看，他在形式美的创造性翻译是不遗余力的，而且达到了极高的水平和明显的效果。就单项的效果而言，这样的例证是显而易见的："至于押韵，最好能够做到'音似'，如《蒋桂战争》上半段四个仄韵'变''战''怨''现'，如果译成'rain''again''pain''vain'，就可以说是和原文'大致相近'了。"（p.8）当然，形式方面的追求，会导致语义或意象上的损失，有时几乎是难以避免的，但有些追求因为模仿了汉语的特点，为英语的异化翻译提供了新的美学因素。例如，《菩萨蛮·黄鹤楼》首两句的叠字，译为英文会有中文味道，但也会拖沓冗长：

> 茫茫九派流中国，
> 沉沉一线穿南北。

> Wide, wide through the land flow nine streams full to the brim;

> Long, long from south to north threads one line deep and dim.

接下来的两行，在"烟雨莽苍苍"的精彩模仿之后，由于韵脚的原因而添加的 in chain（锁链），还是值得商榷，因为龟山、蛇山分别在长江的两岸，其间并没有锁链连接。

> 烟雨莽苍苍，
> 龟蛇锁大江。
> Shrouded in grizzling mist and drizzling rain,
> Tortoise and Snake hold the River in chain.

本来，按照律诗的翻译原则和音步的限制，可能会导致排列过于呆板，甚或陷入汉语古诗排列为人所诟病的"豆腐干"现象。而许渊冲在诗歌排列的方式上，以惊人的胆量，做出了惊人的尝试。如果说《六言诗·给彭德怀同志》的跳跃式的阶梯式排列有点散的话，那么，《十六字令三首》的居中式排列则不仅为现代电脑操作所允许，而且取得了视觉上的惊人的成绩。现举出其一：

> Peaks!
> Whipping the steed without dismounting, I
> Look back surprised
> To be three-foot-three off the sky.

一个值得比较的版本是辜正坤的译本。辜译这三首小令虽然没有运用居中排列的方式，却在一开始运用感叹词，产生了更为惊人的先声夺人的语气和预期的译文效果：

> Oh Peak!

Whip and spur, I ride my horse and over fly,

In surprise turning my head I shriek:

The heaven is only three feet and three inches high!

　　当然，这三首小令的翻译，仍然远不能使人满意，因为它的难度，远不在这里。除了排列和语气之外，更加难以传达的是非凡气势和韵律效果。仅从语境和寓意上来说，就有相当的困难。虽然都是写山，但并不是一样地写。从三首小令的意境来看，则一是写其高、一是写其阔、一是写其坚。所以，英文用词的困难是难以兼顾：用 mountain 会失之一般，用 peak 会失之高尖，用 hill 会失之琐碎，用 mount 会失之浑圆，如此等等。若分别用不同的词，则失之三首小令的不统一、不连贯。

　　辜正坤的译注本，称为《英汉对照韵译毛泽东诗词》（北京大学出版社 1993 年版）。选诗词 46 首，分为正副编，体现了官方通行版本的划分标准。汉语原诗采用繁体加注音，英译诗词的译注和原注均有英文，而且附有不少书法手迹。文后附有三篇毛泽东关于诗的信，分别是致臧克家、胡乔木和陈毅的，也是汉英对照；还有人名地名等专有名词的索引，则是英汉对照。正文之前的译者前言是英文的，涉及对于毛泽东诗词的认识和评价，以及翻译等多方面的知识性说明，对于外国读者了解毛泽东诗词和阅读本书很有帮助。

　　在大陆占有主导位置的韵体翻译中，双行押韵已经成为一种模式，例如，英汉对照《唐诗三百首新译》（中国对外翻译出版公司商务印书馆香港分馆 1988 年版），虽然是许多译者合作参与，仍然无一例外地采用了这种双行押韵的模式。辜正坤的译文也是韵体，而且在押韵的方式上，基本上也是双行押韵，包括毛诗和大部分词作品。不过，即便在这样的模式中，他的译文还是有特点的：那就是在十分有限的句本位翻译的模式里，追求可能的变化和变通，力求以内在的节奏、律动和气息，打破行文的平淡和平庸。更加难能可贵的是，译者根据自己对诗歌的理解，在译文中巧设机关和变换，尽量不堵塞诗眼，因而能保持气韵生动和行文的灵动。在很多时候，也能保持毛诗的气势和语气。例如，七律《人民解放军占领南京》：

The People's Liberation Army Captures Nanking
to the tune of Seven-character *Lu Shi*

Over the Bell Mountain a tremendous storm sweeps headlong,

Crossing the Yangzi River, our army is mighty, a million strong.

Once a den of tiger and dragon, now a victorious town,

How excited we are, seeing heaven and earth upside-down!

We now should pursue the defeated foe with our remaining power,

Ape not King Xiang for a fame of mercy in a lucky hour.

Were Nature sentimental, she would have a dying day,

The change of seas into lands is Man's world's true way!

(April 1949)

另一方面，从译者前言中引用最多的是毛泽东的词来看，译者最注重的仍然是毛泽东的词创作。这和国内的一般评论认为毛泽东的词优于诗是一致的，同毛泽东本人说自己对于长短句有一点研究而不太写律诗的自我评价也是一致的。在典型的词翻译中，译者基本上运用分组押韵的方式，而且使韵脚的分组尽量和语义层次相一致。在不能押韵的地方，甚至并不追求一定押韵。例如《念奴娇·昆仑》下阕的译文，由于专有名词的音译，几处不押韵。这样做的好处，一是不以韵害义，一是能尽量保持语气和气势的贯通。而上阕，在分为几组不断换韵的过程中，保持了磅礴的气势，但由于第二人称的插入和感叹词的使用，时而有所阻抑，因而避免了过分的流畅，同样也有助于有力的推进。

Towering into the sky,

You, Kunlun, so vast and high,

Have kept all the spring splendour

of the human world in your eye!

Like three million jade dragons in flight,

You freeze the universe white.

In summer your melting snow

Making rivers overflow,

Alas, men may become turtles or fish in woe.

But, who ever tells us, for a time of thousand years long,

You, after all, have done what good or wrong?

第三，毛诗英译的古雅化倾向，是耶，非耶？

在大陆翻译毛诗的队伍中，黄龙先生是开风气之先的，而且他的译文也是最古雅的。不仅是对话，在他的整个译文中，都有古雅化的倾向。先生喜欢用大词、正规术语甚至拉丁语词，以便造成古雅的风格。以黄译毛泽东早年的一首七古诗《送纵宇一郎东行》为例。下引前六行译文，不仅句子冗长，语气沉重，而且每一行都是一个以-tion 结束的名词来结束全句。事实上，整个一首诗二十四行，这样的结尾就占二十一行。如何评价这样的复古倾向，还是一个问题。

Sending Off Zong Yu Yi Long Bound Eastward for Japan
—an ancient-genre verse of seven-character lines
in the spring of 1918

The lingering humid and sombre weather brightens with the transfiguration of Mt. Heng' overclouded complexion.

Up loom Mt. Celestial Steed and Mt. Phoenix from amidst the vernal vegetation.

In youthful days Que Yuan and Jia Yi with ingenious talent cut a figure of preeminent distinction,

The wondrous and vital spirit permeating rivers and mountains converges on this very location.

To send you off I chant a grandest song for the sake of valediction,

Henceforth the roc will brave and batter the billows in navigation.

五、陶令不知何处去，桃花源里可耕田：
不是结语的结语

至此，毛泽东诗词英译的主要资料都有所涉猎，并有所评论，在结语部分，我们希望能把有关的问题较为集中地讨论一下。其中涉及不同模式的比较问题、理解的正确与否问题、语言和风格的差异问题，以及如何克服现有翻译的普遍毛病以便进一步改进和提高的问题。

第一，模式的有限性，中介与结合之可能。

从目前我们所看到的若干毛诗翻译的情况来看，我们觉得虽然译文之间有相当的差距，但是归根结底仍然可以发现几种常见的模式。即便不是为了追求一种理想的译文，而是为了分析的方便，考察模式的合理性和实用性也比消磨在无休止的译文评判中要更有方法一些，也更有风度一些。在中国古典诗词的翻译中，当然也包括毛泽东诗词的英译中，从目前所找到的所有毛泽东诗词的英译本的形式看来，基本上可以分为三类：

1. 自由诗体翻译：以海外翻译为主，但由于译者情况复杂，质量悬殊。一方面，可能有大量的误解和误译，难以避免。另一方面，由于西方文化和文学概念的进入，加上翻译的自由倾向，也给毛泽东诗词的译文增添了新的因素，引起了很好的反应，不该一律否定。其中有海外华人合译的，汉语和英文又比较好的，例如聂华苓夫妇的译文，有些翻译得很好，给人以启发。在格律以外追求诗意，具有现代精神，也适合西方读者，但由于语义性的翻译，语言控制不严格，主要适合词的长短错落，语气短促的排列的翻译形式，在技术上和原则上，似乎并没有解决好诗的比较规整化的翻译情况。必须要说明一下的是，与古典诗词翻译的经典化情况相比，毛泽东诗词的翻译还没有出现像庞德一样的大家，所以取得国际水平的翻译作品不多。

2. 中国大陆的翻译，主要是格律体的韵译模式，有比较高的美学追求，和诗词体制的自觉意识。这一方面的探索是有益的，其中的单项翻译上，可以说取得了可喜的成绩。但同时也存在着一定的问题，主要是形式害义的问题，不自然的语言，一种明显的翻译体的存在，甚至有不少的翻译腔。一般说来，词的分组押韵的形式比较能够接受，而诗的双行押韵的形式不能说很理想，二者之间应有较为明显的形式区分，但目前多数翻译区别并不明显。另外，既然是韵体翻译，就应当在唱和诗词中间体现互文关系，产生形式关联，但在实际上，唱和诗词之间仍然是各自为战，互不关联，因为翻译的原则是以每一首诗词本身为单位，没有考虑到相互的关系问题。这样，在互文性的意义上，韵体翻译就没有什么意义了。

3. 非韵体的自由诗体翻译，以外文社的翻译版本为标准，独树一帜。虽然这个版本最初也是参考了外国人翻译的本子，但作为集体翻译的成果，融会了集体的智慧，包括职业翻译家和诗人、学者在内的集体合作和努力。一个能说明外文社本优势的是互文性的处理。本来，一首诗和与它有关的另一首诗，至少应当有一定的韵律或意义上的关联。尤其在韵体翻译中，唱和诗词必须在韵脚上是相同的，但是实际上，韵体翻译却没有做到。幸而外文社本在毛泽东《卜算子·咏梅》和陆游的同名同词牌的句子中，却有一些关联。例如，陆游的"无意苦争春"：She craves not Spring for herself alone. 毛泽东的"俏也不争春"：Sweet and fair, she craves not Spring for herself alone. 这说明译者注意到了这样的关联细节，使得毛泽东"读陆游咏梅词，反其意而用之"的意图，得以在文本之间体现了。还有一个证据可以说明外文社本的奠基性质。这个本子出来之后，国内不少译本都参考过，无论作为批评的对象还是作为模仿的对象，而且有些句子和这个本子很相似。最明显的是《满江红·和郭沫若同志》下阕开头部分。不仅赵甄陶的译本较为直接地沿用了这个本子的词句，而且包括辜正坤的本子也有以之为基础加以改写和化用的痕迹。最后只需指出一点，在翻译模式之间寻求结合的可能，以及在译本的多因素之间寻求综合性的解释，很有可能成为下一阶段研究的重点。

第二，始终存在理解的问题，抑或是只有差异。

在内容上，诗歌的翻译有无唯一正确的理解，似乎难以说明。许多人会觉得既然"诗无达诂"，就可以有截然不同的理解。但是实际上，关于一首诗词的基本内容的理解，也会牵扯背景的说明、作者当时的心境以及一贯的思想倾向等问题。特别是毛泽东本人关于自写诗词，曾经做过说明，当然是值得参考的了。以商务本为例，由于当时的政治任务的压力，在理解上尽可能地参照了国内当时的研究，甚至毛泽东本人的说明。例如，七绝《为李进同志题所摄庐山仙人洞照》的"云从容"的理解，就符合毛泽东本人的说明，避免了个人翻译随心所欲的发挥。但这并不能说明在进一步的翻译中，就不存在理解的问题了。

这里提出一个诗歌意义分层次理解和表达的可能性的系统问题，以供参考：

1. 在诗歌语言层面上容易理解的所指意义：例如，"山下旌旗在望，山头鼓角相闻"（《西江月·井冈山》）由于句子的对仗关系，极可能被理解为是敌我双方的对峙状态。

2. 交际语境中作者所意图的语境意义：例证同上，但作者强调那是自己队伍的"旌旗"和"鼓角"相互示意，但这一意义既可能通过作者的解释而展现，也可能在翻译中被常识性理解所掩蔽。

3. 作者意图中无法转换和实现的语言意义：例如"黑手高悬霸主鞭"（《七律·到韶山》）其中的"霸主"作者的说明是蒋介石；"一截还东国"（《念奴娇·昆仑》），作者说"东国"是日本。但翻译不可能直接取这些狭义所指，而是必须泛化或抽象为一些诗歌的语言，甚至可能改变所指意义，另辟蹊径。

4.诗歌语言所营造的意境是通过具体的意象和意象组合来表现的，在翻译中所采用的另外一种语言可能会把诗歌的意象和意境导向异域化的途径。例如，"斑竹一枝千滴泪，红霞万朵百重衣"（《七律·答友人》）在读者心目中会产生绚丽的色彩和意向叠加的效果，而将毛氏所说的"霞姑"（杨开慧）遮掩，或淡化或裹挟而去。

总而言之，这里的问题不仅仅是作者意图和"意图谬见"的问题，而且是可以在哪些层面上体现作者意图，或以何种方式或者在何种程度上体现译者的创造性的问题。所以，既不是理解到了就能译出的问题，也不是始终不存在理解问题而只有所谓的表达差异的问题。毋宁说，在终极的理解（意义）与差异（表现）之间，永远有一个诗歌翻译的平衡问题。

第三，风格与语言，有无何者更好的问题？

当我们要照顾一下毛泽东诗词的个人风格的时候，一个最基本的问题就产生了：毛泽东诗词的基本风格是怎样的呢？是古雅的还是浅近的？是平易的还是深奥的？是书面的还是口语的？是公文的还是个人的？根据我个人的观察，我认为毛泽东的语言风格基本上可以概括为：深厚的古文功底和生动的白话语言的有机结合，带有一定方言特色的口语和正规而规范的书面语融合于无形，在一定程度上政论文与公文体和强烈的个性化言语风格兼备，而又能自由出入于文人诗人的情感语言和政治家富于理智与谋略的谈吐之间。就毛泽东诗词的风格而言，在语言的基调上也不越出这样的一个基本格局，而在总体风格上，正如毛泽东本人所说，喜欢豪放，但不废婉约。

一个更为基本的问题，是如何确定一首诗词的风格基调。例如，《念奴娇·昆仑》的风格，具有一定的代表性。和苏轼的《水调歌头·中秋》同属于豪放词派，结构有相似之处，但在古典壮美的基调上，多了一点江湖的豪气，归结为大同的世界理想。上阕是写景，横空出世，大气磅礴，并留下历史悬念和哲学问题而结束。下阕变为议论和祈使，作者直接出来发难："而今我谓昆仑，/不要这高，不要这多雪，/安得倚天抽宝剑，/把汝裁为三截？"一直到"太平世界，/寰球同此凉热。"中间是"一截遗欧，一截赠美，一截还东国"。关于"东国"的翻译，有几种不同的理解和处理，综合国内外各种译本，可以归为三类：

> One I would send to Europe,
>
> One to America,
>
> One we would keep in China here,
>
> 　　　　　　（博伊德）

> Give one piece to Europe,
>
> Send one piece to America,
>
> Return one piece to Asia,
>
> 　　　　　　（聂华苓）

> I would give to Europe your crest
>
> And to America your breast
>
> And leave in the Orient the rest.
>
> 　　　　　　（许渊冲）

可是，按照毛泽东本人 1958 年 12 月 21 日的信，强调这首词的"反帝"主旨，那么，"改一句，'一截留中国'，改为'一截还东国'。忘记了日本人民是不对的，这样英美、日都涉及了"。

三种译法仍然都有问题。至于如何在诗化允许的范围里翻译得
更好，就是一个专门的问题了。就风格和语气而言，博译最好，
发语规整，命意贴切，气势贯一；聂译次之，中间重复，头尾
变化，略嫌生硬；许译则变化细腻，巧设机关，而豪放不足了。
"太平世界，/寰球同此凉热"的译文，也有不同风格（及其制
约因素），可以参考：

In a peaceful world yong and old
Might share alike your warmth and cold!

（许渊冲）

By then will peace prevail in the world,
And the whole globe share this very warmth and cold.

（黄龙）

Ah, what a peaceful world we would see,
And alike warm and cold the earth would be!

（辜正坤）

　　另一个重要的问题是，在每一首诗词的一些特殊的地方，
要能够注意到诗人语气的变化所造成的风格变异效果，而不能
翻译成一个样子。在理论上是如此，而在具体的翻译过程中，
究竟如何理解和翻译毛泽东诗词中的语言风格，就是见仁见智
了。一个简单的例子，就是《鸟儿问答》中的几个口语句子。
"怎么得了，/哎呀我要飞跃"是口语体，仿拟，意在讽刺。而
"借问君去何方"是义正词严的发问，是古语风格和文言气度。
到"不须放屁，/且看天地翻覆"则是呵斥，是警告，是宣告胜

利者的口吻了。如果不注意这些修辞的方面，就会贻误关键，徒有语义翻译之名，而没有风格传达之实了。这里按照从口语到书面语和从现代语言到古雅语言的层级排列顺序，分别列举的是赵恒元、辜正坤和黄龙的译文，至于其中角色的变化与否，则属于另一个问题了：

How terrible it is!
My god! I'm flying away.

Where are you flying, Sparrow?

Shit!
Look, heaven and earth are overturned.

(赵恒元)

Oh, how terrible here to stay,
I must at once fly away!

Tell me where your destination lies?

No passing wind, you bird,
Look, the heaven and the earth are upside down transferred.

(辜正坤)

There comes a great woe,
I'll seek refuge on flight.

Whither sparrow?

None of thy windy stuff!
Behold, the old world we'll overthrow.

（黄龙）

　　如果把译者是否有能力模仿原文的笔法视为译者个人风格成熟的标志，那么，一种译文的风格化而能形成一种诗歌体制，则是一种译风成熟的标志。按照这样的理解和要求，针对中国古典诗歌的翻译，可以说，目前尚未成熟到一定的程度。千篇一律按照一种固定模式翻译的倾向，仍然是大多数译者习惯的方式。尚没有形成自己翻译笔调和风格的译者，似乎还在摸索之中。针对毛泽东诗词的翻译情况，笔者认为目前不成熟的译笔有下列几种表现：

　　一曰散：就是诗词的体制不具备，像散文，缺诗味（但不包含翁显良将古诗译为散体仍然有一定诗味的情况）。一种基本的表现就是句子运用散文化的排列，词语是日常生活的大白话，没有文采，落入俗套。但不是有意为之，所以最根本的问题是译者缺乏译入语言的控制能力，把一首诗或词译散架了。或者不能适当取舍，想在译文里包含所有的信息，反而使译文冗长不堪，拖沓到难以卒读。例如，七律《和柳亚子先生》有回忆和亲切感，有劝告和开导性，平易近人，是很容易散文化的。这种情况，其典型表现是以自由诗体翻译的时候，由于缺乏格律的规整化作用，过于信笔为体，就容易出现散架的毛病。体制不备，是翻译的大忌讳。

　　二曰滥：滥用诗词套语，滥用格律，滥用对仗，滥用修辞格，滥用排列，都会造成滥的感觉。过多的典故堆砌，造成不可以理解，过多的修辞堆砌，造成矫揉文体，过多的韵律重复，造成顺溜儿和儿歌调，过多的成语套用，造成烂熟的语言。一种缺乏陌生化和创造性的文体，就是过于甜熟以至于令人感觉腻味，是文学陈腐和糜烂的根本，译文不加戒备，以为是诗，反而去追求，去模仿。例如，七律《长征》中间部分，有不少地名和场景，译文只顾罗列，不及铺陈，仓促上阵，岂能感人？特别是韵体翻译，不少人把韵脚视为诗体美学的唯一标志，行文时颠三倒四，任意加盐加醋，译文庸俗不堪，是另一种倾向也。

三曰生：生也是文笔和译笔不成熟的表现，就是语言没有经过锤炼，半生不熟，忽文忽野，乍雅还俗，由于理解不精，表达不得法，只在拼凑字句上动心思，全无连贯和想象的功夫。"独有英雄驱虎豹，更无豪杰怕熊罴"不能只是翻译字面类似于政治口号，而是暗示了打猎场景，必须有形象思维。这样，"英雄"和"豪杰"也就统一在一个壮观的意境中了，"虎豹"和"熊罴"也就没有矛盾了。至于最后两行："梅花欢喜漫天雪，冻死苍蝇未足奇。"倒是可以直接抒发，但仍然不能没有拟人，不能直白无遮拦。"虎踞龙盘今胜昔，天翻地覆慨而慷"放在上下文中，无非是说南京的巨大变化，不审虚实，就会把"慨而慷"（虚）和"天翻地覆"（实）置于同样的位置，导致翻译的失衡和主要信息的丢失，或者夹生饭，夹叙夹议，顾此失彼。

四曰浅：浅近、浅露、浅俗之谓。诗歌是含蓄的文体，艺术是藏匿的艺术，不能一览无余，应能耐人寻味。一个基本的要求，就是文本是有不同层面的意义，因不同情绪而感觉的，经受得住不同语境的召唤。只译出表面的字面的意思，远远不够，应能译出第二层甚至第三层意思，才有味道。所谓个中三昧，就是这个意思。例如，七古《送纵宇一郎东行》前六行：起首两行是起兴，不是单纯写景（"云开衡岳"具有发语之妙，山名"天马""凤凰"蕴涵着意义，不可音译了事）；接着两行是怀古，歌颂当地人杰地灵，以激发志向，译文人物和地点要有关系；下来直接抒发送行的浩歌，寄托了鲲鹏之志，不能译得没有寓意，以至于成为庄子典故的重复。辜正坤的译文就注意到了这些地方，译文不到之处，以注释醒透之。

五曰短：**翻译时的语气短促，急迫，不够从容，没有停留，如毛笔在纸上轻飘地划过，就不能给人留下深刻而持久的印象。**所谓的语义翻译，往往就有这样的缺陷。在律诗的翻译中，由于每行音节数目有限，于是大量采用压缩的短语形式，信息超载，使人透不过气来。在语气上，一览无余，把话说尽，例如"红军不怕远征难，万水千山只等闲"本来诗人是有感觉的，听朗诵就可以恢复这种感受，但译文成了照搬字面，千篇一律，说大白话，没有想象，味同嚼蜡，诗味不长之谓也。在词的翻译中，本来汉语四字结构，是意象叠加，音韵铿锵，而译文不具有这种特点，破碎支离，就难以为继了。例如，《沁园春·雪》开始后不久，长城内外，大河上下，只顾排列，讲究短促有力，没有形象的铺陈和意境的开通，下阕的议论，又是罗列人名，疲于奔命，穷于应付，破碎而无韵，短促而乏味了。

以上的缺陷，并非只存在于一种模式中，或表现于某一个人的翻译习惯中，而是具有综合性的表现，有待于克服，才能提高质量。以下几条，希望可供进一步翻译和研究参考：

1. 坚持以诗译诗，不管有韵无韵，可尽量朝韵译的方向发展；

2. 在文化倾向上要比较一致，不能过于庞杂，更不能自相矛盾；

3. 在正确理解的基础上，要尽量坚持表达毛泽东诗词独特的个人风格；

4. 在诗和词之间应有明显的区别，不仅是排列方面，而且在韵味上要有区别；

5. 在翻译好单篇的基础上，应能照顾到不同篇章之间的互文性关系，主要指唱和诗。

需要指出的是，迄今为止的毛诗翻译，只是总量的很少一部分，如何扩充范围，选译出一个像样的本子，即在质量和数量上都可以说得过去的本子，一直是一个合理的愿望，期盼能够实现。我们也希望在中外不同译本和翻译模式之间能够互相借鉴，互相学习，以便达到理想的翻译效果。

六、尾声：序文作为研究的继续

最后，　我终于要回到这篇序言的写作初衷上来了。

虽然关于毛泽东诗词的英译研究，并非自张智中始，但迄今为止，张智中的《毛泽东诗词英译比较研究》，无疑是一项属于开拓性的、比较全面的研究。而今这篇博士论文能够改编成专著，由中国社会科学出版社出版，而且纳入"中国社会科学博士论文文库"，乃是一件值得庆贺的事。

张智中是我的博士研究生。他的一个特点是特别嗜书，而且特别嗜好诗词和诗词翻译方面的书。另一个值得提起之处，是从我认识他的时候起，我就发现他喜欢著名诗词翻译家许渊冲先生，几乎到了推崇备至的地步。当他做了我的学生、上了一年的课程，已经准备要选题的时候，他还在钟情于许渊冲先生的研究，加之有出版社约他写许渊冲诗词翻译的专著，更使他割舍不下。当时关于许渊冲研究，因为已经有了别人的选题在先，不能重复，于是我一着急，就和他商量毛泽东诗词英译研究的题目。这样做的好处是显而易见的：其一，毛泽东诗词的英文翻译仍然属于古典诗词翻译的范畴，在原则上并不转移出他所熟悉的古典诗词翻译研究的阵地。其二，这一部分研究，仍然可以包括许渊冲先生翻译的毛泽东诗词的文本在内，所以也不影响他原来的研究基础，原有的研究资料也能派上用场。其三，许渊冲先生的翻译思想，基本上也是在中国古典诗词的英译方面，完全适合作为毛泽东诗词英译理论的一个来源或者一个组成部分，甚至可以观照许渊冲先生本人的翻译实践和作品评价等问题。这样的理由和用心，智中自然很理解，所以选题很快就定下来并且进入实质性的写作阶段了。

如今回顾这一选题的小插曲，还是颇有意思的。

关于智中的研究情况和结果，请允许我征引一位匿名评阅人的评论意见：

论文以毛泽东诗词的英译为研究对象，从诗歌形式、修辞格意象、语言风格、文化因素、翻译策略等几个方面，对不同译者的不同译文加以深入探讨，旨在通过对毛泽东诗词不同英译版本的比较研究，揭示中国古典诗词英译的规律与合理状况，以期为中国古典诗词的英译寻求借鉴。选题适切，具有重要的学术价值。

纵观智中的毛泽东诗词英译比较研究，可以说是在多个方面研究了毛泽东诗词的英译情况，取得了奠基性的成绩。其中包括：

1. 在资料方面，基本上收集了有关毛泽东诗词研究和英译的有关图书和论文，包括参考文献上列出的毛泽东诗词研究的、一般诗词研究和文学翻译研究的专著。中英文共 264 种，再加上 92 篇论文，共有 356 种之多，应当说，是收罗齐备的。

2. 就毛泽东诗词的翻译的版本方面，收集到了国内外的主要版本十多个，基本上涵盖了各种有代表性的翻译类型。当然，还有一些遗漏的版本和资料，一个是希望在后续的研究中继续收罗和覆盖，一个是在本研究的总结概括时，留有一定的余地，不要把话说得过死。

3. 智中所注重研究的，主要包括下列问题：毛泽东诗词的创作与审美特征，毛泽东诗词的英译各个主要版本以及比较研究，集中在诗歌形式，特别是格律、句式、节奏等艺术形式上，同时对于修辞格的传译、语言风格的传译以及文化因素、诗歌意象的传译，都做了比较细致的研究，取得了可喜的成就。这是微观研究的部分，构成这本专著的主体部分。

4. 在宏观层面上，特别是在理论升华和最后一章的结论部分，这项研究主要集中在国外译者和中国译者（大陆译者）的翻译倾向与策略的比较研究上，以及学术性翻译与文学性翻译的理念上；在理论层面上，作者更加重视诗歌翻译中译者创造性的发挥及其理据的讨论。应当说，这些研究都是很有意义的，而且取得了很好的成绩，也提出了一些富于启发性的问题。

一个值得强调指出的问题是，张智中本人也是具有一定诗歌翻译实践和经验的翻译家，特别是毕业以来在现代的汉诗英译方面取得了明显的可喜的进步，因此在一些具体的翻译观点上，作者自然持有自己的观点和主张，例如在散体译诗还是诗体译诗的问题上，作者比较赞成和奉行后者，因此也比较容易赞成国内的文学性译诗的做法和观点。尽管如此，这些观点和认识，并没有妨碍和束缚他的理论研究的视野和科学的研究结论，尤其在理论认识的结论上，作者的观点仍然是比较公平而开放的。

　　总之，作为诗歌翻译策略的两极，散体译诗与诗体译诗也好，学术性译诗与文学性译诗也好，都需要发挥译者的创造性。译者的这种创造性，主要体现在两个方面：诗歌形式方面的创造性，以及诗歌语言方面的创造性。在不同的译诗策略之下，译者的创造性有着不同的体现。比如，散体译者在诗歌形式方面的创造性，就比较淡化；而诗体译者在诗歌形式方面的创造性，就相对凸显。学术性译诗的译者在语言方面的创造性，也不如文学性译诗译者的创造性更大。但是，翻译毕竟是一种具有多重目的的文化交流行为，因此，散体译诗与诗体译诗，以及学术性译诗与文学性译诗，作为诗歌翻译的两个流派或者两个极端，将长久地取得各自的生存之地，以达多元互补之目的。（张智中：《毛泽东诗词英译比较研究》，中国社会科学出版社，2008 年，第 343 页）

　　如果说智中的这项研究有什么不周之处的话，在我看来，那就是在各项目的单项研究和古典诗词翻译的局部研究取得较大进展的同时，在毛泽东诗词的英译研究的宏观上进行中外翻译家对比研究并得出普遍结论的同时，缺乏在综观层面上对于每一位翻译家或每一部翻译作品的整体估计和评论（当然，在介绍版本的时候，对于每一部译作有简要的说明，但这毕竟不等于最终的研究结论）。这一任务的继续和完成，显然需要针对每一部译作本身单独再下一番功夫，以便对译作的质量从翻译批评的角度做出准确而全面的估计和评论。不过，从当时的研究任务来看，要完成这样的分析和评价，即便作者已经有了计划和考虑，在写作的时间上还是过于紧张不得许可了。

如今智中已经顺利通过答辩，毕业离校，在新的工作岗位上发挥他的重要作用。使我欣慰的是，他一直把主要的精力和大量的时间放在翻译现代诗歌上面，而且出了好几个翻译的本子，受到了很好的评价，还得了奖。我收到他寄来的书，翻看之余，每有收获，并明显感到智中在诗歌翻译上的进步，包括语言的积累与技巧的成熟。另一方面，他也偶尔写几首诗，并在刊物上发表，虽不可言有很高的水平，但总觉真实而可爱，而且对于他的诗歌翻译，必然大有好处。记得他有这样一首小诗，曾给我留下了较深的印象：

水仙花

　　静悄悄开出白色花朵，
　　默默地吟着青春之歌。
　　砂石是她亲密的伴侣，
　　只凭一勺水过活。

不是导师溺爱自己的弟子，只要了解智中生活的艰难，和他的勤奋与刻苦，就能理解"只凭一勺水过活"的含义。

另一件给我留下印象的事，凭着师生之间的了解，智中在毕业前夕，把他费尽心血收集来的毛泽东诗词的英文版本，给我复印了一份完整的资料，留了下来。这使我很感动。如今我对于毛泽东诗词翻译的这项研究，即便是为了写这个序言，在很大程度上也得益于这些资料，和对于这些资料的进一步的发掘，因此，也可以说是智中研究的一个继续和发展。

能有这样一段师生的诗歌缘分，我想也是一件值得记取的事。

故而，这篇序言也是一种记取。

王宏印

2008 年 5 月南开园

参考书目：

1. *Mao Tse-tung Nineteen Poems with Notes* by Chou Zhen-fu and An Appreciation by Tsang Keb-chia, Foreign Languages Press, 1958.

2. *Mao Tse-tung: An Anthology of His Writings*, Updated and expanded to include a special selection of the poems of Mao, Edited and with an Introduction by Anne Fremantle, A Mentor Book, 1963.

3. *Mao and the Chinese Revolution*, Jerome Ch'en, The Poems are translated by Michael Bullock and Jurome Ch'en, Oxford University Press, 1965.

4. *The Poems of Mao Tse-tung, Translation, Introduction, Notes* by Wills Barnstone, in Collaboration with Ko Ching-Po, Bantam Books, 1972.

5. *The Poetry of Mao Tse-tung, Translation, Introduction, and Notes* by Hua-ling Nieh Engle and Pau Engle, Simon and Schuster, 1972.

6. *Ten Poems and Lyrics by Mao Tse-tung*, Translated by Wang Hui-ming, Jonathan Cape Ltd, 1975.

7.《毛泽东诗词（英汉对照）》，商务印书馆，1976 年。

8.《毛泽东诗词》，赵甄陶译，湖南师范大学出版，1992 年。

9.《毛泽东诗词英译》，黄龙译，江苏教育出版社，1993 年。

10.《毛泽东诗词选（汉英对照）》，许渊冲译，中国对外翻译出版公司，1993 年。

11.《毛泽东诗词（汉英对照）》，赵恒元编译，天津人民出版社，1993 年。

12.《毛泽东诗词：英汉对照韵译》，辜正坤译注，北京大学出版社，1993 年。

13.《毛泽东诗词鉴赏》，公木著，长春出版社，1994 年。

14.《毛泽东和古今诗人》，蔡清富、吴万刚、黄辉映著，岳麓书社，1999 年。

15.《毛泽东诗词全集赏读》，麓山子编著，太白文艺出版社，2007 年。

博士后：学术语境的构建与学术创新

——序彭利元《翻译语境化论稿》

南岳衡山，岳麓书院，是湖湘文化的圣地，屈原贾谊的故乡，曾国藩湘军的本营。这里钟灵毓秀，人才辈出，领袖风采，诗人旗帜，招惹人的耳目，愉悦人的身心。真可谓江山代有学人出，文字激扬传千古。我与湖南外语界素有交往。当年罗选民兄在湖南，而我还在长安，他就邀我前往长沙铁道学院游学，得以初次领略湖南的山川风貌，习染一点湖湘文化的精神。这几年我移居津沽，任教南开，在湖南大学、中南大学以及湖南师范大学，都有很好的师生之缘，同仁之宜。几度应邀前往，或答辩，或讲学，他们热情好客，慷慨论学，给人以极为深刻的印象。能从这里招一弟子，论道讲学，也是人生一大乐事。

湖湘子弟彭利元就是我的一名即将出站的博士后后生。他的家乡和工作单位在湖南株洲，而他的求学之地则在省城长沙，六年求学期间，利元先后受惠于蒋坚松和黄振定两位导师，西哲古文兼修，可谓学问与语言皆有其本源。此外，利元还师从谭载喜先生，在香港游学数月，做合作研究，对于现代研究方法，也大有掌握。这都为他后来的学问能开阔眼界、锐意创新，打下了较为扎实的基础。记得几年前在外开会时，和彭利元首次见面。当时，利元和蒋老师一起出来，送他写的论文给我看。我被他的聪明好学所吸引，他的不拘不束和不凡谈吐也给我留下印象。此后多有电话交谈。利元于 2005 年年底博士论文答辩完成后，便于次年 5 月进入南开大学博士后流动站，继续深造。这件事对于南开外院和利元本人，应当说都是一个极好的机会。

利元的博士论文是关于翻译的语境化研究的，而他的硕士论文的选题，也在这个领域。如今《翻译语境化论稿》作为一部专著，几经修改，已经完成，即将由湖南人民出版社出版，我当然很高兴，也乐意为之作序。可是因为太忙，加之对语境问题缺乏研究，一直不敢提笔。今年夏天，眼看书稿已经送到出版社，即将加工排印，再不写几句话，恐怕就来不及了。只好放下自己手头的书稿，仓促上阵，写几句话，聊以为序的言说吧。

语境是一个新的研究课题，这几年方兴未艾，颇成为热门话题。利元在这个领域，摸爬滚打有数年时间，积累了大量的资料，发表过不少的论文，并有了系统的研究，出书的条件已经成熟。据我看来，本书有下列几点贡献：

1. 语境的选题不错。如今博士论文选题五花八门，重复的不少，争抢资料的不少，大而无当的有一些，力不从心的也不是没有，所以真正好的选题，而且完成得好的，可以说是凤毛麟角。语境问题本不在翻译领域，但是一个广阔的领域，源远流长，理论观点颇多，如今引入翻译领域，正可以有所发现，有所建树，所以作为选题是不错的，可以肯定。

2. 本论文对于国外的研究资料和问题，有比较全面的收录和整理，包括西方语境理论的沿革和国内外翻译语境的研究，都有比较清晰的交代。虽然深入的研究，尤其是哲学层面的批判和原理性的反思，需要一定的时间和功力，但作为一般的发展线索的归纳，和理论内容的叙述和评论，还是可以的。在这个领域的研究，尚处于开始阶段的时候，这样的文献考察无疑是必要的，不可替代的。

3．难能可贵的是，利元结合国内外有关成果的研究，加上自己的独立思考，提出了一个理论模型，建构了一个"翻译语境球体论"。这个理论，综合了文化学、语言学、翻译学、语境论等学科的理论，以多个理论模型为表达手段，兼用图示和文字，说明了自己的理论体系，具有一定的独创性。此外，作者还结合一些具体例证，例如通过一些诗歌翻译上的一作多译，试图把自己的理论付诸实践，经受检验，甚至给出自己的译文。虽然这一部分是否需要，以及如何写法，也可另作考虑，但这种尝试，仍然值得关注。

关于语境和翻译语境，我素无研究，并没有现成的评论意见，只是有一些问题，提出来供学界参考和批评，也和利元一起讨论，而其中有些问题，也曾一起讨论过：

1．在研究语境的时候，首先要设置的一对问题是：什么是语境？什么不是语境？不能把语境说成是一个无所不包无所不能的庞然大物（这样它就无所决定了），或者虚化为什么也不是的乌有之乡（这样它就无从决定了）。只要我们不能逃脱语境决定意义（或文本）的假设（而这正是语境研究的意义所在），这两个问题就是无法回避的。但要解决得好，并不容易。

2．语境是确定的还是不确定的？在语境的不确定性和文本的不确定性之间，需要有某种确定性因素，或确定性基点，或者确定性的关系或条件。要是一切都不确定，就不好研究了。因此，关于不确定性问题，在非实体哲学大行其道的时候，在不确定性弥漫世界的时候，在理论上要有一个深入的思考和反思。同样，在构成语境的若干要素和层次之间，也有这样类似的关系和问题需要考虑，并要求合情合理的解决。

3．语境如何重建？能否重建？在翻译问题上，原文语境的丧失和译文语境的重建，并不是一个完全超乎文本的外在的任务。恰恰相反，在很大程度上，甚至主要是通过文本翻译来完成的，一如戏剧中的移步换景，剧情和环境都是通过演员的舞台表演本身来完成的。换言之，语境是在文本语义的显示过程中带出来的，暗示出来的，也是在唤起读者想象和理解的过程中几乎是同步实现的。随着文本创作、翻译和阅读过程的完成和消失，语境也随之消失，所以，并不能有一个作为实体的语境空等在那里而自身存在或决定别的什么，也不存在根本没有人的活动及其作品的产生与接受的语境。所谓的语境化，归根结底，也就是这个意思。

关于语境，说真话，在国内诸多研究领域，已经是一个十分迫切的研究题目了。因为围绕着语境问题的实质性的解决，我们希望能够为其他问题带来关键性的突破和进展。虽然我们并不希望一部有创建的学术著作，因为某种原因仓促问世，或者由于考虑过多而拖延过久，但我们也不应该要求一部学术专著在一开始就十分完善，以至于无懈可击。一种理论，即便在总体上还有某些可以修改和完善的地方，但其中的某些部分，却因为其独特性与创造性给人以振奋和启发，为新的更加严密的科学研究提供思路和借鉴，就是难能可贵了。实际上，一个理论体系的完善，往往比它的提出要花费更多的时间，甚至耗费一生。这不是危言耸听，而是任何一部真正意义上的学术著作都要面临的命运。我们常说在通往真理的道路上甘为铺路石子，可是当真正意义上的伟大创造需要从一时一事做起，甚至必然要经历一些失败和挫折的时候，在感情和理智上就不一定能经受得了。这是我们的学术研究在心态上还不能完全平静而归于成熟的一种表现。在这个意义上，我赞成利元的著作先发表出来，再经受研究、考验和批评，谋求改进和完善。因为这部书，作为一项研究，已经显示出相当的创新精神，值得学界关注和讨论了。

最后，关于博士后培养的问题，我也有几点意见，借此机会发表一下：

1. 我以为，博士后不是一个在博士学位获得后再拿一个更高的学位，但可以视为在博士学业完成后更高一层次的学业经历和经验。在原则上，博士后不宜再继续博士求学期间所从事的研究题目或领域，假若认为博士论文已经完成了这一项目，哪怕只是部分完成（像博士论文扉页上所写明的那样），也不是要转移到另外一个领域，和博士论文做平行的相应水平的研究，而是要进入一个更高的层次，从事或完成一个真正意义上更加高深的学问或课题。这种理解，在笔者看来，作为博士后或"后博士"，实乃出于亚里士多德"后物理学"（形而上学）的启示（即学问上的形上形下之分），而不仅仅是"后现代"的意思。

2. 根据这个思路和基本要求，我认为，博士后研究虽然在不同的学科领域会有不同的要求，但在原则上，应当进入一个领域的尖端的研究（不是一般所谓前沿的研究），或几个领域的综合性的研究（即跨学科的研究，但不是现有的或现成的领域的研究），或者从事一个领域的理论反思和方法论考察性质的研究，或者纯理论的创新性质的研究。例如，在比较文学领域，可以从事比较文学方法局限的研究，以至于论证该学科何以成立的理性根据的研究，或者在翻译学研究领域，考察翻译上的可译性或不可译性一类问题的研究，或者在人文社科的总领域，从事覆盖面广阔而能统领全局的共同的根本问题的研究，而不是再一般地做实证的或综述性的研究。

3. 由于这个最终的学术宗旨，我认为以下几条是不言而喻的：A）作为博士后指导教师，应当是在几个领域有高深造诣且对学问有想法的导师，而不是只懂一个专业领域或习惯于做常规性研究指导的导师；B）在资历上，原则上应当鼓励招收过博士生并指导完成至少一届毕业生的博士生导师，开展博士后的指导，这样有利于保证和提高博士后培养的水平和层次；C）应当允许或鼓励导师将自己认为在博士层面上难以解决的学术问题作为博士后研究课题，至少在招生过程中，要就研究的题目和候选人做反复的协商，以便真正能按照课题选人，而不是因为不经过入学考试反而降低要求和条件；D）在理论上，而且也是在实践的目的上，博士后研究不应当只是为了本单位录用人才而设置，而应当面向社会、面向学术界和教育界，甚至面向海外国外，优先考虑有海外合作经历和项目的研究人员从事博士后研究。这样，在一个学术研究的较高层次上，应能够尽量与国际接轨和对话。舍此而奢谈创造或创新，或者干脆不敢谈创造和创新，那就只能丧失创造的机会，甚至丧失创新的话语了。

以上的认识和言论，并不是要解决博士后培养的问题，不过意在通过一个个案的说明，提出一系列尚未解决的问题，并借以引起讨论和思考，以便和学界译界同仁、先辈和后生共同努力，形成一种学术的良性语境，为繁荣我们的学术研究尽一份绵薄之力而已。以如上的寥寥数语，企图讨论学术语境的创建与学术创新的大问题，实乃不自量力，或言大题而小作，不足为训。何可言序，不过是聊发议论，或感慨，以纪念这一段师生之缘分耳。

祝彭利元和博士后族群有更好的学业成绩！

王宏印

南开大学外国语学院

英语语言文学博士后流动站

2008 年 7 月 26 日夜

一语天然，常译常新

——序蔡华《巴赫金诗学视野中的陶渊明诗歌英译》

苏州大学蔡华博士几次打来电话，后来终于联系上了，才知道是约我给她即将出版的博士论文写一篇序言。我对陶诗虽素无研究，但有一些兴趣，加之这篇论文原来看过，和导师汪榕培老师也很熟悉，于是就答应下来了。

据我所知，蔡华是汪榕培老师的第一个博士生，也是苏州大学外国语学院典籍翻译专业的第一个毕业的博士生。现在，这篇研究陶渊明诗歌翻译的论文能以专著的形式出版，而且就在苏州大学出版社出版，这本身就是一件值得庆贺的事情。在这篇论文即将行世之际，能写一些话表示祝贺，也是一件很快慰的事。何况还可以借此机会表达一下我对于汪榕培先生一直怀有的敬意呢。

今年在广州举行的中国典籍翻译第三届会议上，我见了汪老师和蔡华，关于论文的选题和写作情况有过一次交谈，后来，在答辩以前送审的论文我也读了一遍。这里先把当时的审读意见概述一下，再加上原来的和新近的一些思考和观点，一起写出来，权做陶诗英译的一个基本的认识和一些相关问题的讨论吧。

一、从一篇博士论文的选题和写作谈起

首先，我认为蔡华的这个选题是很好的。她力图运用巴赫金的复调理论作为理论基础，来全面关照陶渊明诗歌的英译特别是复译情况，其理论切入和实际分析的设计不错，体现了理论与实践结合的研究思路。这对于中国文化典籍的评论性研究在理论认识上有借鉴意义，对于认识和提高典籍翻译的质量和评价水平也有可借鉴之处。从选题本身的品质和设计与完成的情况来看，也体现出导师的学术眼光和宽阔的研究胸襟，小而言之，可以说解决了一个具体的研究项目以至于影响一个博士生的学术生涯，大而言之，则可以说影响着我国目前的典籍翻译乃至一般文学翻译批评的理论导向。我是完全赞成的。

关于这一研究的初衷，蔡华在博士论文的第一章综述中有这样的论述：

> 本文拟用巴赫金诗学理论，适当辅助以筛选积淀重译论与翻译适应选择论，从拟订层面上对陶诗七种英译本展开比读，从而论证陶诗英译复译是多员互补、"和谐"创新的翻译现实。（蔡华：《巴赫金诗学视野中的陶渊明诗歌英译》，苏州大学出版社，2008年，第11页）

文章以较大篇幅梳理和评述了巴赫金复调理论的基本原理，尤其是力图以其复调理论和对话理论作为理论框架和分析概念，对照分析不同的陶诗英译本的时候，显示出扎实的文论功底和宏阔的学术视野。这一点从作者对于古今中外的文学理论、诗学理论和翻译理论的评述中就可以看得出来。论文的主体部分，对照分析了几个英译本，分别以时间空间为分界讨论了中国译者和外国译者的翻译特点，并在情、志、思三个方面考察了陶诗的复译情况。文章还从修辞和文化（文学、语境）误读等方面做了深入而细致的比读和分析，其中有的地方论述十分精彩，显示了一定的实证研究倾向所能取得的研究发现，给人较为明晰的印象。从文章参考的中外文文献的分量和汉语写作的分量上，不难看出作者研究的工作量和写作的学术分量。最后，从文章的理论观点与实证资料的吻合、各章内容和整个布局的平衡，以及准确的学术概念和清晰的逻辑推论等方面，都可以说，这是一篇值得一读的博士论文。特别值得一提的是，作者在运用自己导师汪榕培教授的译文进行分析和评论的时候，也能平等而公正地做出理性的评判。当然，一篇博士论文在短期内整理出版为学术专著，仍然有较大的修改和改进的余地，例如，在结论部分，如果能够就陶诗对比分析的具体研究结果做一整体的叙述，甚至结合最初的理论设计与最终完成的差距做一定的考察，或者在实际研究的基础上进一步考虑理论升华、超越与总结的可能性，那将会明显提高这篇论文的说服力，或者会增加这项研究和发现的分量。

这使我想到与当前的翻译研究有关的一些理论问题，以及和博士阶段研究的相关性问题，就从这些问题的讨论生发开去，扼要表达一下自己的观点吧：

1. 首先，蔡华博士的论文和写作方式，体现了一种很强的理论研究意识和理论研究倾向，这使我想到一个问题：作为高深学问的研究和人才培养途径，在博士阶段的学术研究和博士论文的写作上，理论和理论研究居于何等重要的地位？应当说，除了极个别轻视理论甚至主张取消理论的倾向以外，大多数人都赞同博士阶段的研究应当具有一定的理论意识和较强的理论研究能力，可是问题在于，理论在不同的研究类型中处于不同的地位，不同的理论与不同的研究类型的关系是复杂的，需要一定程度的认识才可以分辨清楚。例如，在纯理论的研究中，或者说在一些旨在建立理论体系的研究中，或者以理论发现为主要目标的研究中，这种作为目标的理论自然处于核心的和关键的地位。在对以往的理论进行评析和批判的研究类型中，该理论则处于对象化的地位，而批评和分析一般需要另外一种理论作为分析概念或批评参照，即元理论（相对于作为对象的目标理论而言）。应当说，没有后一种理论至少是潜在地存在于研究者的头脑中，甚至对于何谓理论这样一个形而上学的问题没有一种抽象的纯然的概念性的掌握，此类所谓的"理论研究"就谈不上会有什么结果或品位。

　　2. 其次，在评论性研究中和以文学翻译批评为主的博士论文选题中，是否需要理论和理论居于何等重要的位置的问题，也是蔡华的选题所提出来的问题。一个基本的认识是：理论当然是需要的，而且是重要的，但所处的位置不同于上述的"纯"理论研究和理论批评型研究类型。在以文本为主要研究对象的文学翻译批评中，在面对一个文本或个案的时候，一种选择是可以寻找一种相关的理论，作为批评的概念和分析的工具；如果没有一种现成的理论直接可以运用，就要对已有的某种理论加以改造，让它适合具体的研究对象和批评的任务。有的时候，也可以把几种不同的理论结合起来，形成一个有机的整体，作为分析或批评的概念、单位或工具，也就是说，制订出一个工作方案或操作程序。应当说，对于此类研究而言，在一开头课题设计的关键就是是否或能否设计出与特定任务要求相适宜的理论工具或概念来，或者制订出一套工作方案或计划来。有的人不懂得这个道理，以为文学翻译批评不需要任何理论概念就可以"直接"进行，这是不对的，最终会招致研究的肤泛或失败。还有的人认为文学批评和文学翻译批评与鉴赏中的直觉思维和语感等现象不是理性或理论因而加以贬低，这同样也是不对的。因为缺乏独特见解和艺术感觉的文学和艺术批评，是不可能的，甚至是外行的和不着边际的，翻译批评亦然，

3．再次，关于一项研究的结论和结果，究竟应当是理论的还是实践的，或者说是理论性的、普遍性的，还是实证性的或个案性的、个别性的，也是一个异常复杂的问题。一个基本的思考是事实层面，也就是说，在一般个案的、资料性的或实证性的研究里，有一个基本的问题要搞清楚，那就是你的发现是什么？面对一大堆资料或一组研究对象，如果没有任何的发现（实体的或关系的发现），就等于没有研究的结果或结论（当然，在严格的科学研究的意义上，一无所获也是一种研究的结果，但必须是严格的科学研究程序或操作下的无所发现）。第二个层面，就是理论的发现，也就是说，你的研究在理论上有无要说的话。一个常见的问题是对相关的理论做出评价和调整性的意见，或者指出它的应用范围和局限。与之相关的问题是，经过一定的研究，对有关理论的应用范围有所拓宽或加深，那也算是一种理论的发现。还有就是第三个层面，那就是理论的深化或升华，也就是说，从理论的角度来看，一个批评性研究或鉴赏性研究在理论上意味着什么，或有什么样的理论意义，如果这个研究结果和预先设计或设想的一样，即只是证明了原来的理论或理论假设，那最多只是完成了预定的任务，而谈不上有什么理论性发现。相反，如果研究的结果意味着对原有的理论有修正和改进的可能，而且实际上也做出了改进和修正，甚至能够从一项具体研究中发现或总结出新的理论来，或者说通过说明更多的事物或现象而发现了规律性的普遍性的东西，那就是理论的升华了。迄今为止，在具有实证研究基础的翻译批评

型研究中究竟应当如何进行理论的升华，我们正在探索，希望能走出一条路来。

4．此外，还有一个问题也需要提一下，因为它和目前正在发生的事情及其认识密切相关。那就是关于描述性研究和规定性研究的问题，其中涉及的一个核心问题是是否需要判断的问题。一种常见的说法是，我这里做的是描述性研究，不做任何价值判断，只是纯客观的描述。事实上，这里存在着某种误解，甚至是双重的误解。一重是误解了描述性与规定性研究的关系，似乎描述可以不以规定性为前提。直言之，从概念和认识的起点来说，没有规定性就不可能有任何质的分界和概念型认识，因此也不可能有科学的描述（须知科学思维是以清晰的划分边界为界定和认识基础的）。一重误解是对于判断的误解，以为"纯客观"的描述不需要价值判断，甚至一般思维中的判断也可以不要。其实，即便是科学的研究也需要人文的价值的前提和基础，而没有判断即质的规定性、量的相关性以及度的确定性的认识，就连描述也不可能。且不论"纯客观"的研究是否可能，以及文学翻译批评一类研究是否可以做到"纯客观"，甚至它在以鉴赏性文本分析为基础进行研究的时候，是否人文的研究（解释）会多于科学的研究（探究）呢？

5．最后，还有一个问题，虽然对于所有研究类型不一定具有普遍性，但对于文学翻译批评性研究，特别是一作多译的研究则会有相当的普遍意义，那就是，在面对一个或多个译本的时候，其研究的结论究竟是不是包含对于各个译本质量的估计和评价，抑或只是说明这些现有的译本的总体图景和总状态就是互补与多元的关系。在理论上，似乎后一种结论更加具有学术性和思想性（但需要做进一步的推导和论证而不是靠引证现成的理论观点)，而实际上，任何面对多个译本的文本对比研究，无论是旨在寻找差异或共同点，解释误读或误译，还是旨在验证某种理论，对于这些译本本身质量的评估和感受，都是不可避免的。虽然这两种倾向或做法可以处于不同的层次而和谐共处于一个统一的研究之中，但也可以有不同的倾向或侧重，以便显示出不同的研究结论，或偏于实证的，或偏于理论的。二者的结合，则可能导致更加深刻的理论认识，或更加有洞见的实证性结论。例如，在对不同时期或国度的译本做个别研究的基础上，在进行比较研究的时候，可以按照一定的主题或问题进行分类，或分级评价，这样的研究，就有可能导致比较复杂的研究途径或图景的描述，或深化复译或重译的概念，也可能会导致进一步的理论升华或理论发现。在目前的文学翻译批评类研究中，能做到如此精密的似乎还没有发现，也许可以作为一种新的研究状态而期待于来者了。

　　总之，希望以上的认识和简要陈述有助于对于蔡华这项研究的深入认识和这本专著的阅读推介，同时对一般博士阶段的研究定位和博士论文的写作思路也能有一点点儿抛砖引玉的作用。相信这本专著将会对我国的典范英译研究，特别是陶渊明诗歌的翻译与评论起到很好的推动作用。

二、关于陶渊明的诗文和思想

　　下面谈一下我本人对于陶渊明诗歌及其思想的一些认识，最后再转回到对于陶诗的翻译和批评研究上来。

　　事实上，我对陶渊明诗歌的热爱，缘起于对中国思想的研究。作为乌托邦思想的一个典型，首先引起我关注的是陶渊明的《桃花源诗并记》，其中思想的考证和阐发，成为我步入陶渊明的第一步。

那是 1996 年 3 月，当时我正在陕西师范大学中国思想文化研究所兼职研究，而人文研究所刚刚成立（我也是发起人之一）。在改革开放与文化反思的热潮中，血气方刚的我拟了一本《中国诗歌经典研究》专著，由于受到海德格尔的影响，题目就叫《诗国神游：思与诗的对话》。如今找到的这个提纲的目录，已经不全，但包括的前三章内容，初稿已经完成：

1. 奇迹隐五百，一朝敞神界

   [晋]陶渊明《桃花源诗并记》中的乌托邦思想

2. 无人信高洁，谁与表余心？

   [唐]骆宾王《在狱咏蝉》中的孤高心态

3. 举杯邀明月，对影成三人

   [唐]李白《月下独酌》中的三重人格结构

中间的内容，大概已经丢失，甚或当时就没有细拟出来，而最后的两章内容，涉及现代的，则很是明白，但只是题目，内容尚未写出来。

1. 破帽遮颜过闹市，漏船载酒泛中流

   [现代]鲁迅《自嘲》中的文人自画像

2. 五帝三皇圣事，骗了无涯过客

   [当代]毛泽东《咏史》中的中国历史哲学

这个出书计划，事过境迁，虽告流产，但当时的想法却很清晰，而且主张也很明确：

中国是诗的国度，古往今来诗人诗作不计其数，诗词的注本选本如汗牛充栋，但多数囿于字词典故注释，意境欣赏评析和做诗法的介绍，缺乏新的研究角度和思想的挖掘深度。笔者注重思想和文化的比较研究，拟选历代典范诗作数十篇，运用新的交叉学科的方法挖掘其中思想性，或曰以诗为本，诗思对话，参照东西，贯通古今，为中国诗歌研究纳入文化史的研究开一新路，为中国诗歌走向世界开一窗口。（王宏印，1996 年未发稿）

当时编书的体例要点也写出来了。一是题旨要义，旨在点明思想要点，所谓发前人所未发。一是文本注释，包括校勘古注与今译英译，以扩充文本的流传与广播。一是内容分析，要在考察思想发挥观点，力求理出系统说出缘由来。最后是思想评述，大概是要结合中西思想的比较研究，做一番人类文化史的评论了。另外，还有图示，就是把思想形象地表现为图形的努力，多数是逻辑图形，为了表达得新颖而系统，这也是当时的一种做法。

想得倒好。除了李白的人格三分结构部分地写进了《跨文化心理学导论》里，其余写在格子稿纸上的想法，还是归于乌有之邦了。

该回到陶渊明和他的《桃花源诗并记》了。

伟大的诗人必须首先是伟大的思想家，这是从思想价值角度考察诗人和诗歌的一个角度。历来对于陶诗，文人多所推重，但原因不一。喜欢其平淡冲和的诗风者有之，推崇其超然物外事外世外的人品者有之，向往其怡然自得的隐士生活者更有之。但思想性的忽视，构成传统陶诗鉴赏和分析的缺陷，尤其是其中乌托邦思想的挖掘不够，或虽然笼统地指出了但缺乏深刻的认识，因而影响了陶诗的深入研究，或者停留在崇拜与推崇的常规心理上而难以进展。

大体言之，陶渊明的《桃花源诗并记》，是由"诗"和"记"一同构成的一个思想系统，"记"略述桃花源为渔人所发现并为渔人和他人所不可复得，其中的景致只是略记，而"诗"则详述了这一乌托邦的来历、世外桃源人的生活以及诗人的深切向往之情。因限于篇幅，不录原文，只概述其大要如下：

1. 以记文开始的情形观之，则桃花源依山傍水，穿洞可得见，诗人与渔人为主线，使其舍舟而入，而内部的景观与人情乃农业文明之气象。虽以洞为幽，以川为明，阴阳相对有神秘感，但实为人间之境而非纯粹虚构所致。况且此中人"往来种作，男女衣着，悉如外人"，实在与世人无异，而非天外来客或神怪仙灵之类。但以渔人步入良田的细节可知，其中象征的由渔业文明向农业文明的进化历程，依稀可见，或可解释为是作者由农业文明向渔业文明的倒推逻辑所使然，这也是一般构思理想社会追根溯源式思维的常态。例如，老子的理想国上推到小国寡民，而陶渊明实际上推得更远，曰："无怀氏之民欤？葛天氏之民欤？"（见《五柳先生传》）。

2. 从记末所记观之，则桃花源中人语云："不足为外人道也。"似有保守内部秘密之企图，以免外人侵扰其安闲生活。而渔人出，告于官府，差人来寻，虽有渔人记号，终不可得，而有高尚之士闻之，欣然前往，反抱病而终，煞有介事一般。其实前者似乎暗示了先民逃离秦乱之因，即便是官府之力当无可以查获，而后者的高尚之士也难以追寻，似乎只有陶渊明一类隐士，既能游于世外，又能以悟契为目标，方能得之。这里的必要条件，其实是很实在的，没有反观时世的高度和超然世外的旷达，是不足以感悟或思考乌有之邦的，也是理想缺乏的本义或根本原因。

3．理想自有其历史的现实的根源和原型，也有政治的社会的原因和因素。将理想境地的出现归因于秦代的暴政，虽有写作上的假托之嫌，但也可理解为是暗示了社会的非理想景况和历史原因的理性探索。"不知有汉，无论魏晋"又强调了历史与现实之间的事实的隔绝，突出了庶民与贤达之间的可能的契合。显然，经由历史原因之考察达到对社会现实的否定，而其超越尘世历史的论述，反映了理想社会的构想既反映文明类型或高低程度之差距，又有其与外界隔绝与历史隔断的独立性。二者之截取，乃贤达与庶民共同之理想状态之谓也。

4．理想社会的隐现是一对深刻的矛盾，复统于诗人内心浮现的历史循环规律。诗曰："奇踪隐五百，一朝敞神界。淳薄既异源，旋复还幽蔽。借问游方士，焉测尘嚣外。"自秦止汉，约六百年也。而陶氏以五百年记之，大概是要应和孟子的"五百年必有王者兴"的预言吧。所以，中国的历史循环论实际上隐含了理想的仁君统治模式的深层理念。就这一思想而言，中国文化历史的特有内涵，以及中国传统文人（陶渊明也未能逃其思想局限）的追求方式和思想根源，与西方的乌托邦理想国的来源与表达显然是不同的。

那么，陶渊明的理想国是什么样的呢？简而言之，可归结为以下几点：

1．礼仪之邦，原始情态。在陶渊明的笔下，隐藏于良田美池、桑竹菽稷之间的礼仪之邦，首先表现为对外人的热情。但虽然有渴望了解外面世界的热情，但不愿放弃充满稚气的农家的散漫与闲适，对内则"鸡犬互鸣吠""荒路暖交通"，人与自然的接近胜于人类自身的亲近。老子的影响显然可见。而重视先辈与神明的祭祀功用，又有更多的儒家思想和周人尚礼的遗韵，加之酒食相待，好言相邀，使得中国传统饮食文化和礼俗化倾向昭然在目。崇尚古法而无国家，人禽相近而非社会，酒食为足而轻精神，此乃原始先民遗风与儒道思想的混合状态是也。这种原始状态的无分别和无分化状态，实际上是前历史的和非历史的生存状态，与成长和成熟无缘，与进步和思想无缘。

2. 自然经济，农业文明。往来种作，始于日出，歇于日落，男耕女织，老少乐处，一种自然环境下的自然经济，维系着传统的自给自足的生产和生活方式。有蚕桑秋收而无须向官府交纳税收，正是追求《诗经》中的近乎原始的生活状态，又以无政府、无义务的自然人的自然生存、自然消亡和无发展、无进步的社会观为其理论前提的。"怡然有余乐，于何劳智慧。"既无斤斤于市场之利害，也无戚戚于官场之权谋，到了老庄绝圣弃智的地步。可见，陶氏的社会理想既是对当时社会现实的否定，也是对一切社会实现的否定，乃至人类文明的否定。形上而言，这是一种具有宗教情怀的超脱与反叛，形下而言，这是一种非适应现世的生存方式和人生态度。但作为适应方式它仍然是自然的、非人为的，甚至是没有问题和问题意识的。

3. 生命感悟，天人合一。桃花源中人生产生活并无严格分别，充满童趣与直率。"童孺纵行歌，斑白欢游诣。"其老少皆宜的快乐生活，充满了对于生命的本真状态的体验，而这种体验是属于纯粹感知或感知运动阶段的，自然无为的、无畏和无所谓的，因而也是天人合一的。那种人与动植物一起感受和享受自然生活的方式，是清净状态的，纯然的非人文的环境主义的，非技术的和非人类中心的。"草木识时节，……四时自成岁。"连人为的时间标志和历法也没有，只是随着一年四季的寒热变化体验自然对人类的恩赐，随着生命节奏中生老病死的内在节律领悟生命本身的冲动和流逝。可见，陶渊明在赋予这种理想生活以诗意的栖居的同时，不知不觉间摘去了或卸下了人类文明的一切花果，徒留下无以更新其款式的衣裳于赤裸裸的欢乐的躯体，或本体的享乐主义。

在西方文明史上，摩尔曾写过《乌托邦》（1516）。而拉丁文的 Utopia 原义为"乌有之乡"。唯其乌有，才能成为追求的理想。欧文曾于 1825 年创立"新和谐"公社，而受傅立叶的影响，美国至今还有数十个公社移民区，作为社会理想的实验基地和理想社会的改良范本。20 世纪和 21 世纪，由于后现代主义的影响，在西方出现了非乌托邦和反乌托邦思潮，然而人类需要理想，不仅出于对未来的憧憬和自身的设计，而且需要一种更加美好而合理的社会来唤醒人类的创造力和天性中的善缘，为自己也为自然寻求新的生机和模型，激发新的动力和路径。这是一个至高无上的价值趋向和永远不可能完全实现的终极关怀，是超现实的和朝向自然论的和目的论人文价值的实现的努力。

西方的乌托邦理想，除了经常向往在一个海上美丽的迷人的孤岛上以外，就思想的来源而言，应当说与亚里士多德的"和谐"社会和柏拉图的"哲学王"的统治主张都无多大区别。社会分工和天性有别，个人发展和社会进步，是两个不可分割的方面，它反映了资产阶级和人的意识的觉醒状。而在陶氏的小国寡民型的原始社会中，在反对封建专制的思想倾向中，自然人成为完全自然化了的人，而不是以人的天赋权利为理论基础去争取社会平等机会或权利的改进，更不用说以人的先天平等和意志自由为武器去争取一个自由、平等、进步的理想社会了。

诚然，由于中西哲学思想与社会状况的不同，甚至由于中西文明处于不同的历史时期，以及诗人和思想家本人处于不同的个人境域中，他们的乌托邦思想是不可能完全一样的，甚至其阶级的阶段的内涵完全不一样。主要作为诗人而不是思想家的陶渊明，处于魏晋时期动荡、黑暗、落后、封闭与不安全的中国封建社会之中，又不愿意为五斗米折腰，又不可能完全沦落为普通人的生活和思想，但作为一个中国的士大夫式的思想家，也不可能要求他有希腊哲人的理性、罗马法典的精神，和文艺复兴或启蒙运动中的西方哲人的思想和理想。他只是为了逃避现实而给自己设想了一个理想的世外桃源，并不一定要求人类都进入这样一个理想的境地，他甚至没有考察过这种思想的社会的合理性，充其量只是合乎人性和人伦，毋宁说，他进入了一个与古人思想完全相契合的自然人生之境。沿着这同一个逻辑，后人对陶渊明的超越也是异常的艰难。

在这一方面，陶渊明与英国"湖畔派"诗人对田园风光的赞赏和向往有异曲同工之妙。其不同处在于，陶潜是归农后一面从事耕作一面体验生活的知识分子，而不像英国"湖畔派"诗人那样是在游历中面对乡村风光而沉思或感伤。陶潜兼有士大夫的思想与倾向于劳动者的双重品格，这是他成为后人仿效和推崇的主要原因，也是历代文人"拟陶""和陶"但又难以超越陶氏思想的文学史传统的要点所在。例如，唐代诗人王维的《桃源行》，其后有康与之的《昨梦录》，其立意和境界皆不能逾越陶氏之意，甚至字句都有些雷同。这不仅反映了中国式乌托邦缺乏新思想的持续激发的来源，而且说明中国古典诗歌创作智源的日渐匮乏和枯竭。历史自晋至隋唐元明而抵清，期间陶渊明的诗文虽然发生着越来越大的影响，而桃花源的社会理想却几乎凝固在一片风景上。只有到了康有为和他的《大同书》，由于西方思想的激发和社会改革的强大动力，才摆脱了乱世避祸全身、治世歌舞升平的循环逻辑，找到一种新的社会理想的原型。

近世以来，社会变迁，西学东渐，至清末民初，托古改制，鼓吹变法，追求进步。在这种时候，启蒙和改良思想家康有为，"维新百日，出亡十六年，三周大地，游遍四洲，经三十一国，行六十万里"（《康有为文选》注释本，百花文艺出版社 2006 年版，前言第 4 页）其游历之广，考察之细，远非居于乡村一隅以诗酒自娱的陶渊明可比。在思想上，康有为将今文经学中的"公羊三世"说和《礼记·礼运》中的"大同"与"小康"相联系，构思了人类历史由"据乱世"进化为"升平世"和"太平世"的三阶段演进过程，也就是由"小康"到"大同"的实现过程。这种以西方进化论为基础的历史观，直接批判封建专制解脱社会疾苦的革新精神，参照人权思想主张社会平等自由的理想社会模式，已大大超越了陶渊明式的小国寡民的原始模式。当然，康有为的"大同"世界也不是没有不合理的因素。在本质上，康有为的思想杂以儒家心性说、今文经学和佛家思想，其朴素的变易观则与西方进化论相契合，形成了本于孔子思想的托古改制而又与西方社会政治理想相混杂的思想体系，构成了近世以来一系列新的中国社会改造理想蓝图的基础——从孙中山一直到毛泽东。

要而言之，一个开放的社会，个人健全的心胸和追求真理的精神，适当的外部压力和可以自由选取的广泛的文化资源的利用，以及勤奋的思考和周密的写作过程，是产生学术和思想的必要条件，也是考察人类以往的思想传统、设计理想的社会改革蓝图的必要条件。明乎此，则一个思想的创新与保守的倾向，立马可洞见也。

下来，该谈论陶渊明的诗还有文了。

众所周知，陶渊明以田园诗名世，但其诗文今存仅一百三十余首（篇），其中诗一百二十余首，文十三篇。他一生的创作大约可以分为前后两个时期，其分界线大概是《归去来兮辞并序》，标志着他的出仕和归隐。"悟已往之不谏，知来者之可追。实迷途其未远，觉今是而昨非。"这些朴实而美妙的诗句描写了诗人这一转折和悔悟的心情。至于这一转折的思想基础，除了魏晋时期的社会动乱、人心觉醒、崇尚玄学、主张自然的时代精神之外，也有陶渊明自身的原因。他出身没落仕宦家庭，少年家贫苦读立志报国，中年出仕但十年左右即告归隐的人生转折，其后从三十八岁就躬耕田垄二十余年直到终老。就陶渊明的思想内涵而言，他显然受到嵇康"越名教而任自然"的思想影响，再追述向前，则可以探到老子自然主义哲学之宗的本原。当时的自然，一指自然界的自然，一指自然而然的自然，总之是主张一种合理而闲适的生活，借以反对和冲决名教礼法的束缚，追求个性解放和人格自由。陈寅恪先生曾总结陶渊明的思想如下：

　　渊明之思想为承袭魏晋清谈演变之结果及依据其家世信仰道教之自然说而创改之新自然说。惟其为主自然说者，故非名教说，并以自然与名教不相同。但其非名教之意仅限于不与当时政治势力合作，而不似阮籍、刘伶辈之佯狂任诞。盖主新自然说者不须如主旧自然说之积极抵触名教也。又新自然说不似旧自然说之养此有形之生命，或别学神仙，惟求融合精神于运化之中，即与大自然为一体。因其如此，既无旧自然说形骸物质之滞累，自不致与周孔入世之名教说有所触碍。故渊明之为人实外儒而内道，舍释迦而宗天师者也。惟其造诣所极，殆与千年后之道教采取禅宗学说以改进其教义者，颇有近似之处。然则就其旧义革新，"孤明先发"而论，实为吾国中古时代之大思想家，岂仅文学品节居古今之第一流，为世所共知而已哉！(《陈

寅恪学术文化随笔》，中国青年出版社，1996 年，第 111～
112 页）

陈寅恪先生对陶渊明思想的分析，实际上集中在生死观的
不同上，可进一步细化到陶氏那首著名的玄学诗《形影神赠答
释》，或名《形影神并序》的分析上。其序甚短，曰：

> 贵贱贤愚，莫不营营以惜生，斯甚惑焉。故极陈形影
> 之苦，言神辩自然以释之。好事君子，共取其心焉。(《陶
> 渊明全集》，上海古籍出版社，1998 年，第 6 页）

陈先生分析要点如下：

> 《形赠影》，寅恪案，此首渊明非旧自然说之言也。……
> 《影答形》，寅恪案，托为是名教者非旧自然说之言
> 也。……
> 《神释》，寅恪案，此首之意谓形所代表之旧自然说与
> 影所代表之名教说之两非，且互相冲突，不能合一，但己
> 身别有发明之新自然说，实可以皈依，遂托于神之言，两
> 破旧义，独申创新，所以结束二百年学术思想之主流，政
> 治社会之变局，岂仅渊明一人安身立命之所在而已哉!(《陈
> 寅恪学术文化随笔》，中国青年出版社，1996 年，第 106～
> 107 页）

这一考证，自然缜密无间，但若依陈寅恪先生之见解，似
乎陶渊明继承的是祖先信奉的道教，而且融合了儒家思想，只
是排除了佛家思想的影响。显然，这种自然主义被冠以"新自

然主义"的美名而生活化和世俗化了。但根据陶渊明的生平和交往来看，他在归田后，与佛教徒周续之和刘遗民往还频频，一同被称为"浔阳三隐"。另外，他与庐山东林寺名僧惠远也有非常的交往。所以，说陶渊明的思想表现出佛家的空无思想和人生虚幻的意识，也不是没有原因的。他的诗作中就有明显的线索，例如"吾生梦幻间，何事绁尘羁"（《饮酒二十首》之八）"人生似幻化，终当归空无"（《归园田居五首》之四），以及"此中有真意，欲辩已忘言"（《饮酒二十首》之五）。或许可以说，陶渊明的思想体现了一个以儒入仕、以道避世、以佛出世的思想过程或思想系统。其中对道家自然观的继承和革新，对儒家大同世界的超越和否定，以及对佛家涅槃世界的向往，构成了一个包括无君、弃智、返古、免税为核心的理想的生活方式和理想社会。

这一十分复杂的思想，反映在他的诗歌和文章中，就可以按照主题划分和分析了。为了接近陶渊明的思想，也为了更加靠近他的诗作，以下按主题分为十大类，对其诗文做一简要的说明。

1. 归隐

归隐是陶渊明诗歌的主调和主旋律，但并不意味着他要不停重复这一主题甚至相同的词句。除了一些以归隐为主题的著名诗篇以外，可以说陶诗中渗透了归隐的思想因素。那被人千古传诵的名句"采菊东篱下，悠然见南山"表现的就是一种归隐的心境，而且创造了一个"东篱"的不朽的诗歌意象，和一个菊花的傲霜的绘画体裁。实际上，归于山林而不是一般的退隐，后来成为一个传统。在中国文化与文人生活中，山水诗和山水画成为一而二、二而一的东西，不可须臾分离了。

2. 饮酒

陶渊明以饮酒为题的诗不少，至少有《饮酒二十首并序》，其中有几首特别出名，例如其五、其七，还有《止酒》《述酒》等与酒有关的诗作。其实，饮酒为题的诗并不是不断地饮酒作乐，饮酒的目的也不在于酒本身，而是像"竹林七贤"那样，借诗酒以抒怀言志，浇心中块垒。自陶渊明始，诗酒精神结合了归田倾向，演进了盛唐王维的田园诗中，后来与山林寺观相结合，从此成为一种文化类型。到了宋人欧阳修的《醉翁亭记》，政余弄文的官员发展了这一有归隐倾向的文人传统，结合了与民同乐的儒家政治理想，使宋代散文达到了高潮，而以清代遗民画家石涛、八大为文人隐逸之绘画艺术的顶峰，遂逐渐衰微。

3. 死生

生命意识的觉醒使得陶诗有了存在主义意义上的生死观，而自然主义的死亡意识和人文关怀的祭祀意识的表露，则使得陶诗弥漫出一种阴沉沉的气息（这种氛围，在《红楼梦》的《芙蓉女儿诔》中仍然余音袅袅，不绝如缕）。对于弟妹的祭文，特别是那篇《自祭文》，将陶潜旷达的死亡观推向了高峰。严格说来，这一传统同时来源于老子和庄子，特别是庄子的思想，将生死看作归于自然的一种自然而然的过程。但作为一种诗歌传统，这种缓慢的人生适应态度的形成，则和屈子为理想而漫游以至于投江的激烈状态和自杀精神，既形成对照，也是对前者的一种消解。

4. 田亩

在某种意义上来说，中国式的归隐就是归农，所谓解甲归田，脱离政治和官场之谓也。极而言之，对于以农为本的官宦文化而言，荣归故里衣锦还乡是积极的快乐的归农，贫病交加甚或被遣散归还故乡则是消极的终老于故乡。只是到了后来，或者作为极端的例证，隐士们出家进入寺庙道观或者隐姓埋名遁入深山老林，才脱离了归于田园的正常人的生活，过上了不食人间烟火的出家人的生活。对于陶渊明来说，归农就够了，何必进入道观寺庙？但他在思想上，则是很深的宗教式的道德自律和人格提升。有意思的是，《劝农》不仅是陶诗的题目，而且也可以是圣君与帝王之所为——当然是象征性的了。

5. 咏史

咏史是中国文人典型的以学问入诗的方式，同时也是借助历史人物的命运和志向，抒发自己意识和心志的绝妙题材。植根于乐府古诗中的魏晋咏史传统，到了陶渊明那里有了更丰富的内容和更复杂的心态。《读史述九章》是"余读《史记》，有所感而述之"，而《咏贫士》则寄托了贫贱不能移的儒家精神。此外，陶诗中借助荆轲刺秦未遂的壮烈事迹，和二疏见机退隐以保全性命和名节的贤哲智慧，或者从正面表达自己归隐行为和思想的合理性，或者间接表达自己壮志未酬英雄气长的积极进取精神。在这个维度上，陶渊明就有隐士的温和的一面和怒目金刚式的英雄的一面，如同鲁迅所言的那样了。

6. 读经

《四书五经》是中国儒家的永远的经典。读经在是中国古代知识分子最应当做的事情，假使他们一生只做一件事，那就是读经，因为读经是永远也不会错的，即便他们死读经，读死经，读经死，也在所不惜。然而陶渊明此时读经既非他人为猎取功名而读经，也非儿时不求甚解的读经；那是一本正经地读经，可现在是为了写诗，他读《山海经》，女娲补天，精卫填海，只吸取其精神，在内心模仿一些伟大的神话，以期达到一个抽象的高度——高古。

7. 玄言

如果说中国也有玄学派诗人，那么陶渊明应当是比较早的一位，而且是成就相当高的一位。例如，他的《形影神并序》就题材而论，俨然可以追慕亚里士多德的《灵魂论》。而其以形影互相问答的形式来讨论灵魂问题，再以《神释》了结，又有《柏拉图对话录》的戏剧性、对话性和神秘性，真有意思。但其内容还有精神，毕竟还是中国的（前述陈寅恪先生的思想渊源分析，不再赘述）。汉代佛经的传入和中国人形而上学思想的形成，有了禅诗（宋代的朱熹则有理学式的哲理诗），成为一个诗歌类型，而寒山的富于禅意的诗歌，传到了美国，影响了意象派的诞生，再反作用于中国的诗歌创作——诗歌女神西游而又回来了。

8. 人伦

如果说"大隐隐于市"，那要到了都市生活的典型时代，那么，隐于乡村的真实的生活中则是陶渊明的高明处。他引退但并不脱离常人的生活，有时甚至到了《乞食》的程度，而讨酒喝是不丢面子的。《命子》《责子》是父子人伦，而《停云》"思亲友也，"《荣木》"念将老也"。一个活生生的真实可信的人，而且可爱，他享有人伦和人间的幸福，以及身后的美名。与那些为了信仰而不食人间烟火甚至一生无所作为的出家人相比，陶渊明的卓识高人一筹，但同样需要忍耐。

9. 唱和

诗人须有唱和，唱和须有场合。诗人的交往以诗会友，当然离不开应酬和唱和。陶诗中有一些是唱和诗，但数量不算多，也不是俗人意义上的唱和与官场或社交场合的应酬诗，他的唱和诗，往往借助一定的场合提起话头，进行发挥，因而有了一定的实际内容和思想主张。例如，《答庞参军并序》出语不凡，有《诗经》大雅遗韵，其诗云："伊余怀人，欣德孜孜。我有旨酒，与汝乐之。乃陈好言，乃著新诗。一日不见，如何不思！"

10．乌托

乌托即"乌托邦"，在陶诗里有突出的地位和影响，不再赘述。但需要指出，除了《桃花源诗并记》等描述理想社会的乌托之作以外，他甚至还虚构了一个《五柳先生传》，开了文学作品虚构人物的先河。当然，这和那个时代主张特立独行的人格的时代精神不无关系，而阮籍的《大人先生传》则是另一个范例。或许可以说，今人胡适之《差不多先生传》正是步其遗韵的一个代表。这样，中国传记文学的传统就有了一个始于司马迁《史记》的开端、而今日仍然在继续的文学传记类的继承，不过传主的范围显然扩大了许多，而社会的功能也多不相同了。

三、陶诗的英译与英译研究

说到陶渊明诗歌的翻译，自然是一个至关重要的题目。关于陶诗的一个基本的估计，就是思想内容极为丰富的前提下，却可以归结为一个比较单纯的新自然主义的思想倾向。而在形式方面，无非是四言和五言占有绝大多数，而散体和近乎赋的直陈也有一定的比例。可见陶渊明在文学史上的地位，颇有点类似于但丁和培根在西方文学史上的地位。前者是旧世界的最后一位诗人和新世界的最新一位诗人，后者则在将拉丁语创作转向英语创造方面（包括哲学论文和哲理散文）起到了转折性的关键作用。我们不妨说，陶渊明的诗文创作中，《诗经》式四言体的影响、汉赋的骈体文的营养以及乐府的五言的新异兼有，而且以后者最为成功，也最有代表性。

这里就要引用蔡华女士的博士论文中的有关研究了。

　　本文只选取陶诗文中的陶诗部分（计 126 首，包括联句 1 首）作为比读翻译的研究对象，由于陶文部分（计 9 篇）的翻译属于散文范围，评价标准和方式不能整齐划一，此处暂不议。尽管魏晋时《诗经》被奉为文学的源头和经典，五言诗还远没有获得等量齐观的地位，但那时的文人兼作四言诗和五言诗。陶诗的一百二十六首中，五言诗有一百一十七首（包括联句 1 首），四言诗只有九首，而且是陶渊明四十九岁以前的作品。根据《中国史诗》的划分，晚年的陶渊明基本上脱离了四言诗的写作，基本取向与其个性契合的五言诗来直抒胸臆。（蔡华：《巴赫金诗学视野中的陶渊明诗歌英译》，苏州大学出版社，2008 年，第 10 页）

　　实际上，在蔡华论文所涉及的主要译者中，四言诗与选诗总数的比例分别为：杨宪益为 5/76，方重为 2/76，阿格为 4/60。所以，本论文的研究主要就是五言诗的英译情况了。这是可以理解的。因为作为一项研究的侧重和选材本身，是由研究人员自己来确定的。可是实际上，无论就四言诗与五言诗在中国诗歌史上的出现顺序而言，还是就陶渊明本人由四言诗逐渐转向五言诗的创作过程而言，都是可以有所研究和言说的。更何况就翻译的诗歌体裁而言，四言诗和五言诗的特点也不相同。从写作角度看，四言诗"侧密"、五言诗"流靡"的说法虽然不无道理，但自然还流露出对于五言诗的偏见和四言诗的保留意见在，而刘勰的"四言正体，则雅润为本""五言流调，则清丽居宗"的论断，就比较偏重于美学特征的讨论，趋向于公正了。由此构成一个诗歌翻译基于创作审美的基本问题，那就是，如何可以在形式上体现四言诗与五言诗的审美特征？或者说，如果英文翻译不能体现出这种特征，是否可以算做一个缺憾？

　　带着这样的问题，经过一番仔细查找，在谭时霖先生翻译的《陶渊明诗文英译》中，终于找到了一节和四言诗在形式和精神上比较相近的译文。兹抄录如下：

> 翩翩飞鸟，息我庭柯。
> 敛翮闲止，好声相和。

> Gracefully soaring birds
> Have alighted on the boughs.
> With folded wings they perch,
> Engaged in melodious interchange.

　　我之所谓四言诗和五言诗的区别，统一到一个总的感觉上，就是四言诗的庄重而整一的效果要求在四字之中一气呵成，中间没有停顿和缓冲的语气。而五言诗就不同了，它的容量在一行之中可以有两个小句，因此便允许有一个语气上的停顿，从而带有叙事和抒情兼有的一种从容和潇洒，但仍然朴素可爱，既不铺陈，也不华丽。铺陈和华丽便是七言而不是五言的韵味了。这种感觉和区别，可以从下面引录的《停云》前一节原诗的四言格局，和今人的七言格局的翻译的对照中获得：

> 霭霭停云，蒙蒙时雨。
> 八表同昏，平路伊阻。
> 静寄东轩，春醪独抚。
> 良朋悠邈，搔首延伫。

今译是借用孟二冬《陶渊明集译注》（第 3～5 页）文本的：

> 阴云密密布空中，
> 春雨绵绵意迷蒙。
> 举目四顾昏沉色，
> 路途阻断水纵横。
> 东轩寂寞独自坐，
> 春酒一杯还自奉。
> 良朋好友在远方，
> 翘首久候心落空。

至于五言诗的感觉，则是一种清新和流丽，同时兼有果决和潇洒。陶诗中的《归园田居》一首可以为证：

归园田居（其一）

> 少无适俗韵，
> 性本爱丘山。
> 误入尘网中，
> 一去三十年。
> 羁鸟恋旧林，
> 池鱼思故渊。
> 开荒南野际，
> 守拙归田园。
> 方宅十余亩，
> 草屋八九间。
> 榆柳荫后檐，

桃李罗堂前。

暖暖远人村，

依依墟里烟。

狗吠深巷中，

鸡鸣桑树颠。

户庭无尘杂，

虚室有余闲。

久在樊笼里，

复得返自然。

　　五言诗在翻译上，善译当然很多。蔡华的专著和一般研究的视野之外，这里找到了一个前几年翻译的译本，也不押韵，只追求内在的节奏感和语义上的契合，当然是叙事和抒情浑然的一种感觉了。这是本人迄今翻译的唯一的一首陶诗，因为四言诗过于困难（沉稳不足，便很容易流向油滑），五言的陶诗又冲淡之极，一直不敢下笔。现在披露出来，以请教诗歌翻译界的同仁。

Return to My Country Life

Unfit for worldly affairs from youth,

I loved hills and mountains by nature.

But by misfortune I was led astray—

　And fell into a thirty-year life so prosaic.

A bird in cage thinks of the wonted woods;

Fish in pond wants a swim in its native deeps.

So I returned to my farm and to a simple life,

Reclaiming wasteland in the south field.

I now owe a kingdom of ten acres square,

And a house of eight or nine rooms altogether,

With elms and willows shading the backyard,

And peaches and plums highlighting the front.

A village in distance reports the human world,

Where cooking smokes rising and wafting in breeze.

A bark of dog is heard from deep in the alley,

And a cock crows as if over the mulberry trees.

See, my cottage home, clean, with no grain of dust,

And I have plenty of rooms to dwell and roam about.

And at last I feel I'm no longer a Prisoner of a man,

But a Denison of nature with freedom and pleasure.

（Trans. by Wang Hongyin）

　　也许，与翻译成四行一节的格式相比，两行一节的诗歌格式似乎更显淡泊，因而也更易于表现陶诗的淡泊自然之境。例如，宇文所安（Stephen Owen）翻译的《归园田居》（其一）的最后四行，由于分散排列（列举越多，效果越明显。错落的排列形式，效果还要更进一步，至于连续的排列，那就没有什么区别了），加之句子长度的有效控制与用词的朴素自然，就较多地传达了陶诗的意境：

No dust pollutes my doors or yard,

Empty space offering ample peace.

For long time I was kept inside a coop,

Now again I return to the natural way.

至于如何才能译出陶诗的自然之境，那当然就要用最自然的译法了。在这一方面，论述最好而且体悟最深的大概要推汪榕培先生自己了。汪先生不仅全译了陶诗，而且还比照分析了能够找到的陶诗的全部英译本。就在他送我的那本《陶渊明诗歌英译比较研究》中，我读到了这样的论述，视为至理名言，兹抄录如下：

> 正因为陶渊明的诗歌不是"雕琢"出来的，而是自然"凝结"而成的，所以英译陶诗成功与否，关键在于能否把握每一首诗的自然之处，然后能否以朴素自然的译入语表达出来，"翻译匠"是无法创造性地再现陶诗的意境和风貌的。(汪榕培：《陶渊明诗歌英译比较研究》，外语教学与研究出版社，2000年，第5页)

"一从陶令平章后，千古高风说到今。"《红楼梦》中潇湘妃子林黛玉《咏菊》的最后一联，霍克思的英译（参看回译）竟成下面的诗句：

That miracle old Tao did once attain;

Since when a thousand bards have tried in vain.

（老陶潜确曾把奇迹造出来，

　从此后千万吟游诗人莫能逮。）

这也许概括了陶诗翻译的效果历史了吧！

打住。从普遍问题开始，个人观点越来越多，冗长不堪……

不堪继续叙述，斯为序焉？

王宏印

2008 年元月 7 日凌晨一点过草就

8 日修改直到下午四点前基本结束

于天津，南开大学龙兴里寓所

何谓有效的传承，如何真正的超越？

——序卞建华的《传承与超越：功能主义翻译目的论研究》

卞建华的博士论文，经过两年的修改，要出版了。我表示祝贺，并应邀写几句话，算是一篇序言。卞建华是山东人，承孔孟遗风，赴天津求学，先是在天津师范大学读硕士，然后于2003年入学南开大学外语学院攻读博士学位，品学兼优。她的研究范围本来是比较广泛的，经与崔老师商议，确定为德国功能主义翻译理论的评述与研究，作为博士论文的题目，我以为是恰当的。事实证明，卞建华完成得很好。她本来就天资聪颖，又很勤奋，收集资料详尽，学术交往也及时而广泛，论文写作顺利，答辩效果自然良好。求学期间和毕业以来，已发表论文二十余篇，可谓成果辉煌。作为建华的任课导师，我也为她的学业取得这样的成就而高兴，故而不顾时间仓促，写了如下的话语，与学界共勉。

一

德国功能主义的目的论的翻译观，是20世纪70年代末，继语言学派形式主义的翻译观以后，综合了众多学科，吸收了多种来源而形成的一个有重大影响的翻译学派。它注重功能主义与社会文化因素，注意吸收和借鉴交际学理论、行为理论、篇章语言学和话语分析理论，以及文学研究中侧重于读者和读者接受与反应的理论等，终于形成了自己独特的理论体系与理论流派。虽然在一开始目的论翻译理论有实用的倾向和注重应用文体的侧重，但后来在发展中也逐渐进入文学作品的文本分析之中，从而发展为一种有自己独特的理论基础和分析方法、但不乏综合性和普遍性的翻译理论。

翻译并不是被视为语码转换的过程，而是人类一种具体的行动。翻译和人类其他行动一样，也有其目的，而"目的"一词（skopos），则来源于希腊语，遂用作翻译的目的而成为一个技术性术语。在翻译开始以前必须首先确定其目的（skopos）；在强调目的的时候，这一理论便采取了前瞻的态度来对待翻译，而不是采用后顾的态度来对待翻译，即基于原语文本的规定性的理论所采用的后顾的态度正与之相反。（*Routledge Encyclopedia of Translation Studies*, edited by Mona Baker, assisted by Kirsten Malmkjaer, Shanghai Foreign Language Education Press, 2004, p.235）

建华的论文题目是《传承与超越：功能主义翻译目的论研究》。她系统地介绍了德国功能主义目的论翻译理论的理论渊源和学术背景，逐个分析了其代表人物赖斯、弗米尔、曼塔利和诺德等人的理论主张和主要观点，总结了这一理论在西方学界的批评与反批评，考察了该理论的"中国化"过程和在中国的接受与批评，体现了明显的理论批评意识和不懈的学术探索精神。尤其值得注意的是，研究中将功能学派的有关文本处理的理论主张和中国的变译理论进行对比研究，其分析的思路和结果给人耳目一新的感觉。她还参照功能理论的翻译教学观对中国外语教学加以反思，分析了其中的差距并提出改进的途径，显示了理论联系实际的扎实学风。如果说这一研究还有待改进和提高的话，那就是学术批判的纯学术高度还有待于进一步提高，而在理论评价标准的一致性方面也有待于进一步研究。不过我相信，在这次出版修改的过程中，作者已经做了诸多的改进和提高，相信读者诸君自有慧眼识得，恕不一一指出了。

学术交往是学术研究的社会性前提，对于学术研究具有重要的推进和保证作用。因此，另一个重要的学术事件，同时体现学术活动所必需的社会性的一面，就是建华邀请德国功能派翻译理论第二代代表人物诺德（Christiane Nord，1943— ）教授来华讲学一事，给我们留下了深刻的印象。那是建华已经从南开毕业在青岛大学工作的第二年，即 2007 年，遂邀请诺德于同年 3 月 3 日至 17 日来华讲学。实际上，此前，2006 年 1 月，诺德曾应香港中文大学之邀，在香港讲学两周。这次的大陆之行，可以说是香港讲学的继续，却是一次独立的学术交流活动。这次的"克里斯蒂安·诺德教授中国学术交流之行"，是由南开大学和建华所在的青岛大学联合主办，由北京石油化工学院、天津外国语学院、天津理工大学、中国海洋大学和青岛科技大学鼎力协办的。来华期间，诺德教授先后在北京石油化工学院、南开大学、天津外国语学院、天津理工大学、中国海洋大学、青岛科技大学和青岛大学举行了系列学术讲座和座谈。诺德讲座的题目包括：《作为目的性行为的翻译：功能主义目的论阐释》《文本功能——翻译功能：翻译的四种功能模式》《奇境中的茶点时间：文学翻译中的功能主义》《译者培训：解决翻译问题的系统方法》《译者培训：学生译文评估》。座谈内容涉及功能主义目的论的哲学基础、对译文接受者的实证研究、翻译的目的、功能主义目的论在文学翻译中的应用、文学作品的文学性与翻译目的之间的关系、翻译标准的多样化、双语能力与译者培训的关系、译者培训的过程、自译中的忠诚原则、决定忠诚原则的重要因素、译者的责任与地位等问题。关于这次来华讲学的印象，诺德在其他地方曾有过明确的表达，这里不再赘述。

　　正是在这样一次重要的学术交流活动中，诺德显示了一位德国学人的学识与风度。她使我想到这样一个问题：一位真正的学者，必须具备卓越的学识、良好的人文品质和广泛的社会影响力。这和传统意义上的"传道、授业、解惑"（韩愈语）的师道，既有联系，但仍然有一些区别。我本人也在听讲座和座谈的过程中，获益匪浅。现在回想起来，可以说经过一些直接的接触和交流，完成了对德国功能主义翻译学派的认识从书本知识到直观认识的一个过度和上升。以下简要陈述一下自己对德国功能主义翻译观的认识，与学界同仁共同讨论。

二

　　功能主义和目的论的翻译理论，为何会出现在德国？要回答这一问题，我首先想到的是德国民族的学术精神与功能主义翻译观产生的文化基础。关于德国的学术精神，必须先提到德国人的知识精英意识。德国的知识分子有一种精英意识，在精神上高居于一般普通大众之上，追求卓越与超绝，极端者追求超人和强力意志，例如尼采，许多人奉行终身的独身主义，牺牲精神，献身于事业和精神境界的追求。这种精神追求使得德国哲学表现出明显的民族特征。其次是很强的哲学思辨能力和形而上学传统，例如康德和黑格尔，一生致力于建立自己的思想体系，也就是形而上学传统下各个知识体系的建立和完成。

例如康德的三大批评理论和企图建立各门学科的形而上学以便回答知识何以可能的问题，又如，黑格尔的《精神现象学》《小逻辑》《美学》等形成了完整的理论体系。这一独立创造的精神和设计体系的能力，使得不少学科的最初雏形是德国人提出的，例如，狄尔泰率先提出与自然科学相对立的精神科学（文化科学），不仅上承传统人文主义和古典学传统，而且为其后的人文学科的建立开了先河；冯特率先提出民族心理学，为今天的文化心理学和跨文化心理学奠定了学科认识的理论基础，等等。

与上面两种倾向截然相反的是另一面，那就是德国人具有极强的行动能力和关注效果与实现目的的倾向。这种倾向影响着德国人对技术的苛求和鉴赏细节的习惯心理，这就部分解释了何以德国的自然科学和技术实力在某些方面领先于世界的事实，例如光学仪器和医学及军事科学等方面。总之，除了超越社会与自我的强大的内在驱动力之外，一方面是哲学和思辨能力为创造提供了理论基础和创作源泉，另一方面技术和行动能力则进一步为知识找到了价值实现的途径和手段。甚至在社会能力方面，德国人的守纪律和善合作，也是理性思维和行动能力相协调的表现。所以这些，对于德国的学术思想和翻译理论研究，有着密切而直接的关系。

其次是关于德国功能学派的直接的哲学基础和研究的核心问题。如果说德国的精神追求是形而上的和决定论的，那么，这一民族的行动能力倾向则要求一种关注人的行为方式与人际关系的行动哲学。行动哲学和流行于英美的行为主义不同。有着经验主义传统的行为主义是刺激-反应模式的，容易强调外界环境的影响而比较忽略人的意识和目的，而体现原始内驱力和行为意志的行动哲学则强调人的活动与行为的自主性和主体性原则。行动哲学把人的行为（行动）分为无意识的和有意识的、单向的和双向互动的、人与人之间的还是人与物之间的基本关系。这样，这三个维度中的后三项就构成人际交际行为模式，进一步分为文化内的和跨文化的交际行为，有无协调（中介者）、有无源文等，然后再以源文和中介以及跨文化为必要条件，最终确定为口头的与书面的翻译行为等等。可见，行动哲学之所以能够成为功能主义翻译观的基础，就是因为它已经纳入到跨文化的交际模式之中，具有系统论的充足的范围和目的论的要旨了。

如果说在西方的行为科学研究中，人与动物行为之间的比较是人类行为的实验科学的学科基础和延伸的话，那么，在目的论的翻译观中，希腊哲学的目的论（skopos theory）则先在地为德国功能学派的目的论提供了理论基础（须知追溯希腊式的思维是德国哲学以至于整个欧洲哲学的共同的用之不竭的源泉）。哲学上的目的论有两个意思：一是宇宙本体意义上的目的论，指的是宇宙万物的存在和发展有一定的内在驱力和行为指向，最终统一到一个总体的局势和方向上。外在的目的论则试图从宇宙万物以外寻找原因和目的，例如神学目的论认为是上帝赋予宇宙以秩序和目的。另一个才是人的目的，也即是人的存在论意义上的目的论，并考察人的目的是否符合世界的或自然的目的。德国功能学派的目的论显然属于后者。但在将人的行为分成有意识和无意识的时候，在将人的行动确定为有目的的行为的时候，显然有可能忽视人在目的行为中也有无意识和意识共同参与，而在一味强调人的行为的目的性的时候，也难免有强调过头的可能，以至于会表现出主观的唯意志论的倾向。

按照这样的观点，翻译就是人的有目的的、有中介的跨文化的交际行为，它可以是口头的即口译，也可以是书面的即笔译。然而，当我们把视线由主体移向客体，在翻译领域，即从译者移向文本的时候，目的论翻译观就要正式拉开序幕了。我们知道，在创作和翻译领域内，目的论涉及原作创作的目的和译作翻译的目的，这两者在原则上是有区别的，但也可以有联系，因此，翻译的目的论是建立在创作的目的论的基础上的。不过，一个根本的客观上可以看得见的东西就是文本的类型，而文本类型的划分可以按照形式进行分类，也可以按照内容或交际功能进行分类，在形式符合交际目的和内容统一到交际目的的意义上，文本的类型就体现为人的交际目的的实现形式。不过，传统的翻译观比较重视或者更多地强调原文目的也即作者的创作目的的实现价值，这即是忠实论的翻译观，即便不算中国的不分文体和文类的翻译忠实论，起码在区分文本类型的翻译理论中，例如在纽马克的翻译理论那里也是有所表现的，而功能学派的目的论的翻译观则强调译者的目的性，即翻译过程和处理方式对于译文功能的实现作为翻译目的的合理性与合法性，于是，就有了德国目的论的翻译观。这样一个从原文目的（忠实）到译文目的的转移，在某种意义上，就是传统译论向现代译论的转移。至于"忠实＋功能"这样一种翻译观的形成和表述，正说明至少在逻辑上，尚未彻底完成这样一个转变，甚至可以进一步推论，由于翻译的中介性质，从根本上影响着这一转变的彻底性。因此，也可以说，德国功能学派的翻译观，不能算作是彻底的翻译观。何以见得呢？

　　其一，如前所述，德国哲学的主流是形而上学倾向和唯心主义哲学，要求一种客观现实世界与主观观念世界的彻底决裂和对立，而功能学派的目的论由于它的行为意志和实践指向，并不能彻底实现这一二元对立的概念分离，所以，它的理论注定是不彻底的。其二，行动操作与技术定向的中介性质，在前提和潜力上限制了这种彻底的实现，因为这种理论的要点既不是自上而下的理论先行的理论形态，也不是自下而上的实践定向的即经验主义的理论形态，而是具有折中性质的理论定位。其三，教学定向的翻译理论，虽然具有理论研究的性质，但其主要目的并不是为了研究翻译理论，而是培养翻译能力，这样，就和行动哲学的基本观点相一致了，也和翻译教学培养翻译能力的目的相符合了。而其中的理论，无非是两种情况，或者对翻译教学的理论总结，旨在说服或影响学生接受某种翻译培训方式，或者对翻译过程与性质进行理论探讨，旨在说明某一翻译理论原理的合法性与合理性。

综上所述，德国功能学派的目的论翻译观的要点有三：其一是行动哲学，其二是目的译论，其三是功能实现。因为前面两点都已谈过，这里只想就第三点做一点说明。所谓功能主义，在渊源和原则上是和结构主义或本质主义相对应的概念。要而言之，前者的理论假设是，事物的本质隐藏在其特殊的结构之中，可以通过内部分析或反思的方法进行研究，而功能主义则放弃对于内部结构的机械分析，并反对内省的心理学方法，转而寻求从事物的外部，即从一事物与他事物的联系方面（不等于辩证法所谓的事物的普遍联系），考察该事物的对外作用或其功能的实现。这样，功能主义就和传统的本质主义有了哲学上的分别。在这个意义上来认识翻译上的功能主义，就可获得以下四个方面的认识：

其一，人的本质就是人对于环境的认识和作用，也即人的适应或改造环境的功能的实现；同理，译者的功能即是在翻译活动的操作过程中，实现其对于原作价值的转换的体现和译作价值的潜力的实现。其二，文本的类型，在内容和形式上体现一定的交际功能，所以不同文本的创作和翻译都具有功能实现的价值。这样，对于翻译而言，每一文本功能的实现，都是一个翻译过程的完成和某一种翻译价值的外部实现。其三，功能是可以划分的，并可以结合为一个总的网络，例如，文本的功能是可以划分为不同层面与角度的，而人与环境相对的功能也是可以有不同的角度、切入点和效用的。这样，总体功能的实现则有待于各种功能的配合和完善。其四，如果把翻译看作跨文化的有中介的有目的的交际过程，那么，翻译的有效的和最终的完成，就有待于各个方面（即不同功能体，其中包括作者、译者和读者）的综合实力和相互配合，才能最终完成。因此，可以说，一种完善的功能主义的翻译理论，同时也就满足了一种比较完善的系统论的要求和条件。

三

那么，如何实现学术上的有效传承与在真正意义上实现超越？这一问题也可以转换为：在今天的翻译学科的学术语境下，在中西跨文化交流的特殊语境下，如何理解功能主义的目的论翻译理论的出现和发展，以及对于我们有何启示。关于这一问题，我以为有以下三个方面值得我们注意：

首先是技能意识。翻译是一种行为或行动，大而言之是一种活动，具有可操作性、过程性、技能性。它在原则上不是一种知识或理论，而是一种生产活动或再生产活动，有产品和效果，其质量可以检验和评价。多年前，刘宓庆教授就曾写过一篇论文，论述翻译的技能意识，但在国内引起的反响不大。这是值得注意的现象。究其原因，理论的强烈导向是一种影响因素，忽视技能和实践则是另一种因素。例如在哲学上，一面跟上西方的后现代思潮拒斥和反对形而上学，一面又学西方大哲的口气从形而上的高度贬低实践和技术。于是会造成两个方面的认识偏差。这是值得提醒和反思的。从另一方面，也可以说，德国功能主义的目的论翻译观，在聚焦于人的行动的时候，无形中突显了技能，也就是肌体的机能，是一种值得注意的倾向。在这个层面上需要有人关注，有人总结，有人花大力气进行理论研究和实证研究。

其次是教学目的。诚然，功能主义目的论的翻译观从一开始就有明确的实践指向和教学目的。他们甚至提出了系统的翻译教学思想，例如，诺德认为翻译教学首先要培养学生运用母语进行创作和分析的能力，然后再把这种能力转化到外语上去。这是难能可贵的。相比之下，国内的翻译界，虽然大多数仍然是教师，一般不脱离教学，但真正重视教学的甚至从教学中提取研究问题，或把教学经验上升为理论的，或者将新的翻译理论和观念引入教学的，却不是很常见。有的翻译理论研究人员甚至不能教授翻译课程，或者没有任何的翻译实践基础。诺德等人的思想使我们想到，翻译研究与教学的关系可能有两种：其一是使新的翻译理念一开始就有明确的实践目的或教学指向，包括相关的语言观点和哲学观点，继而提出新的翻译教学思想、培养途径和训练方法等，直接促进翻译教学。其二是将一种翻译理论，包括它的基本理论（纯理论）用以映照翻译实践层面，或将其应用理论（或者这一理论的应用部分）延伸到翻译教学的实践中去，为改革翻译教学提供理论动力和思想资源。在这两个方面，德国功能主义的目的论翻译观，都有其明显的贡献，他们甚至把文本分析和翻译批评与翻译教学结合起来从而形成丰富而深刻的翻译教学思想，而不是先把翻译教学或实践架空或抽空，以便去从事所谓的理论研究。

第三点要走得远一点，是关于一种真正好的翻译理论，它会是什么样子的？这样说当然不是要给理论下定义，而是尝试以非理论的语言来描述一下翻译理论。我觉得一种真正的翻译理论，必须首先符合一般理论的要求。不是好的理论，就不能够成为好的翻译理论，也不存在翻译理论低人一等的问题。其次，好的翻译理论在基本原理上必须具有必然真理和普遍实用的性质，原则上不存在只适用于西方而不适用于中国的翻译理论（谈具体策略和方法的理论除外）。以语言和文化差异为借口或无限夸大语言差异和文化的特殊性，企图否认存在普遍的翻译理论，乃是理论上幼稚的表现；或者脱离实际和基本问题而谈理论创新，或者根本没有建立普遍理论原理的企图，都不可能有真正的理论建树。其三，只要是一种基本上完善的理论，或趋于完善状态的理论，只要它的基本原理是独创的，理论是自明的，陈述得比较清晰，就一定有可以应用的层面，例如对于教学实践、翻译批评、质量评估，不能只强调某一方面的应用价值（或价值不明显）就否认其理论价值，也不能一强调理论价值，就认为和应用无关。第四，没有不能批评的理论，和不经受理论检验的理论，但是批评要讲学理，而检验则是十分复杂的事情。有些理论不是应用性的，就不能只用实践进行检验，也可以用逻辑检验其是否完善，也可以用思辨反思其理论基础，分析批评其哲学观点，但这些都是学理性的，而非历史性的。用历史经验来检验或说明真理，是困难的。因为历史本身过于复杂，也不是一种理论可以说明得了的。

四

对于我们中国的翻译界而言，如何正确理解和接受西方的翻译理论，是关系到如何传承与超越的根本性的问题。在这一方面，不仅全面认识西方的学术传统和某一流派的哲学基础，而且也要注意不同的民族性格和学术传统。另一方面，也要深刻认识自己一方的情况和需要，包括民族的和个人的，所谓"知己知彼，百战不殆"和"深刻的解剖自己"，就是这个意思。笔者经过近年来的观察，发现在翻译理论方面，不管遇到什么样的理论，我们都习惯于提出一些一成不变的问题，或者与这种特殊理论的核心和要点不甚相关的问题，企图在对方的回答中得到现成的肯定的结论。在分析这些问题的过程中，我发现存在着一些妨碍我们接受西方思想的若干先见和认识盲点，不妨陈述如下，以供参考：

急于寻找一种新的能够解决一切问题的理论，发现不是便弃若敝屣，是其一。大体说来，这既是一种急功近利的甚至盲从的心态，也表现出对于理论和学术的实用主义态度和肤浅的认识水平。究其深层原因，除了缺乏对于学术的终极的认识以外，也许还有正统思想和相信存在唯一正确的理论模式的观念在起作用。例如，当年对于奈达理论就抱着这种态度，为了不顾一切地否定自己的传统译论，一时间似乎找到了救星，或者视若放之四海而皆准的真理。后来，发现不是这样，原来"动态对等"不是一种理想的模式（相对于解释学等新观念），而又可以给其冠上"结构主义"的帽子，于是便不屑一顾，弃若敝屣了。同样，语言学（符号学）翻译观，解释学翻译观、结构主义翻译观、解构主义翻译观，都先后遭到过类似的命运。只要对于功能主义的目的论翻译理论也抱着同样的态度，认为它可以解决一切和翻译有关的问题，或者能简单地回答一切理论问题或实践问题，就很容易以希望开始，而以失望以至于无望告终的。

认为一切研究都落实到要有一种万无一失的标准，可以之判断一切译文而无疑问，是其二。可能是中国传统译论的翻译标准为核心的遗风在作祟，也可能是一种习惯的实用主义的心态和固执的陈旧的问题意识在起作用，总之是影响了翻译的研究视野和理论概括的范围，不少人都会提出一些幼稚的问题：你这个理论听起来很有道理，可是能解决翻译问题吗？或者能指导翻译实践或者改进译文质量吗？倘若不能，至少也可以提出一种标准，用来替代传统的"信达雅"或"神似形似"，以便能够判断一种译文是好是坏，并据以反过来判断一种理论是否有效或者最好是永远有效。

把文学翻译看作翻译的正宗和最高形态，过分强调其特殊性与难度，是其三。在学界，可能由于文史哲特别是文学的强大传统，影响到文学翻译的教学比例和出版数量占有优势，或者以文学翻译家为真正从事翻译活动者，许多人把文学翻译视为最高的翻译形态，或者最难的翻译类型，甚至最典型的翻译活动。因此，一提某一种翻译理论，就要问人家能否解决文学翻译的问题，倘若不能，就认为没有用。一个深层的推论性认识，可能是认为翻译理论是科学，和科学翻译、应用翻译比较接近，而和文学翻译距离比较遥远，甚至认为文学翻译在理论上说不清楚。进一步而言，就是把文学翻译神秘化、困难化，或者用自己也不明白的问题来考对方，使人难以回答（殊不知功能主义的目的论的翻译理论，早已深入到文学翻译和翻译批评的领域里，并取得了显著的成效）

诚然，以上几点认识并非可以穷尽我们所存在的问题，也许还有更多的未及言说的主客观因素，有待于我们去发现、去说明、去克服。但是，只要我们还在思考如何才能在翻译的学科建设中确立中国学派的独特贡献，传承与超越的问题就永远是根本性的问题。因此，我认为，卞建华的论文题目涉及传承与超越，是意味深长的。在这篇论文作为专著出版的时候，我不能给这个足够大的题目增加什么，只能将它具体化、问题化，由此构成我这篇序文的题目："何谓有效的传承，如何真正的超越？"

我相信，在如何传承人类古老的文化传统和先进的文明成果方面，在如何有效地超越自身和克服自身的缺陷方面，或者具体而言，在如何研究翻译的种种问题和建立更好的翻译理论方面，尽管有一种形势和压迫感对于我们是共同的，而我们每一个人都会有自己的想法和计划。我们所缺乏的，和我们的西方同行相比，实际上未必是学术传统和对于传统的态度，也不一定是具体的研究基础和物质条件，毋宁说有一种认识，还没有在我们中间形成并产生影响。在面临这样的认识的时候，也许我们的欧洲同行，特别是德国的学界同仁，已经早就走在了我们的前面，并给我们发出了警示的信号：

> 虽然这些计划有在很多要点上各不相同，然而它们有一个统一的信念，即哲学思考必须从尚未实现的东西所激发的希望中汲取力量，同样也必须从已经实现的思想所激发的希望中汲取力量。因为只有超越经验主义的经验界线，理论才能使当下的生活去面对被它否定的、负罪的现实理想本身；如此一来，作为启蒙辩证法的最后阶段，思想就把自己在降格为自然科学谦卑的婢女时所放弃的领地和相关性，重新又赢了回来。也许在这条道路上，哲学探索的努力更多的不是为了实现不可能性，也不是为了在思想中超越其时代，而是为了给那个时代提供强制性的理由，去超越自身的局限性和盲目性。（理查德·沃林：《瓦尔特·本雅明救赎美学》，吴勇力、张亮译，凤凰出版传媒集团，江苏人民出版社，2008 年，第 25 页，下画线是笔者

所加，以示重点和强调）

愿此言论和思想能引起学界同仁关注。

是为序。

王宏印

2008 年中秋节

草于南开大学龙兴里寓所

古诗英译新格律派的践行者

——序蔡华博士《汪榕培诗歌翻译纵横谈》

我与汪榕培先生相识，已有数年，期间有一些美好的记忆片段。

还是20世纪在西安教书的时候，陕西师大的好友陈建中老师就给我讲起过汪先生。知道先生在大连外语学院担任院长，利用极为繁忙的教学与行政工作之余，从事中国文化典籍的英译工作，屡有新译，成就斐然。后来，建中去了大连外院学报工作，追寻先生和自己的理想，但不幸早逝于英年，诚为憾事。再后来我也离开了古城，到了南开大学，又听说汪先生已经从院长的职务上退了下来，在苏州大学任课。大约与之同时，张后尘老先生也从大连外院学报主编的位置上退下来，移居北京，在高教社创办《中国外语》学刊，蜚声全国，乃至海外。二位老先生对事业的忠诚，有目共睹，他们从学术的盛年一直执着地追求到灿烂的黄昏而毫不懈怠的精神，令我感动。知道学问乃学者一生的事业，当以毕生精力践行之，方不愧青年时候的雄心壮志。

记得与汪先生的第一次见面，是2001年在石家庄河北师范大学筹备召开第一次典籍英译研讨会的前夕。先生一见我就兴奋地告诉我，苏州大学已聘他为博士生导师，可招收典籍英译专业的博士生，而我则为苏州大学和汪先生双方而由衷地高兴，因为这是一件双赢而且互惠的事业。那一次，先生那开朗乐观而又随和的性格、朴实大方不拘小节的风范，给我以极为深刻的印象。此后，隔年一次的典籍英译会议在全国各地召开，而我和先生以及全国各地众多专家学者翻译家见面的机会也越来越多，已经熟视无睹，不觉为奇了。然而最值得纪念的一次，却是 2005 年 5 月在大连理工大学召开的第三次典籍翻译研讨会，先生电话约请我主持闭幕式。我在博士答辩结束的当天连夜乘飞机赶到大连。第二天上午，阳光明媚，鲜花吐艳，经过杨自俭、汪榕培等先生的精心安排，包括许渊冲、江枫先生在内的老翻译家一起坐在主席台上，握手言欢，全场掌声雷动。那一刻，真是长幼咸集，欢聚一堂，喜气洋洋，如沐春风，浓厚的学术气氛与和谐的人文精神洋溢着整个会场。想必人间乐事，莫过于此了。

事实上，在中国文化典籍的英文翻译领域，汪榕培先生除了是一位出色的组织者，还是一位全面的翻译家。他的翻译具有研究性、阶段性、精选文本以及体例完整的性质。他每一阶段研究翻译一个方面的典籍或一部典籍，往往有文本注释并有较详尽的译者序言，形成了完整的体制和鲜明的特色。这里无从对其进行全面的评价，仅就笔者手头所有之片段资料，列出若干领域一见全豹。到目前为止，汪先生作过的典籍翻译，已涉及如下领域：

1. 诗歌方面，从《诗经》《汉魏六朝诗三百首》（包括三曹、乐府等）以及后来扩充成单行本的阮籍的咏怀诗、陶渊明的田园诗，都有译文问世，而以《英译陶诗》和《陶渊明诗歌英译比较研究》最具有代表性；

2. 散文方面，主要集中在道家思想文化典籍的翻译上，包括老子《道德经》和《庄子》以及与人合作的《墨子》全书的翻译，而以《庄子》的翻译最难，研究也最多，可作为其中的代表；

3．在戏剧方面，主要围绕汤显祖的"临川四梦"的翻译，已出的《牡丹亭》可为其代表。译者不仅实地考察剧作家的出生地和活动场所，而且结合戏剧理论和创作进行深入的研究和翻译，希望能够如期完成这一宏愿；

4．另外，关于地方性文化成果的对外译介，先生也很重视，特别是结合苏州的吴文化和吴方言研究，组织学生翻译了苏州评弹和吴地民歌。这项成果，不仅对于中国上位文化的翻译是一个民间的补充，而且对于学界和译苑来说，也是当今"吴门学派"的一朵奇葩。

在诗歌翻译领域，汪先生始终是古诗英译的新格律派的践行者。

中国当代从事中国古典诗词英语翻译的总格局，大略可分为散体派、自由派和格律派三派。散体派的主张和翻译实践者以翁显良先生为代表。他的《古诗英译》注重意象和意境的传达，而忽略诗歌形式的转达，因为出句自由行笔从容，效果也很独特，可谓独树一帜。相比之下，自由派则是年轻一代翻译家的主张，它同样讲究诗歌意象与意境的营造，讲究出句自然流畅，而不讲究尾韵的设置，但是，要求译诗句子长短有控制，且有明显的节奏感，甚至主张长诗分节和借鉴西方诗歌资源。自由派之所以淡化格律，是考虑到现代西方读者的阅读习惯和新诗的审美特点，已经不适合格律诗的翻译模式了。不过，相对于前两派的主张和实践而言，目前为止在中国大陆，格律派仍然占有一个近乎主流的重要阵地。

为了区别于原始的格律派，例如古典诗词本身的格律派和新诗创作的格律派，我特意用"新格律派"这样的名称，来表达一种总体的译诗倾向。这一倾向，在理论和实践上包括了"以顿代步"这样中国特有的英诗汉译的译诗理论，和将中国古典诗词译为英文的格律诗两个方面。前者以孙大雨 "以顿代步"为理论先锋，卞之琳和江枫（形神兼备）分别为莎剧翻译（素体诗）和浪漫派诗歌（例如雪莱诗歌）翻译的代表和践行者，后者则以许渊冲（三美三似）、汪榕培（传神达意）为代表。诚然，许渊冲和汪榕培的理论主张和具体译法仍然有所不同，一如卞之琳和江枫也有所不同一样。此外，在中国古典诗词对外翻译的行列里，还有一大批"格律诗"翻译的忠实的执行者和坚定的信仰者。这样，就在"以诗译诗"的总体主张下，出现一个明显的三分格局，逐渐形成了一种可以称为中国学派的译诗气象。

在新格律派内部，若以汪榕培的翻译实践和理论主张为例，则可以总结出以下几条：

1. 双行体式：在中国古典诗词的英语翻译中，最常见的就是格律的形式逐渐固定为双行一换韵的固定形式，虽然在本质上和英诗里的英雄双行体并不相同，但由于韵律的相似，也有一定的心理接受基础。在个别情况下，也有一韵到底的情况出现。

2. 形式工整：译诗的句法构成和建行立句，以及对于具体诗行长短的控制，都比较讲究，从而在视觉印象上形成了基本上整齐划一的诗歌句子。只有在个别的情况下，才出现句子控制失衡的情况，而在不太长的诗歌如排律中，一般并不进一步划分诗节。

3. 典故淡化：典故的出现，是古典诗词对外翻译的一个难点，但在格律派的理论和实践中，由于古典诗词典故的累赘、晦涩或不可译的性质等考虑，一般采用淡化或浅化的翻译策略，将典故隐去，将句子意译，这样，原始文化的意义就有淡化或消解的趋势了。

4. 主题革新：在古典诗词的翻译中，主题革新的意思包含了吸收一些新的研究成果，从而在理解和处理上向现代诗歌意义的理解过渡，或者另一方面，在表达方面，也吸收和借鉴英文诗歌的词语和意向，使得译诗的感觉具有一些英文的和现代的味道。

以上几条，大约只能算是笔者本人的印象式的认识，很难说全面而准确，也不够系统。真正有系统的研究，应当说还得读手头这本蔡华博士的《汪榕培诗歌翻译纵横谈》。在笔者看来，这本书之所以重要，不仅因为它是关于翻译家汪榕培先生诗歌翻译的第一本专论，而且因为她的写作风格和研究本身，也有值得注意之点。首先，作为选题，蔡华博士是在其关于陶渊明诗歌英译专门研究（当然也包括了对汪先生的陶诗英译研究）的基础上，逐渐转移到对其导师汪榕培先生的诗歌翻译研究上来的，而且目前只做诗歌翻译的研究，对于散文翻译则留到下一阶段再做打算。应当说这是一个有序的转移和有限制的研究题目，在资料的准备和理论的认识上，都有一定的基础和条件。也许由于同样的原因，从写作的风格和方法上来说，还留有一些论文写作的痕迹和习惯，难免带有专题研究和论文汇集的性质。这种在紧张的博士论文写作完成以后，想用轻松的散文笔调尝试学术写作的努力，是完全可以理解的。但是我想，在进一步修改的时候，还可以考虑到基本线索拉通、资料与观点穿插得宜，以及各章篇幅平衡和全书进一步统一的问题。

本书的特点，概括起来看，尚有以下几点值得注意：

1. 强烈的理论意识：虽然一般说来，某一个人翻译的研究专论是实证性的，但也可以有理论的研究层面。在这一方面，蔡华的这本书仍然使人印象深刻。其中涉及的理论问题，既有中西哲学化的文艺理论，也有关于诗歌翻译本身的理论，例如，关于孔子的"兴观群怨"的文艺观之外，谈到钱锺书"不隔"与"化境"的翻译观的时候，就不乏作者自己的见解。

> 从翻译角度而论之，所谓"不隔"，指超越语域的感知，是见性、悟理和意通。翻译范畴的"隔"与"不隔"是说翻译的达与不达。所谓"隔"，就是翻译的目的读者在阅读审美过程中有共鸣障碍，而"不隔"，就是共鸣产生的自然与流畅。诗歌翻译中原诗所抒发的情感，能使异语读者在接触译文的一刹那，与之契合，产生共鸣。（蔡华：《译逝水而任幽兰：汪榕培诗歌翻译纵横谈》，北京师范大学出版社，2010 年，第 175 页）

2. 明晰的概括倾向：对于汪榕培教授的诗歌翻译，作者经过仔细的材料爬疏和分析比较，再加上自己的观察评价和总结提升，产生了清晰的理论性认识，并做出了比较明晰的概括性论述。这些概括性论述，关涉到汪先生的诗歌翻译情况，有些是总体性的，有的则是局部性的。例如，下面一段话，就是带有总体性的概括：

> 多年来，他坚持以"传神达意"为翻译纲领，以"诗体以诗"为翻译范式，以"非常译"为翻译策略，以"文化输出传播和交流"为翻译追求，一路走来，成为《大中华文库》收录译作最多的译者，因此成就中国典籍译介的一个难以成就的翻译境界，其中，汪榕培"非常译"的翻译思想自然成为运作并促成他一切翻译活动的灵魂。（蔡

华:《译逝水而任幽兰:汪榕培诗歌翻译纵横谈》,2010 年,总论第 5 页)

3．有限的比较方法:

本来,在一个专门的研究领域,研究一个专门的译者,也可以只进行单独的研究而无须左顾右盼和东比西较,但是为了加强研究的效果,加深认识的深度,也可以进行比较。这种比较,有些是比较文学意义上的,有些则是比较翻译学意义上的。例如,在重译的意义上,蔡华在不少地方将汪榕培的翻译和杨宪益的译文相比较,在诗歌体式和是否要加注释以及加注到什么程度最为合适的意义上,则将汪榕培的"浅化"翻译和戴维斯的"厚重"和"深化"翻译相比较。关于后者,书中有这样的论述(并有长篇累牍的引述戴维斯的注释,达数页之巨):

> 与汪榕培诗意地"浅化"处理《述酒》中密不透风的典故意象相比,戴维斯"厚重翻译"的"深化"翻译风格更加别具一格。戴维斯所做的注释不断地将英语读者带到诗外的文化"训诂"境界中,一而再,再而三地进行学术考辨和学术鉴赏。参看戴维斯洋洋洒洒的《述酒》学者性阐释,即可见汪榕培"诗体翻译"的情感"挑拨""对话"翻译取向的不同译效。(蔡华:《译逝水而任幽兰:汪榕培诗歌翻译纵横谈》, 2010 年, 第 97 页)

最后,想就学生研究老师的学术成就的事情,发表一点感想。蔡华博士能在毕业以后,继续研究导师汪榕培先生的翻译成就,而且是一个有计划、分阶段和任务的研究,我认为这是一件好事。小而言之,这似乎只关系到典籍英译的继承和评论问题，然而就大一点说，则可能关系到在当今形势下如何进行学术继承、创造和超越的问题。笔者相信，古今学问虽然有别，但也有一些共同的地方值得注意，否则人类文明就没有延续性了。古代的学问，和财产及官位一样，自有其传承有序的沿革机制，而士农工商等职业分工和行业世袭现象，也有利于资产的积累、知识的传递和技术的精益求精。例如，古希腊的哲学，从苏格拉底到柏拉图再到亚里士多德，就是一路师承下来的，而中国的儒家学派从孔子到孟子，虽然不是直接继承，但中间也经过了师承关系，否则很难设想中西学问如何可以传承几千年而不衰竭。尤其是西方文明，对人类文明的一个突出贡献，可以说就在于知识技术传承和体制延续逐渐完善的做法，已经形成了一种机制，它最终将会影响到学术规范基础上的学术创新。

结合目前翻译学研究中的流派建设问题，甚至涉及国学与西学的关系问题，与其片面地不加选择地把眼睛一律放到国外，甚至主张"非翻译书不读"（须知中国的翻译书也是书），不如在胸怀世界的时候，也要关注并立足于中国当下的翻译和研究状况，并将国内本领域的突出的实践的理论的成果，予以集中关注和研究，甚至继承下来，发扬光大。倘若真正地能将西学落实到国学，便未始不能开宗立派，传诸国外。特别是关涉到中国文化的典籍翻译这样一个特殊的领域，更是不能舍近而求远，以至妄自菲薄，倒是应当密切关注中国的文化状况、汉语和其他民族的语言状况，以及典籍翻译本身给我们提出来的重大的理论问题。

或许在最佳的情况下，我们的师承关系和传承途径可以做到如下几点：

1. 导师应当通过传道、授业、解惑等途径，将自己的学问毫无保留地传递给学生，而学生则要尽可能多地吸收和继承导师的学问、治学方法，并主动接受其学术人格的积极影响。当然，这样说来，师承关系是相互的而不是单方面起作用的，其影响是综合的、人文的，而不应当只是技术层面的，更不应当是急功近利的。实际上，在不同的行业里和在不同的求学阶段（本科、硕士和博士等阶段），师承关系的表现方式以及明显程度和受重视的程度会有所不同，因而其学业和技术进展的情况也会有不同。例如，在传统戏剧表演领域就很重视师承关系，所以易于形成流派。当然，中国当代戏剧流派的形成，和近世以来京剧从文人创作型为主到名角表演型为主的历史性转变，也很有些关系。

2. 对于导师的翻译实践所擅长的学术活动领域，包括已取得的研究成果，学生应当有所了解和认识，并且尽可能地以浓厚的兴趣去把握，尤其是把握其要点与精髓。大而言之，这种途径是通过认识导师学问和见解的经验层面进而深入其理论基础的一把钥匙，不可轻看。小而言之，则包括导师的文笔和译笔在内的方法和规范应当尽量继承下来，否则一切实质的有形的超越就会成为泡影。联想到近年来翻译领域可以说是以理论为主而评论次之，言谈与评论者众而好的译者难求的奇怪现象，重申这一问题的重要性不言而喻。一个感动人的例子，就是罗新璋先生当年为了学习翻译，除了通过书信等形式从道理上请教傅雷先生之外，曾经把傅雷的整部译作一字不落地抄写在原著的字行中间，以便反复对照和琢磨。这种吃苦精神和扎实的学风，是深入理解译事精髓和提高翻译水平的基本功所在，令人敬佩，也值得继承和发扬。

3. 就理想的情况而言，在理论观点上继承一个人或某一家的学问，不但有一个深入理解以至于渐悟或顿悟的过程，而且有一个经过长期积累使学问底子加厚加深的过程，不可能是一朝一夕的事情。在这一过程中，一方面，要通过长期读书思考去扩大知识面并加强联系和理解，另一方面，则要通过积极参与导师的学术活动和研究项目，在耳提面命和悉心指导中摸索前进，直到有所成就。不仅如此，整理和研究一个人的书籍、论文和资料，以及收集有关的生平传记和学术历程，探索其学术渊源和治学之道，都是有效地和有机地继承学统和充实自己的途径。当然，此类活动的参与和组织不一定限于本师本派的弟子，但是，作为一种常规的继承途径和研究方法，即便在现代教育的体制内和个人的治学习惯中，毕竟也不应加以排除和排斥。虽然现代的学术和古典的有所不同，而文科和理科以至于每一学科都可能有其自身的特点和要求，但是在总体上，则需要一种继承和发扬，哪怕是近距离的继承和发扬（这和所谓的"近亲繁殖"不是一个概念），而不是在无形中中断或者人为地割裂学术的传统及其演进的历程，或者干脆将个人成就和上述过程割裂开来，对立起来。

总体说来，导师制是一种行之有效的教育和传承体制。在现代正规的高等教育体制内，导师制是集体授课和信息资源社会化等现代教育形式的一种补充和纠正。作为更具人文性和人性化的传承和教育方式，导师制本身也是与书院教育和自学成才相互兼容的一种高级研修形式，而未必要视为陈旧的私人办学的一脉相承。退一步而言，即便秉承家学和私学传统，也曾经是中华民族的一种教育方式，而尊师重道继承师业则是中华民族的优秀传统。诚然，现代正规教育和学位教育在方式与实质上和古代的传统的教育已有区别，而现代的知识创新和积累与更新的速度也非昔日可比。但是，我仍然相信，在当前学风教风普遍比较浮躁和不顾条件和基础侈谈创新几乎成风的学术氛围中，特别是在考虑中国翻译学派究竟能否建立和如何建立的语境中，来强调师承关系的正常化与优化和学术继承的有效性等问题，无疑是一个合适的话题，也是一条建设性的思路。当然，这里不是要强调私人关系或师徒之谊，也不是主张坐井观天囿于门户之见，而是强调要有合作精神和创新机制的形成、健全和发挥作用，就要有良好的学风和师生关系，要有实质性的传承和学术互惠；教师要鼓励学生在学术上提出新异的甚至反对的意见，而学生也要有敢于超越导师的道德勇气和学术能力，同时，还要继续倡导转益多师，兼收并蓄，融会百家，大胆创新。这些都是常识，就不再絮叨了。

最后，祝愿汪榕培先生在典籍翻译事业上取得更加辉煌的成就！

希望蔡华博士能在继承师业和研究译学方面再攀高峰！

王宏印

2009 年 2 月 20 日午夜

于南开大学龙兴里寓所

福乐文化，智慧人生

——序李宁《〈福乐智慧〉英译研究》

春季前夕，李宁要回新疆探亲和办喜事，临行前寄来她的博士论文的修改稿《〈福乐智慧〉英译研究》，已联系好由民族出版社出版，要我作序。我没有什么理由推辞，因为这原是计划中的事情。年前读了一遍稿子，发觉修改的地方不少，可是毕业已经两年，题目于我有些生疏，一时理不出头绪，就搁了下来。不觉年关已过，归期在望，开学在即，只好又回到这个题目上来，好在是一个吉祥如意的题目，不必搞得太学术，就动起笔来，写了如下的文字。

李宁是我从新疆大学硕士应届生中招来南开大学读博的，在我的指导下从事《福乐智慧》的翻译研究，经过几年的学习和研究，已取得了决定性的研究成果，毕业后留在了北京工作。在李宁上学的几年中，以及在毕业后的这些时间里，每当有电话联系和当面交谈，或收到她从新疆寄来的特产，新疆那片神奇的土地都会牵动我的西北情结，给我生活的新奇与探索的向往。回想起十多年前的一次新疆之行，那是从西安到新疆乌鲁木齐的一次收获颇丰的讲课和旅行到伊犁边疆的美好记忆：在那遥远的地方，仰卧在天山山坡的阳光下，下面有河流蜿蜒，牛羊点缀于草垫，上空有苍鹰盘旋，白云悠然，那一份深厚，一份高远，一直延续至今，时时在我的脑海里浮现。

不久前，我在写给新疆大学外语学院谢旭升教授的《特色汉英翻译教材》的序言里，曾这样描述了新疆这个地方的文化特色和人文及翻译研究的意义：

> 新疆是个好地方。不到新疆，不知道中国之广大，文化之广漠。在历史上，新疆曾是西域丝绸之路的故乡，佛法西来的必由之路。按照季羡林先生的说法，她汇聚了具有不同文化渊源的四种文化，是翻译产生、发展和研究的天然沃土，也是掌握了 23 种语言以考察稀有碑志为特长，志在沟通中外文化交流史的陈寅恪先生魂牵梦萦的地方。此外，新疆还是天生的翻译家族锡伯族诞生和活动的场所。所以，无论从哪个意义上来说，新疆都是翻译的故乡，在世界翻译地理学中本应占有"底地国家"一样的翻译圣地的地位的。正是由于这一层考虑，我曾经梦想，在新疆，例如新疆大学，一定要有一个真正意义上的翻译中心，从事和民族翻译与对外交流有关的翻译活动，才不负这一片神奇的地方——欲与巴格达雪峰一样的巍峨，像天池一样的绚丽多姿的，本也应属于那奇妙的翻译之境。(谢旭升编著：《特色汉英翻译教材》，新疆大学出版社，2008 年，序第 1 页)

正是基于对新疆这个地方的一种理解，我让李宁负责调研一下新疆地区的文化典籍的对外翻译情况，而李宁在经过了较为广泛的探索之后，选定了《福乐智慧》这样一个维吾尔族的文化典籍，研究它的文化传播特别是英语翻译的情况。如今，这样一项研究的成果已经摆在我的面前，而且将以专著的形式正式出版问世，我怎么能不为之高兴和激动呢？伴随着学生的专门研究，几年来在这个领域我也有了一些间接的接触和初步的思考，积累了一些自己的意见。以下是关于《福乐智慧》翻译研究与相关的学术研究的探讨性意见，兹书写下来，权作一篇序言。

首先要讲的一点，就是关于李宁《〈福乐智慧〉英译研究》所做的工作和已经取得的成就，需要一个大体的估计和评价。我相信，具体的内容只有读者自己去发现和认识，而这里的几点只是一些概要的总结：

1. 这一选题本身是一件大事，对于维吾尔族的典籍翻译研究，可能具有开创性的意义，如果把《福乐智慧》视为该民族文化史上最伟大的历史文化典籍的话。尤其是关于这部作品的英译和对外传播的研究，可以说由此开始了一个新的时期。

2. 李宁的研究内容，包含了这一维吾尔族巨著的文化定位和文学分析，考察了原书版本和英译本的关系，尤其在宗教和哲学方面，做了富有成效的探索；文化方面，主要集中讨论了与民俗有关的问题，而文学方面，则重点探讨了柔巴依诗体翻译的问题，包括散体和诗体等翻译问题。

3. 关于典籍翻译的理论探讨，在涉及译本评价和翻译策略研究的时候，李宁在论文的最后部分提出"双向构建"的问题，值得重视。其要点有四：

1）译者的文化立场：即对于原作文化和译作文化，应持有同样的尊重态度；

2）翻译的构建策略：即利用两种文化与语言作为翻译再创造的资源，进行富于创造性的翻译工作；

3）翻译构建的方式：是温和的而不是激进的，灵活的而不是刻板的，以文化交流为目的而不是以控制和干涉为目的，体现和而不同的容忍和包容精神；

　　4）作为翻译成果的体现：是建立超越原语文化和译语文化的第三空间，即适当离开原作向理想的译作的方向迈进，保留和牺牲一定的异质成分以便追求文化间更为顺畅的交流。

　　我以为，这几条原则对于我们的民族文化典籍翻译，乃至更为普遍的文化翻译都具有十分重要的意义。这也是作为导师能够为学生的研究成就感到自豪的。

　　以下转入本人就《福乐智慧》及其翻译研究的几点认识。

（一）《福乐智慧》的多维研究课题

　　《福乐智慧》是 11 世纪我国境内的维吾尔族诗人、学者、社会活动家尤素甫创作的一首长诗，多达 13000 行，于 1069 至 1070 年完成于卡拉汉王朝的又一政治文化中心喀什噶尔，献给卡拉汉王朝君主阿布阿里哈桑，受到后者的赞赏，遂授予尤素甫"御前侍臣"称号。这部不朽的著作融合了众多的文化资源与人类智慧，通过四个人物的对话寄托了深刻的道德寓意，阐明了安邦治国之道和教化人民的意义，具有永久的文化价值和文学价值。关于这一重大的文化课题的研究，可以有以下几个方面，现简要陈述之。

　　1．作者研究

　　作者研究是文学艺术类研究的重要课题，因为人文学科的要点就在于围绕人这个主体去做研究，从生平经历和所受影响来推测作者的思想和作品的表现，再用这种作者研究去解释作品中的东西，一般倾向于同一和统一的说法，但也有分期和变异的问题。从《福乐智慧》的作者优素甫的情况来看，他所生活的年代比较确定，基本生平和创作时间和可以肯定。值得注意的是，在《福乐智慧》作品的散体和诗体序言中，以及附篇和正文的某些部分，都可以找到关于作者自己的介绍和说明，涉及他的生平、创作与心理的描写。这种情况，和《红楼梦》里的作者扑朔迷离的隐现一样，既需要从文本本身寻找线索(其中的溢美之词甚多)，但更重要的还是要从其他相关作品和历史资料中作进一步的研究。可以说，关于作者知道多少，关于作品就能知道多少。好在和《红楼梦》作者的复杂情况相比，学界对于《福乐智慧》的作者本身没有异议。不过，因为年代久远，在文字之外的新的资料，例如在出土文物资料的发现方面，也许很难有重大的突破，需要在相关资料的相互关联上下功夫，例如在作者思想和生活的渊源上下功夫，可能还会有一些突破。无论如何，《福乐智慧》的作者，和那些根本无从确定具体作者的文化典籍的情况相比，已经是得天独厚和有根有据的了。

2．文本研究

文本研究包括版本研究和文本本身内容与形式的研究，以及互文性资料及影响力的研究等课题。在《福乐智慧》中，原始文本的丧失、三个抄本的发现以及汇集校刊本的完成，特别重要的是这些本子之间的联系和改变与沿革关系，要能做到了如指掌，最好是能绘制一个谱系，让其中的关系一目了然。这是此类研究的基本功。对于原始文本系统没有十分清晰的掌握和仔细的了解，就没有翻译研究的基础。翻译文本系统的研究是文本研究在翻译领域里的重中之重，但需要以原本系统的研究为开端和基础。

在理论上，《福乐智慧》的文本研究，不同于《蒙古秘史》的文本研究。后者的主要研究问题是原本何以会丧失，以及如何进行"古本复原"的问题。而《福乐智慧》版本研究的情况更是十分复杂。例如，为何在校勘本完成以后还有这么多相互转译的翻译作品，而不是直接从校勘本翻译而来？为何翻译本子的大量出现，会集中出现在20世纪后半？为何存在着同时向土耳其语的翻译和非土耳其语的翻译两个大的翻译方向？在中国当下的翻译活动中，现代汉语本的地位如何？如何评价？等等。

3．文化研究

季羡林先生曾说："世界上历史悠久、地域广阔、自成体系、影响深远的文化体系只有四个：中国、印度、希腊、伊斯兰，再没有第五个；而这四个文化体系汇流的地方只有一个，就是中国的敦煌和新疆地区，再没有第二个。"

《福乐智慧》写作和流传的主要区域在新疆，诚如季羡林先生所言，而且其作品本身也包含了这四种文化的元素。首先是希腊哲学元素，例如，公正和运气的比喻，但有可能是通过更为复杂的神灵崇拜和阿拉伯或波斯译文而来，而且诸如知识与才智的区分也带有希腊哲学的味道，但也可能作为价值观在世界其他哲学中会普遍存在。印度文化的影响体现为佛教教义的传播，这不仅是因为佛教经西域传到东土，苦行主义在《福乐智慧》中多有体现，而且体现在觉醒与贤明的辩论中，代表了伊斯兰教与佛教信念的冲突。《古兰经》和伊斯兰教价值观在《福乐智慧》中显而易见，其中一些格言可能直接取自伊斯兰教经典，而且贯穿于整个作品的始终，但也不必过分强调它，因为作者的思想来源十分广泛，而其主要读者则是土耳其定向的，这就使得伊朗-伊斯兰文化需要有一个新的归宿和整合倾向。

至于中原文化的影响和同化作用，主要体现为儒家思想作为主流意识形态的辐射和渗透作用。不过，中原文化的影响有一个渐进的渗透过程，对儒家文化的强调，正和西方学者对于希腊思想的强调一样，不仅构成二者相互平衡的机制，而且在平衡伊斯兰教和佛教的影响方面，也构成另一重景象。其全部问题的复杂性在于，在一个思想来源丰富而驳杂的文学作品中，不仅是宗教和哲学在起作用，而且诗歌和谚语等民间文化和生活态度也在起作用，在政治伦理与法律之间，在出世和入世、来世与和现世之间，在劝导帝王的王道统治与风化一般老百姓的道德之间，作品能够达到平衡与协调的机制，肯定是多元互补的而且是协调划一的。因为这是一部成熟而完整的经典作品，而不是各种思想的大杂烩。但也不必过分强调其中的统一性，因为任何结合与融合的程度都不可能是完美无缺的，矛盾性是普遍存在于作者的头脑中和作品之中的。只要按照作者的世界观和生活态度可以取得一个基本的融合状态，就是比较理想的了。

4．译者研究

在没有真正进入译者研究的翻译认识中，特别是在一般的教科书上，译者被定义为需要学习和掌握一定的语言能力、翻译水平和相关知识的人们。但是实际上，在翻译过程中，译者究竟起着什么样的作用和如何起作用，却没有得到实际的有价值的研究，甚至没有得到相应的关注。在国内，对译者地位的重视，虽然后来有了叫作主体性的理论，但它为德国哲学解释学的先见论决定论所独断，根本就没有取得什么实际的进展，同时由于中国历来强调精神作用的唯意志论或绝对自由论的死灰复燃，又将译者说得神乎其神，云里雾里了。再后来，由于进入到后现代的主体间性的讨论，主体泛化，概念混淆，在很大程度上甚至掩盖了译者问题的研究。

译者研究的出发点和归宿是什么？这似乎是不言而喻的，难道首先不是能够通过译者的研究来说明和解释其翻译作品吗？但是实际上，很多译者研究却不是这样，而是生平资料的堆积和翻译上的评功摆好，或者在最终的归宿和结论上语焉不详。时代背景的研究固然重要，但必须纳入到对于个人的影响才有意义。这里我们不妨考虑一下所谓意识形态的问题，作为对于译者的一种外在的社会力量，它只有转换为自觉的执行或拒斥才能看出作用。另一方面，译者本人的思想意识，以及潜藏于语言文化中的思想性积淀，都会自然发生作用。诗学的问题也是一样，他的艺术修养和诗学主张，转移到翻译领域，就成了译者的具体策略。当然，其他如操作和执行状态的赞助者，也都可以归入到译者的研究中才有意义。

　　就《福乐智慧》的众多译者而言，国别国籍、宗教信仰、语言状态、翻译目的、读者对象，都有很大的差距。而且还有在一种文化里和文学创作十分相似的翻译习惯和写作笔法，它转换到翻译笔法里，就会起关键的作用。这里我们要提出一条假设：不同文化中的译者，是此种文化以及众多相关文化力量影响的综合体和承载者与执行者。他们肯定具有完全不同的翻译理念、翻译策略和翻译方法，而不是只有直译、意译、归化、异化一类概念上的东西。对于像《福乐智慧》这样有十几个译本和来自数个国家在不同时期以不同语言翻译的译者，其研究会呈现出复杂而丰富的状况，甚至可能有惊人的发现——只要是真正进入到这些译者的内外环境和翻译世界里而不是浮在文字或文化的表面上。

　　5．文学研究

　　这里所说的文学性是广义的，并不是要把《福乐智慧》仅仅定义为文学作品，而不顾它的宗教性质和政治教化功能。恰恰相反，我们是在一个广泛的意义上来确定它的文学性。这种文学性，也即包含了一定的文献性，即广义的 literature。相关的研究包括：神话原型批评的研究、叙事学和人物塑造的研究、哲学宗教与思想主题的研究、修辞学意义上的写作方法的研究、作品的语言研究、诗体与散体的翻译研究，以及诗学与教化功能的研究，等等。所以，这里的文学研究，不是一般所谓的文学性或艺术性研究，也不是所谓的脱离开思想内容的创作技法研究。它的要点是要为翻译研究提供基础和内容，而不是泛泛之论，或者局限于对于文学作品的一般化的认识。

以下提供一个《福乐智慧》的故事梗概和人物关系，这样就会把《福乐智慧》当作一部具有叙事性质的文学作品，所以重要的是要思考其中所包含的文化寓意：

> 国王日出励精图治，一心求贤。月圆慕名而来求见，以图报效国家，深得国王信任，出任大臣多年。月圆辞世时向日出托付其幼子贤明，贤明得国王恩遇而承袭父职。贤明有一宗亲名曰觉醒，人品高洁，日出王欲召其出仕，与贤明共为辅弼。然而，此人奉行遁世主义，潜隐山林苦修，虽经贤明奉旨三次敦请，始终不肯应诏出仕。时光流逝，贤明亦产生了遁世苦修之念，觉醒却劝其忠心报效日出国王。不久，觉醒疾，卧床不起，贤明前来探视。觉醒死后日出王和贤明深感悲戚，对高洁人品缅怀不已。此后，贤明秉政益加勤勉，天下遂乃大治，云云。(《福乐智慧》，郝关中等译，民族出版社，2003 年，译者序第 5 页)

6. 传播研究

这里的传播研究自然指的是和翻译接受相关的传播研究。它可能包含不同的问题，例如较为微观的问题，例如接受方的主体文化对于翻译内容与形式的需求，翻译中的译者对于这种需求的了解和认识，以及不同层次或类型的读者如何接受或拒斥这种译文，哪些是译文质量本身的问题所导致的接受困难，哪些是社会文化因素在起作用，等等。还有较为宏观的问题，例如，一个作品在世界各地的传播的地域分布情况（翻译地理学与环境学），传播的趋势以及可能发生的转向，传播的时间区段、高潮低潮，主要的深层的原因以及人们的认识偏向与评价的价值取向等。在这一方面的研究里，跨文化交际（或传播）是一个必要的专业基础，但是一般所谓的跨文化交际知识充其量只能是参考性思想和原则性的提法，而根本的问题是要能够深入到具体的跨文化交际的语境和过程中去，获得准确的资料和可靠的知识。社会心理学也是一个必要的认识角度的参照，但也是要和民族学、民族关系史等问题联系到一起，才能取得准确的民族心理的描述和社会文化的依据。其他有关的方方面面都是值得考虑的，兹不一一。

7. 语言研究

翻译中的语言研究可以有不同的研究侧重，由此构成不同于一般语言学意义的研究。例如，在现有语言研究的基础上，进行一般意义的语言比较或对比研究。当然，这些研究可以涉及《福乐智慧》文本所包含的各种语言，也可以涉及翻译所涉及的不同的语言。前者是文本融合性质的，重在说明一种文本何以会有这么多语言来源，和这些语言是如何融合在一个文本之内的。后者则涉及不同的翻译语言之间可能触及的翻译问题，例如语言之间的相似性的问题，以及转换难易程度的问题，当然，所谓的翻译难度是相比较而言的，包括在印欧语系和汉藏语系之间，以及这些语系内部各语言之间转换的难易程度问题。在这一方面，由于我们的翻译研究人员和语言学家对于世界各国语言和语种掌握的限制，以及二者之间的某种隔离状况，如此的宏观研究还有相当大的缺口和发展余地。

翻译研究中一个比较棘手的问题是，在何种情况下可以断言是由于语言的问题而使得译文和原文产生差异的，在何种情况下则不是语言问题，而是其他问题，例如译者个人水平的问题或者翻译策略与方法高低的问题。在这一方面，不熟悉甚至不精通文本所涉各种语言的特点，常态与变异状态，而且不能估计其在翻译中的具体情况并根据其中的变化条件做出判断，就会导致对翻译基本问题的判断失误，或者将该解决的问题转移到其他不能解决的领域，做出文不对题的或不负责任的说明。因此可以说，归根结底，翻译的一切问题都是语言问题。就民族典籍的翻译而言，目前亟待一批掌握一种或多种民族语言的翻译研究专家。

8. 批评研究

批评研究自然包含对于《福乐智慧》原本的批评，和各个译本的批评。这两个方面既有联系又有区别。区别在于原本的批评相当于一般的文学批评，虽然文学也可以有不同的侧重、例如文本批评、文化批评，以及更加侧重于影响的诗学或意识形态批评，和接受与反应的研究批评。而翻译的译本批评却是针对译本而发的，涉及文本质量的评价、译文策略和技能的部分，以及联系到译者和社会文化因素的批评意见。但是另一方面，若强调二者之间的联系即把二者看作是一个连续体，就会产生原本批评与译本批评的因果关系和影响关系，或原作效果与译作效果的关系问题。不过两个文本之间也有彼此可以平行比较的可能性，依据比较也可以得出一些批评性结论。值得注意的是，批评固然是评论性的，但未必总是评价性的，在很多时候，批评也可以采取非价值判断的形式或姿态。在非价值判断的问题上，可能是批评者超脱文化立场所采用的非本位立场，而价值判断的观点，在许多时候，往往是和批评者本人的文化立场和身份密切相关。在《福乐智慧》这样牵扯众多文化因素的翻译批评中，甚至在只涉及原作的文学批评中，不同的文化背景和语境都会起作用。而这些作用，归根结底，既涉及对于翻译的性质与功能的理解，又可以受到翻译本身的影响而采用不同的观点对待之。

9. 理论研究

概括说来，《福乐智慧》的理论研究应当包括以上各个方面的理论问题的研究，但是这样说过于笼统。往高点说，可以说不直接研究这个作品而是研究由此产生的诸种理论问题。仔细地说，可以分为不同的几个方面的问题：文化融合理论研究、翻译与传播理论研究、语言学理论研究等等。例如，这部作品究竟如何为文化融合理论的研究提供新的问题和资料，值得重视。一般所谓的文化传播理论有波状理论和谱系理论，但这两种理论都不能有效地说明其中更为复杂的文化问题。例如，我们既不能准确地为当时的突厥-伊斯兰王朝做出文化谱系图，也不能说明其中的传播是由那些中心向边沿的渗透，因为这个王国当时本身就一个政治文化中心，是各种文化荟萃与发挥作用的集合地带。在这个意义上，目前流行的后殖民理论当然也不能说明其中的复杂情况。因此，需要我们根据具体作品的研究从中发现或梳理出新的理论来。

又如翻译传播理论研究。按照一般译介学的观点，把现有的译作作为现成的结果接受下来，按照一种或一些西方理论寻找一些线索说明它们的有效性，显然是不够的，甚至是有问题的。按照传统的翻译理论，只在文本转换上下功夫，把技巧和文本对照作为法宝，也是不可能有重大突破的。这里所谓的翻译传播研究，就是既要说明文化交流与融合的趋势，也要说明不同来源的思想和文化如何借助文学作品的翻译取得了某种妥协和融合，而在哪些方面取得了可以接受的传播效果，哪些方面则不是，或者有待于改进，从而对不同的翻译行为和结果做出评论和评价。但这还不够，还要尽力在以上各个方面提出一定的理论创新，例如借鉴翻译传播理论考虑和语言杂合相应的文化杂合或融合问题，在文化融合理论中提出和后殖民理论不同的新的跨文化翻译理论，或者对现有的翻译理论做出必要的变异和改版等。

10. 翻译研究

要而言之，以上几个方面的研究都和翻译研究有着十分密切的关系，也都可以或多或少地算作翻译研究的某一方面。但是，我们要强调指出的是，这些研究还不能算作具体的翻译研究。由于下面将辟出专门的篇幅来讨论《福乐智慧》的翻译问题，这里兹不多言。

（二）《福乐智慧》研究中的翻译理论问题

以下是关于《福乐智慧》的具体的翻译研究的讨论。我们将集中讨论其中所提出的版本问题及其对于翻译研究的意义，而且在可能的时候，还将尝试提出一些新的文本类型，或者以之可以丰富翻译研究的理论认识也未可知。

关于文本的产生，特别是原始文本，在翻译研究领域，就是原文，一直以来，没有十分明确而可靠的认识。概括起来，有下列几种意见。一种意见认为，原文是翻译过程的出发点和翻译转换的依据，甚至有人认为原文是翻译终极的不可企及的范本，也就是绝对标准。似乎原文凭空而来，一直就在那里，永远如此，一成不变。这是传统的翻译作为技能与转换的观点。另一种观点似乎要好一些，例如译介学的观点，认为原文固然很重要，但并不是不可改变，在翻译过程中，原文会随着译文的产生而发生不同的变化，它既不是终极的范本，也不是唯一的依据。这种观点不仅把原文视为理所当然，而且译文也被看作现成的事物和不可否认的事实加以接受，然后才去谈所谓译介和接受的问题，也就是究竟是哪些因素和条件使得译文成为这个样子的。显然，这和历史学上就事论事、存在即合理的观点是一致的。还有一种比较极端的观点，认为甚至在没有原文也没有翻译过程的情况下，只要在译入语文化中当作翻译来接受的，就是翻译了。这种"伪译"理论，其过于侧重译入语文化和接受者一方的偏见是显而易见的。"伪译"作为一个概念，除了具有接受方心理的研究价值以外，严格说来，不能选作翻译本身的研究。

在《福乐智慧》的研究中，我们发现，原文的产生和形成是一个极为复杂的过程，其本身就是一个文化累积与文本成型的适应性过程。这种复杂性体现在下列几个方面，或者说有下列表现形式：

1. 《福乐智慧》的研究是一个集合了不同抄本的发现过程

虽然有关的研究表明，《福乐智慧》成书于1069年或1070年，但是，迄今为止，并没有人见到过那个完整的原稿，而是以下三个不同的抄本同时存在于世证明了《福乐智慧》的存在。那就是：A）赫拉特抄本，1439年在今阿富汗赫拉特城用回鹘文抄成，现存奥地利维也纳图书馆；这是第一个被发现的抄本，发现并不晚于19世纪。B）费尔干纳抄本，12-13世纪用阿拉伯文纳斯赫体抄成，1914年发现于今中亚乌兹别克斯坦纳曼甘城，现存该国科学院东方研究所；C）埃及抄本，14世纪上半用阿拉伯文抄成，1896年在埃及开罗发现，现存开罗凯地温博物馆。这样，《福乐智慧》的研究就以抄本的研究作为基本的课题了。

2. 《福乐智慧》的定本（或再生母本）是一个集合了三个抄本的校勘本

三个抄本的存在，为一个统一的校勘本提供了文本依据。于是，在1947年，土耳其学者阿拉特（R. R. Arat）以这三个

抄本为依据，整理和出版了一个相对完整的校勘本，包括 13290
行、两篇序言、85 张正文和三个附篇。这一版本不仅是公认的
权威版本，而且也是许多译本据以从出的翻译母本。之所以说
相对完整，是因为原来的三个抄本都不完整，而且距今年代久
远，内容难以确定。这种情况，和道安当时翻译佛经的情况就
有几分类似，即都是有几分汇评汇校汇勘的意思。但不同的是，
道安当时是拿不同的汉语译本进行汇编处理，并不懂原文，而
阿拉特却是懂得原文的，所以翻译和校勘的质量可能更可靠一
些。在这个意义上，我们可以把阿拉特的翻译母本称为"再生
母本"。

3.《福乐智慧》的变体版本在不同的国度有不同的名称和
功能侧重：

书名的变动意味着一个文本至少有了一段流传的历史和一
些传播地区的覆盖面。在长期的流传中《福乐智慧》形成了它
不同的名称，代表不同的地区和文化对于这部书的取舍和侧重。
原书的散体序言里有这样一段话，可以说明书名变动的复杂情
况：

> 由于此书无比优美，无论传到哪位帝王手里，无论传
> 到哪个国家，那儿的哲士和学者们都很赏识它，并为它取
> 了不同的名字和称号。秦人称它为《帝王礼范》，马秦人称
> 它为《治国南针》，东方人称它为《君王美饰》，伊朗人称
> 它为《突厥语诸王书》，还有人称它为《喻帝箴言》，突朗
> 人则称之为《福乐智慧》。(《福乐智慧》，郝关中等译，民
> 族出版社，2003 年，译者序第 2 页)

作品题目的翻译独特地说明了：这一总体的认识在译者那

里具有某种倾向性选择，即偏重于君王智慧和治世指南（类似于《王书》或《资治通鉴》）的功能）。根据标题原文 Kutadgu Bilig,意为"能带来幸福的知识"，参考这部书的政治文化功能，美国学者丹克夫把它译为 Wisdom of Royal Glory（荣耀皇族之智慧），并增加一个注释性的副标题 A Turko-Islamic Mirror for Princes（土阙-伊斯兰君王之镜）。显然，译作标题的设计是在对原作整体研究基础上，依据译者所理解的东方中古社会及其所反映的主题思想和社会功能，对这部东方古典作品所做的进一步的文化定位和重新命名，属于再创造式的翻译。Wisdom of Royal Glory 点明了作品的主要内容及基调；A Turko-Islamic Mirror for Princes 则指出作品的语言及文学、文化传统渊源，将二者合而为一，可以回译为：《福乐智慧：君王荣耀之镜》。这样的翻译，为典籍翻译的标题提供了一个绝妙的"复杂翻译"的策略。

4. 《福乐智慧》的原本和译本是一个不间断的连续体的认定过程：

我们一般倾向于把翻译看作是由原文向一个固定的方向翻译而去的一次性完成过程，而且往往只关注一个原本和一个译本，认为这就是翻译的全部了。同时关注几个译本的情况即所谓一作多译，就比较少见，而能同时关注一个原本在不同语言和文化之间同时出现的情况即多语种版本的情况，就十分不容易了。但是，《福乐智慧》的翻译打破了我们持有的这个简单的翻译概念。

要而言之，早期的三个抄本和阿拉特的校勘本不算，就晚近的情况而言，《福乐智慧》迄今为止已经有了 10 多个译本，而且集中出现在 20 世纪 60 年代以后。从译入语的角度而言，它的翻译方向可以分为向土耳其语的译本和非土耳其语的译本两个相反的方向。向土耳其语的翻译包括土耳其文、乌兹别克文、维吾尔文、哈萨克、柯尔克孜文（即吉尔吉斯文），向非土耳其语的翻译则包括俄语、英语和汉语译本。前者的情况比较容易，因为文化和语言的差异不大，而后者的情况比较复杂，汉语、俄语和英语的文化和语言差异各不相同。

另一个复杂的情况是，《福乐智慧》的翻译直接译自原本固然不可能，但即便翻译从出的原本各有不同，而且间接翻译和转译的情况也比较常见。例如，1992 年新疆人民出版社的柯尔克孜文译文，和 1989 年民族出版社的现代哈萨克文译本，前者是散体，后者是诗体，就是转译的。与此同时，散体和诗体的翻译形式选择也是值得注意的。一般而言，诗体翻译比较更强调文学性，而散体翻译则更注意内容和思想的忠实性。例如，1983 年伊万诺夫的俄译本就有明确的文学翻译的艺术性标准。但这不是绝对的，丹科夫的英文翻译，就是散韵交替的译本格局，也体现了很好的艺术性表现。对于这样模式，如何认识和解释，有待于在理论上作更加深入的探讨。

5. 语境化，再语境化：文化本原地与文本的创作及翻译浑然一体：

在一般的理解中，"文化"是一个大得不得了的词，先在地包含了一切的意义，既是水，也是船，又是艄公和乘客。在这个过程中，语境也是一个最终起作用的词语，决定了作者、译者和读者，而翻译几乎成了创作之后被许多东西决定的不得已或无奈的决策。但是在《福乐智慧》产生和传播过程中，翻译却起着几乎是原发的作用，没有翻译，现存的任何一个本子都不会有——如果把抄本也看作是一种翻译的话。再下来的校勘本，就是更加靠近翻译的翻译作品了，并且作为母本而再生出来了。这些译本，以及一切后来由此产生的译本，向着突厥语和非突厥语的翻译，都是在一定的语境下被重新语境化的过程，这样，文化就本源地与文本的产生，通过不断地翻译而翻新出来了。这一过程，同时铺展在不同的地区和语言区域，适应了不同的语境和翻译目的，而被接受和传播和再传播，一直下去。

由此，可以总结一下《福乐智慧》的版本所引发的翻译的理论问题了：

1. 关于译本作为再生母本使得其他后续译本从出的可能性的认定：一部作品，可以在原本（即第一文本）丧失的情况下，依据其他文本（第二、第三或第四文本）产生出新的文本。这些文本的综合性汇编校勘本，可以最大限度地反映原著第一文本的面貌，或者作为其替代本，起到母本的作用。这种情况说明，在理论上，至少不能否认译本具有权威性的可能性，和作为后续译本从出的母本译本所具有的派生性功能的作用。由于这个母本不是原发的母本，即实际上的第一文本，而是在翻译过程中再生出来的，但它确实起着任何其他文本所不能起到的作用，所以我们称其为"再生母本"。

2. 关于译本形成系统在翻译传播过程中不断适应和变异的认定：如《福乐智慧》所表明的，在文本的传抄、翻译和流传的过程，产生不同的文本变体，包括其标题本身都会发生变化。这种变化本身，既可以视为文本本身的潜力实现和不同侧重的强调，以及各文本互补作用的实现，也可以视为不同的文化环境对于这一文本的本体的选择性改造，或者视为文本对于特定文化环境的变异性适应的过程。而文学作品标题本身的变化，在原作里也有，例如《红楼梦》的命名系统，包含了《红楼梦》《石头记》《情僧录》《风月宝鉴》《金陵十二钗》等，它们揭示和解释了一部作品的不同主题和内容的侧重，构成一个完整的命名系统。但《福乐智慧》和《红楼梦》有所不同，后者是随着创作过程产生和完结的，前者则是在翻译过程中逐渐产生和丰富起来的，并将随着翻译过程的继续而继续出现新的译本命名。我们可以把丹柯夫以前的单一命名称为"简单命名"，而把丹柯夫的复杂命名成为"复杂命名"。复杂命名一般标题比较长，或具有副标题，或以十分复杂的标题形式企图揭示作品的多重内涵和文化功能。

3. 最后，这里要提出"派生文本"的问题。所谓派生文本，并非直接译自某一原本或翻译本，而是在文化传播过程中受其影响所产生的一些类似的文本。据研究，在《福乐智慧》诞生以后，曾经产生了一些以之为范本进行仿作的文本。

> 1900 年国外刊布的十四世纪的一份波斯文献，曾提到一部包括民事法典在内的成吉思汗的箴言集，也被称为《福乐智慧》。刊布者梅里奥兰斯基认为，成吉思汗传下来的这本书正是十一世纪回鹘语《福乐智慧》的仿作。(《福乐智慧》，郝关中等译，民族出版社，2003 年，译者序第 8 页)

对于这样一种仿作，我们认为可以称为《福乐智慧》的派生文本。派生文本也是翻译的一种，但不是完全翻译，而是有条件的翻译作品。它比创译要更加具有创作的成分，但仍然属于翻译文本的范围。至于再扩大其范围，到了古代欧洲与之类似的作品，那就是同类作品，而不属于派生作品了。派生作品与同类作品的关系，恰好在于有无直接的影响关系。有的就是派生作品，而没有的则是同类作品了。据研究，在《福乐智慧》成书 5 个世纪后，对文艺复兴时代的欧洲产生了影响：

> 西方竞相以类似的形式表达自己的社会政治理想和伦

理道德观念。欧洲人的《守法镜》，法国人和英国人的《君王宝鉴》，德国人的《亲王的箴言》和斯拉夫人的箴言集等，都同这种风格相近。在古斯拉夫人中则有《口才卓越者》，俄国人中有《雄辩的演说家》、《治家格言》等，也可归入这一类型。(《福乐智慧》，郝关中等译，民族出版社，2003年，译者序第8～9页)

文化之间的影响当然可以肯定，但这样说并不能排除西方社会在同一时期或者稍后时期出现的同类作品，也完全有可能是当地比较通行的文体和文本。试想在一个文化的轴心时代，将政治教化与伦理劝善合而为一的文学作品，甚至采用诗歌体裁借以传播一种文明规范的做法，原本也不是一种文化所独有的。甚至可以说，这是世界各主要文明在古典时期所共同具有的一种文学题材和体裁，只不过在不同的文化中其侧重与形式有所不同罢了。

（三）重申博士学术研究培养中的几个概念

在这个序言的最后一部分，我准备讲一下翻译专业博士培养中的学术研究问题，其中有的时候，也会涉及民族典籍翻译的问题。我认为，到了现在，这个问题已经是一个无须回避而且大有可为的研究课题或研究领域，不能不给予关注了。

1. 学术基础

现在有些博士生的基础不好，一方面在于教育制度和教学内容的消极效果，一方面也在于学生自己的学术路子有待于调整。对于导师来说，主要的却要关注学生入学动机的考察和研究方法的养成，目前看来，一般只重视西方现代翻译理论的掌握，而且当作现成的知识和教条，并不是作为可以利用的智慧和方法的资源，是一个普遍的严重的问题。忽视翻译实践能力作为基础和翻译批评的见解作为借鉴，直接强调重视理论，而且将理论等于西方现代译论，就使得学生的基础不够宽厚，也不够扎实，甚至不知道研究为何物。实际上，一个翻译专业的博士，应当掌握中西古今的翻译理论，中西古今的翻译史和翻译文本资料，更应掌握人文的解释方法和科学的实证研究方法，中外语言能力和学术写作能力自不待言。但这也只是一些学科的基础，而不是自己的特长。

对于欲从事民族典籍翻译研究的博士生来说，下列学科知识和研究能力是不可缺少的：

1）民族学、人类学（体质人类学和文化人类学）的原理、知识与研究方法的掌握；

2）中国学（海外汉学）、蒙古学、敦煌学以及其他关于中国研究的渊源与动态掌握；

3）中国文学史、文化史、外国文学及比较文学与世界文学的概貌与重要作品的熟悉；

4）中国民族文化、文学从古代到现代的掌握，以及相关的语言（包括汉语、民族语言与外语）的掌握和应用；

5）中外及国内民族关系史、交流史以及中华多民族文明史与文学发展与交流的综合资料的掌握和趋势研究。

6）其他，如学术联系、资料与工具书等。

2. 独立领域

所谓领域，就是依靠相邻学科形成的相对稳定的知识体系和学科资料，以及与研究方法和观点相联系的知识和能力的总体。博士的研究领域不应是大家认可的千篇一律的现成的知识堆积，也不是统一规定的读书单和通用的知识体系，而是自己独特的兴趣与长期探索的倾向，包括对于历史知识的活的认识和对于一些终极问题的持久关注的结果。也就是说，研究人员要阅读一些周围的人们不曾阅读的书籍，关注一些同行们未曾想到的问题，以资对基础知识（学科知识）的独特结构和知识进行重新组合，还有长期以来对某一类问题或现象的关注，对一些独特领域的资料的收集，熟悉某些特殊的研究任务所需要的方法和技能。一个人没有独特的领域就不可能形成好的研究选题，不能允许一个人的学术长期没有自己的领域，或者游离于学术研究的视野之外。

关于博士层面的领域和选题，有些人过分依靠导师。其实，导师的研究范围不一定能够成为学生的研究选题，倒是应当鼓励学生逐渐形成自己的领域，例如民族神话与民间传说，民族史诗，民族历史、哲学等研究领域，熟悉相关的学科和研究方法，以便借鉴和创造。但导师应当有博大的胸怀、广阔的视野和对本领域及相邻领域的若干课题的敏感，对人的问题的很好掌握，以及计划能力、预测能力和想象力，从而能够保证一个选题的成功确定和顺利实施，以至于最终理想地完成。可以说，在选题和学术领域的确定上，导师具有重要的领路人的作用，但不能替代或包办学生的研究，也不能采用硬性摊派的方法。

3. 研究课题

课题取决于一个研究人员的学术研究基础，它必须变化为能力；限制在研究人员的有效的知识领域，进而转换为可以界定和操作的课题。博士的研究课题应当在学科的前沿，但这取决于研究人员对于整个领域的视野的宽窄，和对于本学科的研究性质的深入理解，以及在此基础上对于某一问题的研究重点与难点的认识。没有慧眼就什么课题也看不到。一门课、一本书、一个人作为研究课题，是现成的孤立的死题，必须有破解之法才能作为课题。联结性研究课题是在二者之间，或两个变量（构成因果），或观点与资料（寻求解释），或两个领域（寻求类比或推论），等等。原创性课题是最难的，但未必意味着是理论的原创性。对于学生来说，找不到课题或找到了随意改换题目，和将大家流传在口头的问题误认为是研究课题，不考虑是否适合自己或有无突破的可能，是常见的选题误区。

就民族典籍翻译的领域而言，除了第一部分所说的研究课题以外，大约还可以有如下的课题思路：

1）进行某一民族的典籍的翻译史的研究，得出分期或趋势的研究结论；

2）就某一民族典籍文本进行系统的翻译考察研究，得出具体的评价性结论；

3）就一个民族的典籍翻译进行综合性的研究，得出较为普遍性的综述性结论；

4）以某一个人的创作或翻译作为对象进行翻译研究，得出具体的翻译研究结论；

5）就某一位翻译家在相关领域里的成果进行研究，得出某一人的翻译研究的结论；

6）就民族典籍翻译进行各个领域或方面的翻译比较研究，得出相对的比较性的研究结论；

7）就某一民族典籍的某一文体进行单独的或比较的或综合性的研究，得出不同的研究结论；

8）运用民族志方法、田野调查方法或其他人类学方法进行民族典籍实证性翻译研究，得出相应的结论。

9）就民族典籍翻译和汉族的交流关系进行研究，得出文化交流史和跨文化的研究结论；

10）其他可能的研究课题，以及上述课题的不同的结合形式。

4. 研究方法

方法是可以提前学会的，那就是具体的研究方法，包括查阅资料，进行调查研究，提出假设、验证假设，进行合理的理论推论，以及学会学术写作等。这里所说的方法是与一定的课题研究有关系的方法。究竟是方法确定课题，还是相反，课题决定方法？在一个课题里，要首先考察前人的研究方法，如果没有发现方法的问题，也没有资料与观点的问题，就无法产生新的突破。有些人把理论等同于方法，这只是在哲学领域里才有可能是那么回事，而在许多研究的情况下，理论观点充其量只能为具体的研究提供认识的参考，而不能过分倚赖其当作真理，即理论既不是出发点，也不是归宿和结论。

也可以根据一个具体的研究课题制订研究方法而变为计划，这样不同的研究就有了自己方法，或方法的总和，但不是综合研究。所谓的"综合研究"在国外一般不予以承认，认为是把现有一些研究结果拿来拼凑在一起的不动脑子的办法，也不可能有什么发现与创建的大杂烩。大陆的学者特别钟情于这样的方法，称为结合、综合和整合，实际上，既没有问题，也没有材料和观点，连直接的问题假设都没有，直接从前提进入结果或结论——往往和某一个最新的理论家的论述完全一致。这里要强调的，是实证研究方法，无论是作为资料的考证还是作为思想的考察，都需要一个实证的研究作为基础。甚至文学翻译批评的评论性研究，或者主要依靠文字资料的汇总性研究，都要以实证研究为基础。即事先要有问题和假设，而研究的结果要有所发现，有所证明，有所否定，有所前进，或者有所批评，有所批判，甚至在理论上有所建树，有所推进。在这里，思辨有其用武之地，但只是在某些环节上才能起作用，不能过分依赖，也不要把不同的研究类型混为一谈。

5. 研究成果

科学研究的成果可以呈现为不同的形式和表现为不同的形态，例如发现了新的材料，对新材料或旧材料做出了新的解释，或者产生了新的理论和观点，或者补充了新的材料或观点，或者澄清了多年的误解而出现了新的认识，或者重新论证或证伪了以前的研究结果或结论等等。进一步而言，开拓了新的研究领域，扩充或加深了原有的领域，从相邻的领域引入新的方法或观点来说明该领域的问题，提出或提供新的参照系，都属于研究的结论和成果。

总之，发现是文科研究的核心，解释新意可视为发现的一种形式。在此意义上，将国外一种新的翻译理论拿来进行介绍，或做出评价，只是一种研究的前提或基础性工作，本身很难说有什么研究的结果。如果用一种理论去企图解释一些新的资料或评论一部译作，并且有所发现，能见人所未见，就可以算作研究了。这种情况，和把一种理论和另一种理论相比较，相结合，或相互解释的研究类型有些不同，前者带有应用性研究的意识，后者则属于纯粹的理论研究领域，但都是值得提倡的研究。

民族文化典籍翻译的领域内，目前已经确认的研究成果有以下几个类型：

1）在宏观上，关于民族文化对于汉族文化的弥补性关系，就民族文学典籍的类型而言，可以说弥补了汉语言文学史上神话不足、史诗缺失等文学类型的不足，得到了一个相当辽阔的视野，使得中华民族大文学、大文化的宏观格局已经在望。

2）关于"古本复原"的研究，以《蒙古秘史》原本缺失为基础，以考察其蒙译、汉译以及外译为例，集中讨论了原本缺失和古本复原在理论上的可能性，并对实践上的努力做出客观而有价值的肯定性评论。

3）以《福乐智慧》的版本为研究对象，确定了"再生母本""派生文本"和"相关文本"的几个类型，认为它们是在创作、翻译与传播过程中与文化交流同步进行的一个过程，由此发现了核心的和边缘的文本产生机制和翻译的内核和影响的外围等双重传播结构，作为所谓翻译过程的一种宏观的模式探求。

4）以《论语》《中国文论》等英译及其汉译为基本文本，通过其中的正文复现和注释与序跋内容的分析，重申了有关研究发现中的"往复翻译"问题，确认一个民族的典籍只有经过外译和传播然后又返回到本民族的文学文化之中，才可能受惠于人类文明和世界文化，形成对本民族也有利的滋养——是为"文化反哺"。

5）以林语堂的《京华烟云》《瞬息京华》为例，探讨一种文化可以用外语写作而加以表现的可能性，并就其英语翻译的不同汉语译本，研究其多种表现的可能性。由此确定的是一种文化上的"无根回译"现象，反而使得中国文化本身成为反复翻译的对象，这是十分有趣的。

6）在概念上，一个民族的文学只有经过本民族的创作和对外翻译的途径，再经过比较文学对比研究的视野，才有可能进入世界文学，从而成为人类文明的一部分，进入到一个全球视野的学术观照之中，并为其他民族的文人精神所关注。这是一条译介学的必由之路，也是普遍而有效的文化传播道路。但是只强调外国文学的译入，而忽略本国文学的译出，以至于相互之间的互译互动，是其学科的偏颇处，需要克服。

7）在涉及一个民族的翻译研究中，实际上会有民族对汉语的翻译和汉族对民族的翻译、民族对民族的翻译并包括逆向翻译、民族对域外的翻译、域外和汉族对民族的翻译，以及经过汉译以后的民族典籍对外的翻译，和外来典籍对民族的直接翻译等途径。这里有民族学，翻译学、语言学、人类学等研究的综合视野这些研究的结果，最终可能建立民族文学的翻译网络，成为世界文学的纵横交错的复杂格局和辉煌前景。

正是怀着这样一种美好的愿景和学术的信心，我将结束这样一篇较长的序文。此时此刻，我的目光和思绪又回到几年前的事件，并徘徊在当下的问题里，进而将投向更加遥远的未来。那是一个有意思的话题，和一些难忘的吉光片羽：

> 又一年，新疆大学的硕士应届生李宁考入南开大学读博，在我的指导下从事《福乐智慧》的翻译研究，成绩斐然，现已毕业，留在了京城工作。可能正是由于这些学术的交往，使得我十多年以前的一次新疆之行，那是从西安到新疆乌鲁木齐的一次收获颇丰的讲课和旅行到伊犁边疆的美好记忆，时常在我的脑海浮现，和那些熟悉的面孔一起召唤我的想象，加深我的铭记。也就是那一次历时半月的新疆之行，在接近终点的时候，伊犁河畔那闪耀的黄昏，桥头上，微风里，有着手风琴伴奏的维吾尔的独特婚礼，从人的心头愉悦之情油然升起，从此我萌发了一面旅行一面写诗的念头，从此搁下了略嫌枯燥的写散文游记的笔。
>
> （谢旭升编著：《特色汉英翻译教材》，序言）

记得当年从新疆回来，写下了一首新诗《伊犁河》（那条从俄罗斯发源又返回俄罗斯的河流）。这里我把它献给我的弟子，作为对她的婚礼的一份礼物，也献给投身于民族文学翻译研究的朋友，祝愿你们有美好的生活和辉煌的成就，和一个更加辉煌的未来：

伊犁河

你是否刚从俄罗斯回来——
一身夕辉还闪烁着异国的风采？
怎么，这就要回到俄罗斯去，
巴尔咯什湖难道就是大海？

你可巧赶上维吾尔的婚礼：
微风从新郎手风琴上吹送着情爱；
你激动的泪水抛洒出串串珍珠，
给桥上那娇羞的新娘佩带。

伊犁河，远方的河，
你永远在我梦中——
自从那个如梦如醉的黄昏
青春欢笑在波浪中。

啊，夕阳注视的伊犁河
是老人眼中的新娘。
你那美丽动人的目光，
何时才能遗忘！

王宏印
2010 年 4 月 30 日
南开大学寓所

译学需要评论

——序赵秀明《译学评论概要》

翻译学经过这么多年的发展，在国内外已经产生了一批值得关注的理论文章和专著，在总体上需要一些批评和评论，才能推动学科的前进。在这一方面，赵秀明曾写过一些书评和文章，近日又有书稿《译学评论概要》即将出版，我以为正当其时，也很必要，因为他至少提出了一个比较重要的问题，并做出了初步的有益的探讨，足可参考，兹不赘述。至于这个译学批评能否成为一门学科，我想那并不十分重要，但可以讨论，而且讨论本身，也是一门学问。

理论的批评在任何学科的建设中都处于学术前沿的地位，问题的关键是如何进行理论的评论？在这一方面，尤其是中国传统翻译理论的批评领域，梁启超、胡适、钱钟书、罗新璋等先辈曾经开拓了崭新的课题和领域，但总体而言，国内的做法基本上还是经验型的或随机性的批评，而且在很多时候，还是个人的、推介式的，缺少一定的专业和学术的系统性和评价系统。不过"五四"以来，新学兴起，在一些学科领域，例如文学和历史领域，也曾经出现过重要的述评性的文章，甚至在学术自由和讨论风气比较浓厚的时代，也曾经产生了真正称得上属于理论性批评的好文章、好作品。甚至近年以来，单就翻译学科理论建设的宏观领域而言，也不是没有人做过这一类的工作。

这使我想起了杨自俭先生。翻阅三卷本的《杨自俭文存》（中国海洋大学出版社，2010 年版），我们发现先生一生所涉猎的三大领域，即语言学、对比研究（对比语言学、对比文化学）和翻译学领域，都有不少理论评论性的文章，其中包括一些会议讲话、综述性的文章，以及为数不少的序跋类文字。这些文章，对于语言学、文化学、哲学（逻辑学）和翻译学的重要理论，多有评论，不仅有对老一辈学者如吕叔湘等语言学家的评论，也有对新一代翻译理论家的褒奖与鞭策，还有对国外的一些典型理论，例如霍尔姆斯的译学框架的修正性的方案。杨先生的这些评论，笼统而言，多数属于译学评论的范围，再加上中国英汉语比较研究会对杨先生本人的学术评论和评价，甚至可以说构成了一个有一定系统的批评和评论系统。

最近以来，在译学评论的研究领域本身，也出现了一些值得一提的文章。其中就有山东大学外国语学院黄远鹏的博士论文《当代西方翻译理论科学评价探索》（2009 年通过答辩）。文中运用拉卡托斯的评价理论，对奈达的《翻译科学探索》（1964/2004）、《翻译理论与实践》（1969/2004）、《语言与文化——翻译中的语境》（2001）、图里的《翻译理论探索》（1998）、《描述翻译学及其他》（1995/2001）和各特的《翻译与关联——认知与语境》（2002/2004）等著作，进行了理论评价分析，得出了发人深思的结论。该论文的研究结论概要如下：

通过比较发现：（1）各特的研究纲领不能替代奈达的研究纲领，并且相对于奈达的研究纲领来说，各特的研究纲领属于退步性研究纲领；（2）奈达的研究纲领和图里的研究纲领属于共存的竞争性的研究纲领；各特的和图里的

研究纲领也是属于竞争性的研究纲领。（黄远鹏博士论文未刊稿）

尽管这项研究本身还有许多可以完善的地方，但在译学理论的评价和评论方面，这篇论文无疑具有选题的开拓性和研究方法上的重大意义。作者坦言：我们的研究虽然处于起步阶段，对通用翻译理论批评的适用性范围有待于在以后的研究中进行进一步的论证，但是，我们认为通用翻译理论批评是翻译理论研究走向正确的科学的发展轨道的标尺，也是翻译学成为一个成熟的学科的必不可少的研究内容之一。这一论断，显然是至关重要的，而且是深思熟虑的。

说到这里，有必要简述一下拉卡托斯理论评价系统的要点。以便为广大读者提供一些理论批评的参考。拉卡托斯认为：每一种理论就是一个研究纲领,而每一研究纲领的核心部分是"硬核"（hard core）。硬核具有三个特点：

第一，"不可反驳性"：硬核是其对手的方法论决定所不能反驳的；异常必然导致变化的情况，只发生在辅助的、"可观察的"假设和初始状态下的"保护带"中。

第二，"常规性"：从常规角度看，这一方法借助常规可以在理性上接受的，不仅是空间–时间上的单一的"事实陈述"，而且还有空间–时间上的普遍理论。一个人可以接受为常规的，不仅是基本陈述，而且还有普遍陈述；事实上，对于科学发展的连续性来说，这是最重要的了。

第三，"有条件的崩溃性"：我们坚持认为假若而且只有当该纲领不再预测新的事实时，其硬核才可能被抛弃；也就是说，我们的硬核在某种条件下会崩溃。（黄远鹏博士

论文未刊稿）

除了考察一个理论的硬核之外，还要注意考察其"保护带"（protective belt）。在一个理论结构中，保护带往往围绕在该理论"硬核"的周围。所谓保护带，就是理论家为了保护其硬核而发明或提出的一些辅助性假设。

> 为了保护越来越硬的内核，正是这个由辅助假设组成的保护带必须首当其冲经受检验，进行调整和再调整，甚至彻底被替换掉。假若一个研究纲领是成功的，则所有这些导致其问题转移的都是进步的；反之，后退的问题转移则说明其研究纲领是失败的。（黄远鹏博士论文未刊稿）

按照这一理论检验思路，即可以区分某一研究纲领在科学上是否成熟，或者不成熟，甚至可以区分是真科学还是伪科学。例如，不成熟的科学理论，其辅助假设往往是由一系列试误过程拼凑起来的，在理论构成上缺乏逻辑一贯性，或者对新事实的预测缺乏前后过程的连贯性。一种比较复杂的研究谬误，就是它用"一系列理论"取代"整一的理论"概念作为发现逻辑中的基本概念。这样，除非这些理论之间具有十分明显的连贯性，使其成为一个统一的研究纲领，否则，就不能说它是真正科学的研究理论。然而，在评价一个理论或研究纲领的过程中，事情不会如此简单。在涉及"进步性"这一观念的时候，它包含一种理论上的和实践上的两极性。

> 如前所说的"理论上的进步性"，可以直接地检验出来，而"实证上的进步性"则并非如此。它要经历一系列的检

验，才能确定其内容增加的辅助假设是否遭遇一系列的失败，然后再幸运地转向成功的故事——或者通过修正某些错误的事实，或者通过增加新的辅助性假设。然后，我们可能会说，我们必须要求研究纲领的每一步骤在理论问题的转移上都是一直在进步。不过也要补充说，回顾之中，至少在内容的增加上间断地可以确证，则整个研究纲领在经验转移上就能表现出间断的进步性。事实上，我们并不要求每一步骤都直接呈现出可观察的事实。相对于教条的坚持一个纲领显而易见是可反驳的，我们用"间断地"一词就已经留有足够的理性空间了。（黄远鹏博士论文未刊稿）

可见这里有一个理论上的区分，那就是，理论问题转移上的进步性要求始终如一，而实证上的进步性则只要求间断的具有就够了。若两者都符合这样的条件，就可以确证一个研究纲领是进步的了。那么，怎么就算是退步的呢？假若一个纲领，对其预测中所发现的或者偶然发现的事实，只做出事后的解释，也即是说，其理论发展滞后于实证发展，那么，它就是停滞的。即便它可以预测个别的新事实，但倘若是基于拼凑的而不是前后一贯的事先计划好的探索程序，则仍然是一个后退的纲领。考虑到实行中调节因素的作用，也就是说，一个进步的研究纲领，不仅能够解释它旨在解释的事实，而且要能够解释新异出现的事实。

以上是一些理论上的引进和说明，旨在建立一定的学术规范和评价依据。由此可以对一些理论进行有根有据的批评和评论，也望有助于推动译学理论的发展和进步。但这只是理论批评的一种可以依靠的参考，并不是唯一的只能用来作为译学理论的批评武器。但需要指出的是，国内的理论批评，最缺乏的正是一种针对理论本身可以建立批评的评价标准或系统，但这并不是说，我们只能用一种标准和评价系统去评价理论，也不是说，一种标准或评价系统只能对一种理论有效，而不适合其他任何理论的批评。在这个问题上，究竟有没有必要建立一种只适合翻译理论的评价标准和系统，那也不一定，因为翻译理论也是理论，它在总体上也必须符合一种理论的要求和条件，也可以用一般理论的标准来衡量和评价。在这个意义上，这本《译学评论概要》也可以对其他学科的理论批评提供借鉴。

以下借此机会说一下国内翻译界学科建设与学术创新中出现的一些问题，主要是围绕学术研究缺乏原创性和规范性的问题而提出的。这些问题是我近年来注意发现和关注的，这里发表一些简要的评论性的意见，或许可作为引以为戒的批评之点，至于其本身也可能成为批评的对象，则在所不计也。

1. 教条化：所谓教条化主要指理论上的生吞活剥，特别是对于西方理论，认为是普遍真理，加以追随、吹捧和鼓吹，并不讨论其中的学理，即真理性、必然性，也不考虑一种理论的适用性(普遍性)问题。把理论介绍以为是研究，将理论批评降低到用一种理论去对付所有的理论，迫使这种理论变为教条，而使其他理论退出真理的殿堂。在人文学科和社会科学领域，不去遵循学术的规范和问题的继承性解决，不去从实践中发现新问题加以解决，而是不断地重复介绍一些现成的理论，用理论话语占据大部分学术空间，充斥大部分杂志期刊，实际上是无研究状态，甚至是无问题状态。

2. 庸俗化：所谓庸俗化主要指对于学术研究的实用态度，而这种实用并不是真理观上的实用主义和真理的有用性，也不是对周围世界的学术关注和对新的资料和问题的敏感，而是落实为对于自己生存的有用和实用，由此产生的一切学术活动都是满足个体发展和安身立命的需要，有用的就去搞，无用的就不搞。能创造"价值"的就去研究，不能够带来好处的就不去研究。这样一种流俗状态，就是学术的庸俗化。此外，还表现为依靠简单的人际关系去进行学术研究，美其名曰团队、合作，实际上是权力关系和市场交换原则在起作用，营造其氛围，推行其成果，制造出许多学术垃圾，如此而已，根本谈不上真正的学术研究、发现和发明、创造和进步。

3. 实证研究之极为缺乏：实证研究之极为缺乏，实际上就是研究之缺乏。科学精神之缺乏当然是一个中国文化的基本原因。但除此之外，这一问题和前面第一条关系密切，正在于理论领先、理论先行、理论挂帅的风气，风靡一时，蔚为大观。和第二条也有关系，因为实证研究难做，不讨好，不取巧，要花钱，要用人，而且有风险，不一定成功，也不一定有惊人的结果。不如利用一些现成的题目、资料进行"综合创新"来得实惠，来得快捷，来得便宜。或者编词典，编资料，只做基础工程，无限推后其研究。就是不做具体的当下的实质性的研究（当然，这些资料和辞书本身也是有用的，但并不属于这里所说的实际的研究）。

4. 无假设：无假设之所以是一种状态，主要是针对实证研究而来的，首先是实验研究。因为直接拿取一个实验研究题目，重复别人的主要是前人和洋人的研究设计甚至资料和方法，只管试验下去，研究下去，当然就不需要假设，也不需要思想了。无假设无思想当然 也不需要验证，所以研究本身成为空洞无物和可做可不做。许多实证研究领域里的重复性研究，就是这样造成的（当然，在一些暂且落后于国外研究的领域，有些重复性研究也是必要的）。但大量无假设无思想而且注定不会有结果的此类研究，所造成的人力、物力、财力上的极大的浪费，也就是这样造成的。在一些人那里甚至并不可惜，只要有成就能上报就行。

5. 伪问题：这个问题既有认识问题，也有习惯问题，也有学术不纯的问题。在实证研究和理论性研究中都有反映，特别是理论性研究中，表现更为突出一些。所谓"伪问题"就是不适当的研究问题，或问题提得不适当。一种是来源于哲学的无法求解的问题，一种是在科学上没有任何根据的问题，或者无法落实到具体可以操作的问题；在具体的表现中，也有的把前人的问题或答案改头换面重新推出，作为自己的研究问题的。关键在于这样的研究问题，无法简化为可操作的过程或者可论证的结论（或可验证的假设），在科学上是无效的劳动，因而不可能有所发现和发明，因为问题本身无研究价值。

6. 泛化：泛化作为一种认识方式，就是概括化或过度概括化。例如，把一条在极为有限的范围内才能成立的规则（一切规则的应用范围都有限）推广到无限大的范围内去解释和说明，或者把一个本来只具有个别有效性的研究结论（或概念）说成是普遍适用的放之四海而皆准的真理。泛化可以是一种写作方式或表达方式，它习惯于将一个问题的核心部分模糊化，而将其边沿无限推广、扩大、延伸到无穷大的领域（作为结果，一句话成一篇文章，一篇文章成一本书）。这样，一个问题或一项研究就成了一件无所不包无所不能的法宝，可以用于所有的地方，解决所有的问题而不至于捉襟见肘漏洞百出。模糊了一切界限，抹杀了一切创造，在虚幻的无所凭依的环境中，一个概念自身，例如"文化"或"语境化"或"地方化"，在一些人的眼中，也就成长为一个巨大的妖魔，如孙悟空手持金箍棒，可以澄清玉宇万里尘埃了。

　　仔细追索这些问题的根源，可以发现其中的原因是多方面的。例如，有历史的文化的时代的缺陷，即缺乏科学主义的实验手段和基本的研究训练（文科领域许多人对于实验过程和实证研究方法不熟悉），或缺乏哲学上形上思维的追根穷源的思辨传统的熏染（许多人写文章引用一些哲学家的名言，但并没有读过多少哲学原著和译著），或缺乏严密的逻辑论证的推理训练和新的有价值的研究资料的成批发现（例如敦煌资料和甲骨文及其他考古资料的发现）；有社会的和环境的，例如，行政化管理体制所造成的急功近利的督促和计件奖励制度的推波助澜（典型的三七开等工作总结式的思维和写作套路也渗透到学术研究中），社会生活中和市场上流行的等价交换原则所造成的庸俗化的社会行为，甚至缺乏人文的基本素养（如古文和外文能力），而使得市侩化的行为冒充在学术的研究过程中（有些人文学科的文章提出的问题和提问与解决问题的方式低俗媚俗，令人无法卒读）；也有个人的和发展方面的原因，例如在尚不具备某一学科总体研究能力的时候就发表一些指导全局性的言论（有些学术文章写得像社论或政府工作报告），个人在研究中频繁转移研究的阵地和课题以应付各种项目，或迎合单位复杂的人际关系去求得学术生存的条件和契机，等等，不一而足。

　　最后需要指出一点：提出和指出这些问题和产生的原因，目的只在于克服和消除这样的问题和现象。回到译学理论评论的主题上来，仍然有许多值得进一步探讨的地方。具体说来，译学界的批评和其他学科领域的批评一样，处于不景气的时期，而没有真正的学术批评和理论争辩，则译学和其他的学科发展就会受到影响。这使我们想到译学评论或批评的功能。

　　其一是正确评价和促进理论进步的功能，因为学术的进步是在同时代的批评环境中成长的，没有不受到批评的理论，就像没有不受到关注的学术成果一样。不经批评和改进的理论就如同没有经历过风雨的花草，很难说是成熟的理论和经得起推敲的结论。

其二是在学术批评和评论中完善或淘汰旧的理论（有些理论是在实证研究中被淘汰的，即被证伪的），发现新的问题，从而推动学术研究向前发展，这是十分常见的现象，不足为奇。在批评和批判过程中克服旧有理论的缺陷，或者发现新的研究路径，超越已有的问题或水平，从而有可能建立新的理论观点，在科学史和学术研究中是十分正常的，屡见不鲜的。

其三，由于学术批评具有不同的功能，而批评者可能抱有不同的目的，例如从中发现相关问题的目的、发现某一理论缺陷的目的、建立自己理论假设的目的、追求思维完善和表达完善的目的，等等，所以，对于翻译理论的批评态度也可以是多方面的。总体上，可以采取认真对待、加以改进的态度，但也不必事事计较，处处设防——就像一件艺术品摆放在展厅里，要受到不同观众的欣赏和评论一样。

不被关注是一种忽略，而忽略就如同不存在。

不愿批评是一种漠视，而漠视是一种不尊重。

抱着这样的态度，我将结束这篇序言。

王宏印

写于南开大学龙兴里寓所

2010 年 7 月

隔岸放风筝的高手

——序吕敏宏《葛浩文小说翻译的叙事研究》

春节前夕，敏宏从西安打来电话，说她申请到了一笔出版基金，可以出版她的第一部研究专著了。我自然是十分高兴。不几天，便收到了该专著的打印稿。望着封面上那富于现代气息的图案设计，特别是那端坐在椅子上、膝盖上放着一本摊开的书而双手放在书上的戴眼镜的西方男子，我猜想，那一定就是葛浩文——那个有几分神秘的西方翻译家了。

一

葛浩文的名字，我第一次是在刘士聪老师那里听说的，后来敏宏读了博，想搞葛浩文的翻译研究，这即成了一个经常挂在嘴边的话题了。他的英文名字叫 Howard Goldblatt，至今我的拼写还不熟练，身居海外的夏志清教授说他是"中国现代文学之首席翻译家"，美国小说家厄普代克则说他是中国现当代文学的"接生婆"。就我所知，葛浩文生于 1939 年，20 世纪 60年代在中国台湾当兵，后来留下来读书，学习汉语。再后来回到美国，在印第安纳大学攻读中国文学博士学位，受业于著名诗人柳亚子的公子柳无忌教授。葛氏对于萧红有专门研究，精通中国现当代文学，尤其是小说。现在美国圣母大学任讲座教授。他的文学翻译大多是在业余时间完成的。据说他翻译了中国现当代作家中的二十几位、近五十部作品，其翻译的量不可谓不大，在美国市场上也有相当的销售量，可见其影响也不小。

对于这样一位蜚声海外而在国内译界却鲜为人知的大牌翻译家，究竟如何作研究，而且是博士论文的研究，是一个问题。按我自己对于学问和研究的理解，博士论文已经属于高深学问的专门研究，它以专业的训练为基础，以追求某一学科的前沿课题研究为目标，以具有一定程度的创新或发现为标志，不能停留在国内一般的研究水平上，尤其不能满足于用简单的概念变换或套用一些现成的理论为能事。因此，对于博士论文这样的研究，我们提出了一些基本的原则和标准，使其能够达到一定的学术水准。当然，每一课题不同，基本的要求也会有区别。若以葛浩文的研究为例，我们将其定位在文学翻译批评的研究类型上，于是，以下几条成为不言而喻的设定：

1.作为一项文学翻译的批评性研究，这项研究具有个案研究的性质，需要实证研究作为基础。也就是说，它既不能以译者的翻译理论作为出发点（但可作为翻译观点的参考），也不能落入其他人的翻译理论的套路。换言之，无论作为翻译研究的理论基础、研究方法还是研究的结论，从理论出发或以理论为旨归，都与此项研究的目的不符合。

2.所谓文学翻译批评研究，一定要立足于研究的具体对象，也就是以文本作为资料，包括原文和译文，或者某种程度的比较，而以译文本为主要对象，其他一切，例如关于译者生平经历和社会文化背景的研究，都是为了说明或解释文本研究的发现或结果，作为评价的根据或者说明的条件而做的辅助性研究，不能喧宾夺主，也不能越俎代庖。

3.这样的研究，一定要选择有意义的文本对象（可以是某一作品的局部，也不一定局限于一种）来确定其特定选题和基本倾向，同时一定要有关于具体文本的细节性的观察和分析作为资料基础。经过一段时间的实验，如果在前一方面没有任何感觉，或者在后一方面没有任何发现，这项研究就要废弃，因为无法证明研究者是否有能力，或者研究选题是否合适，或者研究的进度是否合理，研究的结果当然就无法推测出来。

那么，该如何做葛浩文的翻译研究呢？敏宏和我谈了多次，后来确定选取其中最有代表性的三部小说的翻译进行研究。这样可以避免只选一部作品的随机性和单调性，避免以偏概全的结论，同时也放下了因为译作数量过大一时不能进行全面研究的重负，可以进入到既非全是宏观也非全是微观的"中观"的研究。这样的选题有两个优势：一是可以深入到每一部作品中，进行框架性的和细节性的研究，概括不同的翻译模式，不至于过分粗疏或者耗费在无谓的细节中；二是可以在三部作品或作家之间，进行翻译模式上的比较和对照，思路上的穿插和勾连，形成研究序列和系统，不至于脱离材料而发空论。

就三部作品及其翻译情况而言，再加上敏宏的研究，可以归结出大体的印象如下：

1. 萧红（中国大陆现代女作家）：《呼兰河传》（1941 年发表，1988 年译）

女性解放思想先驱，散文化抒情性小说，乡土情结。

翻译：个人早期，结构尚可，叙事有失，译笔略显幼稚。

2．莫言（中国大陆当代男作家），大陆当代，男：《红高粱家族》（1987 年发表，1993 年译）

反传统，情节性战争题材小说，民族战争，寻根意识。

翻译：个人中期，强化叙事情节，有归化倾向。

3．朱天文（中国台湾女作家）：《荒人手记》（1994 年获奖，

1999 年译）

后现代思想性文化小说，同性恋主题，诗意的描写。

翻译：弱化现代叙事方式和奇异风格，有回归传统和男权中心倾向。

不难想象，在涉及每一部作品译文特点和具体项目的时候，关注的框架和细节自然有所不同。就正文各部分的核心引文、专门图表和文后的附录中，略加搜罗，也可看出不少具体化的研究项目，兹列举如下。

1.《呼兰河传》

    A. 橘状结构与小说的章节命题

    B. 叙述话语与文学效果之关系

    C. 译本的句式整合与段落融合

    D. 改写句与译文聚焦方式和话语表现方式比较

2.《红高粱家族》

    A. 各节主要事件及时空关系对照

    B. 英译本部分节的词节划分

    C. 原文与译文事件顺序对比

    D. 方言研究

    E. 超常规色彩词

    F. 超常规搭配语汇

3.《荒人手记》

    A. 主题与标题英译

    B. 感官词语及描写英译

    C. 文字炼金术及译文非标记化

    D. 所涉影视书刊名称及英译

    E. 第七章红绿色素周期表中英对比

以上这些细节研究，不仅支撑着整个文学翻译批评性研究的实证基础，是其更高层面的理论发现和理性概括赖以存在的经验层面和实践阵地，而且为读者提供了丰富的例证和具有说服力的论证资料，使一部研究论著如同一株参天大树，不仅枝干遒劲，根深蒂固，而且枝叶繁茂，果实累累。

从宏观上说，一个好的研究项目，除了要有明确的目标、具体的对象和有意义的细节探索之外，还要尽可能有一定的范围和深度。前者要求它不能是一个固定不变的点，即死题目，而应有几个相互照应和关联的点，形成彼此之间的联系，最终形成一个可以回旋的场。后者要求这个研究项目在研究上要有一定的学科依托和理论照应，不能漫无边际随遇而安。事实上，没有一定的时间维度，或者缺乏必要的广泛性的研究，都是不会有深度的。研究的思路和深度要求可思考的问题范围要足够宽广，要能够提供足够的资源以便让思路走得足够的远。

在所选定的葛浩文翻译的上述三部作品之间，将学术上的诸多考虑和逻辑联系串通起来，就可以归结出如下一组探索性思路：

1. 两个时间序列的关系，基本上可以说明创作和翻译的顺序相吻合，可见出译者的文学史意识；

2. 所选作品的性别方面以女性文学(两个)为主，同时包含男性文学（一个）特色，以便形成可比较价值；

3. 地域方面以大陆文学为主（两个），辅之以台湾文学（一个），而大陆作为根源和台湾作为现代的前沿又各得其所；

4. 风格方面的线索可以看出，从抒情类作品到情节类作品再到非情节的后现代叙述作品，其模式的演变轨迹清晰可见；

5. 文化方面从本土乡土（呼兰河传）到民族战争（红高粱家族）再到西化程度或文学观念比较新颖的（荒人手记）线索贯穿之；

6.翻译上从个人散文化翻译到典型的情节性小说翻译一直到后现代时空交错的翻译模式,也可以看出翻译难度的上升,当然,也可以感觉到译者的观念和译笔的极限。

以上各点,敏宏的研究虽未面面俱到,但其研究的方方面面都会有触及,其研究结论也是可观的。在将葛浩文的翻译实践和方法进行总体概括并把这种认识上升到理论性认识上,我觉得,敏宏关于葛浩文的翻译的总体看法,是有根据的,而且是有见地的。总体而言,她认为葛浩文的翻译注重保留原文特点,且能运用各种简略手段,增强译文可读性,故而总结其为"易化原则"。她的研究要点如下:

1. 文化省译,包括某些与意识形态相关的敏感词汇。

2. 通过事件重组,对小说结构进行局部调整。

3. 删去非叙述评论,使小说情节单一化,结构更加紧凑。

4. 对小说节奏的调整方面,通过调整句子的长短、段落的长短,通过对叙事时间和故事时间之间的关系调整,使译文表现出一种普遍适应的节奏,以适合各个层次的译文读者。

5. 通过增加解释性文字力求小说情节前后贯通。从某种程度上说,前几条或多或少视也是为了情节的贯通,增加小说的趣味性与流畅性。(吕敏宏:《葛浩文小说翻译叙事研究》,中国科学院出版社,2011年,第234页)

更为可喜的是,她没有满足于找到这种"易化原则",而是对于葛浩文的"易化原则"做了进一步的分析,发现了其中的深刻矛盾。就我看来,归根结底,这些矛盾不仅仅是葛浩文的,在其他译者那里也可能会存在，或许可以说是带有普遍意义的矛盾。在研究者的观点深处，包含着对于翻译本质的更其深刻的理论认识，包含对于中西文化交流背景的认识，和关于这种交流不平等的思考。

> 一方面，其易化原则在追求译文可读性的同时，表现出原文作者和译者不同的书写理念，以及西方主流诗学对中国文学的边缘化操控；另一方面，其易化原则在表现出译者对传统叙事规约的遵循，力求使故事因果分明、情节连贯的同时，也表现出译者面对叙事规约和作者创作以及读者阅读的双重矛盾，以及叙事文本与社会历史语境之间的矛盾。（吕敏宏：《葛浩文小说翻译叙事研究》，中国科学院出版社，2011 年，第 3 页）

这个翻译理论上的升华和总体方法上的矛盾律的发现，显然来源于必要的概括和抽象，但也需要将这个主要的理论发现返回到译者翻译的语境和过程中做进一步的分析和落实，以便从中找到可靠的感觉资料，来验证这个理论。在这一方面，我相信敏宏已经作得相当有成就了。另一方面，也可以说，这些宏观和"中观"研究的基础，却是关于文本细节的若干仔细的研究，有些项目甚至是穷尽性的研究，如前所述。正是这些细节研究，不仅构成令人信服的实证研究的基础和开端，而且有力地支撑着这个理论升华的最终的概括性结论。在智力上，如果说细节研究更多地来源于材料和对材料的感知，即艺术敏感，那么，理论升华则需要更强的理论概括能力和理性思维能力。正是这两种完全不同的能力，一种是艺术直觉和感知能力，包括敏感性和分辨力，一种是哲学思维和思辨能力，包括概念化和推理能力，以及二者的结合（准确地说，结合点就是想象力），成就了一项文学翻译批评性研究。更进一步说，一个出身于文学专业已经有了语言敏感和文学修养的博士生，再经过翻译理论的熏陶和研究方法的训练，完全有希望完成这样一项专门的研究。敏宏研究的成功，证明了这一点。

二

以上是关于吕敏宏这项研究的概要和评论。至于涉及叙述话语在翻译中的变化的研究，我想敏宏在最后一章已经有了比较清晰而详尽的陈述，特别是重写叙事空间的理论性思考，就不再重复了。这里只想说一下我对于叙事研究的一个简要的提纲，顺便涉及翻译问题。

在我看来，人类的叙事意识或技巧经过了三个前后相继的发展阶段：

第一阶段，自然叙事阶段：在这个阶段，人们把自然发生的事情按照它的发生和发展的顺讲述出来，记录下来，略加剪裁和组合，就构成了古典的自然叙述艺术。这是一个真实的故事和自然的讲述不加区分的阶段，特别典型的是传记文学和史诗，例如荷马史诗《伊里亚特》，虽然有大量的精彩细节的描写，但总体框架仍然是顺序的，当然有略去不写和突出主题的手段。传记文学就不用说了，几乎是一个人一生经历的摹写，只不过在多数情况下，使一个人的形象更加符合那个时代的道德标准或某种人格期待罢了。在中国史传文学或虚构的文学传记如《五柳先生传》，以及《史记》里的众多人物的外貌描写和性格刻画，在人物的言行顺序和因果关系上，都是以自然顺序为之，很少有变化。在英语小说《鲁滨孙漂流记》等大量现实主义小说中，也是按照自然顺序描写的。

　　但是这样说，并不是说没有反例，也不是没有对立面。事实上，作为较早的叙事模式，自然叙事的对立面就是神话想象。但即便如此，在神话中各种形象变幻和随意跳跃的写法，基本上仍然是按照一个时间序列在叙述，换言之，神话一类幻想性叙事，它的想象空间主要是时空范围的扩大和正常类型界限的打破，即跨界旅行，可以说和叙事方式的原始并行不悖。例如，古希腊和古罗马的神话传说，以及中国的神怪魔幻小说《西游记》，都是如此。奇怪的倒是《奥德赛》，在基本的自然叙事的基础上，采用了倒叙和插叙的技巧，形成了截然不同的叙述框架。不过，总体看来，从艺术效果来看，这种倒叙和插叙的采用，并没有从根本上颠倒那个自然的顺序，也就是说，它反而加强了那个自然故事讲述的真实感和可信程度，而不是削弱那个自然叙事的客观效果。因为归根结底，它运用的是一种因果关系逻辑。另一方面，从中国古典叙事的模式来看，主要的是自然顺序的叙事模式，一直到明清小说，例如《水浒传》《红楼梦》还有《西游记》，都是如此。中国古典小说的叙事技巧，在时间上变化很少，而在空间上则有较大的变化。此外，最重要的是时空穿插和人物性格对照，以及与环境的关系等复杂的柔性的方面，在绵密的织锦式滚动上下功夫，但基本上不改变自然的叙事顺序，以《红楼梦》为最典型。即使鲁迅的《阿Q正传》，具有现代小说的一些特征，也没有逃脱这个自然法则。

　　第二阶段，心理叙事阶段：心理叙事基于心理学的研究成果，和人类对于自己的精神存在的关注。一个典型的理论就是意识流理论。在威廉·詹姆斯的《心理学原理》中，第一次提出这样的理论，而在精神的存在层面，则女性心理是最突出的、最敏感的心理流，因为她们习惯于将主观和客观混淆，将梦境和现实合一。这样，一天内的生活，并不是自然顺序中的先做什么，后做什么，而是在晚间回忆的时候，或者早晨回忆前一天的生活的时候，呈现出来的那个朦胧的、似是而非的意识过程——包含了人物与事件混一的个人的心理流动过程。在弗吉尼亚·伍尔夫的小说，例如《达罗维太太》中，这一点得到了印证。至于乔伊斯的小说《尤利西斯》，虽然也是意识流的，却有一个十分突出的人工痕迹，那就是人为地（非自然的）把人物和事件安排在一个固定的有意义的时空里，甚至借鉴荷马史诗的框架来安排章节和主题，进行人为的（艺术的）互文和隐喻，也就是进行特殊的创作和创造。

由于意识流是个人的，带有私密性，所以一般的作家或者由于道德原因，或者由于别的原因，很少或不愿意写这样的作品，当然就更不愿意公之于众了。俄国存在主义先驱陀思妥耶夫斯基的《地下室手记》具有很强的私人写作的性质，但主要是思想性的、压抑型的。中国的意识流小说，更少。鲁迅的《狂人日记》，采用了日记的形式，外表上仍然是按照一天一天的顺序，但因为没有多少故事，思想性是加强了，所以就每一天的记录来看，时间顺序退居次要，而主观感受有所强调，但仍然不是典型的意识流小说。或许可以说，按照弗洛伊德的《文明及其不满》里的观点，随着人类文明的进步，对于个人心灵的压抑会与日俱增。另一方面，在集体主义占据社会价值观的核心位置的社会里，个人的私密意识不可能得到充分的发展和表露，因此，纯粹意义上的意识流心理小说，就不大能产生出来，即便产生出来也带有很强的人为痕迹，或者有主流意识形态的影响痕迹。这里需要特别指出一点：如同自然叙事模式一样，心理叙事阶段的内部同样包含了自然与人为的对立，而意识流小说的自然叙事或抒情，如果没有任何的规范和提升，即艺术规律的规范和提升，也就有流入自然主义的嫌疑和缺陷。

　　第三阶段，自由叙事阶段：如果说自然叙事阶段是故事和叙述不分，它描述的是一个物理真实的世界，而心理叙事阶段是按心理的自然顺序，它描述的是一个心理真实的世界——"法国人称为'间接自由体和心理独白'"（杜亚丹语）——那么，还需要一种更高级的叙事阶段，即艺术世界的真实的叙事，以便在艺术中争得的自由可以用自由叙事的术语来表达。可见，只有自由叙事阶段才是最高级的叙事阶段，那就是说，一种诗意的叙事阶段。在诗意的叙事阶段，所有事实层面将不单独存在，无论是物理事实还是心理事实，整个叙事秩序都服从于一种更高的叙事模式，那就是诗的叙事模式。

　　诗的叙事模式，不同于小说中或戏剧中的富有诗意的叙事。例如歌德的小说《少年维特之烦恼》，虽然有诗意的叙述和心理的层面，但它毕竟不能脱离小说的基本特点和结构，甚至普希金的《奥涅金》，已经十分接近诗的叙事了（即那是富于诗意的叙事诗），但仍然不能脱离诗体小说的藩篱。又如汤显祖的《牡丹亭》，里面运用了诗化的歌唱语言，和阴阳两世时空交错的结构，但在本质上，仍然受制于舞台效果和动作想象，不能达到更为自由的审美创造。在这个意义上，无论是古希腊的悲喜剧还是莎士比亚戏剧，都应当归入经典的有诗意的叙事模式，而不是这里所说的诗的叙事模式。由此也可以强调一点，即使在西方文学史上在戏剧家称为诗人的意义上，戏剧文学也并非达到这里所谓的"诗的自由叙事模式"。

　　一般认为，诗只有抒情而小说才是叙事，其实，这一看法是有局限性的。不仅诗歌可以分为抒情诗和叙事诗，而且抒情诗本身也有叙事成分，或者以叙事作为基础。例如，艾略特的《荒原》，可以说是抒情诗，但其中也有叙事，只要看一看它的小标题目录，就可以感觉到这首诗是有叙事和叙事模式的：

一、死者葬礼

二、一局棋

三、火诫

四、死在水里

五、雷声说的话

　　另一位著名的现代诗人威廉·卡洛斯·威廉斯有一句名言："诗歌：将自身作为一种现实进行处理的新形式。"他所创作的《美国性情》，以散文的形式但又以诗人的气质和眼光，对美国历史文化做了总体性的叙述和反思，一种诗意的观照和诗性的叙事，产生了另一种典型。就其理论而言，他的名诗《佩特森》中还有这样的句子：

以具体细节

为出发点

把它们变为一般，有缺陷的

方法，滚卷而成——

……

因为开头肯定就是

结尾——因为我们不知道任何

超越我们自己的复杂性的

单纯而简朴的东西。

…… 在无知中

　　　　有某种知识，无法
　　　　驱散，毁灭了自己。

　　诗意的叙事模式和第二种叙事模式，即心理叙事模式的区分，首先在于它的"非个人化"，其次在于它的非情节化。前者使得叙事超脱具体的个人经历或主观经验而走向世界，和宇宙同一，后者使得人类的叙事超脱小说艺术的固定模式，从心理的自由联想进入诗的意象自如转化的境地，即自由创造的阶段或艺术自由的境界。如果此外还有别的区别，那就是诗意的叙事模式具有叙事和抒情浑然一体的感觉，它将小说中的情绪笼罩提升到诗意氛围的高度，将小说中的推进节奏（temple）提升到自由节奏的高度，于是有了自由的叙事的诗意的境界。

　　最后，我想指出一点，那就是以上的叙事模式或阶段的陈述只是一个论述提纲，它是一个在历史上前后相继的过程，和逻辑上发展的可能性的推断，总体上构成一种叙事观点或理论系统。虽然在论述上，我们难免以不同的文学类型或文类作为典型作品的例证，但是在精神上不应当受其束缚，也就是说，这里的叙事艺术或技巧作为理论性表述，在原则上并不依附于现成的题材和体裁。它既不局限在小说里，也不局限在诗歌里，而是一个思想观点的漫游，由起始向成长的发展，由低级向高级的提升，由粗糙向精致的完善化过程，如此而已。

　　以之来看待翻译问题，就有一个根本的问题要提出来。那就是，如何可以借鉴原作的叙事模式或艺术表现，来实现翻译作品的叙事效果？关于这个问题，有以下几点可以提供参照：

　　1. 从宏观上打通文学史上各类文体和各个民族文学的叙事传统，予以总体性的认识和把握，避免囿于某些方面，而影响了其他方面的认识和把握，特别是总体把握。

2. 把人类的叙事看作一个连续体的发展过程,注意到其间相互影响的问题，和某一民族文学的叙事模式及其所处的特定的阶段，以便确定具体的文学翻译策略，体现其追溯的轨迹。

3. 在策略和操作层面，把叙事学、文体学和修辞学作为一个既彼此有别又相互影响的文学创作和翻译的整体来看待，按照一部作品的具体特点和要求，付诸翻译实施，力争最佳效果。

例如，如果把中国的现代派文学看作是受西方现代文学影响的一个产物，那么，考虑到艾略特现代派诗歌杰作《荒原》的世界性影响，台湾作家朱天文的后现代小说《荒人手记》的标题，也许要翻译成 Notes of A Wasted Man，而不是现在的 Notes of A Desolate Man。再进一步考察葛浩文在翻译这部小说时的一些失误和疲软，也许可以归咎到译者对于现代小说叙事因素的关注，而在一定程度上忽略了其中诗意因素的表达，或者，按我们的说法，一种有待于提升到自由叙事的诗意的境界。

三

下面转而讨论一下葛浩文的翻译观点并追索一下中国文学对外翻译的演变历程。

我之所以不用"翻译理论"而用"翻译观点"，是基于对葛浩文的翻译活动及其认识的一种定位，或者说一种基础性的认识。

不过，在理论上，已经有人对于葛浩文的翻译思想和做法，做了如下的概括：

总的说来，葛氏翻译时秉承与信守的"快乐原则"与"读者意识"，以及在此理念下葛译对于"准确性""可读性"

　　与"可接受性"的追求与强调，构成了汉学家译者模式的另一种言说类型。它们与"中国经历""中文天赋""中学底蕴"以及"中国情谊"一道，完整诠释了我们对于汉学家译者模式的理论建构。（胡安江：《中国文学"走出去"之译者模式及翻译策略研究——以美国汉学家葛浩文为例》，《中国翻译》，2010 年第 6 期）

　　诚然，汉学家的翻译模式也是一种理论上的归类研究，但其研究完全将译者自述的原则等同于翻译方法和效果，并进一步将所谓的"归化"的理论予以合理化，却留下了进一步讨论的余地。退一步说，昔日的汉学家的"归化"翻译，和今日的"归化"翻译，是否是同一个概念？追根究底，甚至可以质疑这样一种未加证实的"归化"研究模式。进一步而言，对于葛浩文这样一个集中在一个领域的人，一个翻译了这么多现当代中国小说的人，我们究竟认同他为翻译家还是汉学家，也是一个问题。关于什么是汉学家，甚至什么是翻译家，其本身就是一个值得讨论的问题，值得专门研究一番。

　　因为葛浩文本人，在他的文章中，也涉及了这样的问题。

　　葛浩文在一篇题为《我为何要不喜欢亚瑟·威利？在后维多利亚时代翻译中国文学》的文章中讲了自己的翻译观。他把维多利亚时代和当代（后现代）做了比较，就翻译方面的变化提出了几点意见，值得重视。

　　首先，他认为亚瑟·威利本人不需要专门工作而为生活奔波，他翻译汉语和日语等其他语言进入英语文学，而如今的通才明显减少，专业化是一个主要的倾向，连文学翻译也不例外。

　　其次，一方面纯学术的地位在上升，而与此同时，文学翻译的地位却在下降。威利时代的翻译被认为是"天才"，而今的翻译则是随时可以替换的为其他事业做准备的雇工。

再次，可能也是最重要的，翻译观念本身在发生变化。在威利的时代，翻译好像是自发地无意识地进行的，用叔本华的话来说，就好像一首曲子的变调一样自然和不露痕迹。可如今的翻译观念不是那样，一个重要的原因是因为翻译理论在加强，例如，异化和归化理论的两极分野，使人莫衷一是。

回到阿瑟·威利，葛浩文得出了如下的结论：

> 归根结底，阿瑟威利的遗产与其说基于他的翻译，还不如说基于他作为译者的角色。事实上，他的"翻译是一个里程碑式的成功，对于尔后的汉英翻译者的影响是无懈可击，无法抹杀的，而且作为英语文学本身受到欢迎。"然而，随着后维多利亚时代进入后现代，文学翻译过程以及中国文学翻译的接受者性质，已经今非昔比，迫使我们就我们的事情做出威利未曾想象过的思考。（吕敏宏：《葛浩文小说翻译叙事研究》，第46～47页）

那么，葛浩文的翻译观是什么呢？一个明显的动机，就是他对于翻译的爱好，到了一种职业性的冲动。所谓知之者不如好之者，好之者不如乐之者也。这对于中国现当代文学，无疑是一个福音。他的观点，较完整的论述是这样的：

> 因为我热爱这项事业。我喜欢汉语；我喜欢用英语写作。我喜欢它的挑战性，歧义性，不确定性。我喜欢创造与忠实之间的张力，更有不可避免的妥协。当时不时地发现一部令我激动的作品，我的心头就萦绕着一种想要把它译成英语的冲动。换句话说，我译故我在。我知道自己能

忠诚地为两族民众服务，这给了我一种满足感，它激励我快乐地把好的、坏的，或不好也不坏的汉语作品翻译成可读的，能理解的，当然，还能满足市场的英语作品。（吕敏宏：《葛浩文小说翻译叙事研究》，第 46～47 页）

据我所知，葛浩文的一个比较有理论意义的观点，是翻译和写作的一贯性的关系。他的认识在上引文字中已有体现，但不是最典型。敏宏在下面的转述有更加深刻的意义：

葛浩文认为，翻译是写作的高级阶段，翻译意味着对原文的重写。然而，他的重写并非"改写"。重写并不排斥对原文的接受，并且与原文保持密切的关系。重写与原文之间有一种温和协调的合作关系，而"改写"则投射出译文对原文的挑战和怀疑。尽管我们承认翻译的行为具有创造的成分，尤其是文学翻译，然而翻译毕竟不是原创，翻译的本质注定了译文的受约束性，不可能完全背叛原文，而是有条件的创造性背叛。（吕敏宏：《葛浩文小说翻译叙事研究》，前言第 4 页）

说实在的，以上的转述的口气也是温和的，从容而随时准备妥协的。尽管如此，我们仍然可以看出一个典型的始终精益求精的翻译家的翻译观。这种翻译观和职业的翻译理论家的翻译观是有区别的，和昔日的汉学家的翻译观也是有区别的。在职业翻译理论家那里，对于翻译的认识是依据一种特有的观点或角度来"看"的，往往是从一个特定的学科原理，或者甚至一个哲学流派的原理出发，以一条或几条公设为基础，推演出来的一个合乎逻辑的体系。这个体系可以偏激也可以折中，但它必须有不同于前人的东西，往往是对某一种理论的反驳，或发展。这样，理论家就走着一条"之"字形的道路，即黑格尔所谓的"正、反、合"的发展路线。而在翻译的实践领域，却未必像理论界那样激进和变化明显。翻译犹如一条大河，表面汹涌澎湃，水沫飞溅，底层却是静止的，或者暗流涌动。

　　典型的翻译家们的观点虽然也有不同，但往往是经验性的，可以操作的，互相可以协调的，温和而不是冲突的，非激烈的，非偏激的，一般情况下也不大成系统。对于翻译来说，你很难说清楚他是在谈论方法，还是谈论标准，或者是谈论任务，或者是在谈论功能，等等。他的观点和前人有很大程度的重复，不过字句上不完全一样，或者表露的个性化的方式不一样而已。例如上面一段话，之所以说比较理论化，只是因为它涉及翻译与写作的关系，而且还在区分重写和改写，注意划分界限，所以带有论证性和论述性，而不是一般的陈述性。即便如此，它也不是纯粹理论性的，而是在区分经验层面，关注的是操作的正确和限度的合理，而不是在区分理论概念，更不是在推演逻辑系统。

　　下面，我们暂且抛开一般作为翻译家的理论认识的常见话题，例如动机，希望，理解，直觉、经验、陈述，回到"葛浩文问题"，也即我们追溯一下从维多利亚时代到后维多利亚时代或后现代，看一下几个典型的翻译家的案例印象，从而推断一种发展与演变的趋势。我们所用的标志性词汇，大概是要从典型的"汉学家"入手，逐渐演变成今天所谓的"翻译家"的。

　　1. 汉学家-翻译家：亚瑟·威利

　　像威利那样的汉学家，还有理雅各，给人的印象主要是一个学者。他们精通中文和中国文化，系统地研究和翻译中国文化典籍，一般采用直译策略，关键术语用音译或者汉字，增加学术性的注释，进行详细的阐释。他们具有很强的经典意识和译经意识，一般是学术优先、思想优先，甚至哲学优先。他们的目的，大概是传播中国文化中的精粹，而对象一般是西方的精英。所以比较的研究、联通的翻译、互相渗透和阐释的翻译，都是使用的，虽然粗糙，体制不一，但创造性强，灵感闪现，给人以智慧的启发。有时难免用西学和西方概念来译中国的东西，时时包含比较的成分，其决策因而也有主观和臆断的成分，甚至有用西学解释国学的偏向。其翻译和研究的项目，在经费和运作方式上，可能需要专门的特殊的解决，而他们自己则过着学者的书斋的生活，为之奋斗终生，功成名就，死而无憾。这种古典性的学者型的翻译，是典型的汉学家的翻译模式。在中国翻译传统中，大概唐玄奘可以与之类比。他的"五不翻"，与汉学家所用的直译加注释法，有异曲同工之妙。而他创造一种华梵结合的文体的做法，和贾尔斯独创性地翻译李白《月下独酌》的诗体的做法，也堪媲美。

2. 红学家–翻译家：大卫·霍克斯

霍克斯这样的翻译家，虽然主要是文学翻译家，但是也有十分广博的知识和精深的汉语造诣，包括修辞和写作技巧，至少是十分谙熟中国的语法修辞和诗词歌赋，但一般已不以汉学家相称，而就是翻译家了。也是早年在中国求学，然后选择了中国文化和文学作为终生奋斗的目标，先是翻译《离骚》，然后翻译古典小说《红楼梦》，甚至为此而从大学教授的职位上退休，专事《红楼梦》的翻译。在翻译文学经典的时候，抱有理想蓝图，注重版本研究，甚至参考广泛，而自行打造出一个供翻译用的底本《红楼梦》。他的《离骚》翻译，自创诗歌格局，铺陈繁华，颇似屈子风格。而《红楼梦》的翻译，虽风格难以尽显，但重新分卷，附录繁多，导言很长，研究性融入翻译之中，文本意识，文学优先，在观念上直追西方历史上文学名著的创作典范，甚至以维多利亚时期的文学作为翻译的范本。这种做法，和严复的翻译大约是一个类似的目标——他试图通过实现"信达雅"的目标，让他的西方社科经典译本直追先秦诸子的典范，并放在《诸子集成》的旁边熠熠生辉。

3. 多面手-翻译家：葛浩文

葛浩文属于当代翻译家，他的国学和国文功底虽然不错，但主要在文学领域，而且专译小说，也有散文创作。因所选小说专在现当代，多数作为经典尚未确定，只是有影响而已。他的翻译采用折中策略，十分重视读者，颇有市场意识。这本来无可厚非，但与霍克斯的区别，不仅仅在于翻译古典与现代小说的区别，而是研究所花工夫的区别，以其超大量的翻译，涉及几十位作者和近 50 部作品，各种题材，各种风格，虽有选择，但以不变之笔，译多变之作品，毕竟有些适合，有些不适合，有的译笔顺手，有的不顺手。翻译策略的折中性，在一定程度上影响了翻译的文化张力和风格的鲜明程度，是不难想见的。而市场效应，读者爱好，影响所及，在一定程度上便难以保证最佳作品的翻译，而不得不迎合时流，以至于翻译通俗的小说，或者把一些小说，部分地做通俗化的处理，也未可知。而他的影响，虽然大部分是好的，但也有些译者自己本不十分喜欢的作品，时代感强而艺术未必精良的，因考虑到销路好，便拿来翻译，例如春树的《北京娃娃》。这种情况，就其量来说，在中国当代翻译家中，尚无一人可以比拟。现代的林纾，所译甚多，因选择不精，至今多已不传。又如傅雷，他翻译法国小说虽多，但集中在巴尔扎克小说《人间喜剧》系列和罗曼·罗兰传记文学上，其他方面，涉足甚少。及至看到伏尔泰的作品《老实人》，无论出版社如何相约，总觉得与自己译笔不合，总是不敢接受。译者自己说："一九五四年译《老实人》，足足考虑了一年不敢动笔，直到试译万把字，才通知出版社。"（《傅雷谈翻译》，当代世界出版社 2006 年，第 8 页）由此看来，傅雷是一个高标准的艺术家和自我意识很强的翻译家，他的自知之明，因可贵而难得。总之，在博与精的关系上，当代的文学翻译，实际上面临着新的问题，有待于更好的解决。

以上的回顾，并非要说个高下，而是想理出一个变化的大势。我们不得不承认，在这个历史性演变的过程中，古典时期的汉学家已是渐行渐远，学者型的翻译家也为数不多，而现代意义上的翻译家正在走上舞台。译术的精益求精是他们追寻的目标，市场效应和读者欢迎是他们成功的标志。在中国古典文化通过昔日的汉学家敲开西方的智慧大门以后，在中国现当代文学走向世界的关键时期，葛浩文的名字无疑是一个闪光的名字。因为他以一颗虔诚的心灵，期待中国的文学能有一个借助翻译走进诺贝尔文学奖的机会，否则就要靠中国作家自己的努力，来获得这个殊荣。他充满期待地预言：

> 或许有一天中国作家或诗人果然赢得了他们梦寐以求的诺贝尔文学奖——但却是凭借翻译之手，例如阿瑟·威利等人的工作。他们为其所翻译的作品而激动不已，昼思夜想如何将其译为本族语，为此踟蹰不已，焦虑不已。这种状态还将照旧持续，直到有一个类似的翻译奖项被创设出来。（葛浩文：2002，笔者自译）

在一定的意义上，葛浩文的期待，也是我们的期待。

在另一种隐喻的意义上，葛浩文就是一个抓着绳子放飞风筝的追随者——他一面追随风筝的方向，一面调整手里的拉绳，让那飞翔的目标飞得更高、更稳、更美。这就是翻译的艺术。

我很喜欢敏宏的这个比喻。而我觉得，葛浩文是隔岸放飞风筝的高手。

葛浩文，我们期待他有更佳的飞翔成绩！

那也是对中国文学自身的期许。

王宏印

写于 2011 年春节前夕

于南开大学寓所

修改于元宵节

舞台上的英国帝王，莎士比亚的历史观

——序宁平教授《莎士比亚英国历史剧研究》

　　我与宁平教授相识，是在美丽的海滨城市大连，在一次和辽宁师大外语学院几位领导的交谈中。宁平教授平和的心态和亲切的面容，给我以深刻的印象。南开大学教与学的经历，把我们的关系拉近了。得知她曾在南开大学历史系读博，并专门研究莎士比亚的历史剧，我觉得是一个好题目，而且我对于莎士比亚和历史哲学有些兴趣，便鼓励她把这个项目做好，而且一定要把专著出版。如今几年过去了，我终于看到《莎士比亚英国历史剧研究》书稿完成，十分高兴。我答应为之作序，因为这也是早就决定了的事情。

　　我对莎士比亚的兴趣，主要在悲剧，又主要在《哈姆雷特》，而且动手重译了这部旷世悲剧。正在写作此序的过程中，我的《哈姆雷特》译本也正在出版，因此一种期待莎剧的氛围，便弥漫在书房里和电脑前。但我对于莎士比亚的历史剧却很少关注，也很少系统地阅读。只是 20 世纪 80 年代在美国留学期间，每逢周三，在新墨西哥大学的地下放映室里，可以免费观看老电影，其中就有莎士比亚的历史剧，而且不止一种。银幕上，那鲜明生动的人物形象，扣人心弦的宫廷阴谋，残酷血腥的战争场面，以及宏大的皇家礼仪，至今还能忆起，并且为之激动不已。

　　十一部历史剧在莎士比亚的全部创作中占有相当的比重，约有三分之一，而涉及的人物、事件众多，前后持续的创作时间和历史覆盖的时间都很长，再加上和当时英国政治社会关系密切，还有持续不断的影响作用，都说明这是一个十分重要的研究课题，有许多可以挖掘的内容。可是由于种种原因，我们国内的莎剧历史剧研究却相当滞后，不仅在时间上，而且在研究方法和成果的数量和质量上，都难以和莎剧的其他类型相比，更难以和莎士比亚的十四行诗相比。因此可以说，宁平教授的这项研究，填补了相关研究的一项空白，至少是缩短了一些和国外同类研究的差距吧。

　　相对于悲剧和喜剧，莎士比亚的历史剧，对中国读者的影响要小一些。这其中的原因，著名莎剧翻译家梁实秋先生有一段切中要害的追溯：

　　　　莎士比亚的历史剧在我们中国是比较地不被大家所注意的，因为我们很容易发生一种误解，误以为莎士比亚的历史剧既然是以英国历史为题材，则对于不大熟悉英国历史的中国读者当无多大的兴趣。其实不然。他的历史剧，固然用英国历史的故事及人物作为骨干，但是他用的是戏剧的方法，他从英国历史里撷取若干精彩的情节，若干性格突出的人物，以最经济的最艺术的手腕加以穿插编排。是以动作及对话，不是以叙述及描述，来表达一段历史。我们不需要多少有关英国历史的知识，即可充分领略一出历史剧。至少一出英国历史剧不比英国的任何悲剧或喜剧更令我们发生陌生之感。（《莎士比亚全集》（上卷），梁实秋译，内蒙古文化出版社，1995年，第781页）

　　当然，这不是唯一的甚至是最重要的原因。从研究方面来说，也许较少关注历史剧，恰好可以说明，我们的研究者对于英国历史的知识与兴趣的缺乏，换言之，我们也许要等待一个对历史和戏剧具有双重兴趣的人员来研究它。宁平教授的研究，诚然是满足了这样一种条件和要求。她自己坦言，她是利用历史和文学研究相结合的方法，进行具体的文本分析研究。但我觉得还不仅如此，至少她实际上涉及众多的课题，例如，涉及莎士比亚的一般研究、莎士比亚历史剧的资料来源和创作成就，莎士比亚的王权观和战争观。特别值得一提的是，在思想层面上，将莎士比亚历史剧和马基雅维利的《君主论》进行比较，拓宽了莎士比亚的研究范围，使得在文学和历史的研究领域里，在文学与政治学之间那一个相切点上，碰撞出了灿烂的思想火花。

　　本书的核心部分，集中在莎士比亚的王权观和战争观上，而且两个领域相互有关系。关于王权观，莎士比亚既有出于戏剧展示的考虑，对于王权仪仗的赫赫威严的渲染，也有对王权运用当与不当及其产生的后果的考察以及权术动机的批评，也有对于君王作为人的道德与心理的深刻的刻画和理解。当然，作为戏剧家和普通的公民，莎士比亚既在运用艺术手段塑造君王的不同类型，明君、昏君与暴君，也从英国现实出发寄希望于明君和圣君，但最终又因不得实现而陷入幻灭和绝望。而莎翁笔下的王权，实际上是在与贵族权势和教皇权力的斗争和制约中而存在，他的言行和思考，无非是政治家对于形势与利益的权衡的结果。在某种意义上，甚至可以把莎翁的历史剧视为马基雅维利《君主论》的实例，和那个政治理论对照着看。

　　如同封建朝代的更迭一样，英国历史上的玫瑰战争和英法战争，也记录在莎翁的历史剧中。在关于战争的观点上，正如宁平教授所揭示的，莎士比亚一方面作为戏剧家，认识和表现政治家对于国内和国外战争的利用，或攘外以安内，或借外力以平衡内部势力，或调动内部力量以制衡外部入侵，以达到统治的目的。这样，诚如拿破仑所言，政治家眼中的战争就是伟人的游戏。但就唯物主义的历史观而言，无论正义与否，战争不仅具有个人的功利的目的和实际的社会的效用，在宏观上也有推动历史或阻碍其进步的作用。而另一方面，作为人文主义者的莎士比亚，则借助战争体会到并表现了各种人物在内外战争中地位的变迁、集团间权力和利益的得失、国家关系的变化以及人类命运的考验。然而，特别重要的是，莎士比亚写出了人性在战争中的表现，和战争给人类带来的苦难，尤其是下层兵士和普通民众，他们是战争的受害者和牺牲品。那个在战场上杀死自己儿子的父亲和杀死自己父亲的儿子，哪一个更痛苦？岂不是一场撕心裂肺的悲剧！但对于剧作家而言，这两个方面成就的表现，同样是卓越的，发人深思的。

　　当然，对于莎士比亚历史剧的研究，总是有所侧重也有所忽略的。例如，本书的研究兴趣，似乎主要集中在历史事实与思想价值方面，而对于戏剧艺术方面，则较少涉及。这种情况，就和莎士比亚的历史剧，以及他的其他戏剧创作，并不是没有缺点一样。众所周知，莎士比亚并非历史学家，较之通过大量阅读历史著作然后去创作剧本，他更为惯用的手法是借鉴现有的剧本，做一些改编，虽然这些改编，本身也有主题的提炼、剧情的重构以及语言的精致化，例如《约翰王》，但也会由于这样一种创作形式，致使有些戏剧的版权引起纠纷。而在艺术方面，有些戏剧的结构不尽合理，有拖沓和松散的毛病，例如《亨利四世》的上篇与下篇之间，就有人物不够贯穿、结构不够一致的地方。诚然，在人物塑造上，莎士比亚会用其卓越的才能，产生异乎寻常的效果，例如，福斯塔夫这一喜剧人物的塑造，无疑是成功的，而且贯穿于几出历史剧之中，大大地增强了剧作的舞台看点和观众的欣赏趣味。但另一方面，莎翁也难免为了追求戏剧效果，不惜改变历史的真实，去创造一种历史剧的艺术真实，诸如为了塑造刚特一类理想化的人物，以反衬理查的劣迹，也使得其他次要人物发生变异，以迎合这些主要人物，多半是由于这些角色太成功，或者作者太喜欢，以至于控制不力，或者戏剧场面穿插太多，显得喧宾夺主，偏离了严肃的历史主题。

更严重的问题还不在这里，历史的局限、民族的偏见、迎合本国观众的做法，会让一个具有思想家性质的艺术天才，在某些时候，迷失了思想的本源，偏离了历史的事实基础，甚至窒息与枯萎了人性之树上那些闪光的善良的枝叶，显示出斑驳的投影在思虑的大地上。法国民族英雄圣女贞德的形象，就是这样在英法战争的特定背景下被无情地歪曲和丑化的。

> 不忠实于历史的若干情节并不足为病，因为看戏的人并不希望从戏剧里印证史实。近代观众所感觉不快的当是关于 Joan of Arc 的歪曲描写。在这戏里这个十八岁的一代英杰被形容为一个荡妇，一个巫婆！虽然这一切污蔑大部分是取自何林塞，虽然那时代的观众欢迎充满狭隘爱国精神的作品，我们对于戏剧作者之未能超然的冷静的描述史实，是不能不觉得有所遗憾的。(《莎士比亚全集》(上卷)，梁实秋译，内蒙古文化出版社，1995 年，第 889～890 页)

关于圣女贞德的丑化的描写，和莎翁对于这位民族英雄的偏见，在我大学时代第一次接触到莎士比亚时，就已经觉察，而今多少年过去了，这样一个心情，终于在梁实秋先生的表述中找到了知音，也是应和了一种思想的缘分吧。

当然，所有这些缺点，都不足以掩盖或抹杀作为伟大艺术家的莎士比亚的伟大光辉。据我看来，莎士比亚历史剧的最大贡献，在于作为民族诗人和剧作家的莎士比亚，通过他的历史剧创作，塑造了一个民族的精神家园，这其中包括英国民族特定的意识和莎翁式历史剧的发展模式。在后一方面，除了个别历史剧的历史问题现实性比较强，例如《约翰王》近乎时事问题剧（a topical play），至今已经不新鲜之外，大多数戏剧的影响力，至今仍然存在。不仅如此，莎士比亚还用他非凡的历史洞察力，描写历史的真相，指涉现实弊端，以舞台上天地日月和戏剧观众的舆论导向，影响到英国的时政，以至于"废黜"的场景，在伊丽莎白女王统治期间的三个版本中都被删去了；不过，他的历史剧也有肯定都铎王朝稳定君主政治的一面——可见出历史与现实之间复杂的双向互动的关系。而在戏剧和文学上，他对于英国和欧洲几代诗人剧作家如济慈、布朗宁、丁尼生、歌德、雨果、普希金等的影响，更是功不可没，有目共睹的。

毕竟，莎士比亚描写了英格兰，他的祖国：

> 这君王们的御座，这王权下的岛屿，
> 这片庄严的土地，这座战神的府邸，
> 这个新的伊甸园，半是人间半天堂，
> 这座自然女神为自己建造的堡垒
> 以防御病害侵扰，以防御战神插手，
> 这人类的快乐诞生地，这小小世界，
> 这块镶嵌在银色海水之中的宝石

（那海水的作用就像一堵围墙，

　或是一道护卫房屋的壕沟，

　以防不大快乐的国家觊觎），

　这神赐乐土，这大地，这王国，这英格兰……

（参见莎士比亚历史剧《理查二世》）

人们经常用这一段话来证明莎士比亚的爱国主义，就像我们用李白笔下的山河壮丽来证明诗人的爱国主义一样。然而，这一美妙的幻境，其实并非历史的真实，而是一种想象的乌托的城邦。相比之下，莎士比亚更为着重的是历史的真实图景的返照，换言之，那是一个原本美妙无比的国土，在不善的管理下，正在经历战争与分裂的苦难：

其实这一理想的乐土并不存在，理查二世统治下的英格兰"已经可耻地征服了它自己"。刚特的约翰的这一理想化了的幻象在该系列后三部剧里也重复出现，其目的是揭露一个王国陷入分裂和战争的现实。如果那"新的伊甸园"和"半天堂"确实存在过的话，那么现在则荡然无存了。（［英］安德鲁·桑德新：《牛津简明英国文学史》（修订本），谷启楠等译，人民文学出版社，2000年，第162页）

这让我想到了《哈姆雷特》，其中在关于"人是天地的精华，万物的灵长"一节赞歌之后，突然转向王子的忧郁的言说，以至于男人和女人，都不能使他觉得有兴趣。这是典型的莎士比亚式的戏剧转折的写法。这样的写法，让剧作家深刻，富于悲天悯人的宗教高度和现实观照的人文情怀——在历史学家和剧作家那里都有的人类情怀。这是莎士比亚人类性的一面，超越民族情感的一面。

最后，我想指出一点，就是本书的书名《莎士比亚英国历史剧》，乍看似乎小了一点，照一般的想法，何不写成《莎士比亚历史剧研究》？可是仔细想来，还是加上"英国"的好，因为莎士比亚的历史剧，固然多数以英国历史为素材，但也有关于其他国家的历史题材的剧作，例如描写罗马帝国时期的历史剧《尤里乌斯·恺撒》，描写罗马和埃及统治者斗争与联姻的历史故事《安东尼和克莉奥佩特拉》，以及反映古代丹麦王位继承风波的《哈姆雷特》等。即便是直接写基督教来临以前不列颠岛国的剧作《李尔王》，由于其中虚构的成分很多，便不同于直接以帝王名字命名的这十一部英国历史剧了。作者这种严肃的态度和严谨的作风，也是我所欣赏的。

不过，也给我们提出另一方面的问题，那就是，要研究莎士比亚的历史观、王权观与战争观，甚至研究英国历史本身，也不能局限于莎士比亚的英国历史剧。在这里，也许区分两个概念是必要的，那就是"历史剧"与"历史观"。毫无疑问，作者的历史剧表现了他的历史观，但历史观还表现在历史剧以外的其他剧作中，而历史剧表现的也不仅仅是历史观，还有别的，例如人性论、道德观、艺术观等等。仅就莎士比亚的历史剧与政治的关系而言，仅仅从其英国历史剧中还不能看出莎翁整个的政治观点，例如，在《尤里乌斯·恺撒》《克里奥兰纳斯》《安东尼和克莉奥佩特拉》等英国以外的历史剧作中，莎士比亚事实上考察了罗马共和政体的弊端和衰落的政治状况，以至于发出了独裁与堕落的警示。而这些国家的政治问题，不仅与莎士比亚时代即十六十七世纪的英国同步，而且也有谷物暴乱等并不限于罗马帝国的历史的普遍现象。这样一种广阔的视野，显然可以使我们在历史的联系之间豁然开朗。

但我喜欢这样一部关于莎士比亚英国历史剧的研究著作。

我祝贺宁平教授这部莎翁英国历史剧研究专著的出版，也希望莎剧界有更多有分量的研究著作出版问世！

愿莎士比亚在中国的翻译与研究的园地里，开放出更多更灿烂的花朵来！

王宏印

南开大学寓所

2011 年 9 月 22 日

简论作为典籍翻译的中国诗歌

——序杨成虎教授《中国诗歌典籍英译散论》

我和杨成虎教授相识，有多年了。

早在世纪之交，我调入天津在南开大学任教时，成虎就在天津工业大学教书。他给我的印象是老成持重，不浮不躁，潜心做学问，注重理论，不薄实践，有安徽人的细心考证的习惯和很好的文字表达功夫。后来，我知道他能写诗、译诗，而且翻译了《离骚》，就更多了一个诗歌交往和交谈的层面。他在读了语言学的博士学位以后，就到宁波大学任教。成虎对于汉语和英语都有研究，这更增加了他对于诗歌翻译的理论兴趣和研究能力。说实在的，掌握现代语言学的理论和实证研究的方法，这在诗歌翻译和研究领域，并不是很多见的。而在诗歌翻译和研究领域，能写诗（特别是古体诗）的译者也不是很多见。三者具备，可以说奠定了杨成虎教授诗歌翻译和研究的多方面的基础。

这本《中国诗歌典籍英译散论》，大约就是在这样一个学术背景下产生的。这项值得重视的研究成果，倾注了作者多年的心血和智慧，表现了一种独特的学术研究风格。也许由于这个原因，成虎邀我作序，我就很欣然地答应了。

一本书称其为"散论"，虽然文体和写法上比较"散"，其实还是有系统的，而且有值得一提的要点和侧重。成虎本人概括为"总论、语体论、借鉴论、特征论和译本论"，当然是颇为允当的。不过在我看来，这本书的价值，还可以从以下几个方面来讨论。

1. 模式化的理论思维模式与评论性研究并行。

也许是受到语言学科学理论思维习惯的影响，成虎的理论研究表现出十分明显的模式化思维的倾向。特别是在总论部分，作者对于研究对象具有总体的宏观把握，再按照一种逻辑关系进行理论构思和阐述，就使得条目清晰，直观而全面。这是一个十分可喜的特点。当模式思维和现代语言学理论结合起来的时候，就形成了一种具有现代学术特点的图示方式，而不仅仅是基本概念和分类表示的树形图，也不是一般的语体关系图示了。这在"诗歌典籍英译的理论研究"一节的图示中，表现得最为清晰。这里可以看到索绪尔"能指""所指"概念和层次论思维模式的结合。

2. 对于中国佛经翻译的理论继承与文本考证。

一般说来，佛经翻译的理论和实践，很难和中国诗歌的英译问题联系起来，不过，在成虎那里，佛经中的"偈"就是诗歌，其翻译当然是诗歌翻译了。不仅如此，佛经翻译的理论也可以为诗歌翻译提供一定的理论基础和思路借鉴，因此，考证佛经译论本身，就是一项有意义的工作了。在这一方面，《大藏经》和《出三藏记集》中《法句经序》的文字考证和文本对比，可谓详尽而微。这里不仅可以看到作者的考订功夫，而且感觉到他从典籍文献中寻求基本术语和整合理论模式的不懈努力。

3. 对于国内外中国诗歌翻译的评论和经验总结。

虽然成虎有自己的翻译主张和实践，但他却能把古今中外的翻译家的思想和做法纳入自己的关注视野，进行综合的或比

较的评述。这似乎很容易，但实在不容易做到。例如，在涉及
《诗经》《楚辞》的翻译时，成虎不仅评论了国内当代的翻译家，
如孙大雨、杨宪益、许渊冲、汪榕培、卓振英等人的译文，而
且对于国外汉学家如韦利、理雅各等人的译本和翻译方法，进
行了较为系统而深入的研究，从中寻求多样的翻译方法和翻译
观念，肯定了不同的翻译价值，如经学价值、文学价值等。更
加难能可贵的是，作者还介绍了雷克斯罗斯的"融创于译"的
诗歌翻译思想。这样的比较研究，不仅可以提高文学翻译鉴赏
力和理性思维能力，而且可以丰富自己的翻译经验和笔法表现，
达到一箭双雕的目的。

　　4. 各种诗歌体制的兼容并包和功能互补。

　　如何对待中国古典诗词的格律化的传统，这是诗歌翻译的
一个基本问题，也是一个持续不衰的问题，至今没有统一的解
决办法和一致的认识。作为对诗歌非常敏感的翻译工作者和研
究人员，成虎自然具有很强的诗歌形式感，他把诗歌翻译分为
散体和韵体、民歌体等体制，处理上分为归化和异化等翻译倾
向，以及音译加注、直译加注、音译加解释、译语借用、省略
添加等翻译方法，注意到诗歌标题和主题、词语与句法以及一
些具体篇章的翻译情况，例如，《九歌》《天问》，都有比较详尽
的讨论。这些内容和形式方面的比较研究或单独研究，一般都
能深入到具体的词句表现和修辞处理，做出具体的审美判断，
直接发表自己的意见，有褒贬，有思考，不扬长，不护短。这
种不尚空谈实事求是的批评态度，对于发展当前的文学翻译批
评，推动中国文化典籍翻译事业，具有重要的意义。

　　以上是成虎这本书我所见到的主要价值，至少是值得学界
注意的几个方面。当然，成虎本人的翻译在其中也得到了较好
的流露和发挥。一方面，他在研究古人、今人及外国译者的翻

译理论与实践经验；另一方面，他自己的经验和观点也在评价与分析中得到比较、鉴别和检验。这两个方面的有机结合，让我们实实在在地感觉到一个青年学者和翻译家关于中国古典诗词翻译的可贵探索和有益思考。相信本书的读者，会和我有相似的感觉。

下面，我想借这个机会说明一下自己对于古典诗词的翻译的几点认识，以请教于方家：

我的一个基本的主张和认识，是认为中国古典诗词作为一种文化遗产和经典文献，它的翻译和作为一般文学作品的翻译，在总体上应当有一定的区别。这并不是说这些诗歌本身会有什么不同（事实上，我们也可以选取一些更加具有文化因素和典型性的诗歌作为代表），而是说，当我们把诗词作为文化典籍来翻译的时候，应当更加注重它的文化内涵和文化特征，尤其是其中所包含的中国文化因素的保持和传达。当然，这种保持和传达不应当是机械的、勉强的，而是要讲究条件和注重效果的，甚至要求有一定的艺术性的。另一方面，作为文学作品的诗词的翻译，则应当允许有更多的灵活性，更多地会关注艺术表现的层面和翻译表现方法的灵活性，甚至可以允许有一定程度的创意和创译，其中包括可以借鉴雷克斯勒斯的"融创于译"的翻译方法。为了更加明确地表达这一基本观点，我们可以按照"文献翻译"和"文学翻译"的两极划分做出下列对照表：

A. 文献翻译	B. 文学翻译
1. 选择更具有文献色彩的文本	1. 选择更具有艺术性的文本
2. 有明显的异化倾向	2. 有一定的归化倾向
3. 保留重要的原语文化因素	3. 适当淡化原语文化因素
4. 不允许译语文化因素进入	4. 允许译语文化因素的进入

5. 必须区分诗词形式	5. 可以不区分诗词形式
6. 必须译为格律诗	6. 可以译为自由诗
7. 尽量保持古典诗歌趣味	7. 可以允许现代诗歌趣味
8. 不允许创造新形式	8. 允许创造新形式
9. 保留词牌和标题	9. 删除词牌，另立标题
10. 针对中国大陆读者	10. 针对外国或海外读者

以下逐条加以解说。

1. 关于文献色彩和艺术色彩的文本的区分。

一般说来，所谓典籍，应当属于文献类型的书籍和文本，例如中国所谓"经学"一类文本，以《四书五经》和《十三经》为代表。虽然《诗经》也被列为经，而且经过了儒家伦理道德和核心价值观的经学化过程，但在总体上，诗歌的理解和翻译，与诗教的理解和翻译，还是有很大区别的。就总体倾向而言，《诗经》的文学翻译是一种返本清源的诗歌翻译活动，代表了一种新的诗学观点和翻译潮流。不过在历史上，以文化人类学为基点的分类研究及翻译实践，也取得了重大的发展，为《诗经》的研究和翻译开辟了新的道路。不过，总体而言，《诗经》仍然应当归入艺术类，即便作为文化典籍，也是有别于一般文献类的。

2. 关于翻译倾向于异化还是归化的问题。

要保持一种文化中的文献性文本的翻译，作为认识价值的主要承担者，就需要一种异化的翻译策略，即尽量保持原始文献的历史文化价值，诸如其中的地理人文环境状况的描述（《诗经》中就是名物的准确传译）历史基本事实与发展规律的表现，以及人文价值观的完整表述；相反，如果是作为文学类艺术类的文本来处理这些资料，就不必过分拘泥于原初文化的背景和事实，而是可以在一定程度上采取归化的翻译策略，不仅在语言上而且在文化上，使其易于为移入语读者所接受。不加区分地一概认为只能归化或者异化，都是有偏差的，容易混淆不同的类别和性质，致使翻译的效果不佳。

3. 关于是否要保持原语文化要素的问题。

当然，如果作为一种历史文献，就要尽量保持中国文化的基本要素，不能随便舍去或简化。例如，中国历史年号保持与否，对于历史叙述就至关重要，虽然转换为公元年代有利于沟通和世界历史的时间维度,但若完全取消了中国的朝代和年号，则其内部的政权的更替关系就不清楚了。在这个意义上，例如历代官制和官职的名称，也是应当保留的。但若在一首诗里，送一位即将赴任的诗人朋友到江边，如果要把官职、排行等都翻译在标题里，其实和诗意并没有太大的关系，因此，也可以想出其他的办法来，淡化这些要素，突显诗歌要素，草拟出一个更好的诗歌标题来。

4. 是否允许移入语文化、文学因素的介入。

这个问题很具体，也很棘手。在文献性翻译中，如果允许，就会造成误解和误读，影响对原语文化表达和理解的纯粹性。当然这样说是有条件的，因为语言本身就不可避免地带有本族文化的因素，但我们不考虑这个问题，例如，不考虑用英语的 **province** 翻译中国的 "省" 是否有不合适的问题。而是具体到文学意象等是否可以改变的问题，例如，典型的中国诗歌的"桃花"能否改变成英文的 "梨花" 的问题，这是典型的朱湘翻译问题。当然在原则上，改变和不改变都应当是允许的，否则这个问题就根本用不着讨论了。还有，中文的 "菊花" 和英语概念中的 "菊花" 会有什么差别吗？"采菊东篱下，悠然见南山"一句,"悠然"一定要用一个词翻译出来吗？诸如此类的问题都会困扰译者，但我们认为，应当给诗歌译者一些灵活的余地，而不能限制过死。

5. 翻译中是否要区分"诗"和"词"的形式。

我以为要看情况。一种就是作为中国文化的文献资料，特别是要表现中国古典诗词的形式变化的时候，"诗"和"词"的概念是很明确的，因此，有翻译成为 poem（诗）和 Ci poem（词）的必要，例如外文版《毛泽东诗词》所处理的那样。但是元曲，到目前为止似乎还没有专门的名称翻译出来，也许可以译为 Qu poem。不过，按照国外一些比较开放的译者，特别是那些主张创意翻译的译者，"诗"和"词"的区分就没有什么意义了。因为，他们译诗的基本格局都向现代诗的方向转化了，何况他们对于诗词的形式感，本来也不十分好。但这也会给我们提出一个问题，在古典诗词翻译成外文的时候，一定有必要区分"诗""词""曲"的形式吗？或者说，这种区分如何能够获得具体的实现了的诗歌文本意义，换言之，甚至能否为本来就无法区分此类概念的西方读者所理解和接受？

6. 要译成格律诗，还是允许译成自由诗？

"一定要译成格律诗，因为原文是格律诗"，这在原则上也没有什么异议。也就是说，一定不可能有一种认识，认为格律诗必然不能译为格律诗，何况还有借用英语格律诗的形式感来传达中国古典的格律诗的套用途径呢！但是，问题在于，在格律诗内部，也可以有严谨的格律诗和松散的格律诗，而在格律诗之外，尚存在着大量的自由诗。如何可以利用这些"自由的"要素和营养，丰富和加深格律诗的表现力，是一个好问题。完全拒绝这种借鉴，便没有足够的理由了。进一步而言，译成格律诗有诸多的困难和问题，如同以音害义的问题，以形害义的问题，还有格律诗在形式上已经不新颖，不大为现代人所接受的问题，尤其是在国外，英语世界中的诗歌，基本上都是自由诗了。这样，综合两种认识和格局，我们固然没有充分的理由反对译格律诗为格律诗，也没有足够的理由反对译格律诗为自由诗的做法和尝试。以类型说和形式对应为理由，也许不是最有说服力的。

7. 在感情问题上，是否要以古译古，也是一个问题。

既然是古典诗词，是表现古人的情感，就应当以现代诗歌的形式加以表现，这已经是比较开放的观点了。按照古典诗歌的形式，表现古代人的情感，按照内容和形式相统一的原则，就更没有问题了。然而，古代人的情感，难道就没有现代人的情感因素？或者说古代人和现代人的情感，究竟是类型之间的截然划分，还是一条连续的发展带，其中许多是程度的体现呢？再者，假若原原本本地译出古代人的情感，是为了还原中国文化的古典状况，给近人今人以认识的参考，这是一种可能，那么，逐渐把古代人的情感和现代人相交流，使其在不知不觉中转化为现代人情感，以飨现代读者，也不是没有可能性和完全没有必要的。

8. 是否允许创造新的诗歌形式，作为一条途径，来翻译中国古典诗歌？

这同样是一个十分棘手的问题。这里我们不想涉及更多的问题，只想提及外国的现代诗和中国的"五四"以来的"新诗"（包括现代派诗），不仅仅是为了提醒大家不去忽视这样广泛的诗歌资源和发展动向，而且要在古典诗歌的发展和出路的意义上提及和讨论这样的问题。关于这一问题，早在西南联大时期，涉及古典文学和现代文学开课问题的时候，朱自清就明确强调了学习古典是为了现代文学的基本立场。这一精神，对于我们今天理解古典诗歌和现代诗歌之间的关系的时候，以及作为一种可能的途径来翻译古典诗歌的时候，现代诗歌是否可以作为一种资源和出路的理解，仍然具有现实意义。

9．词牌曲牌是否要保留的问题。

古典诗词的翻译，特别是宋词和元曲，词牌和标题是双重的设置，而标题更为重要，词牌只具有形式感，而且可以说只具有汉语诗词的形式感。词牌曲牌本身，不仅在翻译时完整的表达极为困难，而且许多时候，显得叠床架屋，累赘不堪，也不是十分必要的。事实上，现在的词牌曲牌翻译大多数是意译，在很多时候，干扰了诗歌的标题，而音译则没有实际的意义，显得多此一举。尽管如此，在剧本中，词牌曲牌由于和演唱形式有关，在有些时候仍然具有保留的必要，但是尽管如此，也只是对于专业人员而言才是有意义的，而不是普遍可以坚持和保留的。例如，海外一些译家所翻译的昆曲剧本，就不保留原来剧本中的曲牌名称，直接译出演唱的段落了事。

10．最后，古典诗歌翻译的读者问题。

这似乎是一个不需要讨论的问题，因为毫无疑问，中国古典诗词的英译应当是给外国读者看的，给那些不懂中文的英语读者看的。在这个意义上，中国古典诗词的英译应当针对外国和外语读者，让他们了解中国古典诗词的内容和形式、情感和思绪。然而，即便如此，也不能千篇一律地认为，一定要给他们一个格律的古典趣味的和古汉语印象的译本，当然，也不能不假思索地认为，所有的外国读者都是自由诗派，甚至是现代派诗歌的爱好者。这是因为，从海外翻译中国古典诗歌的倾向看来，最严谨的格律派和最开放的自由派都有。因此，我们有理由认为，中国古典诗词的英语译者和读者，在国外和国内是有区别的(而这种区别的倾向,在于自由的多样的探索和鉴赏)，注意到这种区别，对于我们来说是至关重要的，至少可以使我们保持开放的视野和灵活机动的态势。

显然，以上列表和简要的阐释并非想把这个问题按照一种非此即彼的逻辑关系提出来，甚至把二者的关系对立起来，而是尝试作为进一步研究和思考的出发点，把这些项目先确定下来，从多方面加以阐释，借以探讨各种可能性和不同的思路。当然，归根结底，这种表述本身，也就意味着或包含着诗歌翻译问题上早就存在的二律背反，只不过有的问题早已明朗化，有的问题是新近才涌现出来引起注意罢了。这几乎是任何一个翻译诗歌的人都不得不面临和对付的问题。我自己之所以形成这样的想法，也是在阅读这本书稿的过程中激发和联想的结果。现在，把这些问题在这里提出来，也是为了间接地回答本书稿的作者所提出的理论问题，同时也想借此机会请教方家，赢得必要的和更好的解决。

祝贺杨成虎教授有更多更好的翻译和研究成果问世！

祝愿中国的典籍翻译事业蒸蒸日上，更上一层楼！

王宏印

2012 年 3 月 31 日夜

重庆，海宇大酒店

自由的空间，无限的创造

——序崔晓霞的《〈阿诗玛〉英译研究》

崔晓霞的《"阿诗玛"英译研究》修改完成了，请我作序，我很高兴。

令我高兴的，还有这本书稿也会纳入我主编的"民族典籍翻译研究"丛书，很快出版。

这套丛书的诞生，是中国文化典籍翻译研究的必然，从汉族汉语典籍到少数民族典籍（简称"民族典籍"），是一个认识上的扩充和行动上的抢先，然后，还要再回到中华各民族典籍翻译研究的综合道路上来。回忆三年前，在我的第一届民族典籍博士生顺利通过论文答辩的基础上，出版一套民族典籍翻译研究丛书已经水到渠成。当时，我们联系了民族出版社，谈论了出版一套丛书的事宜。在邢力的《蒙古秘史》英译研究和李宁的《福乐智慧》英译研究同时通过答辩的时候，李宁的书稿《〈福乐智慧〉英译研究》开了先河，于 2010 年率先出版。

李宁是我招收的第一批民族地区的博士生（来自新疆），本书出版时，她已毕业三年了。现在晓霞的书籍也要出版，她是去年毕业的，今年就修改完成了定稿，加快了出版的步伐，是一个变化。另一个显著的变化，发生在博士培养的步骤上。李宁当年招收进来，虽然考虑到民族地区，而且打算做民族典籍的翻译研究，还是正常招生，入学以后才逐渐确定了民族典籍的研究题目。而晓霞从云南进来时，却已经有了"少数民族骨干教师培养计划"这样的项目，沿着这条路走下来，便有了更进一步的情况，不仅事先确定了招收的人员，而且一入学就确定其搞民族典籍翻译研究。因此，从李宁的新疆维吾尔族典籍《福乐智慧》到崔晓霞的云南彝族萨尼文学经典《阿诗玛》，如今又是三年过去了，可以说走过了一个关键的步子。简而言之，中华民族典籍的翻译研究，作为一项专门的翻译研究，在我培养的博士生中间，以及在我自己的头脑中，总之是越来越自觉，越来越明确了。

下面，就让我们回到《阿诗玛》的主题上来。

《阿诗玛》是云南彝族萨尼人的长篇叙事诗，讲述的是一个比较古老的故事。

《阿诗玛》是撒尼人民的一部长篇叙事诗。它流水似的在人民的口头上一代一代地流传着，它是一支永远也唱不够的歌。"撒尼人民把它当作一件祖传的宝贝，他们歌唱它的时候，心里充满了光荣和骄傲。"（臧克家：《撒尼人民的叙事长诗——阿诗玛》，赵德光主编《阿诗玛研究论文集》，云南民族出版社，2002年，第28页）

关于《阿诗玛》，我们根据现有研究资料并结合个人的观察，可以获得下列几点认识。

1. 远古的因素。和一般更为宏大的民族史诗相比较，长篇叙事诗《阿诗玛》的形成，应当有一个真实的源头和一个逐渐形成的过程。它是否基于一个"真实"的传说，一个基本的最简单的故事，其他一切后续的流传版本都应当从中演绎而出。要是有，这应当是第一文本，然而是原始的、贴近原型的。关于这一点，目前并没有明确的有力的认识（是否已不存在，或根本未曾有过）。

2. 较古的因素。在彝族语言形成以后，便有了彝语本身的口头流传的阶段，这一点不容怀疑。已经发现的《阿诗玛》彝语本就有 20 多个版本，它是口头流传的、分地区的、多文本的、不定型的（但有一定的数量限制和基本情节）。而这些多变的文本，在开头、结尾、中间的情节和人物关系及主题上，存在众多的变数。如何解释这一现象？它们是否可以追溯到一个更为古来的起源？关于这一问题，尚未有较为令人满意的探索和思路。

3. 据最早的法国人传教士保罗·维亚尔的研究，《阿诗玛》曾作为歌曲，在彝族婚礼上以男女对唱形式出现，说明这一叙事诗歌具有文化仪式功能（爱情主题是婚姻意识的前奏）；它不是一般的文学作品，而是具有文学人类学意义上的文本的文化功能，产生、流传和起作用于一定的文化体制与行为中。

4. 就书面文本的记载运作而言，彝族政教合一的权威毕摩（巫师）是用文字记载《阿诗玛》的专门人，多为五言体，但仍然存在着众多的异文本；毕摩在祭祀仪式上也以手抄本为依托进行演唱；此外，在婚礼上长者也演唱《阿诗玛》，具有类似的仪式作用。这些资料，更进一步证明了阿诗玛不是一个简单的爱情故事，它诞生于民俗之中，一开头就具有仪式功能。但她显然不是一个高级形态的神（不具有全面的保佑功能），也不具有半神的功能（如传达更高神明的信使或通灵的诗人功能），但有民族认同和宗教与世俗的仪式化功能。

5. 现今的汉语译本出现以前，国外的有关研究已有若干重大发现。例如，日本汉学家九岛君子查对二十多原始版本，认为《阿诗玛》的故事是两个民族合一的叙述；这一假设可能会追溯到更古老的部落生活、民族融合以及更为原始的文学流传关系；事实上，从国内的资料也可以得到某种支持，例如，"据说滇西民家族（今白族）也有类似的传统"（公刘：《阿诗玛的整理工作》，赵德光主编《阿诗玛研究论文集》，云南民族出版社，2002年，第11页）。

6. 20世纪五六十年代，新中国政府派遣文化干部收集和整理民间文学所得到的《阿诗玛》汉语本，不止一个，但因为当时在意识形态和指导思想上有较为一致的目的和要求，所以人们的认识也有类似之处。虽然讨论的问题是有的，甚至有争论，但这种争论是政治性大于艺术性，例如，关于《阿诗玛》产生的时代是奴隶社会还是封建社会？还有，突出阶级压迫和阶级斗争、认为抢婚是"反动"习俗，等。

7. 在整理和改编《阿诗玛》的原则上，当时著名作家李广田提出的"四不"原则，具有重大意义：1）不要把汉族的东西强加到少数民族的创作上；2）不要把知识分子的东西，强加到劳动人民的创作上；3）不要把现代的东西，强加到过去的事物上；4）不要用日常生活中的实际事物，代替或破坏民族民间创作中那些特殊浪漫主义色彩的表现手法。如今看来，这些比较符合人类学诗学原理的整理和编写原则，由于当时的政治环境和文化政策的导向作用，并不能保证有最好的实行效果。

8. 当时权威的汉语译本，突出了两点：1）强化贫富对立与阶级斗争（不管民间叙事诗产生的较远古的时代背景，而强调其反封建主题的需要）；2）淡化爱情而暧昧为阿黑和阿诗玛的兄妹关系（当然这一观点具有一定的民俗学基础）。但在客观上，这一文本的形成，使得《阿诗玛》的故事的现代版本基本定型，成为《阿诗玛》基本文本的肌理和广泛传播的基础。在形式上，60年代的汉译本，突破了五言到底的古典叙事模式，具有现代诗的自由形式和民谣体的若干特点，在翻译的语言上，也有若干探索，流布深广。这些都是值得肯定的。

　　9. 到目前为止唯一的英译本，是著名翻译家杨宪益夫人戴乃迭女士的英文本。她以 20 世纪 60 年代人民文学出版社的本子为底本，其他许多外文译本和国内外的媒体改编本（例如京剧、电影、儿童剧等）都以之为原本，可见其影响之巨。所幸的是，戴乃迭的英译本，采取了独立的文学翻译立场，借助于有改变的英国民谣体，对汉语本进行了若干形式上的归化处理，但在基本内容和文化因素上，有效地保留了《阿诗玛》的原貌。这是一次成功的长篇叙事诗翻译的尝试，是值得肯定的。

　　下面谈一下崔晓霞的博士论文和这本专著。

　　崔晓霞是一名外语教师，担任着行政职务，事务缠身，成就斐然。但在我的眼里，她却是一名十分用功的学生，虽然她是汉族，但长期生活在民族地区，受到很好的民族文化氛围的影响。她原先有实证研究的方法基础，对民族典籍产生兴趣以来，又收集了大量资料，对《阿诗玛》尽心研究，在翻译方面，阅读原本和译本，发现问题，进行比对，得出了有价值结论。总体而言，其成绩可以概括如下：

　　1. 该论文考察了彝族撒尼文化和《阿诗玛》文本的形成和传播过程，对于文本本身所包含的文学与文化因素，进行了可以说是全面的考察研究；集中考察了《阿诗玛》的哲学内涵、生态伦理（感恩自然、崇拜自然、敬畏生命）、民间信仰（自然崇拜、图腾崇拜、山崖崇拜）等方面，特别是主人公阿诗玛作为女性形象要求其女性译家在性别上的一致性；

　　2. 注意到国内外的《阿诗玛》译本，以及改变情况，特别是对于戴乃迭的英译本，进行了全面而深入的分析研究，肯定了利用英国民谣体的形式传译《阿诗玛》的体例，并对翻译中的文学与文化因素进行了仔细的分析，肯定了这个译本兼顾了既忠实又对等的翻译原则和翻译效果的统一；

3. 在此基础上，作者对于《阿诗玛》翻译的若干现象，进行理论升华和思考，提出了叙事话语再现的"微结构对等翻译模式化理论"，其中包括源语文化语境到目标语文化语境，形式因素（文化意象、韵律节奏、诗节规整）到意义因素（指称意义、语境意义、情感意义）的交叉关系模式。该理论的提出，具有一定的理论概括意义，对于叙事诗的翻译，有一定的借鉴意义。

接下来的工作，还有哪一些需要我们来做呢？

我以为有下列几项工作，在近期或较长的时间内，需要我们的同道们一起努力去完成：

1. 关于《阿诗玛》及其有关课题的研究

平心而论，20 世纪 60 年代关于《阿诗玛》及其大量民间文学的研究，包括汉语文本的翻译整理和原始的民族语言文本的研究，虽然取得了举世瞩目的成就，但问题不少。一个主要的问题，就是官方组织的采风式的研究，有很强的意识形态色彩，也有急功近利的运行模式在起作用。缺少人类学或文化人类学、文学人类学，以及人类学诗学的理论指导和民族志、民族志写作等方法的介入及其有效的运用，是另一个值得重视的问题。因此，诸如一定的民族的历史传统和社会性质的确认，长篇叙事诗产生的文化背景和所依托的文化与文学资源，文本形成与流传的过程和路线、方式及发生改变和翻译的可能性，都值得进一步深入地研究。

就笔者看来，在原理上存在着不止一个《阿诗玛》的本子，因此，多种文本的整理与综合性的新的文本的诞生，不仅是必要的，而且是现实的要求。在这一方面，社会形态与文化传统在其中的反映，例如，"舅舅为大"所反映的母系社会的权力向母系一方的重心的转移（马林诺夫斯基在布里恩特群岛上实地考察的"仇舅"情节的披露）、"抢婚"这种在《诗经》中就已有所表现的汉族习俗，在少数民族稍后的时代中依然存在，以及"公房"制度所反映的群婚向偶婚制的过渡，等。对于这些现象，在今天看来，不仅不能大惊小怪，少见多怪，而且应当正视其文化人类学的事实，进一步做出民俗学的和文化学的解释，而不应当以单线的进化论为思维定式，简单地视其为落后甚至"反动"；另一方面，还应当和某些阶级或个人的"不良"行为区分开来，不应加以认识上的混同，或因艺术创作的需要而贬低。

就翻译本身而言，当时的翻译实践，借鉴了"苏联大诗人马尔夏克同志对于译诗的意见"（《文艺报》，1954 年第 8 号），诸如，逐字逐句的直译不行；与政治文献相比，译诗需要更大的自由；最大胆，往往越真实等。虽然不乏启发，但如今看来，那只是十分粗浅的认识，还谈不上是系统的翻译理论。就笔者的认识而言，现在的翻译，应当以人类学诗学为学科基础，吸收民族志写作的方法，借鉴韦努蒂异化翻译的基本策略，注意彝语和汉语的比较和沟通，实现有效的翻译诗学的语言转换，达到较为理想的翻译目的。这不仅关涉到《阿诗玛》的翻译评价，借以认识和克服翻译中的失误，而且可以作为一些基本的研究思路，运用到其他民族文学的翻译中去。笔者在阅读《阿诗玛》的资料中，发现有这样一个例证。有一种传说这样唱道：

> 母亲来梳头，
> 梳得像落日的影子。

本来，这是一个十分生动而新颖的比喻，梳头的动作形象和具体环境密切相关，密不可分，翻译应当尽量保持和设法传达这个地方性意向，可是当时的汉语译者却对其进行改译，并提出这样的认识：

　　这个"落日的影子"，在汉文的语法中是说不通的。然而，撒尼人却的确有这样的形容。当我们体会到那意思是指乌黑而有光泽的事物时，我们便根据辞意，根据汉族习惯，也根据劳动人民乐于选择日常生活中常用的朴素的名词来做比喻的爱好，将它改为：

　　母亲给她梳头，
　　头发闪亮像菜油。
　　（公刘：《阿诗玛的整理工作》，赵德光主编《阿诗玛研究论文集》，云南民族出版社，2002 年，第 21 页）

　　经过这样的改译，虽然有了韵脚和比喻（明喻），但原始的民族生动而有趣的比喻（毋宁说是象征），却荡然无存了。至于汉族人习惯的"菜油"是否为撒尼人在日常生活中所熟悉，甚至乐于使用这样一个朴素的词，则不可而知了。事实上，那黄昏母女梳头的瀑布一般披散的长法的逆光效果，以及母女梳头而产生的统一画面中的依恋感，也不复存在了。

　　2. 关于《阿诗玛》戴乃迭英译本的继续研究

　　到目前为止，虽然崔晓霞已经对于戴乃迭英译本有了比较全面的研究，但还不是穷尽性的研究，有些研究结论还未能达到普遍性、必然性的认识。事实上，我本人对照原文和戴译文已经做了一个穷尽性的文本对照异同研究，但只是把要点画在书上，还没有来得及整理出来，希望有时间能使这项研究完满结束。

　　对于戴译本，我的基本认识是：

　　1)《阿诗玛》的英译，是她独立的翻译行为，不同于和丈夫杨宪益的合作翻译。她具有更为明显的翻译独立意识，及女性翻译的特点。这一点十分重要。戴乃迭曾表示，他们合作翻译的时候，许多观念和翻译放不开，受原文束缚太厉害，直译太多。可见她追寻独立翻译的主体意识是何等强烈。《阿诗玛》的英译，给了她这样一个难得的机会，让她充分施展自己的翻译才华，挥洒英诗的风采。她后来的翻译，就没有这样幸运了。

　　2) 采用民谣体翻译汉语叙事诗，是一种尝试，这一尝试的效果，取决于译者对汉语诗歌的理解（而经过汉语翻译的少数民族诗歌又有所不同）和对英语民谣体的适应性的改变（种种改变的可能性与合理性是关键）。在这两方面，我反复阅读译作，对照原作，发现还是经得起推敲的。联系当前大陆翻译的模式，长篇叙事诗多依据汉语原本不加任何变化（不分节，也不加小标题），甚至在体式和韵脚设置上也比较单一，是囿于一种翻译信念还是拘泥于一种原文崇拜，尚待探讨。语言上的问题就更为具体而细碎了，容后再详论。这两种译法，是否可以分为国内模式和国外模式，是一个有意义的课题。事实上，戴乃迭只可算做代表之一。弗莱彻翻译白居易的《长恨歌》，也采用民谣分节的形式，但效果与戴译本又有不同。还有更多，恕不一一。

　　这里只想提供戴译本的两节诗作为例证，供大家欣赏（第四部分：成长）：

　　　　小姑娘日长夜大了，
　　　　不知不觉长到十七岁了，
　　　　绣花包头头上戴，
　　　　美丽的姑娘惹人爱；
　　　　绣花围腰亮闪闪，

人人看她看花了眼。

床头拿麻团，

墙上拿口弦，

到公房去哟！

年轻人玩得多喜欢。

From day to day sweet Ashma grew,

Till she was seventeen;

With turban bright and apron gay,

No fairer maid was seen.

She took her flax from off her bed,

Her mo-sheen from the wall,

And went at evening to the camp

With lads and lasses all.

　　　　　　　　　　　　(IV: 20, 21)

综上，戴译本的特点明显可见：

1）诗节归化为四行，错落排列；双行押韵。

2）压缩或合并同类项目，如包头和围腰。

3）保留或灵活处理公房、口弦、麻团等民俗意象。

4）删除冗余信息，提纯诗的意境。（赵德光主编：《阿诗玛文献汇编》，云南民族出版社 2003 年版，第 107、372～373 页）

3. 关于《阿诗玛》多语种译本的翻译研究。

　　这并不是说关于英译本就已经做得尽善尽美了，而是说，在戴乃迭英译本的基础上，可以同时开始现在已有的《阿诗玛》日译本和俄译本的研究。具体说来，包括它们各自依据的汉语版本、译者情况以及翻译策略、效果的评价，可能的话，给予统计的实证的研究，并给予解释性的说明。在此基础上，再进行多语种的对照研究，得出比较普遍性的结论来。这里需要指出一点，我们希望有更多更好的外文译本，甚至期望有新的汉语译本的出现，来改变目前同出于一个汉语译本的情况，也希望看到不同语言的译本不同的面貌，以及它们之间的比照关系和影响关系。就具体的操作来说，目前英语以外的其他语种尚未充分意识到少数民族典籍翻译的重大课题，或者我们还未发现《阿诗玛》其他语种译本的研究成果，但我们期望有另一篇博士论文来研究这个问题，或者其他翻译研究人员来研究这个问题。

　　事实上，就更深一层意思讲，多语种的比较研究不是简单的翻译问题，也不是简单的比较问题，或者为比较而比较的可笑问题。它涉及我们在国内的民间文学研究能否通过翻译研究，最终进入比较文学和世界文学的问题，最起码涉及我们的国内文本研究、出土文物（实物验证）能否通过比较世界文学经典，进入到国际的文学人类学普遍规律的认识问题，即所谓历史研究的"三重证据法"能否在文学研究上落实的问题。今日读日本古典文学，涉及一则史料，即可以看出群婚、抢婚、走婚等偶婚以前的"自由"状态，是人类各民族的普遍现象，用不着遮遮掩掩，甚至羞于启齿。近日读日本古典文学《万叶集精选》，发现一首诗，可以说明这个问题。连同题解，兹引如下：

　　夙知如此，恋恋我思；

悔不从容，夜亦何其！

此悔促夫早出。原乎古俗之婚而非娶，配之非嫁；男以昏至，未名而去，以露见于人而羞也。悔彼其夜，心念乎夜如何其，而未为从容也。（《万叶集精选》，钱稻孙译，上海书店出版社，2012 年，第 241 页）

这首诗见于《万叶集》卷十二，为第 2867 首。题解说明辑注者对于日本文学的民俗学背景的认识，可以启发我们对于《阿诗玛》中有关“公房”以及类似“走婚”等自由婚姻状态的人类学认识。这些类似的文学资料和研究成果，应能运用来进行民俗学翻译和相关的翻译研究，而不应当着意回避或视而不见、避而不用。当然，我们甚至可以借此较深入地讨论戴乃迭英译本中将“公房”译为 camp（营房）的措辞是否适当，是否有进一步改进之必要。这也是多语本翻译研究和单语本翻译研究所不同的地方。

4. 关于《阿诗玛》多媒体改编与翻译的综合研究。

诚然，晓霞的研究已经包括了《阿诗玛》多媒体的研究，但仅仅是个开始，还有许多问题未及涉及和详细讨论。据她目前的研究，已引起笔者重视和思考的有下列几点：

1）关于彝族萨尼剧。用萨尼语，采用毕摩念经相似的调子，并吸收其他民间唱腔，丰富了舞台表现力；这种形式，在进行创作和演出时，应注意地方民间因素的保留，但也应注意普适性的问题，以及如何进一步作为学术研究的对象做深入研究的问题。

2）关于舞剧，采用舞蹈化无场次结构，以及黑绿红金灰蓝白七色的文化象征意义和舞段设计，突出了民间色彩的人类学含义特别是黑色崇拜的意义。这是了一个不起的创作，应当进一步开拓艺术空间，凸显民族舞蹈本身的魅力，进一步提高和升华艺术表现力，并做好进一步推广和宣传。

3）关于京剧：京剧《阿诗玛》创作根据的是民间故事，它诞生在汉译本之前，分惜别、抢亲、追赶、诱惑、打虎、回声等6幕。这种爱情-抢亲-营救-复仇单线推进的剧情设计，符合京剧表演和舞台演出的规律，而且在音乐上也采用《阿细跳月》的主旋律，丰富了京剧本身的艺术性，但也容易落入复仇行为和因果报应的戏剧套路。如何在基本情节的展开过程中丰富其文化内涵，是一个有一定难度的创作、翻译和研究课题。

4）关于电影：电影《阿诗玛》和戏剧一样，都一改兄妹关系为情人关系，并以之为主线和主要表现内容，简略营救的复杂过程和动作性，扩大虚幻和传奇色彩及影视效果。歌唱部分也不少，音乐创作和演唱也比较成功，总体上是一个比较成功的作品。就笔者本人的认识而言，并不主张无缘无故的经典重拍或经典重译，而是注重超越性和创造性。

5）关于民族史诗和长篇叙事诗的翻译研究。众所周知，中国诗歌（主要指汉族和汉语诗歌，包括诗词曲等）长于短篇抒情，体制小，胃口大，缺少史诗一类的鸿篇巨制。中国的长篇叙事诗，以史诗为例，多出现在汉族以外的少数民族文学中，例如，《格萨尔》《江格尔》《玛纳斯》。目前我所指导的王治国关于《格萨尔》的博士论文，已经通过答辩，正在准备出版中，但关于《江格尔》《玛纳斯》的英译研究还未见到。史诗以外的长篇叙事诗，汉族文学史尚有《孔雀东南飞》《花木兰》《琵琶行》《长恨歌》等作品，前两者是唐以前的无名氏创作，后两者则是唐代诗人白居易的名作，此后的长篇叙事诗又很少见了。它们的英译有国内外的不同译本，也有一些研究，但不系统，也不深入。据笔者粗略的印象，长篇叙事诗多数还是在少数民族文学中，除了《阿诗玛》，还有纳西族的《鲁班鲁绕》和蒙古族的《嘎达梅林》等，也都需要给予专门的注意和专业的研究。其中有些有译文，有的还没有译文，需要同时给予翻译然后再进行翻译研究。但我们希望《阿诗玛》的翻译研究，会给予这些类似的翻译与研究一些启示，一些思考。

云南是一个好地方，彩云之南，有难得的风光。而我和云南有缘，去过几次，也得到了美好的印象。记得1990年归国不久，就到云南师大召开民族心理学会议，结识了当地的学者名流，他们是我所尊敬的一批心理学和民族学的老学者。记得当时参观了民族村，还穿着民族服饰，在白族门楼前留影。后来，我搞民族心理学、跨文化传通，还以教指委成员支援边疆的身份，去云南做过报告，较多地结识了年轻一代学者。此后，又去了纳西古城，听纳西古乐，观玉龙雪山，迷恋于纳西古文字的奥秘，久而久之，总觉得云南民族众多，其文化研究和典籍翻译大有作为，想来真是兴味无穷。我甚至迷上了杨丽萍的舞蹈，还写了一首《碧嫫：舞之魂》，特意把"毕摩"写作"碧嫫"，表达了对于原始的民间舞者的推崇。这些都为我现在的民族文化典籍翻译研究奠定了心理感受与认识基础。这几年的努力，虽然艰苦备尝，但我更多地看到了希望，同时，也希望能有众多的文化学者与民族专家一起，继续完成民族文化典籍翻译研究这项伟大的事业。

在晓霞的《"阿诗玛"英译研究》即将出版的时候，我想起几年前写的一首诗。

那是2007年7月的一天，晚饭后散步，在河边看到一丛丛藤状的植物，那坚韧的枝条，交叉伸展，深绿的叶片，蔽地遮

天，一个由无华的枝叶支撑起的美妙空间在富于生命的气息中
成型，吾感其自然天成，富于理性之美，随即构思出一首诗，
名曰《自由的空间》。几年后的今天，眼看又一个 7 月将半，《阿
诗玛》的书稿和资料摆在眼前，已有月余，而出版不能拖延，
我想在这片序言之尾，不妨把这首旧作抄录于此，一则为这篇
序言找到一个标题的启示，名曰《自由的空间，无限的创造》，
一则也借以寄托笔者心目中的一个中国梦：通过我们对于中华
民族典籍的翻译和传播研究，祈盼全国各族人民相互尊重、相
互倾慕、相互交流、相互促进，共处于一个自由的空间里享受
其融融之乐。

自由的空间

嘿，让我们都使用一下我们的力气
伸展出无数坚韧而富于弹性的枝条
支撑起一片独有的蓝天
让一片片绿叶，苍翠如滴
在头顶，编制成尊贵的花环
如华盖，夕阳辉映下的斑驳
似流言，或美谈

只让彼此在拥抱的怀里
滋润如雨露，或如春风拂面
在眼前，构成一宇自由的空间
亲近而又遥远，注视着

微笑，是合适的距离
但相互感觉到对方的呼吸

或关切的淋漓，因而
感悟生命的质，耐把玩

在手中，最适合做一把琴
让独立的琴弦存在，依附
而又接近和平行，相互占有
在同一个旋律中，震颤
一首生命的凯歌

当果实成熟在枝头，泛红
或落实在异样的土地上
你我就是一片苍穹
为其庇荫，或一方水土
为其营养，让希望
快乐地成长为
参天大树

王宏印

2013 年 7 月 14 日

定稿于津南新居

神话-原型批评与翻译的隐秘维度

——序苏艳《神话-原型视阈中的文学翻译研究》

苏艳毕业五年了，她的博士论文《神话-原型视阈中的文学翻译研究》就要出版了。论文摆在书桌上，我凝神看着那具有哲学色彩的正标题《回望失落的精神家园》，一开头的两个字"回望"在我眼前直跳，让我想起一些往事。

那还是在古城西安工作时期。当时在陕西师范大学，我和中文系的叶舒宪同住教单七楼。我在二层，他在五层。每天晚上写作很晚，下来走到院子里散步，抬头回望，发现五楼的那间窗户仍然亮着灯。我知道他仍然在工作。就是在那个时期，我开始接触神话-原型批评理论。那时我从科研单位调到师范大学教书，叶舒宪刚从北京进修回来，得名师指点，加上博览群书，让他眼界大开。他雄心勃勃要编译一套"二十世纪国外文艺学译丛"，其中第一本就是《神话-原型批评》，还约我翻译其中的《原型批评：神话理论》。同一辑里还有《原型性的象征》《圣经文学与神话》《"老水手之歌"中的原型》以及《集体无意识的概念》等文章。在概念上，首次把"神话"与"原型"连接为一个复合概念，很新鲜。记得当时初稿完成，在制作封面时，陕西师大出版社美编认为标题里不能出现连字符，根据是汉语没有这种习惯，为此还经历了一番曲折，费了些口舌，才终于成为现在的样子。

在这里不妨重申一下弗莱的原型概念的要点及其在文学中的表现：

第一、原型是文学中可以独立交际的单位，就像语言中的交际单位——词一样。

第二、原型可以是意象、象征、主题、人物，也可以是结构单位，只要它们在不同的作品中反复出现，具有约定性的语义联想。

第三、原型体现着文学传统的力量，它们把孤立的作品相互联接起来，使文学成为一种社会交际的特殊形态。

第四、原型的根源既是心理的，又是历史文化的，它把文学同生活联系起来，成为二者相互作用的媒介。（叶舒宪选编：《神话原型批评》，陕西师范大学出版社，1987 年，第 16 页）

叶舒宪君后来在神话研究领域开疆扩土，收获颇丰，逐渐成为领军人物（以上四点就是原书代序中叶舒宪的总结），而我由此开始接触的原型批评理论和神话理论，则持续地影响了我的学术生涯和翻译研究。通过翻译弗莱的理论，不仅熟悉了该理论本身，也熟悉了结构主义大师的思想。我们那时没有现成的中译做参考，只好自己摸索，奠定了一批弗莱的批评概念的中译，例如其中的“置换变形”，就是我们一起讨论后确定的。后来，我编写了我的第一本书《英汉翻译综合教程》，其中的“翻译的综括模式理论”，就借鉴了结构主义的思维方式，构思出一个六个世界的翻译模式。书出版后，送给叶舒宪，他一眼看到了这个宏伟的架构，只评论了一句：“你把弗莱学成了！”

　　当然这只是过誉之词，须知掌握弗莱这位结构主义大师非一日之功可立就，岂可轻言学成！后来我还把这本处女作送给前来西安讲学的弗莱的弟子，一位像我们现在这个年纪的文学理论教授。我从此对于原型理论和神话问题，产生了兴趣，而且一直关注这一领域的发展，寻求可能的应用途径。加上我的心理学兴趣，对无意识也很在意，特别是荣格的集体无意识学说，在 20 世纪 80 年代很流行。当时我在一本兼有翻译和编著性质的《跨文化心理学导论》中，构拟了一个包括意识（个体意识，群体意识）和无意识（个人无意识，社会无意识，集体无意识）在内的多层次的人类精神结构图，并且在对比西方和印度梦境的过程中，涉及了跨文化的无意识概念，又结合中国的儒释道三种人格模型的建立,融合结构主义和精神元素方法，试图揭开中国传统人格的多元图式之谜。此外，我还运用无意识理论和精神分析方法，分析了日本人的人格异常和中国的阿Q 心态。后来，甚至在编著《广义心理学》一书的时候，专门讨论了无意识和神话在心理学研究中的作用,将其和文学研究、哲学研究结合起来，使得这样一部书，远远超出了当时流行的所谓"科学的心理学"的范围，使其具有人文学科的性质和社会科学研究的维度。所以，我把心理学界定为兼有人文精神、社会科学和自然科学性质的综合性学科，故而称为"广义心理学"。

　　这番所谓的"回望"，其实也不是想说明什么，而是想交代一下我在这一方面的兴趣，和一段难忘的学术历程。当时年轻气盛，不知天高地厚，总想建立什么框架，做理论创新，后来做了导师，反而收敛了学术的雄心，集中从事文学翻译批评和理论批评了。在此期间，也曾经企图指导一篇博士论文，希望能把神话-原型批评理论纳入庄子翻译研究的课题中，可惜未果。后来，终于在苏艳的博士研究选题中，找到了一个学术的知音，使得这一理论得到适当的应用，也许可以说，通过指导博士研究和论文写作，间接地实现了我的学术梦想。所以在心里，我倒是一直想感谢诸位博士们的辛勤劳动，从他们的身上，又一次发现了自己年轻时的影子。

苏艳能取得如此的成果，我以为，并不是单凭年轻和勤奋，还有她的智慧、耐心和从善如流接受指导的勇气。这里，我还要感谢她的硕士导师陈宏薇教授的热情推荐。想起在重庆开会的时候，一个大雾弥漫的夜晚，苏艳来找我，拿着她写好的已经很有样子的论文，表达了想搞翻译美学的一腔热情。通过考试，我接受了这位来自湖北的青年，而在开始选题的时候，却劝告她改弦更张，进入翻译研究的潜意识领域，不为别的，就是凭借我对一直钟情的神话-原型理论的了解，还有我认为至关重要的学术敏感和多学科关系的直觉认识。当然，在这位年轻的女博士身上，我看到了一些可贵的品质：吸收新事物的勇气，大胆开拓的精神，以及理论创新的能力。这些品质，包括我的预测，在后来的选题确定中，在论文写作和修改的过程中，一步一步地得到了验证。

此刻，我找到了当时答辩的论文，对照她寄给我的经过修改的书稿，翻阅那些熟悉的字句和段落，又看到我用红笔修改和添加的内容，以及答辩过程中辩委们提出的问题和进一步修改的意见，真是百感交集。后来，苏艳的论文闯过了南开大学优博评审一关，进入到进一步推荐的程序。在论文中还夹有一页《关于苏艳博士参评天津市暨全国优博论文的意见》，是南开大学英语语言文学学位委员会推荐的，时间是 2010 年 11 月 25 日。其中有这样的描述：

苏艳是南开大学外国语言文学专业 2009 届毕业博士生，在导师王宏印教授指导下从事翻译研究，完成了博士论文《回望失落的精神家园：神话原型视阈中的文学翻译研究》的选题、写作和修改，于 2009 年 5 月 26 日通过答辩，6 月 23 日获得博士学位。博士在读期间，独立发表相关的核心期刊论文四篇，表现了突出的研究能力。苏艳的博士论文，首次将神话-原型批评理论引入文学翻译批评领域，考察了该理论的文学翻译批评中的适用性和隐喻表达问题，并从精神分析角度，研究了包括无意识在内的译者的精神结构，从而深入地探讨了翻译中的可译性问题，取得了理论研究的突破性进展。在翻译批评实践方面，该论文选取了两部最具代表性的作品，艾略特的现代派诗歌杰作《荒原》的汉语翻译，中国古典小说《西游记》的英文翻译，运用神话-原型理论进行翻译批评的个案研究，不仅深化了对文学作品和文学翻译的认识，而且证明了该理论的实践转化能力。该论文在选题上处于翻译学科前沿，在研究上处于全国领先水平，取得了可喜的研究成果。该论文已经获得南开大学 2009 年优博论文，受到专家好评。和翻译专业的全国优博论文相比，该论文毫不逊色，而且更具理论研究价值和实证研究意义，具有相当的竞争能力。所涉资料真实可靠，符合各项优博条件。特此推荐。

尽管这篇论文没有如愿以偿获得全国优博，甚至没有走入天津市优博行列，但那不是论文质量本身的问题，可能还有复杂的其他因素在起作用。如今看来，经过五年的修改和历练，这篇论文又有了新的更加成熟的语言表述，更加符合专著的结构形式特点。其中的一个改变，就是定稿中已找不到原先绪论中所说的研究方法和创新点，在这里，我想简要地重申一下这些并非不重要的地方：

　　　　研究方法：文献综述法，理论阐释法，文本细读法。

　　　　创新点：1. 依据原型内在的稳定性探讨了文学作品的可译性，将原型概念具体划分为文学作品的语言、主题、结构和意象模式；2. 通过诗性隐喻和文学翻译的平行类比研究，重新界定了文学翻译的本质属性；3. 依据精神分析学说，将译者的精神界划分为三个无意识层面；4. 将弗莱的"后视"法引入文学翻译批评领域，确立了文学翻译批评的三个意识。

　　关于博士论文的创新点，到底要不要纳入论文本身，是有争议的。记得外审填表时压缩为三点。后来，在论文评价和毕业填表的过程中，作为指导教师，我曾经有下列几段评语，涉及对申请人的基础理论水平、科学研究能力的评价，以及对论文的新见解、新方法和创新性的评价：

　　　　苏艳的博士学位论文，以神话－原型批评作为进行文学翻译及其批评的理论基础，进行了卓有成效的研究性探索。论文作者搜集了大量资料和理论著述，进行了反复研读，打下了良好而扎实的理论基础。在论文选题和提要过程中，进行反复的修改和提高，表现了在导师指导下独立进行科学研究的勇气和能力。其研究水平已经体现在翻译活动与整个论文写作与科研活动中，很是不错。

　　苏艳的博士学位论文将西方的神话原型批评理论引入中国当下的文学翻译研究领域，是很有创新意识的选题，其中一系列高水平和高难度的理论阅读、思考以及理论问题的探索和结论，表现了作者有较强的创新意识和敢于挑战难题的探究勇气。同时，在研究方法上，作者运用理论批判的文本分析的对应方法，构建了一个基本可行的神话原型批评的理论框架，并在一系列问题上，提出了自己有创新性的学术见解。作者总结的三个创新点是合乎实际的，同时也意识到该课题仍有新的更难的领域要探索，这种科学的态度是难能可贵的。

在论文的外审过程中，专家们的评审意见也反映出较高的评价和中肯的意见。现摘要转录几份如下：

　　翻译研究是当代的一门显学，国内也是新论踵出，其中很大的一个部分展现的是"跟风"现象，即以西方的译论为准绳来构建译学理论。该篇博士论文的特色或者说是创见是强调翻译研究回归文学性，并选择了"神话-原型"视阈来展开讨论，为翻译研究引来了一股别样的清风，值得称道。论文显示了作者较深厚的文学与文学评论功底，相当广博的阅读面（文史哲）及对翻译理论的钻研，整篇论文构思独到，衔接合理，有学术价值。

　　论文将翻译研究纳入神话-原型范畴内进行研究，提出文学与文学创作分别是神话与原型的置换变形，颇有创新意义，开拓出文学翻译研究一个新的领域，有助于揭示文学本质的东西，以利于文学研究深入，并由此推动文学翻译研究提高到一个更高层次。论文从无意识出发对译者精神结构的研究也有独到之处。论文从"后视"批评法出发，试图最终建立一个立体的、多层次的评价体系，包括文类意识，空间比照以及社会与历史价值，以做到动静结合，纵横交错，突破以往翻译研究一维或二维模式。论文基本建立起了这个批评框架并在分析《荒原》与《西游记》翻译中加以使用，这对于文学翻译批评与文学翻译研究有一定的理论价值与可操作性。论文涉猎范围广，掌握文献充分，组织严密，层次分明。

博士学位论文《回望失落的精神家园：神话-原型视阈中的文学翻译研究》选题新颖、理论性强，具有前瞻意义。作者对该领域的国内外研究了解深入，掌握全面，对相关文献资料进行了条理清楚的梳理和评述，并提出了自己的看法。作者在研究中吸收了多学科的理论观点，遵循学源追溯、合理性论证、基本理论问题研究、翻译批评方法建构和典型译作评析的研究思路，最终形成了由远及近、由理论向实践转化和落实的研究路径。在此基础上，作者把神话-原型理论引入文学翻译研究，提出了自己的理论建构策略，使翻译研究向着文学本体回归；从神话-原型视阈进行文学翻译研究可以凸显翻译过程中的无意识层面，从这一视阈进行文学翻译批评则可以强调文学批评的层次意识。在研究过程中，作者认为，以异化翻译构筑新的国家神话可以作为具体实施"新神话"构想的途径之一；从社会无意识的视角对归化和异化的对比研究是对归化和异化问题的新阐释。

论文将文学翻译中的神话–原型理论引入文学翻译研究，深入细致地探讨了文学翻译研究中的基本理论问题，即可译性、本质研究及译者的精神结构，在全面分析中英两部名著多个译本的基础上提出了自己的独到的翻译批评理论体系，含层次意识、文类意识和互文意识三个主要组成部分。论文选题很有新意，研究结论正确，成果由创造性，既有理论意义又有实用价值。论文显示，作者全面了解本领域的文献，分析综述恰当，具有坚实的理论知识基础和系统深入的专门知识，已经具有很强的独立从事科学研究的能力，达到了博士学位要求的学术水平。

将神话–原型批评理论引入文学批评研究这些年来比较时兴，不少中国学者运用这一手法批评研究了不少中外小说、诗歌、戏剧等，显示出强劲的研究势头。本文作者的贡献在于将这一批评手法引入对文学翻译的批评研究，从人文科学的哲学基础、语言和文学起源等与神话的内在关联，论证了将神话–原型批评引入文学翻译批评的合理性和可行性，借鉴神话–原型的"后视"批评法树立文学批评的层次意识、文类意识和互文意识。可以看出作者有较扎实的文学批评理论基础，对所研究领域的文献资料掌握较多；论文行文流畅，分析较清晰，结论较令人信服。

当然，对于论文的缺点和可以修改之处，专家们也丝毫不吝啬，他们的评判可谓一语中的，建议中肯而具体：

论文提出目前在翻译研究中更应该回归"文学性"，可谓一语中的，可惜着墨不多，可以充实。论文指出中国四大文学名著与神话的渊源关系，很有新意。但是，毕竟西方神话与中国神话有诸多不同，在文学翻译中如何处理其中的矛盾，亦可作进一步研究。

建议作者在将来的后续研究中分析更多的语料（本文主要涉及两部作品）和文类（本文主要涉及诗歌与小说），以便进一步丰富和完善自己的理论体系，对我国日益强大的翻译事业做出应有的贡献。

第七章中在运用"后视法"对两部中外名著进行分析批评时，略显与前面几章的理论阐述脱节，显得比较单薄。

事实上，最初确定的文学翻译作品的个案分析有三个：一个是现代诗歌样本艾略特的《荒原》的汉译，一个是古典小说《西游记》的余国藩英译本，还有一个是莎士比亚悲剧《哈姆雷特》的多种汉译。如此选材，主要是想照顾小说、戏剧、诗歌三大题材，以及古典、现代以及汉译与英译等类型。但是由于时间有限，最终只完成了两项。在我已经很满意了，因为这几个文本，无论哪一个都是一个单独的领域，不是一个人在短期内可以有效进入和精准掌握的，而苏艳为此付出的心血和努力，不亚于她攻读有关理论时所下的功夫。我虽不表满意的言辞，但在内心还是暗暗赞赏的。

关于这篇论文本身，我想用不着再说什么了。而神话与原型批评的领域，在进入翻译批评领域的时候，究竟涉及哪些可能的课题，以及由此可引出哪一些概念，倒是一个值得探讨的问题。兹将我的一些思考抄录如下，以供批评。

1. 神话-原型研究，在构成翻译的研究课题之前，首先是文学的研究题目，继而是文化的研究题目。在文学作品中，作为意境的烘托、主题的提升、人物的塑造、结构的模仿，神话作为原型具有至关重要的作用。而翻译时的跨文化的语言处理和文化处理，则有相当的难度，涉及民族的习俗与心理特性和人类的集体意识和潜意识的共性，是一个常议常新的题目，不是在短期内可以完全搞清楚的，也不是一篇论文或一本专著可以穷尽的。

2. 倘若以人类的精神结构和心理内容为广义的文学的本体，而非简单地以文学文本的语言表现即文本本身作为文学的本体，像俄国形式主义者所认为的那样，则文学的表现（即语言-文本表征）便是介于意识和潜意识（无意识）之间的一个临界，由此产生对于文学及其翻译活动规律的认识，也许较之过去一切文学理论和翻译理论的认识，尤其是排除了非理性的灵感、直觉思维的所谓理论概括，要深刻而靠谱得多，但其研究也更加具有隐秘的维度和微妙的难度。

3. 在涉及语言的时候，传统的语言观容易造成语言是理性的"逻各斯中心论"的观点。这种基本上属于符号学的语言观容易忽视语言具有潜意识的一面。语言是民族记忆的宝库，渗透了神话-原型的遗传基因，而在文学创作和翻译的过程中，经由作者和译者再度提取和汇聚，结合个人与集体经验，进行素材处理和主题提升，才能进入创作和翻译过程。不了解这一点，就不了解文学及其文学翻译的奥秘，因而陷入简单化的理论概括，或误入现代科学思维的歧途，进入僵化思维的死地而不能自拔。

4. 由此想到在翻译史的研究领域，在将中西翻译史概括为神学翻译阶段、文学翻译阶段和实用翻译阶段的时候，有可能产生愈来愈理性化、现实化、功利化的考量，实际上，问题绝非如此简单。神学翻译的神圣性与神话思维的先天关联，文学翻译的隐秘性与文化问题（共性与个性）的难以割舍，以及现代实用翻译和西方民族语言及思维习惯之间的永久依赖，恐怕有其更深刻的背景渊源因而属于难下简单定论的问题。再联系到这些阶段的划分和认识，与其说是前后相继和相互替代的关系，毋宁说是古今叠加层层渗透的关系，所以，今天的文学翻译与实用翻译，在根本上毕竟无法脱离以往的神学翻译和语文学翻译传统的基础和制约，也许还有向古代经典（包括自然科学和社会科学经典以及文学经典）回归的倾向和必要。在这个意义上，在技术复制和技术写作支配实用翻译的时代，寻求失落的精神家园，就不仅仅是回望，甚至不仅仅是反思，而是追寻人类的沉沦之因（宗教伦理问题）和重构或重现心理结构（现代性关照下的社会适应和心理调节）的问题。

　　由此想到我们的学术研究，毕竟也是常搞常新的问题。无论是对于研究者集体（科学共同体）还是对于个人都是如此。后来得知，苏艳在博士毕业以后，继续进行博士后项目的研究，其研究的最新进展，大约在于中西翻译史的领域，而且侧重于西方翻译传统中的集体自恋，以及中国清末文化自恋的研究等课题。其实，这两个课题，也可视为其博士论文第五章的后续研究。我很高兴这样一个研究的继续和转折，有继续才有后劲，有转折才有新意。而苏艳的研究，在博士阶段无疑已经打下了一个坚实的学术基础，而在毕业后，又有了自己新的方向，一个不脱离原来研究基地和传统的方向。这是搞学问的正途。沿着这条正途，正所谓"路漫漫其修远兮，吾将上下而求索"。

　　这是几千年前楚国的三闾大夫屈原的名句。我把这一名言，送给我的弟子苏艳，祝愿她有如此好的开端，和一个光明的前途。因为她也是楚人，而且她并不隐瞒自己的楚人身份——实际上乃是一种学术文化身份，有何掩饰之必要！记得在苏艳博士论文形成的专著的后记中，曾写有一段感人的话，如今翻看重读，还能领略到一股浓郁的楚地风韵：

> 我是地道的楚国人，楚地历来"信巫鬼，重淫祀"，信鬼、崇巫之风世代相传，人们的日常生活和语言表达凝结着浓厚的神话-原型意识，家乡盛传的许多神话和民间传说从古至今为许多文学作品，包括从古代屈原的《离骚》到当代韩少功的《马桥词典》，提供了创作原型和灵感之源。
>
> 2006 年秋，我有幸进入南开大学投在王宏印教授的门下攻读博士学位，从事翻译理论研究。他多年来一直关注文学翻译中神话处理的问题，建议我从神话-原型视角对文学翻译中的几个基本理论问题做一番研究。自己长久以来的兴趣，加之导师的支持，促使我最终决定从神话-原型的视阈来探讨文学翻译理论问题。
>
> 在南开学习的三年是我人生中一段珍贵的记忆，这三年来我浸染于严谨求实的南开学风中，本书是我这三年学习的一个总结，也包含着许多师长和同学、亲人的心血。
> （苏艳：《回望失落精神家园：神话-原型视阈中的文学翻译研究》，华中师范大学出版社，2014 年，后记）

诚哉斯言！丰厚的文化传统和民族文学资源，加上新异的西方理论和现代学术风气的熏染，是一个人成就事业的大道所在。如果说这就是中西结合的治学之道，那一点也不过分，因为国学的根底，不仅仅在于中华上位文化和轴心时代的圣贤之言，而且更重要的在于来自底层的民风民习的长久熏染，而西方的文化和学术传统，也不仅仅是始终一贯的哲学思维和理性精神，而且更原始地在于二希传统和中世纪的《神曲》精神，以及奠基于西方各民族的生活习俗与致思方式中的深厚渊源。

而神话-原型批评理论，恰好就是这样一种又西又中、又古又今的学问路径。懂得了这种学问的渊源，也会真正懂得陈寅恪、王国维等先贤所谓的不中不西、不古不新的学问，才是真正的大学问，融合了中华精神和西学格局的现代学术的真精神。否则，学西方只学现代理论，无异于舍本求末，讲国学不讲现代继承，无异于抱残守缺，皆非学问之正途也。如此做学问，即所谓未闻学问之大道。虽有片言只语，一时心得，终难成大器也。眼下的学术风气，着实令人担忧。但有两三弟子相随，时有交流，知其进步，观其出息，人生一大欣慰也。

　　我为苏艳有渊博深厚的学术积淀和别具一格的学术个性而感到骄傲，并祝贺她这本学术专著的出版。望其在学术研究的大道上，阔步前进，取得更大的成就。

王宏印

2014 年 5 月 7 日

于南开园

《京华烟云》启示录

——序江慧敏《〈京华烟云〉无本回译研究》

江慧敏的博士论文关于《京华烟云》无本回译的研究成果要出版了,她向我索序,我也可以趁机将早先提出的理论加以修正和整理,并将作者在这一领域的研究成果加以总结和推广。从这个译论的提出到如今,不知不觉已经五个年头过去了。

一、无本回译提出和修订的理论背景和基本观点

说起江慧敏的选题,经过初步摸索,在落实到林语堂研究的时候,我有了一个想法:就是不要泛泛地研究林语堂,那种研究已经不少,因为是个案,在缺乏理论观照的时候,难以有突破性的进展,若是套用一种现成的西方译论,则因为和此个案无关,倒是容易把研究变成理论的附庸,得出和一般理论前提相一致的结论,也没有什么大意思。于是,经过反复商讨,确定为以《京华烟云》为文本依托,集中讨论三个汉译本的问题,而在理论上,可以借助我前几年针对此翻译现象而提出的"无根回译"理论,做一番既是试验性的也是检验性的研究。经过几年的努力,此项研究的结果出来了,证明这个选题是成功的。

再从更早先的时候说起。关于《京华烟云》的翻译研究,

我曾指导过两篇硕士论文，但由于水平所限，都难以有明显的收获，到了博士阶段，才找到了一个合适的选题的实施者，这也是一种缘分吧。而我对于《京华烟云》的了解，却是因外教社出了一个 *Moment in Peking* 英文本子，在西安期间有研究生毕业时送我一本。我翻看了一下，因为不了解它的汉语翻译情况，而束之高阁了好几年，直到陆续见到陕西师大出版社的中译本以及其他几个译本，才决定要进入到这项翻译的研究中去。这中间还穿插了一篇关于林语堂用英语写作《京华烟云》的论文，因为《外语教学》杂志发表时要我审阅，我便进入到所谓"异语写作"思考的课题中。这些相关研究都交代全了，就可以开始理论的说明了。

理论上的准备，其实是有几个前提的。

第一是理论前提和逼近式的导入，涉及两种理论。其一是关于"古本复原"的理论，基于《蒙古秘史》的蒙古语原本丢失而今企图复原的研究。这是我本人提出的第一个民族典籍翻译的理论，但《京华烟云》从来没有汉语原本，它是今人直接用英语写作出来的，属于"异语写作"，而它的翻译，也不属于古本复原。其二是关于"往复翻译"的理论，基于《论语》从汉译英又到英译汉的翻译研究，是对海外有关理论的一种推介和继承——在《论语》原本不经翻译直接排印出来的汉语本基础上，我进一步提出了"原文复现"的概念。所谓"往复翻译"，则侧重于指中国文化典籍在对外翻译传播的过程中所添加的序言、附录以及正文以外的注释一类副文本翻译成汉语的问题。真正的文言原文复现，在《京华烟云》的汉译中只有极少数，主要是庄子引文和小说中一些诗词的引文。而且以文学作品的翻译而论，《京华烟云》等在总体上尚不属于大量"原文复现"这一类翻译。

　　第二是相关理论的讨论和类别的切入，也涉及若干理论。其一是关于霍译《红楼梦》诗词的回译理论，我针对纽马克的"检验性回译"，提出了"研究性回译"的假设；显然，《京华烟云》的回译更加靠近后者，因为没有原本可供检验时作对照。其二是关于图里提出的"伪译"理论，笔者的回应在于剥离这一并不存在的翻译过程，从而严格地区分了创作与翻译。《京华烟云》的汉语回译是翻译而不属于没有翻译过程的"伪译"。还有后来的"自译"理论，但作者林语堂没有自译他的英文著作，他只为译者提供了基本的翻译方案和术语表。林语堂若是翻译了《京华烟云》，就属于自译了，但他毕竟没有翻译，而是找了郁达夫作为"理想译者"，而郁达夫终于没有完成这一翻译任务，致使"无根回译"成为一个在作者心目中"理想译者"缺失的条件下硬译出来的东西。既然上述理论皆无法说明"无根回译"问题，这样，就有必要针对这一特殊现象，提出一种特殊的翻译理论了。

　　下面是笔者关于"无根回译"的较早论述：

　　　　林语堂在上世纪三十年代在国外创作的英文小说 *Moment in Peking*，如今有了三个汉语译本，一般译为《京华烟云》(或"瞬息京华")。本来这部小说是以中国文化和老北京的生活为题材和内容的，但其原文则是用英语写作的。这种翻译成汉语的返回只是文化上的返回，而不是语言的返回，所以称为"无根回译"，即在语言上不存在以原作为根据的回译。实际上，这项研究对于英语写作如何表现中国文化内容，对于汉语或话语文学的创作策略，对于今日国外读者和国内读者的接受心理，都很有意义。特别是对于翻译本身，则更是一个典型。一种翻译的另类，即

异语和异域写作的回译。（王宏印：《文学翻译批评概论》，中国人民大学出版社，2009 年，第 236 页）

其实，这是一段名词解释，也是第二个版本。最早的版本是《文学翻译批评论稿》（上海教育出版社 2010 年第二版），当时是放在"互文性与翻译"一节之后，作为"互文的另类：缺乏原译的'回译'"标题下的一段文字。在 2009 年人大版的《文学翻译批评概论》里，就变为一个专门的术语，补充到附录"文学翻译批评基本术语"里，并与"古本复原""往复翻译"一道，进行字典化的解释了。而在人大版正文里的阐述，则具有描述和说明的性质，放在"翻译的另类：异语写作的'回译'"下面了。这便是以下的行文：

　　　　如果我们把用一种语言描写本族文化的内容的书写称为"原语书写"，那么用一种外语描写本族文学场景的则可以称为"异语书写"，由此产生翻译上的回译，就是"异语回译"。如果把朝向原文的回译称为"有根回译"，那么我们把这种非典型的并无同一语言原本的回译姑且称为"无根回译"。其典型作品便是林语堂用英文创作的小说 *Moment in Peking*（常译为《京华烟云》）及其汉语翻译。（王宏印：《文学翻译批评概论》，中国人民大学出版社，2009 年，第 173 页）

现在看来，"无根回译"这个表述不尽准确。无论是作为"缺乏原译的回译"，还是作为"异语写作的回译"，都不是绝对的"无根回译"，毋宁说是"无本回译"，即不是完全空无依傍无中生有的回译过程，换言之，所谓"无本回译"，充其量是缺乏文本根据的回译，但仍然有文化之根（这里是中国文化，而不是泛泛的人类文化）作为根基，而不是完全失去其根，即 rootless back translation，那么，准确的英文翻译应该是 textless back translation，也就是"无本回译"了。可见，这一修正不是文字的、表面的，而是致命的、关键性的，由此推论出来的一组命题，具有翻译本体论的认识意义。以下是几条推论而出的理论性的认识：

1. 文化为文本之根，文本为文化之表。无论就某一单一文化和特殊文本的关系而言，或者就人类整体的文化和所有潜在的文本而言，都是如此。所谓文本，则包含文史哲以及一切自然科学和日常生活记录的文本，概莫能外。

2. 在文本与文化之间，有语言作为能指，而文化是所指。无论就单一文本和文化的原初关系而言，抑或普遍文本（虚拟文本本体）和人类文化的总体的关系而言，皆是如此。在这里，无所谓原始文化和先进文化的区别，即采用文化相对论的观点，只有语言与文化的依存关系作为判断的依据。

3. 就文本为翻译之本而言，语言是能指，文化是所指。翻译的本体是文本，而表征也是文本，中间的媒介是语言，但这一媒介本身会发生变化。不过，无论发生何种变化，其语言（能指）与文化（所指）的关系（符号学原理），则不发生变化。

4. 就翻译过程而言，能指的改变（即翻译中一种语言向另一种语言的转移、替换），势必引起本不应发生改变的文化所指的改变（即译本信息的缺失、替代、添加、扭曲等），这是翻译所不可避免的。这也是对翻译"忠实论"传统的根本解构。没有不改变能指与所指关系的翻译，翻译的本质，就在以异族的能指指代本族文化的所指，反之亦然。

5. 但翻译的基本趋向，即一般意义上的翻译方向虽然可以改变（即因译者母语而定的从原语到译语的具体语种的改变，或曰顺译、逆译），却不能改变翻译的过程本身（即所有翻译都是从原语到译语，而不可能是从译语到原语的过程；在回译中，这一现象是倒逆的，但其根本关系的性质，也不能改变）。这里暂不涉及回译中的原文因素的干扰问题，以及回译者个人心理因素的定位问题，只是就所有翻译都要遵循的过程、方向和步骤而言。

6. 翻译过程的不可倒逆性，意味着翻译过程的不可复制性，由此造成的结果有二：其一，翻译过程的不可模仿性，因此作为结果，不可能出现完全相同的翻译文本。这一理论，虽然可以说明重译或复译，但其中趋同或趋异的关系，则是以趋异为本质的。其二，翻译过程的不可描述性，因此作为说明，不可能有完全科学的翻译理论。尽管科学规律的持续发现能无限接近翻译过程的本相或本质，但翻译过程不是一个一成不变的、千篇一律的过程，而是无数译者活生生的主体活动的过程，就其理论与实践的平行发展而言，最终也将是不可能被完全描述或说明的。

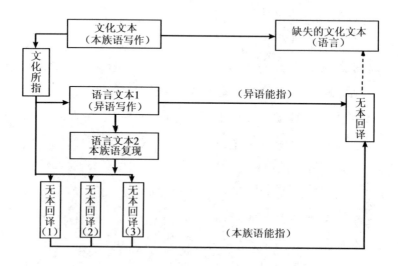

图 1 无本回译示意图

二、从异域写作到无本回译：理论的细化与深化

以下就这个理论的基本陈述，做一拓展和发挥。涉及异语写作的作者类型、文本类型，以及异语写作中的翻译问题，无本回译的翻译问题，无本回译的理想译者、无本回译的评价标准及其理论意义等。

1. 异语写作的作者类型

关于异语写作的作者类型，翻译家金圣华女士曾经做过分类：第一种，"原文作者是洋人"；第二种，"美国土生土长的第二代中国移民"，如谭恩美；第三种，"中国学者"，如夏志清。考虑到命名的准确与含义的广狭，以及避免过多依赖中国文化本位的说法，我们将提出下列三类异语写作者，并结合其作品和文化品质，加以概说。

1）本国作者

所谓本国作者，在特点语境下就是中国作家，不管其居住地在中国大陆还是港澳台地区，抑或是海外访学，例如台湾的夏志清和大陆的杨宪益。这里只是就他或她出身和描述的文化是本族文化和运用的语言是本族语言，也即二者的一致性而言。这一关系的一致性决定了他们对本族文化的认识是原始的、深刻的、全面的。但是实际上，本国作者一般是双语作者，更为准确地说是异语作者，换言之，他可以用本族语创作，也可以用外语创作，而我们的强调恰恰在后者，即虽然他们可以创作属于本国的文化内容或者属于异域的文化内容，但这里特别强调的和切题的是：作者必须有用外国语创作和本族文化有关的内容。例如，杨宪益虽然主要是双语译者，但还是双语作者。他早年翻译荷马史诗成汉语，后来致力于翻译中国古今文学成

英语，成就斐然。他用英语创作的自传 *White Tiger: An Autobiography of Yang Xianyi*（《白虎：杨宪益自传》）则是异语写作的典型，汉语回译成《漏船载酒忆当年》（薛鸿诗译，北京十月文艺出版社，2001 年），则可能寄托了作者本人的意思。还有，宋庆龄用英语创作《孙中山传》，也是本国作者用异语写作的例证。

2）侨民作者

"侨居地翻译"和创作是 19 世纪西方人在中国翻译中国经典和写作有关中国游记的典型做法，但不是我们这里的典型代表。我们指的是有中国血统的中国人，成为侨民，在国外创作有关中国文化的作品。毫无疑问，作为双语作家和翻译家，民国时期的林语堂、张爱玲都有侨居或定居海外的经历，而且都有异语创作的作品。他们是侨民作家进行异语创作的典型代表。作为华裔美籍作家，当代的汤婷婷、谭恩美（作品《喜幸会》 *The Joy Luck Club*）等也在此之列。然而，她们（一般称为"华裔作家"）创作的内容虽然有中国文化的因素，但也有美国文化因素，甚至主人公往往处于两种文化的冲突之中，产生认同问题或身份问题。由此看来，他们的作品要完全归入中国文化本位意义上的异语写作，就不是没有问题的。而他们对于中国文化的了解，也不是本原的、习得的，而是继发的、派生的。所以，中国文化对于他们，不是原本意义上的本族文化。所以，这里不以他们为典型的异语作家。

3）外国作者

与本国作家相比，外国作家不仅是国籍问题，而且基本上是用其母语进行创作，但相比之下，却是在创作有关别国的事情。尽管他或她的观点不一定比外国的作家更加外国，因为他或她的问题在于：对所创作的国家的文化的了解是否达到一种内视觉的程度，成为问题。这里以创作《大地》的美国女作家赛珍珠为例，即可以看到这一点。她的目标读者是美国人或者广义的西方人，而她所描写的大地却是中国的、东方的、异国的。当然，她的出身和少年的经历有助于她了解中国，一个封建的、多灾多难的农民的国度。但她的最终归属是美国。这是不难理解的。在历史上，用几种语言创作 *A Judge Dee Mystery*（汉译《大唐狄公案》）系列作品的荷兰作家高罗佩（详下），也属于这一类。如今，美国哈佛大学教授宇文所安关于中国文学，特别是诗词的系列论著，称为"宇文所安作品系列"，包括《初唐诗》《盛唐诗》《追忆》《迷楼》（《迷楼：诗与欲望的迷宫》程长灿译，生活·读书·新知三联书店，2003 年），也属于此类。从中国文化角度而言，他们都是用异语写作的外国人。

中国典籍文化吸引外国人注意，引起研究和写作者不乏其人。在历史上有汉学家，在今天，则有不少学者对中国文化感兴趣。美国人 Dan C. DeCarlo 写了关于《易经》的一本书，他在作者介绍中这样介绍自己：

> 作者来自美国密苏里州拉马尔地区的一个小农庄，……一九七九年至一九八〇年，作者供职于密苏里州众议院。在大学期间，作者就对中国历史和文化开始了深入的研究，最终激发了他开始有关东方哲学的写作，尤其关注于中国早期思想的主要流派，其中包括道教和儒学对后世影响的研究。这些曾经影响中国历史的思想观念，对于我们今天理解发生在我们身边的事件仍然不失其重要价值。（德卡罗：《一个美国人的〈易经〉之旅》，陈绍怡译，作者简介第 3 页）

2. 异语写作的文本类型

异语写作的文本类型是一个新的题目。原来认为这只是文学界的事情，其实不然。只要稍微注意一下这个领域，就可以轻而易举地举出不少的例证，进而划分出不少的类型：

1）游记类

就海外汉学的诞生和发展而言，游记类是第一个重要的类别，也代表第一个重要的起始阶段。

> 外国人来华，大致始于两汉，继之于唐，盛至于元，明清之际出现了大举涌入的先兆，到晚清时期才形成一股巨大潮流。国外发展至今的一门古老而又新兴的学科——海外汉学，其发祥时代的第一阶段，便是"游记汉学"，亦可称之为"记实汉学"（游记、航海记、出使报告、经商报告、日记、札记、书简、考古报告）；其后发展为宏观汉学，即译注中文基本经典和全面笼统地介绍中国；最后才发展成经院式的汉学研究，将汉学纳入到了全人类整体的学术研究范畴中。（[俄]科瓦列夫斯基：《窥视紫禁城》，阎国栋等译，北京图书馆出版社，2004 年，序第 1 页）

既然如此，这本《窥视紫禁城》本身就是一种游记作品，属于俄罗斯汉学的第一阶段，他的翻译，为中国大陆编写汉语本的《俄罗斯汉学史》提供了重要的资料来源和文本依据。当然，法国和欧洲早期的汉学家不仅有实际的游记作品，例如意大利人马可波罗的《马可波罗游记》，还有虚构的游记作品，甚至假托的书信作品，例如《波斯人札记》。它们之翻译为本族语，即本体文化所用的语言，也属于无本回译。

2）纪传类

纪传类属于纪实作品，一般称为纪传体，描写古今人物，可以包括作者自传，也可以包括他人传记，如名人传记。自传作品如杨宪益的英文传记《漏船载酒忆当年》，他传如林语堂的英文传记《苏东坡传》。外国人写的中国历史名人传，则有濮兰德的 *Li Hung-chang*（汉译《李鸿章传》）及其他与白克豪斯合著的《慈禧外传》、美国黑尔博士的 *Tseng Kuo-fan*（汉译《曾国藩传》）以及贝尔斯的 *Tso Tsung-tang*（汉译《左宗棠传》）等等。其中《慈禧外传》的英文名字很长，可以说明其内容和资料依据：China under the Empress Dowager: Being the History of the Life and Times of Tzu His, comp. from the state papers of the comptroller of her household（慈禧太后时代的中国：慈禧太后的生平和时代，基于其家族及国家的审计文献），同时，也造成汉语回译时书名的较大变动。

《京华烟云》的译者之一、台湾译家张振玉，也是《苏东坡传》的译者，对于传记文学有一种认识，颇能代表现代传记文学中西结合的趋同倾向。

> 中国传记文章之长至排印成册者,似乎是开始于现代,但为数不多,其最为人所熟知者,我想是林语堂英文著作的汉译本,即《苏东坡传》和《武则天正传》。这类文学的创作的出现,与过去之历史演义小说不能说毫无关系,但所受的直接影响,还是来自西方的传记文学。(《苏东坡传》林语堂,张振玉译,2010：译者序)

这一说法，虽然有把异语创作的人物传记作为现代中国传记源头的倾向，但说现代中国传记受西方传记文学影响，却基本上是准确的。我们能补充的是，胡适博士十分重视中国传记文学，并写了长短不同的传记文学多种，而梁启超也有《李鸿章传》等传记作品，可以为证。鲁迅先生的《阿 Q 正传》，却是小说类传记文学的典型和开创者，形成了与纪实类传记文学不同的另类传统。

3）学术类

学术类著作的外文写作，不乏其人，其中有的是作者在外留学期间的博士论文，诸如莎士比亚戏剧在中国的传播等，虽然是学科性的，但显然具有国学背景。钱钟书用英文写过关于文学的论文，后来有人翻译成汉语在国内出版。著名学者冯友兰的英文著作《中国哲学史》有简明版和两卷集子，都已有中文译文。还有，旅居海外的夏志清用英文所著《中国古典小说》（*The Classic Chinese Novel: A Critical Introduction*）和《中国现代小说》（*A History of Modern Chinese Fiction*），以及《夏志清论评中国文学》（*C. T. Hsia on Chinese Literature*）等，都属于学术类的异语写作，后来有人翻译成汉语，或在海外出版，然后在中国大陆和台湾、香港等地流行开来。

　　　　我仍在继续研究中国古今小说，你如看了我的新著《夏志清论评中国文学》（*C. T. Hsia on Chinese Literature*，哥大出版社 2004 年版），就知道我已写了不少明清小说的论文，不仅是《中国古典小说》里那六大名著。我评论《镜花缘》、《老残游记》、《玉梨魂》等近代小说的文章，皆见《夏志清论评中国文学》，早已有中译本，可惜一般访问者都没有看过。一有空，我即要写一篇评论《海上花》的文章。（夏志清：《讲中国文学史，我是不跟人家走的》，《南方都市报》，2008 年 7 月 30 日）

文学理论方面，有刘若愚用英语撰写的 *Chinese Theories of Literature*，经杜国清翻译为《中国文学理论》（江苏教育出版社，2006 年），纳入李欧梵、刘象愚主编的"西方现代批评经典译丛"，也开始在大陆和港台中国文学界流行起来。张柠、董外平编的《海外学者论中国当代文学》（北京大学出版社，2013 年）还起了一个特殊的书名《思想的时差》，以突出海外和中国大陆的思想认识上的时间差。可见，文学类异语写作和无本回译，包括文学作品、文学史、文学评论集以及文学理论著作，我们独留出文学作品归入文学类，而将其他一概归入学术类。其他文史哲和自然科学作品，如法炮制者，不计其数，恕不一一。

在国外，学术类著作可以写得生动活泼，这是和国内较为古板的学术写作方式大不相同的。不难想象，异域写作的学术模式也可能发生变化，而且这种变化也会逐渐影响中国本土的学术研究和写作模式。下面是《一个美国人的〈易经〉之旅》的写作角度：

> 为了能尽量吸引中美两国及其他地方的更多读者，作者以一个生活在三千年前故事发生时的叙事者身份出现。通常作为一个术士或那种特别善于讲故事的人，他可以把那些预言的含义转换成我们今天所用的一般语言或相应的表达方式。这些故事经常刻画在龟甲上，后来这些故事集合成书就成了《易经》。他设想是龙的角色以发现并履行他的最终使命。（德卡罗：《一个美国人的〈易经〉之旅》，陈绍怡译，知识出版社，序言第 7 页）

4）文学类

所谓文学类，如上所述，特指文学作品的创作，不包括文学评论和理论等著作和论文。在历史上，创作 *A Judge Dee Mystery*（汉译《大唐狄公案》）系列作品的荷兰作家高罗佩，属于这一类。一些当代中国作家用英语写诗，有的甚至在国外发表，也应当属于此类语写作。虽然诗歌创作很难说一定是中国文化，或者一定只能包含某种文化因素，但假如我们认可诗人的中国人身份，就应当承认，他或她的诗是中国诗，发自一个中国诗人的诗作，应当具有中国文化的归属，或者说，有中国当代文化的归属。另一个典型例证是，身处中国的国际友人，例如，新西兰裔后来加入中国籍的路易·艾黎（Rewi Alley）用英语创作的诗集 *The Freshening Breeze*（拟汉译为《清风集》），收录了他在中国于 1975 至 1977 年陆续创作的关于中国的诗篇，就语言而言，就属于异语创作，就地域而言，却是异域创作。此外，国外出版的许多中国文学作品集或中国文学史（例如《剑桥中国文学史》）一类作品，大多数是根据汉语翻译成本地语言的，或者以此为根据的编译本，在原则上，也属于异域创作或异语创作。特别值得一提的是，美国诗人庞德的英语作品《华夏集》，在国外被纳入作者的创作集，和原创诗歌一样看待，有些译作被收入 Norton 诗歌选本，流布全世界。

异语写作是一种特殊的写作状态。以上举的例证大部分是关于中国文化的英语写作实例，所以有的人急于归类，就提出了"英语汉学"的提法，目的在于概括以英文为载体的关于中国文化的创作领域。这虽然是一个有一定概括力的概念，但在理论上不具有终极性。它和"海外汉学"一样，只具有和中国汉学（国学/汉学）相对应的概念意义。不过，我们在讨论异语写作的时候，可以暂且保留这一概念的概括范围，作为经验领域的储存。

3. 异语写作中的翻译问题

现代学术是"西学东渐"的时代，这是一个举世公认的事实，但也有相反的意见，即也可以有一点"东学西渐"，作为中国学术向西方学界的输出。在"西方现代批评经典译丛"中，不仅有韦勒克、沃伦的《文学原理》、布鲁姆的《影响的焦虑》、兰色姆的《新批评》，而且破天荒地有一本海外华人学者刘若愚的《中国文学理论》（杜国清译，江苏教育出版社，2006 年），真是令人喜出望外。这里不想就这本关于中国文学理论的杰出专著有所评论，而是直接引用其中作者的《中文版序》的一段话，来说明写作和翻译问题：

> 本书原是用英文写的，出版于 1975 年。在 1977 年有未经作者同意而出版的中文译本，其中有若干误译之处，而且把原注及书目完全删掉，使读者无从参考本书所引用的作品。现承国清热心努力重新翻译，并把所有原注也译成中文，应该对读者有很大帮助。（刘若愚：《中国文学理论》，凤凰出版教育集团，江苏教育出版社，2006 年，中文版序第 1 页）

同样有价值的是原序关于异语写作中的翻译问题的说明，说明作者自己为何要将中国文学及其他来源的资料自己动手，翻译成英文，纳入写作之中。

> 所有中文的引证，都是我翻译成英文的，并不是因为我认为自己的翻译优于所有现成的，而是因为我对原文的了解往往有些地方异于过去的译者，而且也因为他们的目的可能与我的不同；我的目的是在引出基本的概念。因此，

我的翻译力求意义的准确与明了，不在于文字的优美，虽然我对反映出原文的风格与语调也尽了些努力。为了使读者能够将我的翻译与别人的作一比较，或者阅读我所摘录的作品的全文，我提示最好的或者最通用的译本。要是只有法文或德文的，没有英文的译本，这点将特别注明，因为大多数的英语读者都能阅读这两种语言，或者其中之一。关于日文，则不能作同样的推测，而中文的日译多得不胜枚举。引用英文以外的西方语言的作品时，我通常使用现成的翻译，没有英译的一些法文作品是例外；遇到这种情形，我自己翻译我引用的文章。（刘若愚:《中国文学理论》，原序第 1～2 页）

原作者在引用资料时亲自动手的翻译，是一种显性的翻译，借用其他人的翻译，也是一种显性的翻译，而异语写作中，还有大量的翻译，属于隐性的翻译，例如林语堂的中国文化写作中关于中国习俗的若干词语，其英文实际上并不完全是写作，而是把储藏在头脑中的汉语说法，翻译出来，或者半翻译，半创作，译写出一段语言来。同样的做法，也出现在美国诗人斯奈德关于老子《道德经》的论述中：

Tao Te Ching is full of the echo of a great goddess: spirit of the valley, mother of the ten thousand things, marvelous emptiness before being and nonbeing. (Gary Snyder, *A Place in Space: Ethics, Aesthetics, and Watersheds*, Washington, D.C., Counterpoint, 1995, p.87)

《道德经》充满了一位伟大的女神祇的回响：谷神、万

物之母，在有与无之先已存在的玄妙空无。(钟玲译：《施奈德与中国文化》，首都师范大学出版社，2006年，第58～59页)

实际上，这个汉语回译文还可以改进。依据叶舒宪的研究，老子《道德经》的原始神话是大母神，在世界其他国家的神话系统中也出现过；先于有和无而生的玄空，可以认为是《道德经》第一章以下话语的压缩：

故常无，欲以观其妙；
常有，欲以观其徼。
此两者，同出而异名，同谓之玄。
玄之又玄，众妙之门。

故而，依据对老子思想的理解这一根本，将这一半有本、半无本的回译，做如下调整：

《道德经》回荡着大母神的声音：谷神、万物之母、先于有无而生的玄妙空无。

(笔者试译)

因为照顾到文字叙述的连续性，所以让无本回译问题提前直接出现在异语写作的翻译问题里面了。下面专门论述无本回译的翻译问题。

4. 无本回译的翻译问题

顾名思义，无本回译的翻译问题，较之一般的翻译类型，要复杂得多。这里只是按照一般的情况，重点指出其变异部分并加以列举说明：

1）书名或标题的改变

书名或标题的翻译，如果没有什么变化，那就没有什么特别值得注意的，例如刘若愚的《中国文学理论》（*Chinese Theories of Literature*）。但细心读者仍然会发现，关于"理论"一词，英文用的是复数，而汉语则是单数。这种微妙的差异，也反映出汉语重视整体印象，英语强调各种理论及其差异的思维特点。同样，为了强调中西之间的时间差异，《海外学者论中国当代文学》一书，就特别加上"思想的时差"的说明，强调了中国大陆和海外在对待中国当代文学的研究时一般会处于相对落后的状态，由此引起国内读者的注意。相比之下，翻译中的变化更是司空见惯。例如，美国学者金安平的著作 *The Authentic Confucius: A Life of Thought and Politics*，在黄煜文的译本里，翻译成为《孔子：喧嚣时代的孤独哲人》。淡化了原文所说的思想与政治的关系，而强化了当下与古代"喧嚣时代"的共同点，以及哲人本孤独这样一种认识，从而产生了一种诱导当下读者进入哲人视野的魅力。

不同的书籍，可能有不同的改变书名的原因和理由。来自俄罗斯的中国游记，其汉语翻译，就是为了避免雷同，而且要特别地引人瞩目。

> 此书原名为《中国旅行记》，出版于 1853 年。考虑到此名容易与同类作品雷同，因此改译为《窥视紫禁城》。
> 〔俄〕科瓦列夫斯基：《窥视紫禁城》，阎国栋等译，译者序第 2 页）

不过，新的书名《窥视紫禁城》倒是给人以间谍一般的目光，总之，是一种异样的视角。前面提到的杨宪益的英文自传，在一开头有这样一段话，详细交代了自己的命相，说明了英文书名 Yang Xianyi: White Yiger（白虎）的汉译，以及英文书籍封面上五个汉字"白虎星照命"的人生含义：

> 我出生于 1915 年（民国四年乙卯）1 月 10 日，按阴历推算，是甲寅年（虎年）十一月二十七日。母亲日后告诉我，她生我之前做了一个梦，梦见一只白虎跃入怀中。算命先生说，这既是个吉兆又是个凶兆：这个男孩长大后不会有同胞兄弟，他的出世还会危及他父亲的健康；然而，他在经历重重磨难和危险之后，将会成就辉煌的事业。我不知道自己一生的事业是否算得上辉煌，但是我确实是母亲惟一的男孩，而且我五岁时父亲就病逝了。在过去七十余年生涯中，我确实经历了重重磨难。所以，那位算命先生尽可以说他的推算大致不差。（杨宪益：《漏船载酒忆当年》，十月文艺出版社，2001 年，第 1 页）

《漏船载酒忆当年》大概来源于鲁迅的诗《自嘲》中的句子："破帽遮颜过闹市，漏船载酒泛中流。"这里大概也可以看出来传主的鲁迅情节和浪漫情怀，和"白虎星照命"的宿命论形成对照——分别适应了汉语和英语读者的需要，或者毋宁说，反映了杨宪益性格的两面，或创作意图的两面性。

2）序言等副文本的翻译处理

有的异语创作者喜欢撰写序言或后记，说明自己的撰写意图或写作经过。杨宪益在其英文自传的后记中说：

> 1990 年 2 月，我应一位意大利朋友的要求开始用英文

撰写这部自传，他把它翻译成意大利文出版了。我的自传结束于我七十七岁那一年。

……

今年我八十五岁。

1999 年 6 月于北京

关于路易·艾黎的诗集《清风集》，作者的英文前言提供了更有价值的信息，以下是笔者的汉译：

> 这些诗作多数写于 1975—1977 年。有些曾以英文形式在香港《大公报》周刊发表。较早的两首诗，一首关于陈毅、一首关于埃德加.斯诺，于 1972 年发表于（新西兰）《奥克兰诗刊》。另外三首，分别是关于毛泽东、周恩来、朱德的，则于今年收入诗选集《雪压青松》（英文），也发表于新西兰。大多数诗篇写于 1977 年，体现了今日风头正劲的"继续革命"精神，一直截止到 1977 年 10 月 25 日。
>
> 路易·艾黎，1977 年，10 月底

（笔者试译）

甚至在没有原文参照的情况下，从以上简单的前言的翻译中，即可以看出若干翻译问题，以及译者在几个方面的处理：

补充重要地点信息，如括号里的"新西兰"，注明奥克兰是新西兰一城市；适当处理时代信息，如"今日风头正劲的"后的"继续革命"，用了引号，以表示对这一历史现象的新的认识；与其他信息相统一，例如《雪压青松》后的括号里注明"英文"字样，则表示原文是英文，这里只是翻译。当然，"雪压青松"

很可能来源于陈毅将军的诗："大雪压青松，青松挺且直；要知松高洁，待到雪化时。"

与异语作者的说明相比，我们可能更加注意回译者的有关说明，一般出现在译者序或译后记里。一种可能的信息，是这样的作品可以提供给国人一种异样的眼光和关注自身文化的他者的视角：

> 在翻译这本书的过程中，译者始终感觉仿佛是在观看一部清朝道光年间拍摄的关于蒙古风光和京城生活的大型纪录片。摄像机后是俄国人，镜头里却是中国人。既然是一部外国片子，其中的思想也必然与国人有差异，更何况这部片子的"导演"科瓦列夫斯基是俄国外交部的官员，后来又做了亚洲司的司长。所以，当我们看到其中某些观点不仅与我们相同，有时甚至对立时，必须以冷静的头脑加以分析和辨别。（［俄］科瓦列夫斯基：《窥视紫禁城》，阎国栋等译，译者序第 4 页）

3）正文的翻译处理

不难理解，异语写作的问题，在于语言符号和它所指代的异域文化发生错位，即本族语中原本一致的能指（语言）和所指（文化）不一致了，这就导致一定程度上的信息错位和表达不清晰。下面是美国诗人斯奈德关于中国山水画的一段文字，请注意观察和识别有关中国文化的词汇，包括专有名词的拼写、翻译与一般性表述的习惯问题：

> There are very early scenes of hills and woods in China, on the silk or plastered walls, but they were full of deer and

other animals, or dream creatures, or people, or some combination. Paintings of large vistas did not appear until around the 10th century. This was after two and a half millennia of self-aware civilization in the basins of the Ho and Chiang. They are at the most vigorous from mid Sung through the Yuan and early Ming—exactly when much of China was becoming deforested. （钟玲：《施奈德与中国文化》，第 188 页）

大体的问题可归类如下：

中国朝代的拼写不同于汉语拼音和标准英语的翻译习惯；长江黄河的翻译不完整，或者不符合一般的翻译标准；时间上，10 世纪的出现，在中国历史上很难一下子定位；指代词的引用不清晰，需要补充予以说明（山水画）；语法省略引起的问题，需要补充（人与神兽之组合）；主题性变化，例如将英文的 China 改变为"中国画"，更切题；"大部分森林遭砍伐"（was becoming deforested）与国内一般读者的知识不相一致，由于环境保护意识不强，导致国内读者此类知识的缺乏；习惯性说法被改变，显得很突兀，例如 animals、creatures、people 等词，须翻译成"飞禽走兽，人物"等。还有，Basin（盆地），一般叫"长江流域、黄河流域"。

下面是钟玲的译文，以供参考：

中国画中出现群山、树林景象为时很早，是画在竹帛上，或涂了灰泥的墙上，但画中出现很多鹿及其他动物或神兽，或人类，或某种［人与神兽之］组合。大幅山水景物的画到第 10 世纪才出现。这是黄河长江诸盆地的文明经历了两千五百年的自觉过程才产生的。它们［山水画］的高峰期由宋朝中期一直延续到元朝及明朝初期——这期间也正是中国大部分森林遭砍伐的时期。(钟玲:《施奈德与中国文化》，第 187～188 页)

也许，中国绘画界更为习惯的表述会导致中国读者更为顺利的阅读，因此，也可以有如下一种参照文本，即不是严格字面翻译的文本:

中国画里很早就出现了山石、林木，但人与鹿等瑞兽及其他飞禽走兽一起出现在同一幅画作中，当时以竹帛作画，或画在粉墙上。到了 10 世纪，才出现了山水占据主要位置的山水画。此时，黄河长江流域的自觉文明已经有两千五百年历史了。宋元时期山水画处于高峰期，直至明代初期逐渐衰落，而与此同时，中国的自然山水也遭到了大规模的破坏。(笔者试译)

4) 原文复现问题

原文复现指的是异语写作文本中有一些原本就是被翻译过去的东西，如果有足够的识别度，在整体上做"无本回译"时，可以转换为局部的"有本回译"，也即是不经过翻译而直接让原文复现出来，因为这一部分原来就是潜藏在异语写作中的翻译物。尽管如此，由于版本的不同，个别地方的变异仍然是可以理解的。在文学史和文学集一类作品中，大量的文学作品片段或完整的文本都是做这种处理的，例如《孔子》传记中的《论语》引文，就属于原文复现，而在小说《京华烟云》中，每一部分前所引用的庄子的话语，便原封不动地复现出来了。但在正文中的个别地方，例如一首原本是直接引用的汉语诗，由于英文诗歌识别困难（由于不是特别著名，所以诗人名字的英文拼写的汉译也难以准确恢复），或者译者没有足够的耐心进行查找，由此导致两个译本翻译成一种不够"原始"的诗。只有郁达夫的儿子郁飞查到了原来是明代诗人邓青阳的一首绝句：

人生天地长如客，
何独相关定是家。
争似区区随所寓，
年年处处看梅花。

We are but passing guests from who knows where?
Say not thy home is here, thy home is there.
It suits me—what I've got and what I've got not.
The plum-flowers bloom here, there, and everywhere.

这也难怪，由于诗歌翻译的特殊性，许多唐诗、宋词、元曲的英文翻译都很难识别，致使无法查找到正确的原文。相比之下，历史文献的原文复现是比较容易的，例如《窥视紫禁城》中的皇帝诏书，在清宫档案解密的今天，就是容易查证的。恕不一一列举。

5）文本的删节与合并处理

对于异族作者而言，所谓异语写作的读者一般指向的是作者的本族语读者，而无本回译的读者则指向译者的本族语读者，这一基本的定位会引起文本内容的删节，或者其他形式的变动。有的译者会明确说出这些变动的根据和处理方式，这样有助于读者了解原书的内容，以及翻译处理的根据或理由。原为俄语创作经回译为汉语的《窥视紫禁城》，为我们提供了一个很好的例证：

> 《窥视紫禁城》全书分三部分：第一部分为蒙古地区游记，主要记述了驼队在蒙古大漠上的旅行情景。作者在描绘沿途自然风光的同时，对蒙古地区的历史、社会、风俗多有介绍和思考。第二部分为旅行日志，用表格的形式记录了每一站的水草、地貌、温度等数据，可读性较差，因此删去未译。第三部分描写科瓦列夫斯基及传教士团人员在北京的生活和见闻。作者以一个外国人的视角对第一次鸦片战争后的中国》社会进行了深入细致的观察，对道光末年的京城生活百态进行了惟妙惟肖的描绘。（［俄］科瓦列夫斯基《窥视紫禁城》，阎国栋等译，译者序第 2～3 页）

不仅如此，译者序中甚至对于该书的语言问题，也做了较为详细的交代，同时说明了翻译的问题，具有无本回译的普遍意义：

> 此书虽然篇幅不大，但由于年代久远，且途中经过人烟稀少的蒙古地区，文中掺杂了许多满文、蒙古文地名、人名及其他少数民族语汇，此外，在作者从西文著作摄取的材料里，个别专有名词的发音在从中国南部方言到西文又到俄文的转译过程中严重"失真"。这些都给翻译造成了一定困难。（［俄］科瓦列夫斯基：《窥视紫禁城》，阎国栋等译，译者序第 4～5 页）

5. 无本回译的理想译者

虽然我们可以按照某种分类，把译者分成翻译家型的单一型译者，或者归入综合型译者：例如学者型、研究型、作家型等，但无论如何，对于无本回译的译者而言，这些类别均无法囊括所有的翻译家类型。当然，我们也承认，无本回译势必有相当的要求，它不是一般译者能够胜任的。因此，除了一般所谓的职业翻译家之外，也可能有异乎寻常的来源，甚至要经过有识之士的推荐，才能出现或发现某一作品的特殊的译家。著名文论家和文学研究专家赵毅衡曾提供了这样一则信息：

> 70 年代末，我劝友人陈来元（现任津巴布韦大使）与胡明（现为中国社科院文学所胡适研究专家）以中国元明通俗小说的语言翻译这套书，以归本还源，因为元明小说是高罗佩写此套书的范型。二位译者做得非常成功，几可乱真，证明高罗佩的确是把白话小说读通了。

从林语堂当年寻求理想译者的情况来看，我们不妨提出一个理想译者的假设，作为讨论这一问题的前提。那么，无本回译的理想译者应当具有什么样的素质呢？兹从林语堂对郁达夫的角色期待中，先做如下的设想：

首先，要有理想的译笔，而这一译笔来源于优美的文笔。在当代众多作家中，就汉语能力而言，郁达夫的散文、小说、诗歌创作成就都是非常的，有目共睹的。他的翻译的译笔，即便没有验证，但从创作的文笔和多变的风格来说，林语堂宁愿相信郁达夫是有这样的翻译能力的。与作者的竭力推荐相比，译者的夫子自道可能更具有说服力。我们且以《大唐狄公案》的译者陈来元的一段翻译体会为例：

> 翻译它不比翻译一般外国小说，译者只要能看懂外文、

现代汉语好一点就行。因为此书属于中国古代公案小说，而作者又是用现代英语写的,故翻译起来难度是相当大的。这实际上存在两次翻译的问题，即先读懂英文的意思，再将读懂的中文意思按古代公案小说的要求进行再加工或再翻译，故翻译此书的难点不在是否能读懂外文上，而是在读懂后进行"再加工"或"再翻译"上。这就不仅要求译者对我国唐代的方方面面都有一定的了解，而且要有扎实的古汉语、古诗词功底，才有可能将此书译成具有中国古典小说风格的、雅俗共赏的一部作品，而不至译得不伦不类或白开水一杯。([荷兰]高罗佩：《大唐狄公案》，陈来元、胡明、李惠芳译，前言一第 32 页)

我们宁可把这种已读懂英文变成中文的"再加工"或"再翻译"——朝着一个既定的文体类型或理想译本的变化功夫，看作是无本回译的一种特殊的操作过程或译者必备的思虑功夫。也可以说，无本回译需要一种特殊的译笔，一种更加自觉的靠近理想译本的译笔。为达此目的，译者甚至需要变通和删节——就像译者胡明所说的那样：

再者，高罗佩是用流畅的、轻松的、带有几分诙谐笔调的现代英语来写作的，我们在翻译时从我国传统的民族形式与语言习惯考虑，对原文略做了些必要的删动，当然力求保持原著的精神生趣，维护狄公的艺术形象——这一点也望广大读者谅解。(([荷兰]高罗佩：《大唐狄公案》，陈来元、胡明、李惠芳译，前言二第 39 页)

不言而喻，译者需要特殊的对中国文化的深入认识，和对于西方文化的深入了解。须知中国文化的认识，也不是每一个中国人就能理解和掌握的，即便天生具有一定的耳濡目染的认识，那不等于理性的反思性的、对比性的认识。在这里，林语堂可能十分关注京派文化的认识和表达，因为他的侧重点在于"京华烟云"。外国文化，在欧美（英语所处的国家，以及涉及国际事务和寻求支援的国家）之外，还有日本文化（与中国的交战国），都在《京华烟云》的反映之列，所以也在理想译者的知识面之中。关于中国文学和西洋文学的理解和掌握，以及日本古今文化和文学史的认识，也具有同样的重要性。照理来说，林语堂应十分重视中国古典文学，例如古典小说《红楼梦》（《京华烟云》所模仿的范本）和古典诗词（大量诗词的创作和翻译）以及老庄思想的传播。在外国文学一面，一个是作为资料的吸取，一个是作为语言的理解，一个则是面向外国读者的问题。舍此，则《京华烟云》的无本回译是不可能成功的。

6. 无本回译的评价标准

说到无本回译的评价标准，从普遍的意义来说，它应该符合一般回译的评价标准，甚至符合一般翻译的评价标准，但又不尽然。因为在逻辑上，从先到后，即从一般翻译、一般回译，到无本回译，依次从一般到特殊，越来越要求高，越来越要求具体。相反，从后到先，则越来越普遍，越来越永久，越来越大而无当，越来越不易落实。不过，在无本回译中，围绕着人物塑造产生的人物阅读效果，一种形象和印象的新颖感，一种似曾相识的熟悉感，以及二者的结合无间，则是需要的。下面具体分析三个层次的翻译问题。

1）语言标准

无本回译的语言标准比较难于确定，因为它没有一个原本可以作为返回的语言范型的根据，也就是说，失去了可资对照的可靠文本。尽管如此，我们根据一般翻译的常态以及创作的常态，还是可以提出一些大体的要求，以便对无本回译的语言有所限制、有所规定，也对其评价和批评有所依凭、有所借助。在这一方面，江慧敏的论文已经做了有益的探索：

> 尽管无根回译的语言有别于原语创作和译语创作的语言，但是必须尽量向译语（本族语）创作的语言最大限度地靠拢，这是由于文化内容的特殊性决定的。因为本族语的文化内容回归到其语言形态即本族语，那么在用本族语表达其文化内容时，理论上不应该出现欧化结构或者具有太多的洋气。然而，翻译的悖论性使得欧化的产生不可避免，只能尽量减少欧化或翻译体的出现。（江慧敏：《京华旧事译坛烟云——林语堂 *Moment in Peking* 无本回译研究》，上海人民出版社，2016年，第259页）

在缺乏其他参照的前提下，这一靠近说是有道理的。然而，考虑到回译是介于原作和译作之间的折中的语言状态，这种靠近的限度和提法，就不是没有问题。但不妨从形象塑造的方面来说一下。文学作品是语言的艺术，是形象的艺术，因而也是塑造中心人物形象的艺术，所以，中心人物的形象给人以什么样的感受，是至关重要的。译者之一陈来元对《大唐狄公案》中狄公的人物形象和言行特点，有如下的描述：

> 高罗佩笔下的狄公既不同于包公等正襟危坐的青天大老爷，也不同于鬼鬼祟祟的私人侦探福尔摩斯，而基本是二者的奇妙结合。他执法如山却不拘泥古板，睿智机敏却不矫饰，敢冒风险却不蛮干，嫉恶如仇而又心怀恻隐，喜

欢女人而不失度，诙谐幽默而不失威严，精通文墨又谙武功。这样的法官，在中国传统公案传奇里是很难找到的。（［荷兰］高罗佩：《大唐狄公案》，陈来元、胡明、李惠芳译，前言一第30页）

公案小说中的语言，首先是人物谈吐的语言，即个性化的与动作表情相配合的情景语言。但整幅作品则不限于此，还有作品中的叙述语言，即作者讲故事的语言。《黄金案》的开篇，可视为序文，便具有公案小说的特色：

　　　　这诗单表大唐名臣狄公仁杰居官清正，仁慈爱民，义断曲直，扶善除恶的高风亮节。看官但知狄公乃盛唐名相，国之鼎鼐。他出为统帅，入为宰辅，执朝政，理万机，播名海内，流芳千秋。其实狄公早年官吏生涯便有可大书特书者。史载狄仁杰于高宗仪凤年间为大理寺丞，周岁断滞狱一万七千人，无冤诉者。一时朝野传为美谈，仙机妙算、断狱如神之令名不胫而走。他在担任县、州衙门官员期间，勘破疑案无数，其中多有曲折离奇、惊心骇目者。本篇叙述的即是著名的一例。（［荷兰］高罗佩：《大唐狄公案》，陈来元、胡明、李惠芳译，第一卷第6页）

如果再加上开篇的诗，那就更加神奇了：

　　　　父母官，天子臣。
　　　　朱笔直，乌沙真。
　　　　冰心一片奉日月，
　　　　铁面千古惊鬼神。

顺便说一句，面对这样的诗歌，我们甚至不能辨别究竟是"原文复现"还是"无本回译"——除非我们知道异语写作的作者一定具有如此高超的写诗能力，以及无本回译的译者也有如此高超的译诗能力。幸好我们知道，作者高罗佩的汉语诗写得不错，而译者的译笔也不错。但是，即便如此，也不能做直接的推断，即由此推断出这是一首原创诗或回译诗来。须知，这里的结论是实证性的，要查出文本的出处才行。

2）文体标准

在《文学翻译批评概论》和《文学翻译批评论稿》中，我曾经提出翻译中的文类或文体处理的基本原则。一个是保留原文本的文体类型和品位并与之对应，一个是改变原文本的文体类型，或者使其上升，以提高品位，但又增加了翻译的难度，或者使其下降以助普及，并可减少翻译的难度。当然，这里的文本类型变异是相对的，其依据是诗剧高于诗，诗高于散文，散文高于小说，在这个意义上，无本回译的文体标准，也可以参照执行。下面就几个典型的文类加以解说。

（1）高罗佩的《大唐狄公案》

作为公案小说，翻译的文体就要参照典型的中国公案小说的体制和语言，进行一定程度上的"有本还原"。例如，译者可以参照中国公案小说的文体特点、章回设计、叙述语言与人物对话的角色划分，以便造成此人此事都是原原本本的中国公案小说的印象。但我们不能完全排斥西方侦探小说的侦破构思和推论逻辑，也不能完全排除其语言表述方式，相反，要让二者融为一体，不露痕迹，才是妙文。下面一节文字，乃见出典型的侦探或公案小说的语体特征：

卧房并不大，简朴无饰，几样家具都是手工打制的旧款式，木料也是田庄现成的。狄公细细察看起那张大床，床沿的木架果有一道深深的刀痕，地下散有好几片细屑，隐隐还可见有几星血迹。突然他发现靠窗的地下有一柄粗陋的骨质头梳。狄公俯身拾了起来，小心纳入衣袖。（［荷兰］高罗佩：《大唐狄公案》，陈来元、胡明、李惠芳译，第一卷第 50 页）

不过，要是细究起来，也可以看出无本回译的文字无论如何精致，终究难以逃脱中西合璧的痕迹。例如下面一节美人描写，就可以发现典型的中国词汇和西文句法的结合。也许我们可以把这归入翻译腔一类，但即便如此，也是值得注意的一种特殊的翻译腔，而不是一般意义上的过度翻译或欠额翻译的翻译腔：

狄公见那沈云黝黑的鹅蛋脸上一对含情脉脉的大眼睛极富于表情，樱桃小口之上悬着一梁高挺的鼻子，两条细长的凤眉如丹青画出一般。乌云似的长发盖头披下，不施粉黛却顾盼流波，与她那粗陋的衫裙很不相称。她从容自若地站定在书斋内，宛如一株水杨枝儿插在风里，一摇一摆，婀娜生姿。腰间一根黑丝绦，两只新葱似的玉手叉在腰间。（［荷兰］高罗佩：《大唐狄公案》，陈来元、胡明、李惠芳译，第一卷第 208 页）

这样的一种描写，却像是一位中国美女，用西洋画法画出来一般——那形象是中国的，笔法却是西洋的。也有点像清代外国画家郎世宁笔下的宫廷画，人物和景色是中国的，而构图和着色却是西洋画的。

（2）林语堂的《京华烟云》

小说书名：《京华烟云》是后人所译，而《瞬息京华》是林语堂当年所定，但具有讽刺意味的是，《京华烟云》仍然是迄今为止最为大众化和广为接受的汉语书名。

书前献词：张振玉的译文，通过添加、仿拟等手段，制作了一首以林语堂署名的古体诗作为献词，而且有"民国时间"，并交代了其英文创作过程的起始与终结，可谓完备之至。其他两个译本，异化手段，一象形一规整而已，各有千秋。

分卷题旨：庄子引文，属于原文复现。实际上，这一部分哲学引文，大概只是英语作者林语堂所特别喜爱，与中国人的做人方式的道家模式当然有关，但也不是很符合一部现代小说的格局，毋宁说使其带上了一个哲学的帽子，使得叙事不是那么纯粹。

分卷目录：将一部现代小说翻译成章回小说，具有文学上的复古倾向，但和民国时期章回小说的流传不无关系。从技术上来说，除了文字本身要有叙述语言的章回味道之外，章回的设置是十分关键的。总体而言，张振玉的章回设置比较到位，但由于回目的多少（仅45章，应是45回），而且三部分的回目数目也不均衡，总终还是不符合中国传统章回小说的书名要求，例如80回、100回或120回，所以未能达到尽善尽美的地步。另外，张译分卷题名本身的语言不够统一，也不够章回气，是一缺点。

正文变通：小说中特别是人物对话语言的京腔处理，效果各异，而以郁飞的最佳，翻译腔也最少。段落融合与切断和小说行进的节奏有关，多有处理变通者实属必要。文化信息的增减以及文化内容的注释，也构成小说翻译的一部分，各本不一，以郁飞的较为详尽，而且严谨。

　　书后附录：书后附录《人物表》，三个本子都有。这是仿照《红楼梦》的体例，可见作者的小说构思和人物关系设置。《生活场景复原图》为小说人物提供了活动空间，同时也可见作者的空间布局设置，独具匠心。

　　3）文化标准

　　关于文化标准，其实是很难界定的，更不用说仔细论述了。我想一个单一文化定位是基本的，也就是说，译本文化要向译入语文化的方向归化而去，尽量减少或彻底消除异族文化因素的侵入和干扰。但是，这样的要求，在许多时候是要慎重考虑和仔细处理的，因为翻译问题的杂合性不允许单一文化纯而又纯的一元化倾向，即便是无本回译毕竟还是有回译的性质，既然是回译就不可能回到原文所在的地方一点也没有偏差。或许可说，我们也不能说译语写作的作者对于本族文化或他或她所写的文化就没有批评和歪曲、变形或其他反讽的处理——所有这些都会影响到无本回译的归化效果。

　　江慧敏好地区分了"无根回译"和"文化还原"这一对矛盾的概念：

　　　　实际上，无根回译与文化还原二者既有重合又存在区别。文化还原只涉及到作品的文化部分需要朝向本族语的回归，而无根回译除了文化上的还原之外，还涉及诸如文体、文类、语言等方面的还原，例如文体上是朝古代某一文类（体）回归，还是就用现代文体，相应的语言应该古雅还是现代，这都是无根回译探讨的问题。因此，文化还原无法涵盖异语写作带来的（所有）翻译问题。（江慧敏：《京华旧事译坛烟云——林语堂 *Moment in Peking* 无本回译研究》，第 258 页）

关于文化还原，金圣华列举了一个海外华人的异域写作翻译成汉语的例证，并提出了自己的见解和处理方法：

> 第二种，可以谭恩美所写的《喜幸会》（*The Joy Luck Club*）为例。作者为美国土生土长第二代中国移民，在这本成名作中，致力描绘中西文化的异同与母女之间的代沟，书里涉及种种有关中国的事物，其中某些片段因作者笔力万钧而深刻动人；某些段落则因作者对中国文化一知半解而似是而非，译者必须细加分辨，按不同语境而酌情还原。例如，原文往往把节令即习俗弄得混淆不清，作者以为中秋节熏艾驱五毒，过新年则团聚吃螃蟹。这种错误，译者最多加注说明，绝不可自作聪明，妄加修正。

需要说明的是，根据原作改编的电影（英文电影，可有汉语或英语字幕）名《喜福会》，和小说原作的读者人数相比，应当拥有更多的观众。

无根回译的文化还原问题，似乎和作者对中国本体文化的认同和认识程度有关。照此看来，并非只有海外华人作家有此文化误读问题，毋宁说中国学者和外国人处于两个极端，都有对中国文化的认同和认识问题。一般说来，外国人的域外视觉使其对中国文化的批判多于盲从，而中国人的域内视觉，则可能是盲从多于批判。施奈德和林语堂，正可以作为二者的典型代表。美国诗人斯奈德对于中国儒释道三教教义的吸取，兼有对中国文化生态环境破坏的批评话语，而他对寒山诗的翻译和推崇，也包含了将其从中国式山水和隐者心态转换成为美国式风景和愤青语言的过度处理；而林语堂的《京华烟云》中的庄子引文，似乎给这部小说的故事增添了哲理层面，或者说给中国人的伦理世界，增添了老庄思想的光环，作者对老庄哲学和处世态度的赞许态度，是不言而喻的。

还有更为复杂的情况，须知在一部文学作品中，文化不可能原原本本地、一成不变地被复制出来，或者现成地摆在那里给你享用。毋宁说，在文学作品中，文化要么是总体印象的，即便如此，也是经过异语作者的眼光过滤和头脑加工的，要么就是作为文化要素，被分隔或结合搭配起来，为了达到某种再造艺术形象的目的。在《大唐狄公案》中，这两者都有。可以说前者更像是狄公本人被西化和西方私人侦探化了的形象：

> 狄公有个性，有人情味，有幽默感，他像西方侦探那样处处出场，深入破案第一线，直接周旋于罪犯与被害人之间。与其说他是个公正不阿、执法如山的法官，毋宁说是个大智大勇、精明干练的侦探。他也经常被错综复杂的案情弄得晕头转向，神情沮丧而走入迷途，做出错误的判断。有时甚至一败涂地，不可收拾，最后才柳暗花明，透出曙光，并终胜全局。狄公人情练达，世事洞明。狄公的故事是科学的、逻辑的、人事的，从不流于怪诞荒谬神仙鬼怪一路。他破案所依赖的只有三点：深厚的犯罪心理学素养、广博的刑事侦讯经验和严密的逻辑推理能力。从这层意义上来说，狄公往往更像柯南道尔的福尔摩斯、克里斯蒂的波洛、加德纳的海森、西墨侬的格雷警长，而不同于包拯、况钟、海瑞、施仕伦一类的人物。（［荷兰］高罗佩：《大唐狄公案》，陈来元、胡明、李惠芳译，前言二，第36页）

当然，这一形象的评估和前面所谓中西结合的说法，事实上有一些差距，因为这是胡明的观点，和陈来元的自然有一些认识上的差别。主要形象的认识尚有差别，而作为文化因素的处理则可能是另一种情况。一是狄公形象本身所包含的文化认知因素，当然他是取自唐代则天武后时代的知世名臣狄仁杰，取自有关的传说和档案，再加上作者自己的杜撰和附会，其他人物和故事情节的离奇就可想而知了。至于构成人物活动背景的所谓唐代的典章制度、律法形制、官衙公例、世情风俗、文物摆设一类，大部分却取自中国历史较后来的部分，也就是作者在中国比较容易感受到的部分，而以明清以来的居多。这就有可能造成这样一种情形，人物的名称是唐代的，而着装却是宋代的，家具是明代的，而摆设也可能是清代的也未可知呢。译者之一胡明对此心知肚明，所以他一再告诫中国读者，切莫过于拘泥：

> 最后还想说明一点的是：《大唐狄公案》里个别描写与唐代事实上的人物故事、典章制度、世态风俗很不相符。高罗佩虽对于我国古代社会的状况颇有研究，但他笔下的狄公故事的许多内容背景即便套在明清两代尚有许多不符，更何况套在7世纪盛唐高宗武后时代。当然作为小说它可以不拘泥于真实的人物、时代，尽管他写的是这个时代，又袭用了真人的姓名。因此，读者们尤其是熟悉唐代典章制度、世情文物的同志也大可不必拘泥。（［荷兰］高罗佩：《大唐狄公案》，陈来元、胡明、李惠芳译，前言二，第39页）

非但用不着拘泥，其实也不需要惊奇。试想一下土生土长的汉语小说《红楼梦》，其中的人物和活动背景应当是清代的无疑吧？可是实际上，单就主要男主人公的服饰而论，却无法辨别他们的真实时代。谁能想得到，他们的服装多数取自中国戏剧的装束，可能为了便于表现小说中的人物身份和社会角色吧？再说贾宝玉在天下第一美人秦可卿的卧室所见到的各式摆设，也是各个朝代、各色美人的应有尽有，即便是混合了杨贵妃的床上用品、赵飞燕的梳妆器具，谁又能说这不是一种艺术创造呢？

看来文化的问题，实在是一大谜团。结合了史学上疑古派的"层叠说"，也不为过。原来，人们对于文化的认识，是越古距离我们越远，而认识越趋于模糊，越今越拘于现代，而认识上越发清晰，所以，以今充古，却非但不是"时代错误"，反而是历史认识论上合乎逻辑的一章呢。鲁迅先生所谓"人生识字糊涂史"，恰是搔着了艺术创作的痒处，又被历史学家们证明了呢。可见"文化还原"只是一种理念，而实际的情形要复杂得多，难办得多。

在总体上，有关无本回译评论应注意的几个方面，或者说无本回译本身要达到的目标或翻译传播效果，江慧敏有几点思考，这里摘要转达如下：

（1）在原则上，译本效果要反映原著效果，但在实际翻译和交流中，完全相等的效果不仅不易获得，也不易证明。

（2）在文化还原上，要根据不同作者与作品对译入语国家的文化渊源的理解和体现的深浅，注意尺度的把握。对于出现的本族语文化古典诗词等，要进行原文复现。

（3）无根回译译文的语言应该更符合汉语习惯，尽量避免或者减少欧化与洋腔洋调的出现，即在语言上要可能的归化，才能取得较好的翻译效果。

（4）无根回译要关注读者意识的转换，自觉地实现由原作的异语读者像译作的本国语读者的阅读视角的彻底转换。

（5）译文本身具有独特的价值，对译入语国家的文学和文化等有一定的贡献。（江慧敏：《京华旧事译坛烟云——林语堂 *Moment in Peking* 无本回译研究》，第 260～261 页）

其中最后一条，我想，无非是说：回译者要注意译文本身的价值，要体现出无本回译的独特性，从而对译入语文学和文化产生积极影响。以上的陈述，我是赞成的。关于第四条读者意识问题，在这里也顺便讨论一下。

我们一般的推论，倾向于认为异语写作的目的是想让目的语读者了解本体文化的内容，而无本回译则使得本体文化在本体语言中得到再一次的证明，并为本体文化读者提供一种异样的审视角度。这样的认识，至少在我们以汉语文化为例，例如林语堂的《京华烟云》，描述异语写作和无本回译时，始终如一地强调宣传本族文化那样一种狭隘的民族意识要好得多。我想这也许是一种普遍的现象，而不是个别人的想法可以替代或掩盖的吧。岂知读到高罗佩创作《大唐狄公案》的初衷，以及后来直接出英文版的想法，才知道一个有见识的异语作者或无本回译者，会有超过我们认识的“边缘人”的意识，以及在不同文化之间建立互通有无和相互理解的促进人类文明的作用。这确实是难能可贵的。高罗佩在说明自己最早用英文创作中国传统公案小说的意图时这样说道：

我做这一尝试的主要目的是要向现代的中国和日本读

者证明，我以现代东方读者尚未欣赏过的创作风格写一部
中国传统的公案小说是可能的。鉴于目前中国和日本的书
市上充斥着外国惊险小说的三流翻译作品，而他们自己的
传统公案小说则几乎被遗忘，我想我这样做是非常值得的。
（［荷兰］高罗佩：《大唐狄公案》，陈来元、胡明、李惠芳
译，作者自序第 1 页）

接着，日本有人翻译了他最初的异语写作文本的日语版，
1951 年在东京发行。然后，高佩罗将其译成中文，取书名为《狄
仁杰奇案》，于 1953 年由新加坡南洋出版社出版。两个文本在
日中出版界均受到欢迎。高罗佩继续说：

我的主要目的达到之后，我又产生了一个新的想法，
这就是西方读者也许对这类新型的公案小说也感兴趣。因
此，我决定自己出版《迷宫案》的英文版，其目的之一就
是：鉴于有关中国的事情常常被西方侦探小说作家写进书
中，我觉得西方读者很可能也有兴趣看一看地道的中国公
案小说到底是个什么样子。（［荷兰］高罗佩：《大唐狄公
案》，陈来元、胡明、李惠芳译，作者自序第 2 页）

由此，我们也许可以推知：
1）读者的兴趣意识始终是第一个值得注意的创作动机和翻
译动机；
2）创造一种新型的文学样式，例如中国公案小说，是专业
作家的目的所在；
3）一个有能力的作家，可以同时也是一个称职的翻译家，
而且认为这是同一件事的两个不同的方面，或者为了同一个文

学事业而采取的不同的方式和途径而已。

三、作为普遍理论的无本回译：若干范畴与相关学科的再思考

最后，我想趁着江慧敏这本专著出版之际，总结一下她的博士论文所取得的成就。并且就无本回译作为一种普适性理论，讨论一下它的理论意义，及其进一步研究的问题，例如，如何尽量统一认识和规范相关术语的问题。说起该论文的贡献，我以为以下几点是不言而喻的。

1）精心选题：如前所述，不再赘述。

2）收集资料：资料的搜集是尽量完备了，除了极少数无法收集到的资料，我相信，这些奇缺资料的发现，将会大大推进相关课题的深入研究。

3）文本分析：关于《京华烟云》原文和三个汉译文本的细节分析，这里不再赘述。虽然还有若干可以发掘的方面，但在总体上，觉得文本的细节分析是服务于总体评价的，而且为之提供了必要的较为充足的资料支持。顺便强调一句：文本分析乃是中国文学批评的优良传统，结合语言学上文本分析和文学批评上的细读法，将会产生新的分析方法，可惜当今大陆学术研究过于侧重理论套路，对此方法有所忽略，甚至徒然作为摆设，仓促跳到结论，以掩人耳目而已。至于港台和海外，则文本分析的方法仍然受到重视，并有相当的研究成就。

4）总体评价：无论是林语堂的《京华烟云》的异语写作，还是对大陆译者郁飞，台湾译者张振玉，以及郑陀、应元杰合译本，都有十分精彩而准确的总体评价。在总体上，认为张振宇译本有更大的创造性，而在总体排名上，则以郁飞译本为第

一，忠实严谨，语言地道，文化到位，张振玉译本次之，郑陀、应元杰合译本又次之，但也考虑到不同译本出台的早晚与当时的大环境的条件限制，也就是说兼顾了历史影响的评价和译作质量两个方面，这是难能可贵的。至于具体评价，这里不再赘述。

　　5）研究拓展：这一问题涉及博士论文的选题意义和若干原则，可以借机发挥一下：我以为，博士论文的选题，切忌拿一现成的大家普遍看好的题目就做，或者根据一个既定的理论寻找研究对象加以附会。即便是个案研究，也要有重点和视点，最好能选定有独特的重大学术价值和研究意义的题目，而且尽量能够由此带动一系列相关的课题研究，理想的情况是能依托一个学科作为背景，筚路蓝缕，注重原创，或对于已有的理论研究加以后续推广，发扬光大之。在这个意义上，江慧敏的选题是成功的，研究也是有成效的。

　　就研究本身的拓展而言，我以为，作者涉及或解决了有关的问题，或对有关问题发表了新的有价值的见解。

　　关于异语写作的作者层级，作者在金圣华等人的研究基础上，提出了中国双语作家，汉外华裔作家，外国作家、汉学家三类，其分析吸收了赵毅衡等人的论述，并有较为详细的讨论。

　　结合谢天振等人提出的文学翻译、翻译文学概念，进行了较为深入的讨论，就异域写作者的国籍问题和写作的语言问题，以及林语堂《京华烟云》的中国翻译文学的归属问题，提出了有价值的见解，推进了相关的研究，甚至澄清了一些概念和长期的误解。

　　对于葛校琴提出的文本错觉、阅读错觉等概念，进行有价值的深入讨论，由此进入到异语写作和无本回译作品的阅读问题，实际上，已经临近原创作品与翻译作品的分解与融合的复杂关系中了。我相信，沿着这一问题深入进行讨论，将会有重大的理论发现。

6）理论推进：异语写作和无根回译：围绕林语堂的英语创作和汉语翻译问题，不少有识之士如葛校琴、赵毅衡、金圣华等皆有相当的前期研究和详细论述，并有不同的提法和不同角度的认识。例如在作者类型的发现、对本体文化的理解程度，以及回译的性质等方面，可以说不乏高见。实际上已经接近"异语写作"或"异域写作""无根回译""文化还原"的概念性认识了，但由于叙述角度和术语概括所限制，尚未提出一系列彼此有关的理论范畴，进一步达到一种理论化的认识和表述。如前所述，本人在这一领域的研究，也经过了一个相当的过程，从开始接触资料到进行理论概括，再进行理论修订和总结成型，至今仍然在理论探索的过程中。在这一方面，江慧敏的研究对于相关理论的推进和拓展，以至于深化，都是显而易见的。大体说来，有如下贡献：

一是证明了异语写作和无根回译是一个普遍理论，不仅适合林语堂的《京华烟云》的英语创作和汉语翻译，而且适合一系列相关的课题研究。

二是围绕《京华烟云》的个案研究，在引用海内外大量有关论述和相关研究的基础上，对于这一理论的整合和论述，有所推进。

三是在翻译学本身以及与创作的关系问题上，作者还进一步发现了该理论的内涵意义，以及三个有待进一步解释的论题。由于这些问题关系重大，以下分别加以论述：

（1）创作与翻译的趋同与渗透

这一思想最早提出是我在《英汉翻译综合教程》的理论探讨中，认为创作是翻译的基础和起点，翻译是创作的继续和完成。后来，经过回译讨论，特别是研究性回译的提出，进一步提出，翻译不可倒逆的命题。这样，作为一个连续体，创作和翻译就成为一个统一的过程。在创作中融入翻译（潜翻译，部分翻译），翻译中有创作（再创作，创意翻译），这样，将二者连接起来。实践之外，在理论上，翻译批评是文学批评的继续，翻译理论是文学理论的继续，等等。一系列命题的提出，就完成了这一跨学科的总体架构。

（2）归化与异化的趋同与融合

作为翻译过程，归化与异化是一体化过程。也即是笔者所论述的，从一开始，任何翻译都是异化的，即背离原作，朝着译作和译入语的方向归化而去。但作为翻译方法或策略，归化与异化可以并行不悖，或互相补充。这也是大陆学者对于韦努蒂"异化"理论的折中和修改的结果，也是我们的辩证法和互补论思维方式的必然，同时还继承了直译意译的论述思路，而无须加以任何根本的变化和改进。恰好在异域写作和无本回译中，这一连续体又一次得到了较为清晰的更加令人信服的解释和理论上的说明。

（3）不可译命题的淡化与深化

翻译之不可能与不可译问题，虽然常常混为一谈，但也是可以澄清的。翻译之不可能是一个形而上问题，它建立在语言不能充分表达意义，文化之不可能充分为一种语言所表达，以及一种语言到另一种语言之间的彻底转换之不可能。而不可译问题则可以立足于一个具体的文本或文类，来讨论它的不可译，例如，诗不可译。虽然诗不可译可以作为一切文本不可译之典型，但毕竟是有一个具体的设定，而显得比较的形而下，虽然诗也可以有一个形而上的设定，例如，纯诗。所以，即便是诗不可译这样一个命题，也有翻译之不可能和不可译两个不同的层面，其命题也往往是需要深入论述和仔细辨析的。

江慧敏认为无本回译使得翻译的不可译问题淡化，是基于第三种假设，即可译性是基于语言和文化两个层面的，既然是回到本文化，用本语言来表达，就没有了文化的不可译，既然是一种语言到另一种语言之间的转换，涉及的是同一种文化，也最终使得语言之前的不可译问题大为减少。

> 综上所述，翻译中往往因语言和文化的差异而造成不可译现象。然而，在用本族语翻译异语写作的作品时，或者说，非汉语写作的本族语文化的文学作品时，文化差异与文化障碍已不复存在，那么由之带来的不可译问题也随之失去了存在的基础，使得不可译现象的发生大为减少。而且，由于这类作品中的词汇、句式等很多都带有本族语思维的痕迹，在还原成本族语时遇到的语言上的障碍也大为减少。这样，不可译性在无根回译中淡化了很多。（江慧敏:《京华旧事译坛烟云——林语堂 *Moment in Peking* 无本回译研究》，第 333 页）

当然，在具体的文本和文类的翻译层面上，这样的结论是有一定道理的，即无本回译的难度在语言和文化两个层面上，可能有所降低，或者有所淡化，但在一个更加纯粹而彻底的理论假设上，不可译问题不但没有淡化，而且其认识还有待于加深。例如，无本回译对于译者在语言、文化以及翻译的能力和素质等方面的综合要求，以及无本回译相对于古本复原的有本可依和以本体文化作为终极范本的问题，都更为复杂多样，难以把握。更进一步而言，与之有关的异语写作的难度，以及其中所包含的部分翻译与潜势翻译的问题，特别是体现出的一种文化只能用其本族语来表达（尽管未必是充分的表达），抑或一切语言对于人类文明都具有同等表现力（如奈达所言），毕竟是二元对立的相反命题。这一对命题，其真实性并不因为其彼此相反而相互抵消，也不因为其相反相成而彼此证明。还有，在异域写作到无本回译过程中的作者意图与读者意识的转化，以及文本错觉与阅读错觉的存在，都使得这一对相互依存的理论范畴，有了更进一步值得讨论的问题。综上所述，针对异语写作为基础的无本回译，不可译性和翻译之不可能，不是只有淡化的一面，而是有了更加深入的理论讨论的一面。

最后，来讨论一下无本回译的理论的普遍性问题。一种理论有没有普遍性，首先看其所概括的对象是不是普遍存在的，其次，看其理论范畴和论述的范围能否囊括此一类现象。以下就这两个方面作一说明。

到目前为止，我们所讲的问题，基本上还局限于中国文化本位的眼光，也就是说，我们以中国文化作为本族文化的本体和文本回译的依据，以中国作家的英语创作作为异语写作的典型，以汉语作为唯一的文学表达语言和回译的语言。然而，这样一种表述，是建立在我们研究中国文学和文化的视野之内，无形中假设了"除此之外，别无他店"的狭隘视野。对此，只要找到一个例子，就可以说明这一现象不是中国文化、中国语言、中国作家所独有，因而把问题提到了普遍性的高度上。

以上是异语创作的中国内容作品的无本回译问题。如果说这仅局限于中国作家描写中国题材的话，那么，世界文学中也存在同类的作品，例如，冈仓天心（Okakura Kakuzo, 1863—1913），日本近代文明启蒙最重要的人物之一，与林语堂一样致力于向西方宣传东方，尤其是日本文化。作者晚年在欧美做巡回讲座，针对美国和欧洲的大众直接用英文写作并出版了三部散文集:《东方的思想》(*The Ideals of the East*),《日本的觉醒》(*The Awakening of Japan*),《茶书》(*The Book of Tea*),这些作品后来被译成日文。冈仓天心的经历和林语堂的相似之处是，他也曾定居欧美多年，学习并掌握了英语。同样是出于介绍和弘扬本国文化的初衷，针对西方读者用英语直接创作。这种用英文创作的日本题材的作品在返回日语时，在翻译类型上同样也属于无本回译。(江慧敏:《京华旧事译坛烟云——林语堂 *Moment in Peking* 无本回译研究》,第 317～318 页)

江慧敏所提供的这个例证是独特的，很有价值，但笔者相信，这肯定不是孤证，有心人仍然可以找到很多其他文化中人用异语写作并返回到本族语和本国文化的例证，特别是西方人用汉语创作的描写本国文化的作品，而这些作品也有一天要翻译成本国语言为本国读者所阅读。我们甚至可以找到更为久远和特别的例证，例如，古希腊历史之父希罗多德在其著作《历史》中，曾经描述了埃及男子织布女子外出购物等"反常"的习俗，并对照西方习惯描述了织布机的详情和操作的不同，当然还有其他许多异国习俗，而他的最初写作语言是希腊语，我们现在读到的是英语译本，并要将其翻译为中文，但我们相信，一定有埃及读者会读到《历史》埃及语的现代译本。下面就给出相关的英文文本:

Concerning Egypt itself I shall extend my remarks to a great length, because there is no country that possesses so many wonders, nor any that has such a number of works which defy description. Not only is the climate different from that of the rest of the world, and the rivers unlike any other rivers, but the people also, in most of their manners and customs, exactly reverse the common practice of mankind.The women attend the markets and trade, while the men sit at home at the loom: and here, while the rest of the world works the woof up the warp, the Egyptians work it down; the women likewise carry burthens upon their shoulders, while the men carry them upon their heads.They eat their food out of doors in the streets, but retire for private purposes to their houses ... A woman cannot serve the priestly office, either for god or goddess, but men are priests to both; sons need not support their parents unless they choose, but daughters must, whether they choose or no.

In other countries the priests have long hair, in Egypt their heads are shaven; elsewhere it is customary, in mourning, for near relations to cut their hair close: the Egyptians who wear on hair at any other time, when they lose a relative, let their beards and the hair of their heads grow long.All other men pass their lives separate from animals, the Egyptians have animals always living with them; others make barley and wheat their food; it is a disgrace to do so in Egypt, where the grain they live on is spelt, which some call zea.Dough they knead with their feet; but they mix mud, and even take up dirt, with their hands.They are the only people in the world—they, at least, and such as have learnt the practice from them—who use circumcision....They are religious to excess, far beyond any other race of men, and use the following ceremonies: —They drink out of brazen cups, which they scour every day; there is no exception to this practice.They wear linen garments, which they are specially careful to have always fresh washed. (History, by Herodotus, translated by George Rawlinson) （王宏印编著：《世界文化典籍汉译》，外语教学与研究出版社，2011 年，第 120～121 页）

面对这样特殊的文本，要讲它的翻译问题（主要是英译汉问题），笔者只能提供一个大体的"翻译提示"，以供读者和翻译爱好者参考：

> 关于埃及的文化，《历史》的记载侧重于习俗和习惯的细节，当然没有多少分析，而是充满了好奇和不解。在翻译的时候，注意作者潜在的和本族文化对照的口气，同时要善于想象，一些具体的习惯和细节是如何可能的。因为文字的记载过于简略，往往只起了提示的作用。至于句子的雷同和行文的松散，也要在一定程度上加以补救和避免。（王宏印编著：《世界文化典籍汉译》，外语教学与研究出版社，2011 年，第 121 页）

就这一部分内容而言，也就是埃及文化经过了希腊语的写作，中间又经过了英语的翻译，再返回埃及语译本，无论这一过程如何复杂，但最终都会回到用本族语描述本地文化这样一种殊途同归的现象。同样是异语写作，同样是无本回译，甚至中间还多了一个"中介语翻译"，而且多亏了是世界通用的英语，否则其普遍性会受到削弱。说起英语等世界通用语，就不能回避用英语进行写作，可以遍及世界各国文化，小的如欧美人类学家用英语写作的人类学报告和编写的人类学手册，大的如世界历史的编写，例如，*The World before 1500,* 和 *The World since 1500,* 作为一种国际化的写作，它的实用性就更加普遍了，而问题也就更为复杂深奥和变幻莫测了。

说到异语写作的语言问题，我们一般会认为，外国作者会用本族语来创作反映另一种文化的内容的作品，其实，这种说法还是囿于一种固定的未加论证的思维习惯，只要举一个例子就可以打破这种说法。例如，荷兰作家高罗佩的《大唐狄公案》，就是用英语创作的，但英语并不是他的本族语，而是另一种外语，当然，这和他当时的创作意图不无关系。

　　开始的时候，他打算向日本和中国的读者表明，中国传统的公案传奇比当时在东京和上海书摊上卖的那些翻译过来的西方侦探小说高明。于是，他用英语继续写下去。英文是他的另一门外语，而他对这门外语十分精通。（［美］唐纳德·F.拉奇：《〈大唐狄公案〉及荷兰作者高罗佩》，［荷兰］高罗佩《大唐狄公案》，陈来元、胡明、李惠芳译，第4页）

需要指出的是，译者之一陈来元所谓的"中国传统的公案传奇"比西方侦探小说高明，准确地说，应当指高罗佩所创作的"新型的公案小说"或"地道的中国公案小说"。人们可以说，这只是一个简单的例证，可能没有什么，但是，它可以打破我们久已形成的偏见，而且也可以使我们貌似有理的简单的推论相形见绌。这样一来，我们就必须进入到这样一个领域，即如何可以创造一套普遍适用的范畴，来涵盖这一具有普遍性的理论现象。我们不妨从改造本文所涉及的若干基本范畴开始我们的工作。

以下是一个简要的单子，需要我们重新解释或说明一些词语的意义。为了方便和系统起见，我们按照一定的分组来解释这些术语及其含义。

1）写作类型与作者类型

本国作者，外国作者，侨民作者，不管使用何种语言进行写作，凡是写作的内容不是本语言所直接指代的事物，特别指特定的文化内容，就称为异语写作。相对于一种特定的文化而言，作者可能认同它是土生土长的本族文化，作者也可能是不认同它而只对其感兴趣的外国人，作者也可能是离开自己本族文化的侨民移民等具有更加复杂的文化身份认同的人。在本土文化以外的异地或异域的写作，就称为异域写作，或异地创作，用本族语写作的称为本族语写作，也可以用双语写作，但实际上，双语写作总是潜在的，这指的是同一位作者有可能采用两种语言进行创作的条件问题，也可以指在同一部作品中兼有两种语言进行写作的状态。如果交替出现两种语言，就可以称为语言置换。但如果是同一位作者用两种语言创作同一部作品的两个文本，则是典型的双语写作了。总之，凡所写文化内容与所用语言不一致的，皆称为异语写作。

2）翻译类型与回译类型

旨在回到原文而且目的在于检验回译质量的回译，称为检验性回译，目的在于研究翻译过程或翻译机制等的回译，称为研究性回译；不存在原文，而是依据异语创作的文本返回本体文化的回译，称为无本回译，即原先所谓的"无根回译"。曾经有过原文，后来丢失或不明真相的，企图恢复原文本的做法，成为古本复原。假若不属于翻译，而是创作，但假托翻译，就是伪翻译，或伪译。在异语写作中可能存在一定的翻译过程或机制。相对于无本回译本身，可称为前翻译，相对于明显的翻译，可称为潜势翻译，其中相当一部分内容为文化翻译，其他则是写作，所以整个过程也可称为部分翻译。如果译者侨居在外国，翻译当地文化作品，则称为侨居地翻译，这和在本国翻译外国作品是有资源便利与否和心态认同与否的不同的。

3）文化类型与错觉类型

一种文化，在其本地用本地语言写作或翻译或研究，均称为本位文化，反之，则称为客位文化；在写作或翻译中，引起文本内容涉及两种以上文化并且频繁地从一种文化转移为另一种文化的，称为文化转移。在无本回译过程中，可针对读者对本体文化的理解差异，通过文化信息的增删手段处理文化还原，或者通过语句的分合熔断等语言手段进行文本还原，为的是让回译文本更适合读者习惯的典型的文本类型。由于语言和文化的错位，阅读某些写作的文本，特别是异语写作的文本，会产生翻译文本的感觉，成为阅读错觉，或文本错觉，而由于回译产生的文本错觉称为回译错觉（多数感觉是不伦不类的作品）。由于无本回译的文本变动所造成的错觉，称为无本回译错觉，其中文本的阅读效果和作者身份是影响错觉的主要因素，但是归根结底，读者的心态和阅读经验，是各种错觉的最终实现者和体现者。

4）文学类型与翻译文学

言说者以某一国别文学为基本，可称为本国文学，为加以区分，其他为外国文学，早先有称为域外文学或异域文学的。比较文学是将两国文学（一般是作品）进行比较，以寻找影响关系、模式差异或互相阐释的活动，但也有通过翻译进行文学比较研究或试验的。相比之下，世界文学只是一个模糊的术语，它可以指全世界文学的综合，也可以指本国文学以外的文学总体，也可以指达到能出国流传水平即国际水平的文学等。我们可以把用一种语言所书写的非本体文化的文学称为异语文学，即经过异语写作的文学。但凡经过一种语言向另一种语言的文学翻译活动，均称为文学翻译，达到文学创作程度或水平的，即可称为翻译文学，有时翻译文学也可指文学翻译活动及其作品；翻译文学是从民族文学或国别文学进入世界文学的必由之路。但有的地方把民族文学等同于本族的少数民族文学，原则上，它应属于本国文学，但有别于本族文学（即狭义的本民族文学）。

不过，目前关于翻译文学属于哪一国别文学的争论，似乎没有意义，因为翻译文学不应当简单地归属于某一国别文学，所以凡是前加某一国别名称的翻译文学史，例如，中国翻译文学史，理应包括在中国发生的外国文学的汉语翻译、中国文学的外语翻译（包括中国文化典籍外译），以及少数民族文学的汉译或民语以及外语翻译。极而言之，文学与翻译文学的国别归属，是依据作者国籍、译者国籍，创作与翻译所用语言（译作则指译入语），以及创作与翻译所涉文化内容三个维度来衡量的。这一问题的讨论，有待于更深入和规范化。

有关《京华烟云》所引起的长达五年多的思考和讨论，就此可以告一段落，但后续部分的研究，则较多地借鉴了《大唐狄公案》的翻译，还有其他的翻译文本的阅读，作为思辨的经验层面，推动和修正这一异语写作和无本回译理论的完整的文本表现了。一段京华往事旧谈，引起译坛烟云迷眼，仔细想来，也颇有意思。所谓理论的研究，如果没有个案的积累，敏锐的观察，精深的思考，以及反复的修改，也不可能。所谓创造和创新，谈何容易！

　　就这样，结束这个已经很长了的序言吧。

　　但愿有更多的读者关心本课题，并参与本讨论。

　　希望慧敏有更重要的研究成果问世。

王宏印

2014 年 3 月 6 日初稿

2014 年 6 月 28 日星期六改定

南开大学龙兴里寓所

民族典籍，常译常新

——序李正栓、王密卿教授新译仓央嘉措诗歌

仓央嘉措诗歌既是藏族文学史上的奇珍，也是中华民族大文学史上的瑰宝。自清康熙年间以降，这些诗歌先是在藏地流播，后来又在汉地传唱，再后来更是走出国门，渐次蜚声海外，至今已有三百余年的历史。回首以往，国史民情，历经变迁，其中因缘，真是一言难尽。

就仓央嘉措诗歌本身来说，由于诸多原因（包括诗人生平在正史记载的语焉不详，在野史描述的肆意渲染），诗歌长期在民间口头流传且与藏族民歌逐渐混杂，姑且不论，但就学术界对于仓央嘉措诗歌的主题（情歌、道歌、政治抒情诗）、数量（66首，74首，120首，四五百首，上千首）、辨伪（之前的与藏族民歌的分辨，近些年来与汉族作家颇具藏地风情的诗歌创作之间的分辨）等问题，也有待科学的研究和仔细的辩论。但有一点似乎可以肯定，仓央嘉措的诗歌，已经成为21世纪专业诗人和普通大众所共同关心的问题，就其诗歌本身而言，我们还是相信六七十首是一个基本的事实，在数量上无限地扩大，只是现代传媒手段与民间大众行为共谋下的一种扩散效应和从众心理，和严肃的学术研究和文学翻译似乎不大相干。

这里重点谈论一下仓央嘉措诗歌的翻译（包括汉译与英译）问题。

　　由于历史上汉藏民族的密切交往，仓央嘉措诗歌走出藏区，流传汉地，应该是很早的事情。但这种流播似乎只是民间口头发生，至今并未见到刊行的译本。仓央嘉措诗歌的英译较之汉译要晚许多。可以见到的译诗最早出现在 20 世纪初期，当时盘踞印度的英国殖民者觊觎我国西藏领土，一些带有殖民色彩的学者型官员在自己介绍西藏历史文化性质的著作中翻译了一些，然而只是蜻蜓点水，挂一漏万。据说当时印度有较成规模的英文译本流传，但只是据说而已，学界至今尚未见到。

　　直到 1930 年，当时任职于"中央研究院"历史语言研究所的于道泉先生翻译的仓央嘉措诗歌译本问世，题名《第六代达赖喇嘛仓洋嘉错情歌》，这是海内外第一个正式刊行的仓央嘉措诗歌藏、汉、英三语对照译本。该译本以其浓厚的学术研究色彩在海内外藏学、语言学领域影响深远。值得大书一笔的是该译本的独特设计与新颖构成——1.藏文原文；2.国际音标拉萨话记音；3.对字汉译；4.汉语直译；5.原文拉丁字母转写；6.拉萨话记音拉丁字母转写；7.对字英译；8.英文直译；这些看似繁复的体例使得该译本成为深度翻译（thick translation）的典型，同时也为中国的民族典籍汉、英翻译提供了可资借鉴的榜样和标杆。

　　尽管于道泉之前有一些汉、英译诗流传，但这些译诗或失之于零星，或失之于散乱，有些甚至散佚不传，所以，在某种程度上说于译本为仓央嘉措诗歌汉、英翻译的开山之作，并非毫无根据的断言。于译本之后，仓央嘉措诗歌汉、英翻译犹如一条河流的两个分支，各行其道，渐次形成规模，而且继续向前延伸。

　　时至今日，仓央嘉措诗歌汉译本，严肃的已有 20 多个，比较重要的有藏学家王沂暖、庄晶等偏重学术求真的译本，或侧重于民歌体，也有诗人曾缄、于贞至等强调诗歌求美的译本，或侧重于汉诗格律体，约略环肥燕瘦，各领风骚。仓央嘉措诗歌英译本，数量虽略少，但其中不乏独具特色者。如美国著名藏学家马里恩·邓肯（Marion Herbert Duncan）在其著作《西藏的情歌及谚语》（*Love Songs and Proverbs of Tibet*）中以每行 11 个音节的英语诗歌对译每行 6 个音节的藏族"谐"体民歌，力图再现藏语诗歌的规整性与音乐性；德国藏学家索伦森（Per K Sorensen）在其著作《神性的世俗化：仓央嘉措诗歌特质及形式研究》（*Divinity Secularized: an inquiry into the nature and form of the songs ascribed to the Sixth Dalai Lama*）中翻译的仓央嘉措诗歌，译文虽然饱受诟病，但他秉持了直译的策略，为后来者提供了求真的线索；此外还有英国伯明翰大学高级讲师（University of Birmingham, U.K.）威廉姆斯（Paul Williams）的英译本——《情爱的歌，悲伤的诗：六世达赖喇嘛的艳情诗》（*Songs of Love, Poems of Sadness: The Erotic Verse of the Sixth Dalai Lama*），译诗以一个英语音节对译一个藏语音节的尝试让人耳目一新；美国诗人翻译家彼得·惠格姆（Peter George Whigham）的"译作"《蓝色翅膀的蜜蜂：六世达赖喇嘛情歌》（*The Blue Winged Bee: Love Poems of the VIth Dalai Lama*）堪称是创意翻译（creative translation）或曰创意写作（creative writing）的典型，等等，各有风姿。

以上列举的仓央嘉措诗歌英译，都是海外译者所为。给人的印象仿佛是国内人士少有涉猎其中者。其实不然。于道泉译本问世 81 年之后，由黄颢，吴碧云编纂的《六世达赖喇嘛仓央嘉措诗意三百年》由中国藏学出版社发行，内中收录藏族译者 W. 泰霖英译的仓央嘉措诗歌凡 74 首。这是国内第二个仓央嘉措诗歌英译。事实上，泰霖译本诞生于 2003 年，比正式出版要早 8 年。泰霖译诗采用莎士比亚时代语汇，繁密用韵，堪称一大特色。

光阴流转，乙未将至。2015 年初，李正栓、王密卿教授在前人英译的基础上推出最新的仓央嘉措诗歌英译本（以下简称新译），是为国内第三个英译本。正栓教授是国内典籍翻译研究的专家，在诗歌创作与诗歌翻译方面也颇有建树。他以诗人的视角切入诗歌，以学者的严谨从事翻译，以敬业的精神邀请两位英国教授对译文进行润色修订，这些无疑都是该译本质量上的有力保障。

概括而言，新译特色约有五端：

第一，底本选择谨慎。底本的选择对于翻译来说至关重要。善本的选取更是成为翻译质量的有力保障。新译以于道泉民歌体的汉语译本为底本，虽受制于译者不谙藏语的限制，而不得不采用汉译本作为底本，但如就于译本的品质而论，则于氏精通藏语和汉语，保证了译文的地道准确，同时尽量多地保留藏族民歌的基本要素，注释详尽，可以参考。此种选择，正可谓独具慧眼，至少也是退而求其次，使得其译本的准确、际真可以保障。

第二，结构设计新颖。主要体现在两个方面。其一，新译第一部分英译了仓央嘉措诗歌凡 66 首，这是学术界比较认同的数量和内容。第二部分英译了托名仓央嘉措的诗歌作品凡 5 首，这些作品虽然并非真迹，但它们流播甚广，其英译更是在网络上面此起彼伏，良莠不齐，高下难断。新译予以包涵，这在一定程度上也具有鲁迅所谓"击退误译"的功德。其二，译诗在底本、诗注之外添加了英译者注的部分、不仅融汇了译者对于源诗的崭新体味与研究，也有为读者增广见闻、加深理解所做的细致工作（例如仓央嘉措诗歌第二首，涉及诗人的故乡门隅，英译者注中在提供了该首作品的通常解读之后，还煞费周章地提供了门隅的地域方位与乡土风貌)，这些对仓央嘉措诗歌的传播无疑具有建设性的意义。

第三，学术色彩浓厚。经典复译，研究先行。新译在前人诸多研究成果的基础上，广泛联系，多方求索，时有创见抒发，令人耳目一新。例如仓央嘉措诗歌第六首的英译者注中便有如下文字："诗人跌入情网。夜不成寐。所写状态与《诗经·关雎》无异：'求之不得，寤寐思服。悠哉悠哉，辗转反侧。'"联系到《关雎》。再如第十三首的译者注中有这样内容，"写出的和说出的能被记住，也能被忘掉。但心底所存的，爱也罢，恨也罢，会难以抹掉。英国诗人约翰·济慈说：听到的音乐是美的，没听到的更美。"英译者对源诗的新鲜解读，颇有比较文学的色彩，在一定程度上增强了新译的学术性。

第四，译诗用词考究。译者秉持"译诗为诗"的理念，力图再现源诗的意境和风姿。落笔谨慎，用词考究。例如诗歌第一首"'未生娘'的脸儿，在心中已渐渐地显现"一句译为"The cheeks of the fair girl/ Gradually appear in my inward eye"，以"inward eye"（心灵的眼睛、想象力、心目）来译少女脸庞显现的所在便颇为传神，别具诗情。再如诗歌第四十四首，"杜鹃从寞地来时，适时的地气也来了"新译为"The cuckoo came from the quiet land, / Bringing timely telluric fresh air."其中用到的"telluric"（of or relating to or inhabiting the land as opposed to the sea or air）一词非常考究，启人心智。

第五，韵律取舍自然。诗歌讲求音、形、义和谐统一，译诗讲究意美、形美、音美兼顾。新译在意美、形美而外，格外注重译诗的声律效果，表现在韵式丰富（包括 abab、aabb、abbc、abcb 等）、韵类多样（涉及阳韵、阴韵、目韵等）。尽管如此，却并不拘泥，在很多译者认为会因韵害义的地方，即便舍弃韵律，也毅然决然。可以说，新译基本上做到了让韵为我所用，避免了我为韵所缚。这在诗歌翻译中是很难能可贵的一点。

鲁迅名篇说"非有复译不可"，言犹在耳。原因何在？曰"复译还不止是击退乱译而已，即使已有好译本，复译也还是必要的。曾有文言译本的，现在当改译白话，不必说了。即使先出的白话译本已很可观，但倘使后来的译者自己觉得可以译得更好，就不妨再来译一遍，无须客气，更不必管那些无聊的唠叨。取旧译的长处，再加上自己的新心得，这才会成功一种近于完全的定本。但因言语跟着时代的变化，将来还可以有新的复译本的"。若对上引文字加以提炼，可知复译的功能可以概括为三个方面：击退乱译，推出新意，适应和促进语言变化。这些也可以看作是复译所具有的普适价值吧。

诗歌翻译，更是如此。所据者何？依笔者之见，上述三点之外，更有两点补充：一曰诗无达诂。各人先天禀赋、后天所学、析出问题、切入角度有异，对同一首诗歌的解读必然不同。这也是现代阐释学的精神所在。二曰译创关联。若论诗歌翻译的功用，向读者介绍以不同语言创作的诗歌佳作，当为第一要义。然而，在介绍之外，为本乡本土诗人提供参考，激发创作，生产更多的名篇佳构也是题中应有之义。何况翻译与创作相关联，也可作为原创性作品的灵感与语言的资源，也未可知。

正栓新译，正与上述几点相关。值此译本出版之际，笔者应邀作序。综览新译之新貌，揣摩译者之匠心，结合译事之变异，在此聊发数言，不求穷尽译作之神采，但望能以了解之同情，言中新译特色之一斑。余心足矣。充其量者，不过所谓序言，为译者说项，为读者导读，以区区之心，促进我们民族典籍翻译之事业耳。

是为序。

王宏印、荣立宇
甲午岁末，廊坊初草
乙未年初，天津改定

古老的命运，民间的智慧

——序梁少石英译《鸡卜经》

我对于《鸡卜经》了解很少，即使对《易经》也是近年来才有一些兴趣。这种东方神秘主义的题目，总害怕一旦涉入而不得其出，于是久久不愿贸然涉足。直到有一天，读到一本书，说《易经》卦辞里有许多古歌，这才怀着先睹为快的心情，看了下去。

但我知道世界各国人民均有占卜之事和占卜之术。那大约和人类的命运感有关，和人类企图知晓自己的命运有关。即便命运不能完全掌握和全部知晓，知道一星半点儿也可以，特别是及时的知晓，不为乐天知命，也可为决事之参考。由于此，占卜一类书籍可能会永远流传下去，只要人类不能完全掌握自己的命运而又愿意知道它。

然而这又和人类文明的发展阶段有关，以及人类对自己命运的掌握和认识阶段有关。简而言之，占卜之术的形成，多在人类文明早期。而占卜之术产生于巫术与科学之间，去掉了巫术直接支配自然力（或通过神灵支配自然和人事）的一面，徒保留认识的一面，而把行动作为人自己决断的权利和能力（至于占卜的结果，可以用巫术解决和完成，更是证明了巫术的作用）。又在认知和行动之间，留有很大的回旋余地，即便在认知领域本身，也有神秘不可知和可知之间的区别和复杂的联系，由此构成无限多样的占卜表征的规律性呈现和对人而言的程序化的行动指南与策略倾向。这是可以大体上说明的。换言之，规律和概率是占卜的两面，合而为一，即是其认识价值。

在笼罩于神秘迷雾中的古代知识的天空，原始信仰和图腾崇拜似乎为人们以理性认识占卜起源及其物质载体打开了一线希望。这一点，如果说汉族的《易经》尚难以说明的话（龙崇拜在乾坤两卦中的出现可算是一些线索），则壮族的《鸡卜经》仍然提供了一些可贵的线索，至少中间有一种鸟类（太阳神）崇拜的源头，和以鸡（吉）替代的占卜机制，作为我们今天民俗学认识的基础。

说鸡卜承传起源于我国古代南方百越民族的鸟图腾崇拜和太阳神崇拜，便可以找到不少的证据（以下引文除另有说明，均引自梁少石《鸡卜经》（壮汉英对照）未刊稿）：

> 在浙江余姚 7000 多年前的新石器时代原始社会遗址中出土的器物上，就有很多鸟的雕像图案。……《越绝书》等文献也记载了先秦越人流行鸟田的传说，绍兴 306 号墓出土的鸟图腾柱，更是越人鸟图腾崇拜的证明。岭南地区出土的文物上，也常见鸟的图形或雕像，其中以羽人最为常见。如西汉南越王墓出土的青铜提铜，就有很多羽人、羽冠等图形；1979 年广西田东县锅盖岭出土的一面铜鼓上，也有四只翔鹭的纹饰（今藏广西壮族自治区博物馆），这是铜鼓上常见的纹饰；广西贵县罗泊湾一号汉墓出土的铜鼓上更有"鹭舞"，即以二三名越人为一组，模拟鹭鸟而舞，起舞的越人的上部有飞翔的鹭鸟，舞人与鹭鸟的动作很相似，越人对鹭鸟的崇敬显然可见，在祭祀太阳神时，他们需要一种沟通人神的介质并对预期效果加以验证，悠

忽来去，鸿飞冥冥、敏感好动的大鸟成了最终的选择，犹如汉族先民选择了牛、羊、龟等动物的骨和甲一般。古籍亦多有"鸟为越祝之祖"的记载。

所谓替代机制就是加拿大结构主义大师弗莱的著作《批评的解剖》中的"置换变形"（displacement），也就是以某一种近在眼前易于获得事物来替代抽象难懂、远在天边的事物，再加上人类语言的概括性和概念掌握的抽象性，在汉语中便有了简易和变化以及变中有不变的意思（恰好符合《周易》的"易"字三解）。当然，这在文学创作上和文化创造上都可以找到不少例证。《鸡卜经》以鸡卜卦就是一例：

> 但由于飞鸟总是难以捕捉，于是由禽类的野雉驯化而来，与飞鸟在外形上十分相似，血缘又相近的越鸡成为代用物，那些小巧的岭南家鸡便成为用作祭祀的"说话鸡"，鸡骨成了"神谕之骨"。汉族在甲骨上钻孔后烧烤，根据裂纹走向确定战争、农事、出行、婚姻等重要事项是否当行，越人则根据插在鸡骨上竹签的斜直正偏，而定吉凶。一种与汉族甲骨卜具有同等重要的宗教、社会、文化地位的"越人之卜"——鸡卜，就此产生。

要从现象世界进入到理念世界，除了观察基础上的语言的提炼和概念思维的发达，另一个重要的认识是人类自然哲学本身的发展和抽象思维范畴的发达，为掌握人类命运和自然规律提供了一种形而上的思维方式，以便抽象地掌握各种自然要素的分类和联系，从而实现掌握自身命运的思维运作途径。有趣的是，在几种主要的文明中，这些自然要素的范畴呈现出一定的对应关系：

　　古希腊（四根说）：水土火气

　　古印度（顺世论）：地水火风

　　中国汉族（五行说）：金木水火土

　　相比之下，壮族的四分说，则是"金木水火"而缺少"土"。但唯其如此，才可以与其他东西方古代文明（希腊和印度）的四分逻辑形成对应关系。这是怎么一回事呢？

　　原来在壮族的宇宙起源论里，有"气"本源和"石"本源两种说法。假若我们把石本源作为更具特色的宇宙起源论，便可从中看出它的四分说的端绪：

　　　　《麽经布洛陀》里讲："四片石头飞往四方/造成四季阴阳/从此才开天辟地。"这里所说的四季通常指植物的萌、发、荣、枯或农业生产的播种、薅锄、收割、储藏四个阶段。

　　这种和四季形成对应关系的逻辑运演，适合于农事，但进一步而言，要和世界的方位形成对应关系(当然，这里的方位是时间空间合一的空间概念)，就是壮族《鸡卜经》中的"卦宫"里的说法了：

　　　　壮族《鸡卜经》里的卦宫只讲木、金、水、火四个，分别代表日出方(东)、日落方(西)、上方(北)和下方(南)，主要指该宗鸡卦应验的方位。这与汉族的金、木、水、火、土五行略有区别，而与《麽经》载录的四方、四季、阴阳相一致。

　　事实上，《鸡卜经》里的卦宫多书写在卦象的下面，如"木""火""金""水"，"木生亥""火生寅""金生酉巳丑""水生申子辰"等，专指该宗卦象在当年应验的时间和方位。从中既可以看出我国壮族文化对汉族古代哲学的借用和改造，也可以就此推论，参照世界范围内的哲学范畴模式，将"五元"简化为"四元"是一个普遍的操作模式，假若一个哲学体系包含的范畴在一开始多于"四元"的话。何况"四元"或四的倍数关系，在总数为六十四卦的《易经》体系中也是一个普遍的模式。可见《易经》的象数说和阴阳五行之间也同样存在着适应和改造的关系。

　　《鸡卜经》的结构，包括了卦象、卦名、卦宫、卦辞四部分。卦因象而得名，卦宫则代表东南西北四方位，木火金水四卦宫，用子丑寅卯辰巳午未申酉戌亥十二地支定位。卦辞又叫"卜辞"，壮语称作"嘎木赊"，意为祈祷得来的话。实际上是布麽、也麽或鸡卜师用鸡骨进行占卜所得结果的文字记录。所谓《鸡卜经》，主要指的也就是卜辞。绝大多数卜辞都用汉文书写，可以汉字壮读。这就造成阅读的方便，并形成了可供翻译的本子：

　　　　卜辞的内容十分广泛，包括所占的各种事象，以及用祭祀和巫术解决问题的方法，如耕田、求雨、求田(祈求丰收)、打鱼、打山(猎)、婚姻、生育、求子、求寿、祈人、买卖、求财、借贷、进人口、买奴婢、问债、节庆、新年、坐(建)新寨、架屋、入宅、保家、保寨、保城、移徙、出行、谋望、求官(上诉)、官事(被告)、打贼(战争)、征战、祈贼(议和)、保身、疾病、服药、祸事、失物、择坟地、送父母(超度)、除灵、安葬、请神、收魂、送鬼等是吉是凶、半吉半凶、先吉后凶或先凶后吉。

从以上卦辞的内容可以区分出壮族《鸡卜经》占卜的多样功能：几乎包括了全部先民生活的方方面面，可见古代占卜活动对于民族生活的巨大影响。实际上，壮族的鸡卜活动可以上推到先秦，发于汉代，唐时大盛，而后历朝历代，应用不息。许多活动不仅记载在汉族官方史学著作中，而且见之于文人学者的私人笔记。柳宗元的《柳州复大云寺记》即有如下的记载：

> 病且扰，则聚巫师用鸡卜。始则杀小牲；不可，则杀中牲；又不可，则杀大牲；而又不可，则诀亲戚死事，曰"神不置我已矣！"因不食蔽而死。

这则记述说明当地人对于鸡卜的迷信，宁可杀牲而卜，不愿求医治病。当然，鸡卜用途不是医治疾患一种，还有许多。而后，南方当地信仰与汉地道佛合流，形成新的思想和文献，乃是后话。

而今翻译研究《鸡卜经》又是为何？

幸而，译者对于这一工作有较为自觉而深刻的认识：

> 翻译鸡卜经对研究壮族社会历史、研究壮族古代哲学思想、伦理道德观念、研究壮族科学文化及壮族原始宗教文化有着十分珍贵的学术研究价值。翻译出版《鸡卜经》是基于这样的考量，通过《鸡卜经》这一壮族历史文化载体向世界宣传、推广壮族文化。

这是英译者梁少石在其所译后记中的一段话。读之让人动容。

一本《中国壮族鸡卜经》（古壮拉丁壮汉英对照本），是集体的成果。不仅有多位辑录者和译者本人，还有美国的审校者，让人欣慰。

我以为，迄今为止，国内的民族典籍翻译已经形成一种较为固定的格局，可以说是以直译和忠实为基础的译本，形成了"中国英语"（China English）的语言特征，迥异于海外的译本面貌。这是值得研究的一种翻译现象。

事实上，壮族《鸡卜经》卦辞原文有八卷之多，分六大类，娄卦、龙卦、修卦、衫卦、崩卦、林卦。而译者从中选录了常见的 180 余条，照顾了地区性和分支性，抟成一书，以飨读者，可见其用心良苦。

就一部完整的民族典籍译本而言，我愿看到它包含下列结构：

1. 序言（关于同类现象的文化研究和翻译说明）

2. 译序（关于该文献的研究和翻译策略的说明）

3. 体例（关于该书的来源、结构、体例的说明）

4. 正文（该书原文、注释、编辑、译文的呈现）

5. 后记（关于该译本的组织、分工等的说明和致谢）

梁少石于去年后半年通过电子邮件和我联络通讯，互有往还。经反复问询，始知其毕业于云南师范大学英语系，后在富宁县第一中学任教，兼多种杂志编委，并主编《光南侬氏土司史考释》，甚是感佩。记得他索序之早，似乎在第一封邮件中就已提出，吾因感其诚，自知虽不擅长此道，姑且应之，并嘱咐其完成译稿，再做计较。不久前少石寄来译稿，匆匆阅览，觉得有其价值，但到近日拨冗动笔之时，又备感知识贫乏，不堪任用。勉强为文，聊以为序。

初稿写完几天了，在即将发出这篇序言的时候，我仍然迟疑再三，望着特快专递上的来函地址云南，不觉想起我去云南的几次经历，特别是去过两次云南师范大学，都与民族文化研究有关。

一次是 20 世纪 90 年代初的一个阳春三月，我回国之初，人还在西安的陕西师范大学，便赴云南师大参加全国民族心理学会议，得以遇见当时学界名流，收获颇丰。那次云南之行，于我后来的《跨文化心理学导论》一书的写作，甚有益处。另一次是 2000 年我到南开大学之后，作为教育部英语教学委员会教指委成员，奉命赴云南支边，做学术报告《跨文化传通学的现象学模式释义》，旨在促进汉族和少数民族的沟通和交往，顺便参观了云南师大校园内的西南联大校史展览，为写《穆旦评传》收集了资料。这两次云南之行，使我对当地的风物人情有了一些了解，对于南方少数民族文化的关注多了起来。这与我后来的民族典籍翻译研究，也颇有些关系。

其次是关于壮族，这个历史上被说成是"撞人"的民族，在这几年有了一些了解以后，也颇多好感，觉得很亲切，很实在。壮族是我国人口最多的少数民族，历史文化悠久，典籍丰富灿烂。广西作为壮族自治区，在民族典籍及其翻译方面得天独厚，居于全国领先位置。两年前的全国第一次少数民族典籍翻译会议，就是在广西民族大学召开的。早些时候，百色学院的韩家权教授主持翻译的《布罗陀史诗》，获得了少数民族第一个国家社科项目，去年获得了山花奖，令人欣喜。我当时曾赋诗一首，表示祝贺：

七绝：贺《布罗陀史诗》荣获山花奖

南国译坛一柱擎，
壮族史诗获新生。
民间文学百卉园，
山花烂漫耀目红。

（朱墨，2013 年）

　　如今又有梁少石翻译《鸡卜经》即将出版问世，真是值得庆贺。

　　我谨希望通过一批翻译家的努力，使得壮族和全国其他少数民族的典籍都能得到更好的保护、继承和传播，进而走向全国，走向世界。

王宏印

2015 年 3 月 31 日

南开大学

极高明处致精微

——序梁真惠《〈玛纳斯〉翻译传播研究》

梁真惠，女，西安外国语大学外国语言学及应用语言学研究中心副教授，北京师范大学英语语言文学专业博士，研究方向为比较文化与翻译学、少数族群文学/文化翻译、译介学等。

一份极为简洁的自我介绍，让我想到只有一面之缘的一位年轻学者。

当梁真惠捧着她的博士论文修改稿，来到我在母校西安外国语大学（她目前的工作单位）的宾馆客厅落座时，我怎么也不能相信，如此一位文弱女子怎么可以和规模宏大的柯尔克孜族史诗《玛纳斯》联系到一起。回到天津，读完这部即将准备出版的《玛纳斯》翻译传播研究专著时，我才相信她真的就是这部史诗及其翻译传播的研究者。出于一种敬重和喜爱，我放下手头正在赶写的《中华民族典籍翻译研究》丛书的稿子和序言，决定答应她的请求，利用赴美国之前的紧迫时间，开始撰写这篇序言。

首先，当然是觉得，这部书稿放在我主编的"民族典籍翻译研究"丛书中，当之无愧，而且可以为本丛书增色。同时还因为，这使我想到，这套丛书的第一本《〈福乐智慧〉英译研究》

的作者李宁，我的博士生，就是来自新疆昌吉的，和梁真惠工作地点相重合，可谓是同乡。学术上有巧合，也许不完全出于偶然。

随着短信、电话和电子邮件的往还，我了解到梁真惠于1993年7月毕业于新疆伊犁师范学院外语系,曾在昌吉师专(现昌吉学院)外语系任教。2001年9月—2004年6月就读于四川外语学院英语语言文学专业，研究方向为翻译理论与实践，获硕士学位。2009年9月考入北京师范大学外文学院攻读英语语言文学专业博士学位，师从郑海玲教授，研究史诗《玛纳斯》的翻译传播，并顺利通过了答辩，毕业后调到我的母校西安外国语大学任教，主讲翻译史、翻译理论、文化翻译等课程。

她的留学经历（2008年11月通过国家留学基金委"西部项目"评审，于2010年9月至2011年9月在美国纽约州立大学（宾汉顿）比较文学系翻译教学研究中心访学一年），还是比较文学的背景，令我眼前一亮，迄今先后从事的五个科研项目，以及发表30余篇论文的成绩，使我相信，她是博士生中的佼佼者（2013年6月被评为北京市与北京师范大学优秀博士毕业研究生），更是青年教师中科研成绩不俗的一位。

毫无疑问，梁真惠的新疆生活经历、川外和北京求学历程、海外留学生涯和广泛的研究领域，都是她选择研究史诗《玛纳斯》的得天独厚的条件。

主持开题的北京大学辜正坤教授认为：论文选题很有新意，很有学术性，跨越多种语文和民族国家界限，是典型的比较文学、比较文化研究课题。作者占有了丰富的文献，并做了颇多的梳理工作。文章用了比较文献学的若干方法，在整体设计方面也具有可行性，可望取得好的社会效益和学术成果，颇值得鼓励。

作为答辩委员会主席，辜正坤教授的论文答辩评语如下：

> 作者从整理《玛纳斯》史诗的文本化过程、厘清各个唱本及其译本之间的关系入手，探讨了该史诗的翻译传播史，清晰地勾勒出了《玛纳斯》史诗在我国及西方主要国家翻译传播的认知地图，很有学术价值。作者还着重对《玛纳斯》的三个重要英译本进行了评析，揭示出史诗翻译过程中的三种不同样态与特点是如何受制于译者的翻译动机、文化身份、职业身份及时代背景的，很有说服力。
>
> 论文占有了颇为丰富的相关文献，结构合理，语言规范，逻辑性强。

导师郑海凌教授对于梁女士的学位答辩申请，写了如下的肯定意见：

> 论文讨论民族史诗《玛纳斯》的翻译与传播，作者运用比较文化学的基本理论与方法，探索史诗《玛纳斯》在英语世界翻译与传播的方式方法以及在传播过程中的流变。该选题具有较高的学术价值，也有一定的难度。作者有机地融合了民俗学的民族志诗学、阐释人类学的深度描写理论、影视人类学的理论与方法，并将其引入"活态"文学翻译领域，填补了《玛纳斯》史诗综合翻译研究的空白，这一思路对翻译学科的进一步拓展具有一定的启示意义。

在引用了如上的相关评价之后，我要谈一下自己的想法，主要是对这篇博士论文的总体印象，以及由此想到的有关民族典籍翻译及其国内翻译方向博士培养的一些问题：

1. 选题好，基础扎实

典籍翻译研究令人望而生畏，因为学外语的许多不谙古文，甚至对国学不感兴趣。说起民族典籍，更是无从下抓，因为除了古文之外，还有民族语言，藏语蒙语、满语、彝语，更是畏若天书。可是曾几何时，中国文化典籍的选题方才开始，如今却成了热门，民族典籍也于近年开始引起注意。这些现象都值得深思。而北方三大民族史诗《格萨尔》《江格尔》《玛纳斯》各有特点和难点，是比较生涩而难搞的选题。也就是说，它们有一定的知名度，却有相当的难度，尤其在三部之间要做出选择，便会受到许多限制。其中的《格萨尔》为三种史诗之首，资料多，流传广，难以下手，在藏族文学和蒙古文学之间，谁先谁后，欲断还连，有争议。好在已经有了王治国的研究，抢了先，而《江格尔》的资料，别的不说，只在翻译方面，又似乎还不够丰富和典型。这样，《玛纳斯》就是一个不错的甚至是必需的选题了。在选题上，梁真惠的新疆出身、四川经历、海外求学与京华深造，都是潜在起作用的，但我更看重她的个人兴趣和坚持不懈的研究精神，认为是更加难得的。研究的结果证明，这个选题不仅正当其时，而且适合她的条件和能力来完成。

2. 资料全，宽严得当

资料的占有，是选题是否成立、成熟和成功的根本。有不少人，凭空想象题目，没有资料，或者资料不足，只好放弃。又有些人，想的是大家都知道的题目，却因资料太多，堆积如山，无从下手，反成累赘。所以资料的占有是一回事，其难点在于国外的资料，有些不容易得到。而古老的资料，多半已经丧失。还有相关的资料，构成研究支撑的资料，却容易为人们所忽视。这些都是常常遇到的问题。对于外语类学术来说，个人语种的限制，往往影响甚大，尤其是第一、第二外语，民族语言、汉语水平，如果具备，都有可能派上用场。对于阅读和翻译，不仅是能不能得到的问题，更在于能不能掌握和利用的问题。这些问题，在《玛纳斯》选题中都会遇到。可以说，梁真惠较好地解决了这个问题。除了个别海外珍稀资料，她基本上都得到了，而且会利用，也就是较好地解决了宽与窄的关系、博与精的关系，而且确定了研究的重点，不至于迷失在文山书海之间。换言之，她将三个英译本作为研究的主要对象，既是比较的，又是个案的，既有类型，也有特质，还有可比性。尽管如此，作者还是意识到《玛纳斯》庞大的资料和文本类型的复杂性，从而提出多元复杂性的翻译方式与完整性及时效性的传播限制。应当说在同类研究报告中，这样既实事求是又颇有见地的论断，体现了作者的研究眼光、学术品位。

3. 理论新，方法对头

近世以来，西学东渐，"形而上学猖獗"。新时期以来，建立翻译学，西方译论横行。如何对待，如何利用，是一个避不开的问题。可是，有的人忽视理论，不讲方法，缺乏眼光，毕竟进不了学术研究的门径。更有许多人带着理论的有色眼镜，手拿着成套理论的框子套路，不会应用，不会观察，不会分析，反而找不到选题，或者只能看到现成的选题，把前提当做结论，用理论绑架对象，肢解资料，得不出好的观点来。这是理论的悲哀，也是学术的悲哀。在史诗研究和民族文学研究领域，面对民族学和民俗学问题，人类学是大本营；在21世纪，后现代语境下，地方性知识，差异伦理是纲要，而在翻译学领域，深度描述和深厚翻译是方法；面对"活态"史诗，仪式化、表演性和图像知识比书面文本更重要。研究者懂得这些理论，但并没有宣扬理论，拔高资料，无限上纲，而是认为对于《玛纳斯》翻译传播研究，这些理论，加上马克·本德的"三分法"，一概都不够，却针对史诗本体，从唱本开始，探求"文本化"过程，又着重三种文本的研究与比较，最后才提出多学科研究方法的要求和理想方案。这样一个系统的研究思路和方案落实，看似容易，其实很难。它体现的是研究者的综合素质和专业眼光，还需要一定的构思能力，暗含了康德的"综合判断"。

4. 背景明，正本清源

在涉及民族典籍的时候，由于牵涉面太广，历史的、地理的、民族的、民俗的、宗教的、文学的、艺术的、语言的等等，许多研究者准备不足，不得不避重就轻，化繁为简，化难为易，以致顾此失彼，捉襟见肘，落得个虎头蛇尾，甚或有中途放弃的。可是阅读这篇论文，却不给人这种印象。在涉及史诗诞生和传播地域，柯尔克孜族这个跨国民族的起源发展、生活习俗、宗教信仰等方面，作者都有详细的交代和恰如其分的说明，显示出广博的知识和精湛的叙述能力。例如，要说清楚"安拉"和"上帝"的翻译问题，做出准确的判断，就必须了解本民族的宗教信仰，只知道萨满教、祖先崇拜、摩尼教等宗教信仰还不行，在基督教和伊斯兰教的异同方面，也要能做到见其大同，见其小异，才能辨析和判断，所谓"极高明处致精微"，其功夫正在于此。又如契丹与历史上的中国、大宁府与明代以后的北京，要能够面对这些带有政治色彩的敏感问题，把它按照学术的思路加以解决，就需要历史地理学的知识，也需要合理的历史空间想象，还需要严谨的考据功夫，才能判明是非，有理有据。当然，这里面也有一个如何看待历史上的民族关系，甚至如何阅读和欣赏古代史诗作品的问题，恕不详陈。

5. 重点准，一体三面

现在有些人不会做研究，只会说理论。不知道研究新的现象就是研究对象，不懂得把现象"概念化"就是以理论眼光把握现实的开始，不重视个案和资料，不知道从材料里上升和总结观点，就能形成结论，因此找不研究题目，或者抱怨没有题目。这还是王国维那时候的老问题，即材料和观点的问题。在翻译研究中，遇到个案选择，不知道应当选一个文本还是几个文本，有人认为没有比较就不能做研究了，但比较又不知道比较什么。其实，从梁真惠的《玛纳斯》的三个英译本的研究来看，就是选择三个有代表性的译本（三是最佳数字，优于两个对象的比较，容易扩大差异，而一是独木一根，难以下手，容易囫囵吞枣），进行描述然后加以归类，使其典型化，再加以命名，使其形成某种类型。当然，这种说法类似于亚里士多德的定义和分类方法的扩展式应用，同时具有系列个案的性质。比如说，我的博士生吕敏宏关于葛浩文的翻译研究，便是选了萧红、莫言和朱天文的作品的译本进行研究，形成一个系列。当然，那三个文本之间的关系更加复杂，几乎涵盖了中国现当代文学史的典型，形成了一条基本线索。我把这种研究叫作"个案系列"或"系列个案"，比如解放战争中的三大战役，各自为政但又形成链条关系，或者构成战争的总图景；又如基督教神学上的"三位一体"，形成了其神学理论的核心结构，其余理论都是建立在这个"三位一体"基础上的，可以视为核心的加深和扩展。

6. 评论精，分类得当

做学问的基本方法是定义和分类，所谓"分类得当"就是抓住了事物或对象的基本特点或者本质（21 世纪已不大使用本质论哲学的观点了）加以提升和典型化的过程，而且，也是命名的过程，也就是重新概念化的过程。《玛纳斯》的三译本的研究，就有这样的特点：

> 三个英译本由于译者翻译取向、文化身份、职业身份的不同呈现出各自比较鲜明的特点：哈图的散体英译是基于学术研究的目的，梅侬的韵体诗歌翻译取向决定了其译本的文学特征，而阔曲姆库勒克孜的自由体诗歌翻译则突出了文化译本的特点。（梁真惠:《〈玛纳斯〉翻译传播研究》，民族出版社，2015年，前言第5页）

当然这样的说法比较简略，甚至有目的论决定论的嫌疑，但是难能可贵的是作者在分别命名为"学术译本""文学译本""文化译本"的同时，具体的研究和思路并没有束缚在这些概念中，而是在理论思维的基础上，对于三个译本进行了细腻的描写，使读者感觉到真实可信的研究成果，活生生地展现在读者面前。事实上，这种研究是命名的，但也未必是概念先行，也许命名确定在具体的分析之后，是总结的结果。但是，显而易见，它不是概念分裂的结果（概念分裂一般是成对概念，有的基于语言的类推，有的基于辩证的巧思），更不是套用理论和成说（它们是季羡林所说的食洋不化或者食古不化的结果）。毋宁说，这篇文章的核心，是有分析基础的分类命名。一篇文章有了核心，就有了灵魂。一如人体的五脏六腑，构成人体功能的基础，来接受头脑的统帅。五脏六腑是分析过程，而头脑是命名机制。

7. 描写细，生动可感

典籍翻译这种课题带有翻译批评的性质，它是以文本分析为基础的翻译研究，离不开原文和译文的对照分析，但是有些译者不喜欢这种研究，尤其不喜欢它的结果和结论。《红楼梦》的英译者霍克斯和翻译了中国现代当代小说五十多部的葛浩文，都公开表示害怕这种研究，葛浩文甚至说一想起来有学者研究他的译文就"浑身发抖"。多数译者也害怕别人把自己的译文和原文对照，尤其是害怕出原文译文对照本。但是文本研究是翻译研究的基础性研究，就像文学研究的文本细读一样，离开了文本只讲文化就讲不清楚，只讲译介学原理也讲不清楚。有的博士论文只见长篇大论的理论方法而不见研究对象，甚至看不出原本的特征和译本的概貌，研究的结论也避而不谈译本质量，只是流于列表画图提炼模式，热衷于传播路线，却始终找不到译文的影子。说实话，像梁真惠如此细致的文本分析，包括文化词语的注释，诗歌韵律、节奏和韵脚的讨论，以及序言、附录等的细节描写，就能给人以深刻印象。所谓描写译学和深度描写，其关键就在这里，它不仅要求译者的细致工作，即原本和译本本身充满内涵，也要求研究者的细致工作，将其中的东西挖掘出来，呈现出来——一如考古学，地下文物和考古发现，缺一不可。试想一下：一部小说缺乏精彩的细节描写，如何可以引人入胜？一幅绘画看不出引人的笔触色彩，如何可以叫观者流连忘返？一支乐曲没有引人的动机和一声勾人心魄的乐句，如何可以赢得满堂掌声？

8. 结构匀，动态平衡

史诗要靠结构，论文也要靠结构，没有结构和框架，就没有文学艺术作品，也就没有扎实可靠的学位论文和研究专著。在史诗中，结构是一个叙述单元，而"程式结构"则是和主题密切相关的整部史诗的叙事序列，"包括重复出现的主题或典型场景以及故事范型在内的更大单元的程式结构"。从基本不变的程式结构到演唱过程中的变异性，构成一部史诗的流传样态和翻译赖以表现的艺术形式。本论文在这个层面上解释史诗翻译，就抓到了史诗翻译的要点。另一方面，该论文的写作也表现出一定的结构，在绪论之后，从文本化过程到传播史诗构成第一个单元，从三个英译本的比较描述到跨学科研究视角则构成第二个单元，最后的结论与绪论呼应，完成整部论文的写作。应当说，这样的写作模式体现了认识论、辩证法和逻辑学相一致的写作模式，也是一种马克思所赞赏的经典的写作模式，但同时还包含了史论结合的论述、宏观微观的结合、由简单到复杂的呈现过程，是既适合论文写作思路，也符合阅读认知心理的。甚至在全文行将结束的时候，还将最新的研究资料如数披露，将自己无暇顾及的资料，强调性地提出。须知这不是蛇足，而是精彩的一笔，暗示了研究视野的无限性，和对象世界的无限性一样，具有平行发展的性质。如此，则写作本身就成为一个开放的系统，而不是为护短而强调其难，借强辞以夺学问之理。由此想到，按照思潮如风潮的习惯，"结构"一词似乎已经过时，因为"结构主义"被无情地"解构"了，似乎只有"解构主义"值得关注了。近读《德里达传》，只来得及领悟大师的博学和才思的敏捷，哪里找得到我们所理解的狭隘与偏执呢？

9. 文笔灵，和谐一致

文笔和文学，在中国古代，其实是一个概念，就是文章，就是写作，就是修辞学（包括了文字、语法和写作训练，甚至广义地包括了翻译）。一读来裕恂的《汉文典》，就明白了。原来中国的文章学，有本体论，不同于西方的修辞学，是一种"术"和"艺"。此书被南开大学出版社列为"二十世纪初中国文章学名著"，详加注释，就是明证。古为今用，推而广之，所谓的文笔，起初指文学创作的文笔，其次指以之为基础的翻译译笔，再下来就是指论文写作和专著写作的文笔了。这些概念虽然有区别，但实际上是相继发生相辅相成的写作行为，对于一个文科博士和青年作者来说，更是如此。须知文笔译笔，既是一种修辞认识，又是必要的写作训练，而于文学翻译者和翻译研究者，无异于看家本领。这里只提出一个观者视角。在论文写作过程中，作为作品和研究对象的语言是客观的，对象化的，而作为研究者和论述者的语言却是主观的、评论性的。原著的引文和论述的引文，是两种不同的引文，都要置于研究者的视野中加以评论，保持这种身份的区别性和协调性，是成熟的研究和写作的标志。可以说，《玛纳斯》翻译传播研究的作者，达到了这里所说的学术写作的规范。在出书的时候，也有把博士学位论文改编为研究专著的要求，在写作格式和行文笔调上有一些变化，这是正常的，也是一种文本样式的变化，适应了发表和出版的要求。因为学位论文的答辩目的，是考察作者是否具备了经过指导的研究资格的合格证明，是一种程序化的过程，论文是给专家看的，注重的是学术和规范，而专著的出版，却是给广大读者和专业人员阅读用的，是一种社会发表行为，后者的可读性、知识性、研究性是依次排列其重要性和优先性的，与前者的排列顺序和强调重点恰好相反。

　　以上扼要总结了梁真惠论文的几个特点，其中当然是肯定多于批评，但并无着意护短之意，不过是借此文之机，发表一点个人浅见而已。还有，针对时下博士论文写作与选题的普遍问题，以及国内学界的浮躁心态与创新时流，也时有涉及，却难免以偏概全，纯属一孔之见。这里重点再说一下学术创新的问题。

　　社会上的创新，既成潮流，必然泥沙混下，难辨彼此。而一个民族的创新精神，来源于时代的开明、民智的开启、文化资源的公众享有，以及适当的社会激励机制。而学界的创新，却有待于形成一种良好的学术氛围，一种健康的学人性格，一种规范的学科教育体制、学术研究体制、监督机制与评价体系。一提学术创新，无论硕士博士，就会要求发表论文，在博士层面上，就会和一篇博士论文的创新点联系起来。其实创新点暗含在研究课题的重点攻坚和难度突破之中，而且潜在于课题本身的资料和问题之中。这是不言而喻的。许多论文的作者找不到创新点（姑且不论创新点一定要写在论文中是否必要和合理），甚至不明白难点与重点之所在，有的连自己所用的研究方法都总结不出来，岂不可悲？观其中原因之大略，可能是缺乏学术研究的兴趣和动力，缺乏提出有价值的探索性问题的能力，缺乏洞悉资料和课题的能力，也可能缺乏科学思维的假设习惯和哲学思维的抽象和论证能力，或者缺乏文学艺术的想象力，等等。教育者和被教育者的状况如此，不能不心生忧虑。

纵观人类学术发展和科学研究的历史，按照西方的观点，世界上只有发现（discovery）与发明（invention），没有我们所谓的"创新"，或者叫"综合创新"（且不说往往是把别人的研究结论加以拼凑的借口而已）。前者指对已存在的现象或客观规律的认识，见与不见，是其要点。后者是相对于前人的成果而言，有与非有，是其要点。总之，一项研究成功与否，看其是否给人类文明添加新的要素和成分、知识和技能、观点和理论。除此之外，不能为我所用，焉能推陈出新，不知传统，不明规则，更奢谈创新，只能是揠苗助长，自我吹嘘，甚或造成更多的学术泡沫。

关于何为创新，笔者不才，不拟界定和展开，仅列举随想数条，以备讨论：

1. 选择一个前人未研究之新课题，开拓一个新领域，无论成败，皆曰有新意；

2. 在原有的领域或课题内，发现新的材料，扩充新的范围，增加新的品种，虽然属于扩充性的而非原创性的，也为有新意；

3. 对一个久为人知的理论，加以论证或修正，或完善，或提出质疑，加以证伪，只要言之成理，持之有据，符合研究规范和道德，便为理论创新；

4. 提出一种新的理论，能说明新的现象；或试用一种新的方法，解决前人未曾解决的问题，或推进此类研究的进展，也为创新之举；

5. 对于经典或现代作品提出批评或发表评论，或者运用现成理论（无论新旧），有所开拓，或者体现若干思想（无论中外），有所深化，或者形成或体现新的观察和观点，皆为有一定程度的创新；

6. 在批评性论文或评论性论文中，无论采用何种方法或观点，只要有利于发掘作品的意义或价值，或更新其研究，变换其视点，注入新的人文精神和时代价值，都是有价值的批评，可视为创新；

7. 在史料类研究中（包括历史或文学史、艺术史），只要依据别具一格的根据或标准，提出新的分期和分类，或其他任何解释，能更新对其本身或本质的认识或评价，就可以认为是创新；

8. 在整个文科（传统的文史哲）领域（全部人类学术与知识领域似乎过于庞大），能针对学科建制和知识关系，提出总体批评和意见，体现时代精神，推陈出新，产生重大影响，扭转学术研究方向者，成为思想之先导，当为创新者；

9. 对于一国或人类之学术研究现状，能敏锐地发现问题，找到症结，勇于加以纠正，或者提出新的规范，或者坚持已有的公认的学术规范，据以评价个别案件或提出总体估计，指出新的途径，谋求新的解决者，也为有创新；

10. 以上所有思想、方法或做法之任意组合或综合，自成一格，实施应用，若果有好的动机、理由或社会效果，或体现新的人文精神或科学价值，改善人类自身及其与自然的关系，推动学术研究与教育健康发展者，皆为创新。

下面，仅以梁真惠博士学位论文《玛纳斯翻译传播研究》第六章第二节中论述的"语内转写"一个小题目为例，来说明我们如何推进一个新的理论概念，换言之，如何可以把一个思想向前推进。

"语内转写"是作者提出的一个新的翻译概念，但她先确认它是否属于翻译，如果是，那么，又属于什么样的翻译呢？

作者先找出转写（transcription）的经典定义："原文形式（如语音、字母或单词）在目标文本中保持不变的一种语际转换的一般术语。"（《翻译研究词典》，Mark Shuttleworth）作者接着引用德国功能学派理论家诺德的话，说明转写是翻译的极端形式，但是否属于"语际"转换，则没有说下去。

然后转向同一字典中的相关词条"音译"（transliteration），词典中说转写同样是为了保留形式而非意义，所以不适合于整个文本，但对这后半句话作者表示怀疑，因为作者早已有整个文本转写的例证在心。

接着引述《蒙古秘史》"音写"，在西方常常称为"注音"（transcription），也译为"转写"（transcription），说明二者其实是同一个概念，但在《蒙古秘史》中是从蒙文到汉字的音译，也就是跨语际符号的翻译，或转写。

即便是音译，那算不算翻译呢？

如果把意译/义译（不是"直译"之对的"意译"而是翻译意思的"意译"）视为翻译的正统、主流、核心，则音译可作为补充和完成，那么音译实际上是标志着翻译的边缘、边界或限度——舍音译则不能说是完整的翻译概念。（王宏印：《中国传统译论经典诠释》，湖北教育出版社，2003年，第68页）

其实，我的这个观点和诺德的很相似（虽然我此前尚未见到诺德的这一言论）。作者认为据此可以认定转写是属于翻译的。关键是作者找到的转写，是史诗《玛纳斯》转写的复杂个案。下面这一段文字很重要，因为它从正面给语内转写下了定义，而且从理论上论证了语内转写属于语内翻译和语际翻译的性质。

与上文提到的转写概念略有不同，《玛纳斯》史诗的转写除了转写成其他拼写字母形式如拉丁字母之外，还涉及同一种语言内部的转写。这种转写涉及一种语言使用两种不同文字进行拼写的状况，比如柯尔克孜文与吉尔吉斯文之间的转写，基里尔字母蒙文与回纥蒙文之间的转写等，本书姑且将之称为"语内转写"。那么，这种形式的转写应该属于哪种翻译类型呢？就罗曼.雅各布森1959年在其经典文本《论翻译的语言学问题》一文中概括的三种翻译类型来看，语内转写既不属于语内翻译（Intralingual Translation），又不属于语际翻译（Interlingual Translation），而是介于语际翻译与语内翻译之间的另一种翻译类型。（梁真惠：《〈玛纳斯〉翻译传播研究》，第257页）

　　这就是作者把这一小节的标题定为"语内转写：另一种翻译类型"的根据。据此，我们可以认为，作者发现了一种新的翻译类型——"语内转写"，而且有明确的命名，而这个命名，又有充足的翻译理论根据、文献学上的例证和术语学上的功能，即在整个翻译学术语中，"语内转写"既能和其他符号相区分，又具有独立而不相重合的概念意义。

　　下来，作者既指出了语内转写不同于雅各布森的语内翻译（因为它不是在同一种语言内部重复话语或寻找同义词），又说明了语内转写的重要性（否则操同一种语言的读者就不能认读用另一种文字书写的本族语言的文本），在一种语言内部有两套文字符号的情况下，语内转写是必要的，但又不是语内翻译。当然，作者进一步论证说，语内转写又不属于语际翻译。

　　只要我们知道柯尔克孜是一个跨境民族，在中国境内叫柯尔克孜族，在吉尔吉斯斯坦叫吉尔吉斯族，相应的文字符号也叫柯尔克孜文和吉尔吉斯文，那么，史诗《玛纳斯》就需要在两种文字符号之间做着这种转写，否则，境内和境外的同一个民族就无法阅读对方的《玛纳斯》版本，其实它们可以看作是同一个版本的异体排列，或同一种语言的不同版本。

　　事实上，语内转写已经是较为普遍的翻译事实，而且有众多版本的证明：

　　《玛纳斯》史诗的翻译传播研究表明，转写已成为史诗翻译传播过程中极为重要和普遍的一种手段。

　　　　瓦利哈诺夫搜集的史诗唱本最初是用阿拉伯字母记录的，1994 年被转写成基里尔字母的吉尔吉斯文。……此外，《玛纳斯》四卷综合整理本先是被翻译成外蒙古的基里尔字母蒙古文，后被转写成我国内蒙古的回纥蒙文，也属于语

内转写的翻译传播形式。(梁真惠:《〈玛纳斯〉翻译传播研究》,第 25 页)

然而,作者并没有就此停止,而是进一步区分了语内转写与同一种字母拼写不同语言的情况。此类区分,既是翻译现象的区分,也是语内转写概念的加强,更重要的,还提供了《玛纳斯》翻译的不同版本:

> 虽然这些文字多是用基里尔字母拼写,但语法、词汇等存在根本性差异,属于不同语言的文字。此外,史诗在我国维吾尔文、哈萨克文(我国哈萨克族使用的是阿拉伯文字)、柯尔克孜文等之间也存在相互翻译的现象。虽然这些语言都是用阿拉伯字母拼写,存在不少相同或相似的词语,但语言的结构存在根本性差异,决不能视为(同)一种语言。(梁真惠:《〈玛纳斯〉翻译传播研究》,第 25 页)

作者甚至还说明,同一种刊物有可能以不同的语言出版,尽管看起来它们是用同一种字面记录的。这似乎有点扯远了。但并不是和翻译毫无关系,只会让读者觉得,作者的知识面是很宽的,而且不限于谈论《玛纳斯》,但却仍然在谈论翻译。在本节最后,在回到语内转写的要点,即一种语言几种字母拼写作为基础的时候,作者甚至顺便讨论了另一个理论问题,即语言和文字的关系,认为二者之间并不是任意的搭配,却是存在着适合与否的问题,因此可能会导致语言与文字的结合甚或脱落的历史命运。又以柯尔克孜语言为例:

> 我国的柯尔克孜民族在新中国成立后,改革沿用了以

阿拉伯字母为基础的柯尔克孜文。但 1957 年曾一度改用基里尔字母拼写，因为遭到柯尔克孜人民的反对，该文字在仅仅使用一年之后，又改回到以阿拉伯字母为基础的柯尔克孜文。（梁真惠：《〈玛纳斯〉翻译传播研究》，第 259～260 页）

在我看来，这最后的一个闲笔，也不是蛇足。它不仅让我们思考语言与字母的关系的实质，而且让我们进一步思考语言与字母的关系的认识，可能牵涉到民族语言和民族政策的认识，因为二者都有合适与否的问题。

总结上文，可以有若干要点：

1. "语内转写"的提出，以及学理的论证；

2. 它的性质在语内翻译与语际翻译之间；

3. 它的基础是一种语言，两种或多种文字（字母系统）的存在；

4. 而语言和文字之间，有适合与否的问题，由此说明历史的变迁与根据；

5. 同一文字，不同语言之间，不属于语内转写，却属于语际翻译；

6. 在此说明《玛纳斯》翻译的各种可能性和各种现实性；

7. 语内转写和语际翻译，在《玛纳斯》翻译系统中都有体现；

8. 一作多译的问题，借一种刊物的多语发行也顺便说到了；

9. 在雅各布森的经典理论概括之外，存在着新的翻译类型的发现；

10. 在转写、音写、音译诸概念之间，有交叉和叠加现象，也存在翻译的问题，需要加以澄清。

　　一篇博士论文，其中的一个小节就有如此丰富的内容，涵盖现象、学理和思想，还有若干具体的知识，包括史诗、语言文字和民族问题，更不用说翻译本身了，岂不值得深思？

　　之所以说了这么多话，也许是因为这篇论文，不是自己指导的，不那么熟悉，一睹为快，总体印象好，个别地方细读，发现和学习的地方不少，放不下，而且也没有什么顾虑。

　　因此，我拨冗写了以上的话，是为序。

王宏印（朱墨）

2015 年 5 月 21 日初稿

5 月 31 日修改定稿

南开大学寓所

哲学的边界处是诗，诗是哲学的核心

——序陈大亮《文学翻译的审美境界：译意·译味·译境》

带了这么多年博士，只上了两门课。一门是中国传统译论经典诠释，以西学治国学，仔细阅读中国传统译论的经典文本，作逻辑的学理的分析，产生反思性批评，旨在培养学生的哲学思辨能力，尤其是养成批判思维的习惯。一门是文学翻译批评概论，以诗歌为素材，感悟艺术和语言，旨在滋养诗性智慧，对艺术和生活产生敏感，自觉地养成鉴赏的灵敏和批评的习性，写出像样的文章来。然而，考较起来，多年弟子中能同时得此两者，几乎没有，仅能得其一者，稍显某一方面之所长，则另一者必稍愚钝。究其原因，不仅仅因为人之性灵有异，思辨与想象，天性之难以兼顾，而阅历之偏向与教育的问题，也难辞其咎。何况翻译一事，一需有语言和实践，二需有灵性和顿悟，其次才是理论的修养和见识的高下，而博士阶段，则万事罢黜，独尊理论，所以培养理论和思维能力优先，而批评和感悟能力次之，至于翻译本身，则被忽略或贬低为雕虫小技，或因终日苦读，无暇顾及实践，予以边缘化，或小化，甚至以为能提笔翻译的，其理论必不能形而上，而能高谈阔论者，则不必一定会翻译实践也。其中的谬误，距之真理，又何止千万里之遥！

于是，我的博士弟子，也按其学业的倾向分为两类：一类是偏于思辨的和理论的，一类是偏于实证的和评论的，虽然二者鲜能兼顾，但也有愿意尝试者。于是，久而久之，便形成了一个系列和层级系统。例如，王洪涛，对于西方翻译研究学派的理论进行建构式和历史性的批评，逻辑思维和理论思维俱佳；王克友，借助于康德和皮亚杰的图式理论，努力构建文学翻译中的文本和过程理论，惜未达现象学的境界；还有苏艳，较为系统地整理和分析了神话-原型批评理论，并就《荒原》和《西游记》中的神话-原型的翻译问题进行研究，已属于能兼通者。吕敏宏的论文，则是研究美国翻译家葛浩文的当代中国三部小说的翻译叙事和风格研究，偏于语言分析，缺乏哲学兴趣。还有李玉良、张智中，荣立宇，分别研究《诗经》、毛泽东诗词以及仓央嘉措的不同英译版本和翻译效果，愈益偏重文本、策略和技巧了。其长处是对于诗歌及其语言表现有一定的见解和领悟能力，惜未入诗歌理论之堂奥。唯独玉良曾对翻译本体论有兴趣，所以在《诗经》各派研究中，略见出思辨与分类的洞见。新近毕业的张思永，虽然从事当代大陆翻译理论家的个案研究，却有哲学思辨和追求形上思维的功底，故而于材料剥析之中，颇有新意，而王晓农在研究《易经》英译的过程中，也见出文史哲兼通的倾向。其他弟子，各有所长，也有所短，未及一一道也。

　　由此看来，也可以将研究分为三类：一是理性思辨与理论建构或批评型，难在理论思维的彻底；一是文本分析或经验与感悟型，难在经验感觉的通透；二者之间的结合则要同时有所发现或发明，即在材料和观点上都要有所突破，则是其难处。大亮在选择博士论文题目的时候，兼顾了以上两个难以契合的方面，但总体倾向是偏于理论探究。因为他原本专注于西方哲学，经过中国传统译论和诗歌鉴赏与翻译批评的熏陶，对文学翻译的审美境界发生兴趣，一定要深入而系统地探讨一番，方才罢休。不过在总体上，我还是主张《文学翻译的审美境界》这个题目要理论化一些，思辨性强一些，例证和分析只是退而求其次的，是为理论建构服务的。也就是说，在理论上，要解决何以中国的文学翻译要走审美境界的路子而"译意、译味、译境"也说明了这样一个研究题目可以包含三个层次的范畴，从而落实到形而下了，但也说明了理论思维所要求的沟通的难度。

大亮的博士选题，原本是想作钱钟书的翻译思想研究的，后来经过调整和重新整合，才确定为《文学翻译的审美境界》，在答辩以后，又经过了大幅度的修改，成为现在的样子，我是比较满意的。虽然在理论上将境界和趣味都归结为不同的意义，有待商榷，而有些具体的诗歌例证的选取和评价，也可再仔细考虑，但总觉得大亮素来认真，不肯苟且，而且长于思考，喜欢建立系统，是其长处和着力处，所以总体上还是觉得适合于他并且做得比较满意的。这篇论文，就是他的学术思路的一种展示，以及研究能力的一种检视。在计划出书的过程中，经过修改，发生了两个重要的变化：一个是就全文的框架和思想路线而言，更加系统而清晰了；一个是作为引入的第一章和第二章，将从考察中国传统译论开始，改为从金岳霖哲学问题入手，既切题又直接，主线突出而行文流畅了。这样，由博士论文修改加工充实提高而成的学术专著，在此期间又在南京大学许钧教授门下读了博士后，并获得教育部人文社科研究后期资助项目的推动，历时数年，几经修改，终于成就了一本学术专著的完成样态。其理论思维的基本线索，则由多头思路共进到一个结论，呈现出一个自然的推论结果，其要旨，正在结语"三境归一"的陈述中：

为了解决文学不可译的难题，本书提出文学翻译从知识论转向境界论，从工具性语言观转向人文性语言观，依据"立象以尽意"的思想摆脱概念或命题的局限性，以建立译意与译味的和谐共处关系。本书依据新批评、结构主义、现象学等理论，把文字作品划分为意义、意味与意境三个层次，界定了各自的内涵，并描写了三个层次的构成要素。在继承了金岳霖的"译意"与"译味"的基础上，本书增加了"译境"，形成了文学翻译的三种境界，分别对应文学作品的三个层次，并依据可译性大小和文学性强弱对三种境界进行合理定位：译意是基础，译味是关键，译境是理想。（陈大亮：《文学翻译的境界：译意·译味·译境》，商务印书馆，2017 年，第 331 页）

关于这本专著本身的贡献与长短，就不需我再赘言了。读者诸君自然可以从中得到教益和教训。当然，在大亮读书、选题和答辩、修改的过程中，也迫使我自己读了一些书，并思考了一些问题；尤其是在大亮拿来修改稿准备出版的时候，特别是要我为之写序言的准备过程中，我也围绕中国文学翻译的审美境界的哲学基础，和一个相对比较简略一点的翻译理论形态，作了一些考虑，现在将我的一些想法贡献出来，和大亮及广大读者共享，也望学界译界方家不吝赐教。

中国哲学和西方哲学的长于思辨和分析相比，可以说长于体悟和感兴，在本质上属于境界说。因为西方哲学，按照其所求的问题和方法以及对于人的关系，可以分为本体论（世界是什么）、认识论（人如何认识世界）、价值论（世界或知识对于人的关系和意义如何），而中国哲学则无此种严格的区分。在中国人看来，无论这世界作为实体和认识对象是如何的物质化，但终归是以人的社会伦理的存在为其要点，而个人所处的位置和认识的关系与角度不同，甚至一时之心境不同，也会产生不同的看法，故而产生不同的意义和感悟。人的这种感悟，以及感悟的分层次的体现，便是境界。关于境界，冯友兰如是说：

> 人对于宇宙人生底觉解的程度，可有不同。因此，宇宙人生，对于人底意义，亦有不同。人对于宇宙人生在某种程度上所有底觉解，因此，宇宙人生对于人所有底某种不同底意义，即构成人所有底境界。（冯友兰：《新原人》，黄克剑、吴小龙编《冯友兰文集》，群言出版社，1993 年，第 304～305 页）

显然，境界有其大小高下雅俗久暂的不同。冯友兰将其分为四种。现根据其要点，简要列举陈述如下：

1. 自然境界：顺其生物学上的习性和个人习性而行事。其认识方面，“不可以说是不知不识，只可以说是不著不察”。所谓“自然境界”者，“莫知其然而然”也。

2. 功利境界：其行为原则是为利和利己，虽然最终也可能会建功立业，有利于社会和他人，但就其可以说是有意识的动机而言，则属于“功利境界”。

3. 道德境界：超越功利层面，而进到义的层面，也就是认识到社会和人生的意义层面，以及对于人性的认识有所突破，从占有进入贡献，即为“道德境界”。

4. 天地境界：超越道德和社会的认识，而始能知天、事天，认识到社会人生之外还有宇宙大全，其能乐天知性，尽性事天，乃超越前次所有境界，进入“天地境界”。

作为"新理学"的代表人物，冯友兰的哲学也可以说是典型的境界哲学。在中国哲学史上，他接着宋人的"理学"（即宋明理学）朝下说，进而将其概括和升华为中国哲学的一种主流，那就是境界哲学。

> 中国哲学有一个主要底传统，有一个思想的主流。这个传统就是求一种最高底境界。这种境界是最高底，但又是不离乎人伦日用底。这种境界，就是即世间而出世间底。这种境界以及这种哲学，我们说它是"极高明而道中庸"。（冯友兰：《新原道》，黄克剑、吴小龙编《冯友兰文集》，群言出版社，1993年，第341页）

虽然是以儒家的价值观作为底色和标的，境界论毕竟是对中国传统哲学的一种重要的总结。在我看来，其中包括对于儒家思想、道家思想和佛家思想的继承，以及三教圆一归于心性之学的近现代哲学的深刻认识。然而，在艺术上，人们更喜欢用"意境"来表达类似的意思，在文学上亦然。这或许从另一个方面能够说明，"境界"是一个兼顾宇宙论、人生论和艺术论的术语（以人生论为核心），而"意境"只是从中分化出来的一个更加专门的术语（艺术论的术语）。尽管在王国维的《人间词话》里，"境界"也是一个兼顾作者心理和作品效果的艺术性话语的概念，其中可以看出中国的艺术论与人生论不相区分的情况（甚至中国人在评论作品的艺术境界的时候，往往而且最重要的还是要参照作者的人格地位来加以判断的）。当然，也有以审美范畴来说"境界"的。

> 美的最高存在形态是境界。境界是中国哲学的主要范

畴，宋明理学将境界作为人生的最高追求。然比较意境与
境界，境界比意境更合适作为美的最高形态。意境只用于
艺术创作中，而境界不只用于艺术创作中，还能用于人生
修养中。这样较符合审美，因为审美不只体现在艺术活动
中，它渗透在人的全部生活中，而且成为人的自我实现的
最高层次，它是人之所以为人的最高规定。（陈望衡：《当
代美学原理》，人民出版社，2003 年，第 9 页）

如果说中国哲学更喜欢"境界"作为上位范畴（以人生为
核心），"生活世界"则是一个西方的生活化的术语，其中个体
生活在特定的环境里和故事里。而在艺术领域，在缺乏"意境"
这种更加高明和通透的术语的时候，西方文学和艺术就倾向于
用"意象"（image/imagery）这个更加靠近对象、实体而瞬间
可感的术语，来建构自己的诗学体系。在英语中，imagination
（想象，想象力）、imaginary（想象的，虚构的）、imaginable（可
想象的，想得到的）、imaginative （善于想象的）等，可以组
成一组术语，用来说明文学和艺术创作与接受欣赏过程中的核
心机制。

为了便于说明问题，这里试举美国诗人弗罗斯特的《雪夜
林边伫立》，来分析其中的意象组织，并据以探求全诗的意境：

Stopping by Woods on a Snowy Evening

Whose woods these are I think I know,
His house is in the village though;
He will not see me stopping here
To watch his woods fill up with snow.

My little horse must think it queer

To stop without a farm house near

Between the woods and frozen lake

The darkest evening of the year.

He gives his harness bells a shake

To ask if there is some mistake.

The only other sound 's the sweep

Of easy wind and downy flake.

The woods are lovely, dark and deep.

But I have promises to keep,

And miles to go before I sleep,

And miles to go before I sleep.

诗中的意象可以分为几组：

1. 主人公（诗人）和友人（林地的主人），构成人的世界；

2. 动物：小马（属于主人，疑问发生在人与植物之间，共同构成生物界）；

3. 环境性景物：树林（注视点：复杂而神秘），冰湖（远离村舍，纯自然，非财产）；

4. 空间性景物：风声，雪花（起提醒和渲染的作用，营造空间与氛围）；

5. 时间性线索：一年内最黑的夜晚，暗示人生晚景。

6. 心理活动：思念友人，关注生命，信守诺言，感悟人生。

这首诗的写作和翻译自然有其可注意之点：

1）幽暗的森林具有原始生命发源的隐喻；

2）人类归宿在途中的感觉是一种承诺；

3）sleep 有"睡眠"与"死亡"相间的双关意味。

由此构成这首诗的意义的深度暗示，也可以理解为是一种意境，或人生境界，即人在观照友情的瞬间，对于生命发生顿悟，但仍然有人间的义务需要履行，此乃"向死而生"的哲学意蕴。依照这样的认识，笔者提供的可以参考的译文如下：

雪夜林边伫立

[美] 弗罗斯特

这林地的主人我想是相识，
虽然他的农舍还在村里；
他不会看见我驻足在此，
在观赏他挂满雪花的林地。

我的小马惊异之情想必难免：
为何歇脚在远离村舍的林边，
歇息在林木与冰湖之间，
歇息在一年中最黑的夜晚？

它把身上铃儿抖了一抖，
询问着是否出了错儿。
铃声响处一片静寂，
唯有凉风吹拂，茸雪飘落。

> 这林木诱人，幽暗而又深沉，
>
> 然而我还有承诺需要守信，
>
> 还需行数里路才可安歇，
>
> 还需行数里路才可安歇。

那么，如何参照西方的审美机制来界定中国式的"意境"呢——

1. 相对于意象的实体和对象性特征，意境是空灵的、时空交融的、主客体合一的审美状态，是一个更大的范畴。

2. 意境可以包含意象概念，即在特定的审美创造和接受中，意境可以由若干个意象及其感知状态构成，在彼此的关系中体现出来；如果把审美对象看作一个意象，它必须体现主客体关系。

3. 然而，相对于意象的实在性，意境是更加虚幻的审美范畴（空间性是其基本特征），是几乎不可以分析（缺乏分析范畴）但是仍然可以感知并加以评价的审美范畴（等级概念体系）。

4. 在意境的评价系统里，审美主体的当下状态和人格因素具有十分重要的作用，因此，可以说意境是兼具道德评价的审美范畴。

在一些较为单纯的中国古典诗歌作品里，只有一个意象或核心意象，其意境和意象几乎是重叠的，或者说全诗的意境从其意象中发散而出：

> 千山鸟飞绝，万径人踪灭。
>
> 孤舟蓑笠翁，独钓寒江雪。

这是柳宗元的《江雪》。其中"独钓寒江雪"和"孤舟蓑笠翁"，是一个意象，他居于作品和时空的核心部分，也是审美的注意焦点，而"千山鸟飞绝，万径人踪灭"只是环境，其中的"飞鸟"和"人踪"其实并没有出现，只有"千山"和"万径"在那里，作为空洞的环境线索提示而存在，以凸显作品的"千万孤独"（藏头诗）的主题。在环境意象和核心意象的关系中，巨大的前者（空间）压迫或孤立后者（人物），显示其渺小和孤独，是作品的妙处。

在较为复杂的作品里，可以有一组或几组意象，构成意境和意境的对照关系：

> 昔我往矣，杨柳依依。
> 今我来思，雨雪霏霏。

这里的"昔我往矣""杨柳依依"，不仅是人与物的关系，或主体和环境的关系，而且是拟人的互动的关系。"今我来思，雨雪霏霏"亦然，而且和前者构成今昔对比，不仅是环境和时空的对比，而且是心境和意境的对比。这种对比本身又构成一个连贯的统一的意境。那就是今非昔比、往事不再的哀婉心态，故而可知，这首诗的意境是时间性的，即具有时间绵延性质的，但仍然以空间延展性为基础。

在典型的中国古诗里，意境的构成可以更加空灵而苍茫，几乎找不到什么意象，即在极少的线索之外，几乎什么都没有出现，像绘画里的大面积留白。例如陈子昂的《登幽州台歌》：

> 前不见古人，后不见来者。
> 念天地之悠悠，独怆然而涕下。

与其说此诗里看到一位诗人迷失在历史的时空里（物理的时空在这里虚化了），悲愤，忧伤，不如说这里是他内心的描写，因为内心活动之不可见，才借助外在的景物感发内心的悲伤。当然，过于实在而具体的景物，会干扰或阻拟博大意境的展开和想象，所以诗中没有任何景物和人，只有天地（天地也不是景物，只是空间的依托）。同样具有空间延展的性质，但与《江雪》压缩主体形象的意境构成相比，此诗是扩张性的，扩张了主体的内心世界，因而是虚幻的。一个"念"字，意境全出，而"独怆然而涕下"只是诗人形象的外部描写，但却是通过内心感受发现或感觉出来的。"念天地之悠悠"是宇宙时空之无限，而"前不见古人，后不见来者"，正是这样一种无有线索提醒和欲追随而无迹的失落感。在意境的表现上，这首诗的"内视觉"和《江雪》的"外视觉"，形成鲜明对照，构成空灵与空旷的风格差别。

关于诗的哲学思考，或心理学的思考，离不开感觉和思议的区分。在这一方面，冯友兰先生曾给予彻底的说明，至今仍然给我们以启发：

　　有只可感觉，不可思议者。有不可感觉，只可思议者。有不可感觉，亦不可思议者。只可感觉不可思议者，是具体底事物。不可感觉，只可思议者，是抽象底理。不可感觉亦不可思议者，是道或大全。一诗，若只能以可感觉者表示可感觉者，则其诗是止于技的诗。一诗，若能以可感觉者表显不可感觉只可思议者，以及不可感觉亦不可思议者，则其诗是进于道底诗。（冯友兰：《新知言》第十章《论诗》，黄克剑、吴小龙编《冯友兰文集》，群言出版社，1993年，第461页）

　　以此观之，则柳宗元的《江雪》，属于写可感觉者，画面虚无，而尚有思议，也不过是一时心境，所以有一定的境界。《诗经》里的《采薇》，则在感觉的对比中追求感觉本身，虽有深刻的体验，且属于常人的感觉，令人读之亲切，催人泪下。最后，《登幽州台歌》则因其所感觉和所思议者皆不可得，故而悲伤不已，追寻而不愿放弃，思虑又不得其解，因之显得意境苍茫虚幻，乃成千古名句。

　　历史上许多名诗，若按照此理去推论，则以感觉胜者，未必能进入思议层面，故而其意境便要打折扣。例如，李白在《庐山谣寄卢侍御虚舟》中有这样的诗句：

　　　　登高壮观天地间，大江茫茫去不还。
　　　　黄云万里动风色，白波九道流雪山。

　　开头两句是何等的大气，登高远望，大江东去，人们以为要写很高的意境了，但诗人李白没有写"大道之行"一类形而上的不可思议的话，而是继续描写了黄云、白波、风色、雪山等自然景观，虽然苍茫而流动，也是十分壮观，但毕竟缺乏高远的不可思议的提升。意境，始终在眼前壮观的自然景色中，整个诗句都是具体可感的。

　　相比之下，毛泽东的《为李进同志题所摄庐山仙人洞照》，则由于最后一句的哲理"无限风光在险峰"，再加上"仙人洞"的超凡的暗示，使全诗的表现达到了一定的意境：

　　　　暮色苍茫看劲松，乱云飞渡仍从容。
　　　　天生一个仙人洞，无限风光在险峰。

　　这里我们将逐渐进入诗的可感和不可感的理论区分，以及思议与不可思议的审美概念区分。人之感觉与思议的器官与途径，无非是"眼耳鼻舌身意"，而"意"大体多在思议中。在所有的感觉中，以视觉和听觉最为重要，其中又以视觉位居起首，听觉次之。因此，涉及形体、色彩、动感一类事物和现象，则非视觉莫属。"神韵"之说，多为视觉引起。而在鼻舌之间，则为嗅觉、味觉，粗略而言，或许"味"可以概括。至于身，即是手指和皮肤接触外物的感觉，又以前者最为敏感，大体不外乎事物的物理属性之类，光滑或粗糙、流畅或曲折，通过通感和联想，尤其是人体的触觉，也可以进入高级的审美感受，甚至引起一定的思议吧。

　　那么，这似乎完全不同但又彼此联系的东西，究竟如何表达呢？我们的原则，大体是要选取一些常用的术语，而又能纳入上述感觉和思议的范畴，进行考察，而且还要典型，例如，上面几个和"六官"有联系的审美范畴。在涉及"味"（taste）的时候（金岳霖在"译味"中讲得最典型），"意境"的"大小""高下"一类形容词往往用不上，倒是"久暂"和"浓淡"可以暂时使用一下。而一涉及"神韵"（中国古典文论里一个无法回避的术语），则靠近视觉和心灵，有一定的精神品质。在思议的类型里，语言起着重要的作用，而语言本身也成为感觉和思议的对象，例如"风格"一类说法(中外古典美学中一个反复讨论的题目)，大体可以归入语言的感受中。在这样做的时候，我们发现，中国哲学和文学理论术语的可界定性是十分有限的。但我们不能不作讨论。所以，只好对这一组术语，加上外文的参照，杂以相互的比较，强为解说，勉强为之：

　　1．味，或韵味（taste）：因为来源于味觉，首先不属于具体的语义，即不可根据词语的意思直接确定，但可以根据主观的感受来区分类别（如酸辣咸淡之物理味觉、酸甜苦辣等人生况味），并借助特征描写予以体会、品味。

2. 神韵（halo）：大体归于视觉感受，常常寓于视觉意象之中，例如人物描写和景物描写中的神韵，如兰花之婀娜、贵妇之静穆、书法之俊秀等，一般具有飘逸感、超脱感、神秘感，属于正面价值，有不可尽述之性质。

3. 风格（style）：随文体而生，有时代气息，但与创作者个人的习惯性致思和独特的语言运用有关，可较多地归于语言和修辞，而且可以分析和分类，也可以对比和描写，但未必可以评价其高低。

以上三个术语都属于境界或意境的下位词，而且在翻译中都有可能丧失或改变，或者淡化或偏离。我们仅提出随语言和文化发生变异的可能性，以及按照虚实相生概念加以处理的基本策略和技法。在下面的举例分析中，因为是以作品为单位，不再分别进行理论描述，只是在具体的分析中侧重于这一方面或那一方面，顺便提及，点到为止，以之构成一个总体的印象而已。

下面以《红楼梦》中的《红豆词》的理解和笔者的翻译为例，来说明其中的意境问题：

红豆词

滴不尽相思血泪抛红豆，
看不完春柳春花满画楼，
睡不稳纱窗风雨黄昏楼，
忘不了新愁与旧愁，
咽不下玉粒金莼噎满喉，

照不见菱花镜里形容瘦。

展不开的眉头，

捱不明的更漏。呀！

恰便是遮不住的青山隐隐，

流不断的绿水悠悠。

译者的翻译策略和分析要点如下：

1. 因为是用在小说环境中的诗词，因此要克服汉语诗歌的无人称状态，将整个诗的抒情角度，定为小说女主人公林黛玉的独白，为第一人称哭诉，较原诗语气要强一些；

2. 在情绪上，按照情节戏剧化处理的要求，诗的基调定为悲伤与孤独，源于爱情的相思，因此是对贾宝玉的倾诉，并通过泪眼在幻觉中见到意中人（最后一句），再现原诗的人物关系；

3. 诗中景物的基调，参照焦点透视原理，定为寒色调，去除原诗中多余的暖色（如春花，画楼），强化寒色调（如柳树，英文为"哭柳"），并简化相应的意象，以免纷杂扰乱，失去单纯的审美情趣；

4. 采用内视觉，将包括室内和室外的所有的景物，一律心理化、虚拟化，让其在主人公的主观感受中呈现出来，成为有意义的符号（如垂柳），和推动情节发展的诱因（如风雨，删掉风，以减少动感，增强沉闷的静感）；

5. 利用英语 blue 一词所含有的忧伤的民歌基调（布鲁斯），强化青山绿水和抒情主人公的忧伤心理，使情景交融，达到意境的高度统一，同时显示出英文诗歌的特殊味道；

6. 在时间上，采用逐渐推移的手法，让景物和时间在抒情主人公的等待（思念）的心境中，由白天到黄昏，再到夜半更深（让打更人的更声从窗外经过，可以听到），再捱到天明，望见并看清楚窗外园林景色。

7. 伴随着抒情主人公的心情和感受，其动作也心理化（包括减弱某些生物性的描写，如展不开的眉头），并通过括号里的附加信息和恋人对话，以戏剧角色化手法增强意境的深度感和空间感觉。

8. 在句法上，利用英文的 and（表示叠加和累积效果），和 endless（表示无穷尽无休止的拖延和重复效果），模仿汉语的"滴不尽，看不完，睡不稳，忘不了，咽不下，照不见，展不开，挨不明"等引起的句法效果。

9. 在章法上，采用首尾呼应的技巧。开头用第一人称感叹眼泪，实际上是感叹命运，先声夺人；结尾用添加思念增长的手法，两行平行并押韵，强化山水含泪与忧伤的拟人效果，韵味悠长。

10.在总体上，这首诗的翻译采用现代诗和歌曲相融合的表现手法，包括采用基本无韵但有节奏的长句表现力，在舒展的诗句中反复积累能量，从爱情的失意以至于倾诉人生的伤感，扩充和加深诗歌的意境，以便于现代读者阅读和理解。

These Little Red Beans of Love

How come, Oh, these endless tears of love and longing,
Like drops of blood shed—these little red beans !
And endless weeping willows waken in the morn outside
the window,
And in endless hours of weeping I pass through rains to
the evening,
And I miss you and think of you and of the sorrows new

and old;

And I am choked with tears and I can't eat and drink
　　anything,

And I can't bear to look into the mirror and see my
　　waning looks,

And I think of you (also so waned and pale?) far into the
　　night

And through midnight, hearing the watchman passing
　　with time.

—So blue am I, I feel, and my whole life is just so blue
　　that

I see the blue distant hills through mist at dawn and the
　　river flow,

I see you through my endless tears, and my love and
　　longing grow!

　　顺便提及一点，以上例证的翻译及分析，在总体上偏重于意境的传达与再创作；而味的传达，主要是转换为英语诗歌的味道，兼有现代诗歌的趣味；至于风格，则顺理成章地属于现代英语诗歌的风格了。这一总体的倾向，是服从于译者的审美观念与翻译目的。虽然在理论上，这种译法也只是其中的一种，不过在这里用来作为诗歌意境翻译的例证而已。

　　最后，让我们以吴宓先生所译法国诗人解尼埃《创造》一诗的妙句，来结束这篇关于文学翻译境界的讨论的序言吧。

　　　　采撷远古之花兮，以酿造吾人之蜜；
　　　　为描画吾侪之感想兮，借古人之色泽；

就古人之诗火兮，吾侪之烈炬可以引燃；
用新来之俊思兮，成古体之佳篇。

毫无疑问，这样一种骚体的翻译，不徒是一种创造，也是一种激励。

那意境之高妙，是在翻译与创作之间营造一浩渺的空间，让诗神在其中翱翔。

末了，请回到本文的标题：哲学的边界处是诗，诗是哲学的核心。

之所以说"哲学的边界处是诗"，是因为许多职业哲学家在其哲学体系的边缘，或者在其哲学思考的人生的边缘，讨论诗——无论是海德格尔、金岳霖还是冯友兰，均是如此。之所以又说"诗是哲学的核心"，乃是因为许多诗人哲学家或者诗歌美学家，始终把诗放在哲学的核心论题的位置上，一辈子讨论不完——例如，刘勰、波特莱尔、朱光潜，莫不如是。我们还要补充一句，在谈论诗歌或翻译境界的哲人中，唐人司空图、晚清王国维、今之钱钟书，又何曾离开哲学而谈诗，或者离开诗而谈论哲学，或者离开诗和哲学而谈翻译？

须知，诗与哲学，哲学与诗，这种在空间上相互嵌入的概念，正是现代思维用于界定事物的理论特征之一。无论在理论上还是在实践上，意境之于翻译，永远都是第一位的。而意境可以是哲学问题，但更是诗学问题。这便是我们对文学翻译的审美境界的双重阐释。基于此，我们把文学翻译的审美境界的双重阐释，引入诗歌翻译中，旨在以诗歌翻译来深化哲学与诗的讨论，虽然与此同时，我们也是以哲学与诗的讨论，来推动我们对诗歌翻译事业的认识。

让我们通过哲学，攀援诗的境界，

通过诗，进入哲学的王国。

在诗歌翻译中，

君临天下，

其乐无穷！

王宏印（朱墨）

初稿于 2010 年 7 月 12 日

南开大学龙兴里寓所

修改于 2015 年 7 月 22 日

美国新泽西州芳草地

《丝路花儿》传新声

——序《中国花儿通论》英译节本

天下黄河九十九道湾
千湖万湖撒落在银川

小集合，大分散
流动的羊群叫咩咩

铁打的刀具，铜制的经典
真主安拉一路保平安

这是我于 2015 年 5 月 7 日 11:23，在银川至北京航班上，利用陕北民歌信天游的格调写的《回回歌》的开头几联，意在描写回民的生存环境、居住方式，以及他们的宗教信仰。至于回民最喜欢唱的花儿，则是一门和爱情婚姻相联系的艺术：

自由的花儿，命中的姻缘
阿訇的祝福胜过媒妁言

那种自由的恋爱精神，和传统的婚姻形式，固然是一对矛盾，但在根本上，还是属于自由歌唱和自由恋爱的精神的，因为中国的回民是一个有理想有追求的民族。不信，请看：

> 街上有棵歇凉的树，抬头看
> 喜鹊窝里睡着白牡丹

歇凉的树，暗示了回民的宗教信仰和精神家园，而白牡丹，则是家里的爱妻。牡丹作为花儿的特有意象，也在这首诗里得到了体现。

这首诗，和我的西北之行有关，也和花儿的翻译有关。

2015年5月，天津天气已经转热，而宁夏却格外凉爽的时候，我应王冬梅院长之邀赴北方民族大学外国语学院做学术演讲，顺便指导了花儿翻译小组的翻译工作，认识了杨晓丽等三位青年译者。她们都是当地出身和在本校任教的青年英语教师，有硕士学位，热爱花儿和翻译工作。我对她们三位的工作很感兴趣，回答了她们提出的各种问题，并试译了一首花儿给她们。

这首花儿只有四句：

> 马快不在肥瘦上，
> 马肥了肉坠着哩；
> 维花儿要宽肚肠，
> 心窄了吃醋着哩。

> A fast horse may be fat or thin,
> Too much fat ruins a good horse;
> A broad-minded love is my favorite
> For too much jealousy ruins a lover.

要是回译回来，可能就变了样：

快马可以瘦可以肥，
太肥了好马就毁了；
我喜欢宽心的爱(花儿)，
太多的嫉妒情人就毁了。

原文的"维花儿"就是"唱花儿"的意思，但在译文中变成了"宽心的爱"，因为"花儿"有多种意思，可以指唱的花儿（歌曲），可以指唱花儿的人（姑娘），也可以指爱情本身，因为花儿就是情歌，也就是爱情主题。这一首花儿，虽然不能代表所有的花儿，但却表达了西北人广阔的胸怀，为表达花儿的境界奠定了一个民族心理的基础。同时，也为花儿的英文翻译探索了一条可行的道路，那就是抓住意象和主题，进行适当意译的翻译方法。看来，不仅是维花儿要心胸宽广，翻译花儿更要心胸宽广，要能容纳下汉语和英语，才能容纳下一个翻译的世界。

这一次，我还见到了花儿研究专家武宇林教授，和她交谈了花儿的收集、整理、翻译和研究问题，并收到她惠赠的《中国花儿通论》一书，以及花儿演唱的音像资料。可巧，武宇林教授还在我工作过的陕西师范大学上过学，后来赴日本留学多年，经过严格的学术研究训练，学到了日本学者勤于收集资料、长于分析问题的方法。她运用现代民俗学和民间文学的研究方法，多年跟踪研究花儿，多次往返于日本和中国，足迹遍布西北地区，专门从事花儿的实地考察和收集工作，她甚至远赴俄国境内的东干族居住地，考察花儿在那里的命运。正因为如此，她写的《中国花儿通论》可谓这个领域第一部现代意义上的学术专著，其中对于花儿的形成和分布、流传，"花儿"的命名与"少年"别名，花儿的短歌与长歌形式，花儿的主题与民间事象，修辞手段与歌词特点等，都有十分精湛的论述，而且言之成理，论出有据。更为可贵的是，这部书不是抽象的理论讨论和音乐原理，而是包括了大量的花儿歌词的歌集性质的书籍，具有很强的文学史料价值，而且每一首歌词都有详尽的解析说明，很便于读者阅读和理解，其中的典故、方言等问题，都会迎刃而解。早就盼望有一种这样的书，如今一册在手，遍览可观，读之有味，品之有味，有些歌词甚至可以哼哼出来，岂不快哉？！

暑假期间我在美国探亲，杨晓丽和我联系，言说英文花儿的翻译已近尾声，正在联系出版，希望我能看一遍英文，并为此书写一序言。我很痛快地答应了。因为我是西北人，与花儿有感情，还因为我目睹了她们辛勤的翻译工作，已经经历了几个寒暑，到了收获的时节了。加之近年来的学术研究向翻译方向调整，我愿意在中国民歌对外推介方面多做一点自己喜欢做的事情。日前收到寄来的书稿，再打开武宇林教授送给我的《中国花儿通论》，做了一番对照，发现这是一个英文版的精缩本，大体包括了原书的前五章，其中有些章节，在内容上相互照应，又有所删节，而第六章讲花儿的田野调查，就删掉未译。这样的一个体例，包括了概论和歌集两项内容，相互穿插，方便阅读，是一个很好的体例。为了便于对照原文，又把花儿的中文附在书末，还加上汉语拼音，方便读者正确阅读，每一首花儿都有出处，便于查阅和对照。其中的典故、背景和引文，则有脚注放在书页的下方，以供参阅。此外，她们还为此书起了一个响亮的名字《丝路花儿》，副标题则是《中国花儿通论精缩本》。既有学术性，也有普及性，既可理解为是一个概论性的专著，同时也可以当一个花儿歌集来读。我理解这样的体例和安排，希望中英读者都能接受和享受这种双语性质的阅读。这也是我寄希望于此书的原因吧。

此时此刻，我一面在翻阅这本译稿，间或对照原作，一面欣赏那些精美的花儿歌词，琢磨英文翻译的做法和效果，一面在头脑中浮现出我在宁夏和她们度过的那几天有意义的生活。特别想起刚到银川的那一天夜晚，那个五月的鲜花开放的夜晚，月光照在北方民族大学校园的明湖上，我们徜徉在明湖边，一边谈论花儿，一边享受美景，真是良宵美景宜人醉，花儿少年动诗情，不觉诗兴涌起，回来的路上，在银川机场等待，即兴写了一首诗《当花儿漫上来的时候》。本来是要寄给她们的，可是一忙就忘了，这会儿从笔记本上翻出来，还看到了英文的翻译，也不记得是何时译的。于是，将这首诗连同它的英文抄录如下：

当花儿漫上来的时候

当花儿漫上来的时候
你在明湖的月影里
我在未名湖畔的柳荫下

当花儿漫上来的时候
你在广岛的书馆里
我在南开园的樱花树下

也许，上一次
当花儿漫上来的时候
你我曾在康桥的金波里

也许，下一次

当花儿漫上来的时候

你我同在曼哈顿的灯火里

2015 年 5 月 7 日
9:15，银川机场

While Flowers in Full Bloom

While flowers in full bloom,oh,

You stand by the moonlit Ming Lake;

I stand under the willow by Weiming Pool.

While flowers in full bloom, oh,

You sit in the reading room at Hiroshima;

I sit by the sakura in Naikai University.

Perhaps, last time

While flowers in full bloom,

You and I wandered on the Cambrige campus.

Perhaps, next time

While flowers in full bloom,

You and I will twinkle over the Manhattan skyline.

May, 7, 2015
9:15
Yinchuan Airport

　　其实，"漫花儿"，也是一个十分浪漫的字眼，就和西北人会说出门去逛一样，浪一样，是一个令人心醉的字眼。她也可以是花儿满山坡，或者花儿漫上心头的意思，所以特别适合写诗。不写诗，岂不愧对这样一块盛开着花儿的西北土地。可是，在翻译的时候，这种浪漫的情调，几乎会丧失殆尽，只说花儿在盛开，缺失了丰富的联想和浪漫的情调。

　　我对于花儿的关注，虽然有多年，但动手翻译起来，还是不久前的事儿。

　　这就得提起我新近出版的《中国古今民歌选译》（商务印书馆，2014 年版），其中少数民族的民歌，已有相当比例，所收录的两首花儿，也算作最初的翻译尝试吧。在这一过程中，我认识到，作为流传于西北地区尤其是甘肃青海宁夏一带的回族民歌，花儿在曲调、歌词和演唱风格方面都很有特色，是不能忽略的。例如，流行于河湟的河湟花儿（the Flowering Songs in Hehuang），其基本格局是每首四句，前两句为比兴，后两句为主题。下面一首《核桃树开花是人没有见》，在结构上呈现为单双句交错的特点，有错落之美。翻译时需注意保留两联之间类似的句法和逻辑，由此产生有趣的语义联想。以下是原文及笔者的译文：

　　　　核桃树开花是人没有见，
　　　　绿核咋这么大了？
　　　　我两个说下的人没有见，
　　　　空名声咋这么大了？

Walnut tree in bloom, none has seen it.

But the walnut is already this big.

We two talk and talk, none has seen it.

But our fame is already this big.

　　当然，这样的翻译近乎直译，没有什么可以炫耀的技巧，也没有多少可以显示的意境。但花儿自身的魅力，已在译文中透露出一二，这或许得益于翻译本身的透明性。下面一首花儿就要复杂得多，翻译也困难得多。事实上，时隔一段时间，再重新查看原来的翻译，发现有不尽如人意之处，于是不得不对原译做了相应的修改。以下提供的，便是修改后的译文：

　　　　青石头根里的药水泉，
　　　　担子担，
　　　　桦木的勺勺子干；

　　　　若想叫我俩的婚缘散，
　　　　三九天，
　　　　青冰上开一朵牡丹。

　　显然，这首花儿的结构是这样的：在两个长句中间夹一个短句，连用两次，构成一个单元，俗称"两担水"。既有规整之外，又有变化之美。翻译第一小节参考了《红楼梦》诗词中霍克思英译，利用青埂峰一词英文构成大环境，并在括号内添加水桶以便表达用担子担水的意思。第二小节则尽量保持花儿特有的牡丹意象，同时还要在结构上照应第一小节，以便形成结构的对称和语义的反差，变不可能为可能(三九天，/青冰上开一朵牡丹)，这样才可以挫败"若想叫我俩的婚缘散"的"阴谋"，其实这是民歌用来加强语气的说法而已。

Hot spring wells up from behind the Greensickness
　　Peak,
To carry it (in buckets), with a shoulder pole,
And drain it with a birch wood spoon.

Our marriage wells up from behind the Greensickness
　　Peak,
To testify it, in the frigid weather of winter,
And see the peony grows on the icy cliff.

　　关于花儿的翻译，因此前未曾注意到其他译本，姑且将本人的尝试，视为一种试验。幸而近来的研究，注意到了国外花儿的研究和翻译，感到有必要引入相关的资料，来说明另一种途径，以引起了国人的注意。例如，《哥伦比亚大学中国民间文学与通俗文学精粹》（*The Columbia Anthology of Chinese Folk and Popular Literature* edited by Victor H. Mair and Mark Bender），就有专门介绍中国花儿的一章《中国西北的花儿》（Flower Songs from Northwestern China）。它的研究和翻译团队是国际性的，即包含了汉族、回族和美国白人译者。这从它的采编和翻译队伍的构成就可以看出来：Collected by Ke Yang(Han), Ye Jinyuan(Hui), and Kathryn Lowry and translated and introduced by Kathryn Lowry。由于是多民族的合作团队，对于花儿的介绍，也比较客观、可靠：

Flower songs (hua'er), a type of folk song common in
northwestern China, are sometimes classified by Chinese
researchers as shan'ge(mountain songs). Flower songs are

sung at local festivals held in rural areas of Gansu and Qinghai provinces and in the Ningxia Hui Autonomous Region, an area of over sixty thousand square miles. The Linxia Hui Autonomous Prefecture, located in southwestern Gansu province, is an area where flower songs and so-called flower song festivals (hua'er Hui) are especially prevalent. The area is home to approximately sixteen ethnic groups, including Han Chinese, Hui (Chinese Muslims), and Dongxiang. There are also a number of Bao'an, Salar, Tu, Tibetans, and others. As song traditions that involves people of many ethnicities in the region, flower songs emply local Han Chinese dialects (though most participants are not Han), intermingling vocabulary and grammar of the Tu, Salar, and Tibetan languages. (*The Columbia Anthology of Chinese Folk and Popular Literature* edited by Victor H. Mair and Mark Bender, Columbia University Press, 2011, p.93)

花儿是中国西北地区常见的一种民歌，中国研究者有时将其归入山歌。花儿经常在当地乡村的节日演唱，遍及甘肃、青海和宁夏回族自治区（面积为七万平方英里）。临夏回族自治县位于甘肃西南地区，这一带的花儿和花儿会特别流行。这一地区居住着大约十六个民族，包括汉族、回族（中国穆斯林）、东乡族。还有保安、萨拉、土族、藏族等。由于这一带许多民族都有歌唱的传统，花儿采用了汉语方言（尽管多数演唱者并不是汉族），其词汇和语法则结合了土族、萨拉族和藏族的语言。（笔者试译）

　　以下仍然以这本书为例，来说明花儿翻译的常见做法和想法（但苦于无法一一查对原文歌词，只能就英译本身做一些分析）。从下面一首花儿的译文可以看出，除了基本语义的传达之外，外国译者注意保留花儿歌词中的典型意象（例如牡丹和凤凰），但牺牲了相关的韵律，使其歌唱性受到损失：

> The moon shines, this bright lamp, how is it so brilliant?
>
> Who hung it high up over the Southern Heaven's Gate?
>
> Dear sister is the peony, ruler of the flowers.
>
> Compared with a bird in flight,
>
> She outdoes the phoenix up in the clouds.
>
> 　　(Ye Jinyuan, to the tune "Major Melody of Xunhua")

　　在涉及花儿与少年的称呼的时候，译者不得已而采用直译加注的翻译方法，尽量使得花儿的歌词可读可理解：

> Oh—half the sky is clear, and half is cloudy.
>
> Half it's cloudy, half's got the sun coming out.
>
> Oh—this Young Man, listen clearly.
>
> I shall instruct you:
>
> Mu Guiying, she originally defended King Song
>
> [of Liao].

　　在这一首花儿译文中，关于"少年"的注释，说明了它是歌唱的"花儿"的一种而不是指具体的人。并且说明，在青海花儿中，"花儿"与"少年"可以互换，均指歌唱的"花儿"。以下是注释：

Young Man (*Shaonian*) is capitalized because it refers to the song type, not to a person. As noted, in Qinghai the term *shaonian* and *hua'er* are used interchangeably for "flower songs."

不过，尽管如此，在上述歌词中，"少年"仍然指人称，因为他（唱歌的人）要少年仔细地听（Oh—this Young Man, listen clearly）。这种多义性，特别体现在民歌对唱的时候，正是民间文学的一个重要特征。它构成翻译中一种特殊的困难。需要特殊的处理方法才能有效地传达。

关于花儿的翻译是讨论不完的，如同关于花儿的研究一样。好在今年 11 月中旬在江南大学召开的中国文化典籍翻译第九届研讨会，我们请来了《哥伦比亚大学中国民间文学与通俗文学精粹》的合作编者马克·本德（Mark Bender）教授，请他为大会做了一个主题发言。他的精彩发言，结合中国少数民族民歌的翻译研究，讲了他们的做法，一种尽量保持民间文学形象的全息图像的翻译方法，使与会者受益匪浅。笔者想象并希望，通过这样的国际交流，以及多种形式的国际合作，为花儿的英文翻译、为中国民歌的对外传播，找到一条更加宽广的道路。

在这条道路上，杨晓丽她们翻译的《丝路花儿》，将是一枝鲜艳的奇葩，开放在中外文化交流的百花园中，放出耀眼的光芒。

是为序。

王宏印（朱墨）

2015 年 12 月 11 日星期五

天津，南开大学寓所

走向《易经》研究与翻译的神性诗学

——序王晓农《〈易经〉英译的符号学研究》

晓农毕业一年了，他的博士学位论文《〈易经〉英译的符号学研究》要以专著的形式出版，嘱我写一篇序言，我欣然答应，可是因为太忙乱，竟至于到今日才腾出时间来。

晓农是山东籍学生，喜欢经典，通古文，英文也佳，读书不少，现代语言学也通，翻译过《朱子语类》，文章也写得有板有眼，学术研究已经上路，成为名副其实的教授了。晓农考博，一年考中，经过几年的苦读，修炼，学问大进，到了选题的时候，先是围绕《大中华文库》的翻译研究，在几种古典文论之间徘徊，最后才确定为《易经》的翻译研究。

这一过程和结果，有几种因素都在起作用：

其一，和我个人的学术研究兴趣有关。近年来中国文化典籍翻译研究的选题不少，但觉得《易经》仍然是弱项，以至于前几年在编写《中国文化典籍英译》的时候，将《易经》割爱暂缺，不无遗憾。至今想来，《易经》翻译难度大，研究资料多，翻译研究难以突破，论文写作难度更大，所以几年徘徊，难以得人；

其二，和南开大学典籍翻译方向的培养模式有关。我们历来重视学生的基础和志向，必要题出有因，深思熟虑，胜券在握，否则，绝不轻易脱手。读博期间，第一年全听课，根据学生情况，指导其大量读书，打基础，寻出路；第二年广泛涉猎，缩小目标，师生反复磋商，确定选题。晓农有这个基础，加之他刻苦上进，容易接受指导，上手也快，确实是最佳人选；

其三，至于这个选题如何做，反倒是有了一个先入为主的思路。近年来对《易经》的关注，使我产生了一个挥之不去的想法，那就是，《易经》为六经之首，博大精深，其研究要分两步走，在原有文本（卦辞）和派生文本《易传》之间，应先研究前者，暂且舍弃后者，以探本求源，避免本末倒置，以今论古；而《易经》原有本文，则不是铁板一块，而是由原始的古歌（文学）描写上古习俗，和后续的评论（哲学）构成吉凶判词，其间又插入史料（历史）几成编年，加以佐证，乃三者混合而成。这一三元结构，不仅决定了《易经》文本的性质，而且构成一切翻译和研究的基础。这一初具雏形的思路，成为这篇博士论文选题的先导，而其基本设想，则作为晓农的《易经》翻译研究的开端。

选题一经确定，晓农果然不负众望，经过一年的努力，几易其稿，终于完成了这篇论文，去年 5 月 25 日的答辩委员会决议，可为佐证：

答辩委员会决议

王晓农的博士学位论文《〈易经〉英译的符号学研究》运用符号学理论对中国文化典籍《易经》的英译问题进行了研究，选题新颖，具有一定的学术价值。该研究通过对《易经》文本的文史哲三元结构分析和国内外七个译本的评析，较全面地考察了诸译本取得的成就和存在的问题。作者还提出了《易经》复译的蓝图并尝试对《易经》进行重新英译，为中国文化古籍的英译乃至古籍翻译提供了有益借鉴。

答辩人较充分地掌握了研究领域的国内外相关文献，文章的创新点主要包括：1）构建了一个《易经》文史哲三元诠释模式，借此对《易经》进行了分析，提出了具有原始形态构成标记的《易经》文本拟定本。2）基于符号学理论和他本人对《易经》文本研究的成果，对 7 部《易经》英译本进行了两轮评析，给出了明确的评价。3）对《易经》基本问题如成书时间、编作者、编作过程进行了探讨，提出了自己的观点，对《易经》卦象进行了新的诠释。该论文是一篇优秀的博士论文。

文章综合运用了多种研究方法，构思独到，结构合理紧凑，结论令人信服，行文流畅，已经达到了博士学位论文应有的学术水平。论文的不足之处主要是对少数卦爻辞的辞句尚不能确定其文史哲性质。希望随着更多资料的发现，能够使本研究更加深入并趋于完善。

答辩人对答辩委员会提出的问题做了圆满的回答，答辩委员会一致表示满意。答辩委员会（共 5 人），经评议和无记名投票表决，一致通过该论文答辩，并建议学校学位委员会授予其文学博士学位。（2015 年 5 月 25 日）

学位论文之外，晓农还发表了三篇与《易经》密切相关的学术论文，进一步讨论了《易经》卦爻辞的文史哲三元构成，运用文化符号学标出理论看《易经》经文的标出性，并对理雅各和卫礼贤后《易经》英译本进行描述性评析。这些都可以看出晓农在《易经》研究领域的可喜成就。至于这篇论文的可改进之处，除了上面提到三元结构本身对于个别卦辞爻辞的解释力之外，就是几位评审专家认为可以加强和进一步统一《易经》符号学理论研究的问题。鉴于任何理论都不可能完满解决所有覆盖现象的解释问题，所以这里仅就《易经》翻译研究的符号学问题，发表一点我个人的意见。

一、《易》符三分：《易经》符号学的三重结构

关于《易经》文本的符号学性质，兹分为三种：

1. 原始符号：即占卜符号。也就是《易经》六十四卦本身的卦名和非语言符号，即每一卦中一长两短的阴阳符号的六行排列组合。除了卦名以外，这是非语言文字的符号，是《易经》思维的前语言阶段，即原始阶段，也是构成可以识别和操作的占卜过程的思维基础，舍此，就不是《易经》了。在传统的《易经》研究中，这应当归入卦象和数理研究。有鉴于此，卫礼贤译本将这一部分（An Index of the Hexagrams）单独印出，作为附录，排列在书后，是很有意义的。

在翻译时，卦象本身是不翻译的，直接排印或照相制版付印就可以，但实际上，卦象本身的形成过程极为复杂，在一开始，肯定不是现在的等粗直线的连和断可以表示的，而是由具体的物质载体（例如豆子、木棍）到刻符记号（例如曲线、点线）再统一到现在的印刷符号的。而卦名本身，虽然是文字符号，却不是单一的概念，而是多种字符和多种意义的叠加所致，其中表示了汉字演变的过程和概念系统的意义变迁，一字多义是常见的，例如"过"，可表示飞过、通过、过河；过错、大过、小过。又如革，从皮革剥纸到革故鼎新，意思发生明显变化，在其他语言中不可能是这样的。所以，卦名的翻译不是一个简单的概念和命名，而是一系列逐渐逼近事物核心而又能适合不

同语境下占卜情势的词语场和语义场。

2. 语言符号：即文字符号。也就是六十四卦爻辞卜辞抽象符号的文字表述，这些文字在每一卦中分为六行，用文字进行描述，形成具有句法作用的意义单元，然后再链接成篇章。其描述本身，如上所言，是逐渐形成的，包含着三重结构，也是可以阅读和解释的。正因为如此，这一部分构成我们理解和翻译的基础，而第一种原始符号，反倒被忽略了，或者它本身就不可清晰地解释，除非我们知道还有第三种符号，即结构符号。

3. 结构符号：即《易经》和易学的潜在结构，它包含以下几层意思（特别是第三种意思）。其一，指的是《易经》原始文本和《易传》的关系，即《易经》一书本身的结构。这是传统的认识领域，但我们认为原始文本是主要的、原发的，而《易传》是派生的、后续的，毋宁说被人解释为道教或儒家思想的标本，而不是发源，即反向的"《易经》为六经之首"。其二，以之为认识基点，可以反思其后的各种《易经》研究学派，例如数派（简单地说，即是结构符号的说明，但包括了每一卦象的结构和全本六十卦的总体结构方式，特别是后者，有时体现为全书六十四卦的顺序和分组原则）；象派（即原始符号的解读，舍去了或者结合了语言符号的意义，解释其神秘的抽象的隐喻的含义）；理派（理性的、语言的、哲学的分析）。其三，便是狭义的结构意义，即上述的数派的纯逻辑学的意义，这里特别强调的是《易经》六十四卦的排列意义，不仅仅是线性的顺序排列，还有各种可能的逻辑组合关系，从而揭示和解释不同的逻辑意义。这一层意义，似乎也无须翻译，或不可翻译，但要说明其原理，则十分困难，必得动用所谓结构主义和解构主义的方法不可。所以这一层意义，也未包括在这本书的研究之列。

由此看来，晓农所谓的符号学意义探究，其实就在第二层，即语言符号（似乎也未包括卦名的翻译讨论），而他的博士论文中的语言符号的结构，即各卦的爻辞的结构，除了句法和顺序以外，便是文史哲三元结构的探索了。晓农的探索根本，立足于后者，即爻辞的社会文化符号结构意义的探索。这就涉及几个重大的问题和晓农的主要贡献：

第一，《易经》文本的形成。关于这一点，晓农的研究，无疑吸收了前人的成果，小而言之，可以按照历史资料追溯到《易经》的具体的作者，大而言之，可以讲述《易经》三元融合的逻辑思路。虽然这一过程及其具体的运行机制还不十分清晰，无论如何，这一部分的贡献是不小的，一般的翻译研究尚未见涉足；

第二，《易经》文本的解读。在《易经》文本的解读方面，晓农的贡献十分突出，他依据符号学的原理（主要是语言符号学），分为指称意义、言内意义、语用意义，并进行了文史哲的文本建构的探讨。当然，他的目的是建构一个新型的《易经》语义文本，实际上，他已经出色地完成了这一意义。整理出来的《易经》文本即"六十四卦拟定本"（见附录），采用较为复杂的文字和标点系统，以显示三元结构的意义表征。以此为基础，对其现代汉语译本和外语译本进行评析，应当说是别开生面，如果再配以现代汉语和英语翻译，作为翻译研究的副产品，应当是不难做到的了。

第三，《易经》文本的翻译。在此基础上，对于易经文本的翻译研究及其评论，虽然不一定能做到高屋建瓴，至少也是持之有据了。由于选题本身的原因，同时也由于要对现有《易经》的主要英语译本进行评析，所以本书的翻译批评结构就是双重的。一个是依据古今和中外兼收的原则，精选出七个译本，一一进行评析。按照原本的译者意图、目的和倾向，根据译本本身进行客观的不求统一的评析，即描述性批评，是第一步。第二步，则是按照文史哲三元结构重构的《易经》文本，及其深层理解和现代汉语的翻译参照，对以上七个译本重新评价，这不能不说是主观的判断，特别是不避价值判断的翻译批评。而在设立评判标准的时候，则采取了传统的"真善美"（可与文史哲大体对应）和"信达雅"（信息价值、交流价值、审美价值），并参考了本人对"信达雅"的重新解释和分级评价的系统方法，这些无疑都是很有价值的研究。当然，这两重评价和解释如何统一，在总体上是一个逻辑的问题，而在针对每一具体译本的时候，则是如何对待的问题。这是全书的最终落点，值得关注。但问题的解决，不会像想象的那样容易。

　　当然，有几个次级的方法也要提一下，一个是七个译本的评析，如同它们的选择一样，也是按照性质分类和分组的，照顾到了传统的汉学家的译本、当前国内的有研究的译本，以及兼顾文学翻译的译本等。在评析上则分别侧重于语言、文学和文化，与当下流行的研究的三大维度也有吻合之处。一个是《易经》文本的重构，即拟文本的产生，和在此基础上虚拟的理想的翻译文本，都为这项研究增加了学术含量，至少是有假设和推论的学术研究思路，使之不同于时下流行的套理论出观点的做法，而显得此项研究深厚扎实，富于学理性和思辨性。

二、对话荣格：中西文化对比下的《易经》再认知

　　中国文化典籍的对外翻译及其研究，尤其需要了解西方的学术和翻译，才不至于闭门造车，自说自话。早在 21 世纪 80 年代留学美国的时候，我已经开始关注《易经》及其英译状况，手里有一本理雅各翻译的《易经》，爱不释手，直至回国多年，

仍然时有翻阅，也时有心得。去年在美国加州，又看到卫礼贤翻译的《易经》，有心理学家荣格撰写的序言（Forward），最值得一读。其中关于中西文化的区别、科学的因果律（causality）与《易》学的多因论（synchronisity）的论述，最为精彩。这两个译本的具体研究，晓农已有论文发表，虽然我没来得及阅读，但师生之间对这两个译本同时优先关注，确实给人心有灵犀一点通的感觉。

　　荣格坦言自己从未到过中国，也不懂中文，但他对于《易经》及其思维方式，包括占卜技术和潜意识的研究，也有三十多年了。当他在20世纪20年代遇见卫礼贤的时候，他对于《易经》可以说很熟悉了。在荣格看来，西方的自然法则，是以因果律为基础的，但在此之外，却没有注意到自然本身是部分地或全部地充满了偶然性（chance），要让自然发生的一系列事件完全符合因果关系是不能不考虑例外的。这正是荣格不同于一般只懂科学的西方人的可贵之处。精神分析心理学的特殊专业、对东方神秘主义宗教的深刻洞察、对人类潜意识和梦境及其世界各国象征符号的专业研究，凡此等等，都使得荣格的知识结构和认知方式不同于一般的科学家和哲学家。因此，同样在进行了中西文化比较的时候，他的着眼点也与众不同。他认为：

　　　　《易经》看待现实的方式，不屑于关注西方的因果关联过程。实际观察的一瞬间，对于古代的中国智慧来说，是一次机缘相会（chance hit）而非可以清晰界定的因果关系链上的一个结果，兴趣所在似乎是观察的一瞬间偶然事件的相遇，而非似乎可以说明这些巧遇的假设的推论。一方面是西方思维中的仔细的筛选、权衡、选择、分类、挑出，另一方面，中国的世界认识图景却是最细枝末节的东西，

因为构成观察对象的一瞬是多种因素融合而成的。（笔者
译，卫礼贤《易经》英译本，序第 23 页）

针对这种对于细枝末节的瞬间的认识，他提出的一个问题
发人深思，那就是，何以一种机缘巧合的东西，在另一种时空
状态下针对另一种事件的机缘巧合，仍然具有意义，而且能够
表征得一丝不爽。这不仅是古今情势之间的差异，而且是书本
知识与现实世界的差异。这也许是许多中国《易经》研究者所
没有想过的，或者无法加以说明的，或者认为根本不需要如此
提法。在他看来，中国人是这样认识的：

　　换言之,《易经》的撰写者似乎相信，某一时期形成的
六十四卦（hexagram），与后世的联系不是时间上的，而是
性质上的。在他看来，六十四卦从产生时就含有的指数显
示（Exponent），比钟表的时辰和日历上的分度还要准确，
但需要把六十四卦理解为从一产生就一直起作用的那种基
本情势的一种表征才行。（笔者译，卫礼贤《易经》英译本，
序第 24 页）

如果我们把这种巧合归结为《易经》本身的普遍必然的真
理性，那就是典型的本本主义，或者经典崇拜，难以有什么说
服力。但若据此认为《易经》本身一无是处，是封建迷信，甚
至是占卜害人害己，那也不一定有什么根据，或者认识论上的
价值。关键是要在学理上，能够说明《易经》的认知原理。当
然，这种多因论的提出，本身也是一种西方分析方法的研究结
果，但在人类的认识方式上，却带有一定的学理性：

这一假设需要一种好奇的原则，我称之为多因论（synchronisity），这种概念所形成的观点和因果论截然相反。由于后者只是一种统计学上的真理，而不是绝对真理，它便只是工作假设，说明事件如何一个从另一个中出来；然而，多因论却认为具体时空中的偶然事件不仅仅具有偶发的意义，也即是说，不仅是众多客观事件中的相互作用，还要加上一个或多个观察者本人的主观（心理）状态，即主客观的作用。（笔者译，卫礼贤《易经》英译本，序第24页）

如此看来，不仅客观元素的多元互动，而且主观上也包括交互主体，以及主客观之间的相互诱发和互动，这在思维的周密上，可以说是无出其右了。不仅如此，荣格甚至将《易经》本身的认识，归结为人的认识，其中便包括了对于《易经》文本本身的认识。但那不是对于习惯于实验证明和事实证明的西方读者的认识，而是按照易经本身的思维方式理解《易经》和生活世界的东方读者，或者有此认知角度和能力的西方学者的认识。他说：

然而，这样揭示意义的性质的一种明显真理，却需要真正读懂《易经》的卦辞结构并对解释加以证明，部分地通过观察者关于主客观情势的知识，部分地通过其后（subsequent）事件的性质特点。显然，这个过程不是诉诸习惯于对事实进行实验证明或事实证明的批判思维的头脑的。但对于那些像中国古人一样观察事物的人来说，《易经》便是有吸引力的。（笔者译，卫礼贤《易经》英译本，序第25页）

　　作为精通西方东方并有世界眼光和人类心理意识的世界级的学者，荣格对《易经》的认识，并没有停留在原理的抽象论述和中西思维的一般比较上，而是深入到鼎、坎、井、晋等具体的卦辞进行分析，可以说取得了总体的认识和局部的认识的综合。而在知己知人的问题上，荣格甚至指出《易经》是老子和孔子的智慧的来源之一，而在联系到自己的时候，他说：要是在以前，他就不敢对这样一个充满不确定性的题目发表如此详尽坦率的意见，他之所以敢冒险一试就是因为已年逾八旬，人们的观点朝令夕改对他已不具有吸引力，与其与西方哲学中的偏见为伍，倒不如说，东方古代圣贤的思想对他更有价值一些。在认识《易经》及其世界的时候，荣格承认人类的认识是极容易犯错误的。这一思想，和孔子的"假我数年，若是，我于《易》则彬彬矣"的思想，可以相互引证。

　　至于《易经》本身到底是一本什么样的书，荣格认为：

　　　　《易经》本身并不能自我证明，也不能提供结果，它既不自夸自大，也不容易进入。就和自然本身一样，它有所待才能被发现。它既不提供现成事实，也不提供认知动力，只为好易者提供知识和智慧。对甲可谓白昼之光，对乙可谓晨昏之黯，对丙则是黯如黑夜了。不乐者大可不必读，反对者绝不会发现其中的真理。对于那些能从中感受意义的人，就前往走进这样的世界，从中获益吧。（笔者译，卫礼贤《易经》英译本，序第 39 页）

　　荣格的观点，从有别于西方但又出自现代科学的原理性的观点，对于我们认识《易经》有何意义呢？我想有几点是不言而喻的：

1）事实上，在古代中国和现代欧洲思想之间，不是唯一的二元对立的思想方法。如果把西方的科学的因果论视为一种普遍必然性的认识（科学的一切可知论），那么，印度佛教的缘起论和缘分的概念就偏于偶然性机遇性的观点（宗教的命运神秘论），那么，在这二者之间，《易经》思维似乎居于中间的位置，那就是说，它既不是纯粹的规律，也不是纯粹的机缘，而是一种概率，即普遍必然性与多因机遇性的调和，使其指向多因一果性的认识（认识机遇和把握未来的一种命运观）。

2）《易经》的六十四卦，只是提供了认识的总体框架和各种可能性，在一个具体的情势下，如何认识自己和世界，其实就是如何认识人自己的命运和行事的结果，所以有所预测、有所警惕、有所提醒、有所筹划而已。具体的情势和《易经》中提供的各种可能性的组合，要是通过占卜获得了同一性，就是正确的、有效的，否则，就会是相反的，但即便如此，也不是全然无用和全然有害，而是要看主观上如何去认识。

3）然而作为占卜和预测，任何权威的书籍都只是一方面，另一方面是人，是使用它和认识它的人。何况占卜本身就是机遇演示和实施过程，它不可能重复自己，其多次的占卜也指向概率，所以，它在实践中的具体结果，不是万无一失的，而是有利有弊、有得有失。《易经》的价值系统，是吉凶祸福的判断，而且是具体情势下的价值判断，这些判断本身，又渗透了道德判断的基础，所以，其人文性和认知价值，也在此。作为哲学的《易经》，是无懈可击的，它提醒你注意各种因素，进行多次尝试，进行综合判断，这在任何情况下又都是有效的和有益的。

三、关联《鸡卜经》：从民族相似性到普遍法则追寻

以前的《易经》研究，当然也包括《易经》的翻译研究，或者只在中国文化的圈子里兜，或者能延伸到西方文化的彼岸，而对于民族典籍，即中国汉族以外的少数民族的类似典籍，则未见涉猎。因此，我们这里要进入一下这个领域，虽然也是随机的、非系统的，但有无这个联系，仍然可以见出十分重要的区别。

也可以说是纯粹的机缘巧合，几年前，我收到云南地区一个年轻外语教师的壮族《鸡卜经》的翻译，要我写一个序，可是我对《鸡卜经》认识甚少，只好把它和《易经》相联系，并就民族典籍的翻译讲一点自己的认识。这种随机联系和臆说式的意见，虽然缺乏深刻的思考，但就开阔视野、建立思想的关联方面，也不是完全无益。姑妄言之，姑妄听之也可。

第一，如果我们把《易经》和《鸡卜经》都归入占卜一类书籍，并从中寻找占卜的原理，那么，世界各国人民均有占卜之事和占卜之术，却是一个不争的事实。归根结底，虽然人类迄今为止在世界上做出了伟大的壮举，取得了辉煌的成就，但从一开始，人类对自己的命运就没有把握，因而借助于各种手段企图了解自己掌握自己的命运，就是一桩神圣的事业。而很早的时候，占卜大约和人类的命运感有关，和人类企图知晓自己的命运有关。即便命运不能完全掌握和全部知晓，知道一星半点儿也是可以的，特别是及时的知晓，在一定的情势下需要当时就知道，即便不为乐天知命，也可为决事之参考。由于此，占卜一类书籍可能会永远流传下去，只要人类不能完全掌握自己的命运而又愿意知道它、相信它。

第二，占卜之事的兴起和到达高潮又和人类文明的发展阶段有关，和人类特定民族群体对自己命运的掌握和认识阶段有关。简而言之，占卜之术的形成，多在人类文明的早期，但由于不同的民族居于不同的开化和发展阶段，有早有晚，所以占卜之术的兴盛也必然有早有晚。可以说，就人类认识世界的方式而言，占卜之术产生于巫术与科学之间，如果不是比巫术更早的话，它去掉了巫术借人力直接支配自然力（当然是象征性地支配自然力，或通过神灵支配自然和人事）的一面，徒保留心理和认知的一面，而把行动作为人自己决断的权利和能力（至于占卜的结果，可以用巫术解决和完成，更是证明了巫术的作用）。又在认知和行动之间，留有很大的回旋余地（用以说明和调整占卜的效力和人的行为），即便在认知领域本身，也有神秘不可知和可知之间的区别和复杂的联系，由此构成无限多样的占卜表征的规律性呈现和对人类自身的程序化的行动指南与策略倾向。这是可以大体上说明的。换言之，规律和概率是占卜的两面，合而为一，即是其认识价值的完整体现。

第三，每一民族的占卜之术从材料到手段以及深层的理念，又相互有别。在笼罩于神秘雾霾中的古代知识的天地间，原始信仰和图腾崇拜似乎为人们以理性认识其占卜起源及其物质载体打开了一线希望。就图腾崇拜而言，如果说汉族的《易经》尚难以找到龙（蛇）崇拜的确切证据的话，至少乾坤两卦中一系列龙的出现可以算作局部的证明，倒是壮族的《鸡卜经》提供了一些更为直接而系统的线索，可见出一种鸟类（太阳神）崇拜的源头，和以鸡（吉）替代的占卜机制，作为我们今天从民俗学角度认识原始占卜行为的学科基础。事实上，我国古代南方百越民族的鸟图腾崇拜和太阳神崇拜，是可以找到不少证据的：

在浙江余姚 7000 多年前的新石器时代原始社会遗址中出土的器物上，就有很多鸟的雕像图案。……《越绝书》等文献也记载了先秦越人流行鸟田的传说，绍兴 306 号墓出土的鸟图腾柱，更是越人鸟图腾崇拜的证明。岭南地区出土的文物上，也常见鸟的图形或雕像，其中以羽人最为常见。如西汉南越王墓出土的青铜提铜，就有很多羽人、羽冠等图形；1979 年广西田东县锅盖岭出土的一面铜鼓上，也有四只翔鹭的纹饰（今藏广西壮族自治区博物馆），这是铜鼓上常见的纹饰；广西贵县罗泊湾一号汉墓出土的铜鼓上更有"鹭舞"，即以二三名越人为一组，模拟鹭鸟而舞，起舞的越人的上部有飞翔的鹭鸟，舞人与鹭鸟的动作很相似，越人对鹭鸟的崇敬显然可见，在祭祀太阳神时，他们需要一种沟通人神的介质并对预期效果加以验证，悠忽来去，鸿飞冥冥、敏感好动的大鸟成了最终的选择，犹如汉族先民选择了牛、羊、龟等动物的骨和甲一般。古籍亦多有"鸟为越祝之祖"的记载。（梁少石翻译的《鸡卜经》（壮汉英对照）未刊稿）

虽然南方的鸟图腾是一个普遍的事实，但要转化成为鸡卜还需要一种置换变形或替代机制，即以某一种近在眼前易于获得的事物来替代抽象难懂远在天边的事物，既然一种常见的事物成为占卜的来源，那么，进一步以之为物质载体并加以文化上的合理化，就是可以理解的了：

但由于飞鸟总是难以捕捉，于是由禽类的野雉驯化而来，与飞鸟在外形上十分相似，血缘又相近的越鸡成为代用物，那些小巧的岭南家鸡便成为用作祭祀的"说话鸡"，鸡骨成了"神谕之骨"。汉族在甲骨上钻孔后烧烤，根据裂纹走向确定战争、农事、出行、婚姻等重要事项是否当行，越人则根据插在鸡骨上竹签的斜直正偏，而定吉凶。一种与汉族甲骨卜具有同等重要的宗教、社会、文化地位的"越人之卜"——鸡卜，就此产生。（梁少石译《鸡卜经》（壮汉英对照）未刊稿）

第四，任何占卜活动要转化成经典，都需要背后的思想和理念的支持，然而，要从现象世界进入到理念世界，除了语言对经验的提炼和概念思维的发达，还有待于人类自然哲学本身的发展和抽象思维范畴的发达，以便为掌握人类命运和自然规律提供形而上的思维方式。一种简单的数理式解决，就是将自然界分解成几种显而易见的元素，用其组合关系来说明自然和人类行为可以把捉的根据。在世界几种主要的文明中，这些自然要素的范畴呈现出一定的对应关系：古希腊的"四根说"是"水土火气"；古印度的《顺世论》有"地水火风"；中国汉族"五行说"为"金木水火土"；而壮族的"四分说"则是"金木水火"，缺少"土"，但唯其如此，才可以与其他东西方古代文明（希腊和印度）的四分逻辑形成对应关系。

原来在壮族的宇宙起源论里，有"气"本源和"石"本源两种说法，仅以石本源为例，也可说明其四分说的端绪，《麽经布洛陀》里讲："四片石头飞往四方／造成四季阴阳／从此才开天辟地。"这里所说的四季通常指植物的萌、发、荣、枯或农业生产的播种、薅锄、收割、储藏四个阶段。这种和四季形成对应关系的逻辑运演，很可以演变为和世界的方位形成对应关系(当然，这里的方位是时间-空间合一的空间概念)，那就是壮族《鸡卜经》中的"卦宫"里的说法了：

　　　　壮族《鸡卜经》里的卦宫只讲木、金、水、火四个，
分别代表日出方(东)、日落方(西)、上方(北)和下方(南)，
主要指该宗鸡卦应验的方位。这与汉族的金、木、水、火、
土五行略有区别，而与《麽经》载录的四方、四季、阴阳
相一致。(梁少石译《鸡卜经》(壮汉英对照)未刊稿)

　　事实上，《鸡卜经》里的卦宫多书写在卦象的下面，如"木"
"火""金""水""木生亥""火生寅""金生酉巳丑""水生申子
辰"等，专指该宗卦象在当年应验的时间和方位。这一点不难
理解，因为壮族的《鸡卜经》和相应的占卜活动兴起于汉代，
到唐代达到高潮，受到汉族五行哲学和易经思维的影响，是不
言而喻的。从中既可以看出我国壮族文化对汉族古代哲学的借
用和改造，也可以就此推论，汉族《易经》中的"四元"或四
的倍数关系，在总数为六十四卦的《易经》体系中也可能有一
种形成和调适的过程，可见《易经》的象数说和阴阳五行之间
也同样存在着适应和改造的关系。

　　《鸡卜经》的结构，包括了卦象、卦名、卦宫、卦辞四部分。
卦因象而得名，卦宫则代表东南西北四方位，木火金水四卦宫，
用子丑寅卯辰巳午未申酉戌亥十二地支定位。卦辞又叫"卜辞"，
壮语称作"嘎木赊"，意为祈祷得来的话。实际上是布麽、也麽
或鸡卜师用鸡骨进行占卜所得结果的文字记录。所谓《鸡卜经》，
主要指的也就是卜辞。绝大多数卜辞都用汉文书写，可以汉字
壮读。这就造成阅读的方便，有了一个可供翻译的本子：

　　　　卜辞的内容十分广泛，包括所占的各种事象，以及用
祭祀和巫术解决问题的方法，如耕田、求雨、求田(祈求丰
收)、打鱼、打山(猎)、婚姻、生育、求子、求寿、祈人、

买卖、求财、借贷、进人口、买奴婢、问债、节庆、新年、坐(建)新寨、架屋、入宅、保家、保寨、保城、移徙、出行、谋望、求官(上诉)、官事(被告)、打贼(战争)、征战、祈贼(议和)、保身、疾病、服药、祸事、失物、择坟地、送父母(超度)、除灵、安葬、请神、收魂、送鬼等是吉是凶、半吉半凶、先吉后凶或先凶后吉。(梁少石译《鸡卜经》(壮汉英对照)未刊稿)

从以上卦辞的内容可以区分出壮族《鸡卜经》占卜的多样功能：几乎包括了全部先民生活的方方面面，可见古代占卜活动对于民族生活的巨大影响。实际上，壮族的鸡卜活动可以上推到先秦，发于汉代，唐时大盛，而后历朝历代，应用不息。许多活动不仅记载在汉族官方史学著作中，而且见之于文人学者的私人笔记。

四、重释《厚土颂》：寻求《易经》翻译的诗学途径

到目前为止，我们将壮族的《鸡卜经》和汉族的《易经》作了一个简单的比较，其中也可以找到一些重要的启示：人类各民族的占卜活动具有类似的起因和功能，和语言一样，也许存在着某种类似于谱系的东西尚未发现。《鸡卜经》和《易经》应有相似的起源，但由于前者起源较晚，受到汉族哲学和占卜思想的影响是不言而喻的。这从另一方面也说明了世界上较为接近的民族和文化，在占卜起源、借助手段、哲学基础等方面，具有更多的联系和相似性。我们也看到了在世界不同的文化中，占卜思想有其一定的规律性和共同性，其基本功能和所处的一定的文明阶段相一致，实现了大体相似或相同的文化功能。下

面让我们回到汉族文化及其《易经》本身，来说明更多的问题。关于《易经》中四的倍数的形成和占卜功能，我们还可以借助甲骨文等其他来源，进一步加以说明。

根据考古学家胡厚宣先生对甲骨文《四方风》的考证（见《甲骨文"四方风"名考》，1944 年），风向（风神）的确定与季风的性质的确定，对于认识原始先民的物候与祭祀作用至关重要。四方神明，分别对应于春夏秋冬四季，并与春种夏长秋收冬藏的四季农事相对应。这一发明，对于国家的征伐、狩猎、畜牧、农事、灾害、疾病、祭祀等均有重大影响。《四方风》原文只有二十八个汉字，共四段，标题是研究者所加。有异文，下面是胡厚宣先生的一种文本：

四方风

东方曰析，风曰协；
南方曰夹，风曰微；
西方曰夷，风曰彝；
北方曰宛，风曰伇。

（胡厚宣整理）

兹用现代汉语将《四方风》翻译如下：

四方风

东方有风神"析"，吹和风；
南方有风神"夹"，吹微风；
西方有风神"夷"，吹大风；

　　北方有风神"宛"，吹烈风。

　　　　　　　（王宏印今译）

　　由此看来，我们也许不必到阴阳五行的哲学模式中去寻找《易经》的四重结构的起源，只从原始的祭祀活动中便可得知，这种四重结构原来和人类最早的方位认识有关。《甲骨文合集》中的另一首古歌《今日雨》可为其提供旁证：

今日雨

　　其自西来雨？
　　其自东来雨？
　　其自北来雨？
　　其自南来雨？

　　关于《今日雨》，友人栾栋教授认为这是一首祈雨歌。他还从"今一日帝令雨"中推测出，除了山岳神和其他祖神之外，帝是最高的主宰，也是最大的施雨者。当然，这里的"帝"不是"皇帝"，而是"上帝"，即中国历史上最早最高的神。栾栋教授的目的在于阐述一种诗学原理，说明诗歌的复杂的原始起源，但假如我们在诗歌基础上，把原始先民的祈雨和占卜看作同一件事，那么，一个文学（诗学）、神学（宗教）和占卜之学即《易》学的三位一体和共同起源说，就不是不可能的了。

　　以下是《今日雨》的现代汉语译本：

今天雨

有雨从西方来吧！
有雨从东方来吧！
有雨从北方来吧！
有雨从南方来吧！
　　　　（王宏印今译）

行文至此，我们就可以进入到《易经》的翻译了。让我们回到这一问题的开头，记得笔者曾说明过，我对于《易经》的真正的兴趣，来自多年前在西安汉唐书店买的一本《易经古歌考释》（巴蜀书社，1995 年），作者是四川大学的黄玉顺教授。这本书把《易经》的卦辞中的韵文，理解为含有表达上古风俗意味的古歌，从中整理出几十首，并逐条加以注释，翻译成白话文。这使我相信，《易经》可以有不同的读解和翻译之道。其中一个推测性的观点就是：《易经》的起源，也许是先有古歌，记录了原始先民的生活场景、境遇和问题，然后，才有表示判断和预测的评论，即哲理和解释性文字。这样一个简单的推论，经过阅读和思考，后来进一步复杂化，就成为《易经》文本产生的文史哲三元结构的形成雏形。

《易经》中有描写大地（坤卦）的韵文，原文是这样的：

履霜，
坚冰（古音 biang）。
直方，
含章。

括囊，
黄裳。
龙战于野，
其血玄黄。

　　黄先生认为这是一首"行役之歌，类似于后世游子之吟"，并翻译为白话韵体诗，称为《大地之歌》。栾栋教授认为其格调与坤卦不相协调，认为是一首《厚土颂》，不是一般的旅人行走在大地上，而是神明的彰显，并把最后一句译文"龙蛇在原野上撕咬，/它们的鲜血流淌"改译为"龙蛇在莽原驰骋，/其血脉溢彩流光"。我承认黄玉顺教授的开创之功，并以为栾栋教授的理解和改译是有道理的。但我认为龙的"撕咬"和"驰骋"，都不足以说明坤卦的要点，因为它是乾卦的接续和完成，所以应是两条龙在"交合"，以下根据这种理解，重新翻译如下：

厚土颂

临南国兮以秋霜，
履北溟兮以坚冰。
观大块平正直方，
铺就那绚丽华章。
天苍苍解吾行囊，
地茫茫如着黄裳。
双龙交欢在莽原，
其血脉溢彩流光。

（王宏印译）

这是诗的意境，若变为散文，也可见出厚土之母本身的容貌和着装，以及交流行为与文化功能的写照。你看，从南国之秋，到北方之冬，神灵降临人间，历秋霜冰封，四时变化，见山河改妆，冬去春来，寒来暑往，何等辉煌。接着是天圆地方，穹庐四野，天若解囊，地衣黄裳，龙蛇交欢，血脉流长。民族之血脉源远流长，中华文化变通无疆。此乃真正的《易经》变化之道，不循此道，则偏离大化，学问难以见长，循此道，则人文造化，相得益彰。翻译乃变化之道，不求本索源，则难有所成。兹将《厚土颂》试英译如下：

The Goddess of the Earth

Come, the Goddess, from the South,
Which is covered with white frost,
Towards the North, even colder then,
Which is already ice-frozen there.
The earth, however, extends wide
And square, and wild and fair,
And is decorated with a landscape,
The geographic patterns of variety;
The sky overhead is a huge dome
Like an open traveller's baggage,
While the earth lies quiet and calm,
Dressed in the brilliant yellow.
Lo, yonder, dragons playing merrily
Intercourse over the great plain;
May their offsprings grow happily

In great glory and honour of Cathay.

(trans. by Zhu Mo)

要之，近世以来的《易经》研究，也是穷则思变，变则通，通则久。就其是诗学途径而言，一变长期以来坤卦的混沌不明，为清新亲切的游子之歌《大地之歌》，又一变个人惆怅的私人抒情为歌颂皇天后土的民族颂歌《厚土颂》，《易经》坤卦的理解和研究，沿着文学开路和文史哲贯通的路子走出了坚实的步伐。这不能不说是当代易学研究的一个可喜的成果。进一步而言，将《易经》研究和翻译和创作相关联、相贯通、相融合，又是一条全新的路径。此之谓，《易经》翻译的诗学途径。

融合古今，贯通西中，沟通天人，《易经》冠顶。大道既已在望，何愁无功可成？

庆幸的是，在《易经》研究领域，王晓农已走上了这条康庄大道，难能可贵。

并望有更多的学术成就敬献先祖，让中国古老的文化昭示世界以恢宏。

是为之序！

王宏印（朱墨）

2016 年 8 月 1 日

美国加州耳湾寓所

筚路蓝缕，锲而不舍

——关于我国当下社会翻译学的可贵探索

一门学科的诞生，可以有不同的学科标志，诸如重要人物的出现、重要事件的发生、重要论著的出版。如果单从出版物的角度来看，则可以有不同的形式和机遇。以下的讨论主要按照出版物的分类，围绕翻译学和人文社会科学的建立和发展，但不局限于具体的学科，即不限于社会翻译学或翻译社会学本身，而是围绕这些学科的诞生和建设进行讨论。

第一种，论文。1972 年，霍姆斯的会议论文《论翻译学的名与实》实际上宣布了现代翻译学的诞生，因为这篇论文不仅论证了翻译学的名义，考察了该学科的实际情况，而且为翻译学科指出了较为宏伟的学科关系并制定了长远的发展规划。对于翻译学来说，这无疑是一个福音。就一篇论文对于一门学科的诞生和发展而言，也是十分理想和典型的情况，当年这种论文不同于一般的学术论文，即不是一般窄而深的专门论题和纯粹的个人见解可以比拟和完成的。然而论文的优点在于短平快、发布迅速，涉及面广，而缺点在于篇幅所限，不能做出完整而系统的论述，甚至格式所限，难以有随意发挥的余地，和近乎周全的细节考虑。当然，有些论文也追求时效，这就具有了新闻发布的事件的性质了。所以，霍姆斯制定的翻译学发展的学科关系表，至今并没有得到实现，换言之，翻译学是否可能按照一个人的学科体系和规划目标，发展和完成自身的学科建设，则是一个留待后人解决和讨论的问题。

实际上，受其影响，我国翻译学界的许多理论家，都做过类似的尝试，以刘宓庆和杨自俭最具有代表性，或者修改霍姆斯的方案，或者提出一种替代性的解决方案，但却会遇到类似的命运。这或许是因为，虽然人类翻译的历史悠久，但翻译学却是一个后起的学科，诞生在 20 世纪这个新兴学科不断涌现、人类知识爆炸学科分化频仍的时代。也许人们不满足于翻译学科的落后状态，觉得翻译既然有了这么多的资料这么长的历史，为何不能马上建立一门翻译学呢？再加上比较文学的极速发展和学科焦虑，不少人急于建立一个可以与之较劲的翻译学科（有关翻译学和比较文学谁包括谁的争论就是明证），致使学科建设走到了理论发展的前面，走到了翻译实践（相当于科学实验）的前面。极而言之，这也许是一种本末倒置的现象，但对于许多有识之士而言，却是一度激动人心，而且富于推动作用的现象。

第二种，教材。以现代语言学的诞生为例，索绪尔的《普通语言学教程》虽然是以听课笔记的形式出版的，但保留了当年索绪尔讲课的全部内容、章节安排和叙述思路，是完整的教材和讲课的记录。教材的优势，是原理性、系统性，可接受性三者的完美统一。但教材的编写者必须是一个十分全面的学者，他有教学的经验、条件和完整阐述一门学科的能力和耐心，遵循一定的讲授顺序抵达最终的学科目标，而且要等到一门学科可以成熟的条件已经具备，它的标志性成果才有可能以完美的教材的形式出现。在西方哲学近乎开端的部分，在智者派的思想片段和苏格拉底的述而不作与柏拉图的对话录之后，亚里士多德的哲学著作有系统的论证和讲课的逻辑，所以许多具有教科书的性质，但哲学却是观点性质的学问（哲学史也应做同样观，只不过它要批判地介绍各种哲学而不能坚持一种哲学，但这种批判本身已经是哲学观点，且不用说哲学史观也不是统一的），至今并没有统一的教材，所谓哲学原理一类书籍，未尝不是对哲学做了教条化的解释，或者就是一孔之见，以学派哲学冒充了哲学的全貌或真理。资料性大于观点性的文学，其文学史或文学原理也是如此。

从人类的语言研究古已有之的角度来看，索绪尔具有原理性的语言学论述，出现在语言研究的中间阶段，或企图汇集全球主要语言谱系的阶段(人们几乎忘记了索绪尔在印欧语系的研究中做出的卓越贡献和重要论文，只记得这本薄薄的小册子了)。在这种情况下，索绪尔有把零散的研究按照结构主义的原理组成系统知识的历史任务，说他只是宣布了符号学意义上的语言学的诞生，其实是不够的。其后，符号学成为单独的学科，而现代语言学的发展，更是索绪尔所不可能预料的（至少没有按照他的语言和言语的区分，并把语言作为研究对象，倒是把言语作为研究的主要对象了，话语分析和话语类型学甚至成为独立的学科）。乔姆斯基的转换生成语法，在很大程度上仍然是古代西方普遍语法的哲学追求的现代翻版，而认知语言学走了心理学的经验科学的道路，系统功能语法则是社会学文化学的路子，特别是和功能主义文化学派关系密切。统一的语言学并没有发展出来，事实上，也不可能存在。奇怪的是，本来应当以现代语言学为基础的现代翻译学的建立，并没有以索绪尔的符号学语言学原理作为其学科基础或理论来源，甚至也很少以乔姆斯基、认知语言学和系统功能语言学作为其理论参照。假如说卡特福特的语言学翻译理论坚持了语言学的道路还值得一提的话，它却是极具尝试性地奠基于语言学的语言要素分析的对应理论，而且是简单的对应关系论。这不能不说是一种发人深思的现象。

第三种，专著。以心理学为例，在心理学的机能主义、构造主义等早期学说纷纷产生影响之后，虽然有了詹姆斯的《心理学原理》（作为系统论述心理学理论的专著或教材），但真正的心理学，对社会和人生产生重大影响的心理学及其分支学科与应用学科的建立和发展契机，却是奠基在弗洛伊德的《释梦》、皮亚杰的《发生认识论》以及马斯洛的《人本心理学》等划时代的心理学大师的专著上的。没有这些心理学专著的问世，心理学就只能停留在早期的少数思想家的哲学思辨和学科虚构的梦呓中，或者限于物理学生理学神经学和刺激反应一类常识性知识分章节编写而成的教材上（即所谓的普通心理学），而不可能得到长足的发展和深入的研究，也不可能分化出发展心理学、人格心理学、精神分析学派等学科和流派，换言之，也就不可能有现代实证科学基础上的实验心理学和人文主义心理学的分野（语言学的欧陆学派和英美分析学派，也有类似的分化倾向）。也正因为如此，事实上不可能有统一的心理学，也就不可能或不应该有心理学原理一类教科书把心理学规定在一个固定的思想模式里，或者统一在一个前后一致的逻辑的理论框架里。

在世纪之交中国翻译学建设的热潮中，谢天振教授的《译介学》和本人的《中国传统译论经典诠释》可算作专著的代表。事实上，《中国传统译论经典诠释》在当时西方翻译理论大行其道的形势下，可谓是反其道而行之。它以西方哲学为潜在的公理体系和论述高度，以王国维等清末学者和"五四"学人西学治国学的理论分析方法为参照，有鉴于中国古典文论现代转换的失败经验，转而对中国自己的古典译学思想加以发掘，做了脱胎换骨的转换工作。其后本人转向的《文学翻译批评概论》

和《文学翻译批评论稿》则是文艺学知识在翻译批评学科建构上的尝试，加上自己对于文学翻译批评想象的批评和本体与方法的反思和阐发，但作者认为，文学翻译批评只是一种批评，和文学批评一样，并不应当所以也就无意于建立一种以"学"命名的学科。再往后的《新译学论稿》则是分栏目和学科领域的个人学术论文集而非专著写作的性质了。

相比之下，具有比较文学背景和翻译学知识的《译介学》则以极快的速度，将国外正在兴起的译介学理论和重要观点汇集贯通，加以系统化的整理和调理性的说明，产生了原理性和指导性兼有的专著作用，纠正了传统翻译学的文本中心主义和评判标准为基点的研究思路，但其更为重大的成果，则在于《中国翻译文学史》和《二十世纪中国翻译文学史》等汇集大量资料和历史考察性质的后期成果中。这和比较文学的演进路径很有相似之处。有趣的是，以视野和观点见长、始终不能脱离资料和分析方法的比较文学，其开创性和标志性成果，原本也是以论文集的形式著称于世，而非一本个人研究专著更不是一本资料和观点汇集的教材可以成就的。这和比较文学本身所需的巨大的资料覆盖和体系建构，远非一个人和一个组织可以完成的工作量是密切相关的，更不用说要求一个人精通各种语言、精通世界文学这样一种几乎不可能完成的学科建构与完成的努力了。唯一要提到的是世界级的比较文学和文学评论大师韦勒克，他的不懈努力和等身著作是有目共睹的，但他得益于欧洲文学本土的经验积累和理论超脱以及美国文化的全球视野、活动能量与现代技术的支持，而对于欧美文学经典以外的其他文学的知识局限，也是不言而喻的。

追根溯源，"内部研究"与"外部研究"的说法最早见于韦勒克与沃伦（Wellek & Warren）1949 年合著的《文学理论》（*Theory of Literature*）一书。书中，韦勒克与沃伦将那些对文学作品与传记、心理、社会等外在因素之间关系的研究归为"文学的外部研究"，而把那些对文学作品自身形式与结构的研究视作"文学的内部研究"（Wellek & Warren，1949）。自此以后，韦勒克与沃伦所作的这个区分，在很长一段时间内就成为以新批评、结构主义为代表的形式主义文论排斥传统社会历史批评，标举作品本体论、文本内部研究的一种理据。（王洪涛主编：《社会翻译学研究：理论、视角与方法》，南开大学出版社，2017 年，第 8 页）

发人深思的是，我们对于韦勒克的研究成果和独特方法缺少精深的理解和有效的借鉴，倒是把"内部研究"与"外部研究"的必要区分作为教条和常识接受下来（就像我们把直译意译、归化异化作为概念成对地接受下来一样），以至于成为拒绝接受新思想的陈旧武器，甚至在对付文化转向和翻译学的文化研究之后，又一次成为反对社会翻译学学科建设的理论立据。这不能不说是我们学习西学而不得其要领的悲哀，也是我们只知道占有资料而不产生思想大师的悲剧。值得庆幸的是，几乎是在最近我个人得知，在新兴的社会翻译学领域，也出现了专著作为标志性的研究成果。

2014 年，俄裔英国翻译研究学者谢尔盖·图勒涅夫（Sergey Tyulenev）出版了专著《翻译与社会导论》（*Translation and Society: An Introduction*），全面探讨翻译与社会文化的互动以及各种翻译研究的社会学模式，代表了西方社会学路径翻译研究的最新进展。（王洪涛主编：《社

会翻译学研究：理论、视角与方法》，第 2 页）

值得注意的是，作者将社会与翻译并列的提法，反映了他对于二者关系的双向互动的辩证把握，不断然采用单一方向或单一方面的决定论立场的达观思路，甚至标题中"导论"的审慎提法，并没有着意贴上"社会翻译学"或"翻译社会学"的固定标签，也值得我们借鉴。我们希望，国内对于这本极为重要的专著首先要有译介，抓紧进行重点述评和研究，然后，再结合中国社会翻译学的实际和目前已经取得的进展，加上作者自己独特的认识和系统化的整理，尽快地写出自己的社会翻译学专著来。

第四种，论文集。论文集是介于单片论文和学术专著之间的出版物，它的优势是专业性、容量大、反应快，特别是在一个学科的科学共同体活动频繁、各种理论纷纷出笼各抒己见的形势下，作为一个新兴学科的地区性、阶段性成果的体现，几乎是最有效的方式。一般的论文集，都是专业会议和专家约稿的结果，所以专业性比较强，容量在几十篇不等，动辄几十万字，不亚于长篇小说。有专业组织的推介，几个月之内可以出版，出版周期短，上市快，读者群也集中，所以收效也快。在现代学科发展的多学科观照相互渗透的学术大势下，地区性的专业会议、专题讨论的阶段性成果，反映较快，较有代表性，但除非是高水平的国际会议，很难有全方位的论文收集和全球性的出版发行效果。与教材的保守型、稳定性相比，专著的系统性和个体性观点，在论文集中表现得不是很明显，倒是单篇论文的快速反应和个人观点，尤其在研究的资料性和方法与效果方面（有的可以上升为观点和理论），具有突出的表现。最突出的特点，是论文集具有现代学科诞生和发展的标志性出版物及其发行渠道，好的论文集分栏目，有评论，有附录，取决于作者、会议和主编的水平，一般是三者综合实力的体现。

在我国翻译学建设的过程中，国外的翻译会议论文集，原版之外，港台学者编写的论文集（中文或英文，或对照）曾经起着重要的推介和传播作用。而大陆学者编写的论文集，例如，综合中国历代翻译理论精华的有罗新璋编写的《翻译论集》及其修订本，代表当代翻译学科建设会议论文的杨自俭先生编写的《译学论集》及其续集，从各种渠道收集翻译学论文精华的有张柏然和许钧主编的《二十世纪翻译学论文集》，等等，都曾经起过巨大的推动作用。随着翻译学建设进入教学和课堂，西方翻译学理论系列丛书的出版（上海外语教育出版社和外语教学与研究出版社等几套原本引进丛书的出版），似乎进入了低潮，加之学术成果评估不包括论文集，只算单篇论文（这本身就是奇怪的二律背反或自相矛盾），贬低专著，忽视教材，人们对于学科建设的兴趣日益变得淡漠，而翻译学科的论文集也就很少见了。中国文化典籍翻译研究会的会刊《典籍英译》现改为《典籍翻译》还在如期出版，每一次会议都有论文集，这种惨淡经营，可以说是这一传统的延续。

在这种学术形势下，在这种思想氛围里，在弟子王洪涛从牛津大学进修一年回国后的日子里，有机会几次讨论社会翻译学的建设问题，以及如何出版一本社会翻译学的论文集的问题，真是百感交集，但也令我陷入沉思。首先，我深深为王洪涛锲而不舍的精神所感动，也为他多年来为这个新兴学科付出的努力、辛勤和智慧，所感动。关于翻译社会学的研究，诚如洪涛本人所言，是他在完成博士论文的过程中，以及在答辩和后续研究的过程中，就已经定下的学科目标，作为他自己为之奋斗的学术研究道路，我是很支持的。他的博士论文，虽然是以研究翻译研究学派为目的，但其中已经蕴涵了对于翻译学的社会学研究的视角和兴趣。应当说，从一个学派的理论研究中能够敏锐地找到和抓住一个新兴学科的建设思路，并且锲而不舍，在我的众多博士生中，还不多见。可以说，内外两个因素共同确定了这一学术定向，一个是翻译学的学科发展转向社会文化因素的客观局势所使然，一个是密切关注社会现实和当下努力的反响效果作为内在的学术动机所使然。这两个方面缺一不可，共生共长，终于开花结果了。

以下就这两个方面的结合，主要是根据这个论文集本身的资料和思路，讲一下自己的认识和感受。

在翻译社会学已经有几十年发展，在国内外已经有不少论文发表，而作者个人也已经有系列论文发表的条件下，出版一本论文集，似乎是水到渠成的事情。王洪涛的论文集。立足于国内十几年来在这个领域的主要论文，分为三个栏目，本体论、认识论、方法论，每一部分都有绪论，可以说是一个体系完备内容新颖的论文集。对于倡导和推进我国的社会翻译学学科建设，无疑会起到积极的作用。

毋庸讳言，我首先关心的是国际上这一学科的发展情况和业已取得的主要成果的发表情况，幸而洪涛的论文集有一段完整的论述，比我从零星的阅读和交谈中获得的印象和记忆要详尽而准确，不妨引用如下：

> 2005 年，翻译学杂志《译者》（*The Translator*）出版了一期专刊探讨布尔迪厄理论框架下翻译的社会学研究，使得社会学路径的翻译研究得到了国际翻译学界的广泛关注。2006 年，皮姆（Anthony Pym）等学者编撰了《翻译

的社会文化面面观》文集（*Sociocultural Aspects of Translating and Interpreting*），翻译研究的社会学路径得到进一步拓展。2007 年，沃夫（Michaela Wolf）与弗卡里（Alexandra Fukari）合作编撰了《建构翻译社会学》文集（*Constructing a Sociology of Translation*），倡导"翻译社会学"的理论建构。

在我原来的设想中，要是有条件，可以先出一本国外同类学科论文集的选录本，或组织专门的评论研究。如果有困难，则可以把国外的主要论文，加入到这个论文集中加以选登，或用中译文，或原文附录，至少有中文摘要，或中文绪论加以概括地介绍，当然就很完备了。但这一任务或许过于庞大琐碎，在短期内几乎难以完成，所以，目前只是以英文论文目录的形式附在全书正文之后，也有一种先睹为快或先入为主的资料价值，至少弥补了只收国内论文的不足，所以是值得肯定的。

我初步翻阅了这个论文集子，并重点查看了几篇，对于论文所收的档次和内容，无疑是认可的，集中包括王洪涛自己在出国前后陆续发表的几篇，虽然研究方法、内容和观点各有不同，但都有很高的质量。在此基础上，我仔细地阅读了洪涛撰写的绪论《"社会翻译学"研究：考辨与反思》，十分认可作者清晰的思路和理性的分析。问题意识是第一个突出的印象，作者将社会学路径的翻译研究概括为三个当下要解决的问题，分别涉及社会学路径翻译研究的学科称谓、研究类型以及研究模式，颇具专业和学科眼光。以下结合自己的有限的认识和学科发展大势，作一简要评论：

第一个问题，关于学科称谓"社会翻译学"与"翻译社会学"，二者之间有什么样的异同？哪一种称谓指代当前社会学路径的翻译研究更为恰当？作者把这一问题追溯到西方翻译研究学派奠基人詹姆斯·霍姆斯（James Holmes）1972 年在哥本哈根第三届国际应用语言学大会上宣读的《翻译学的名与实》一文。霍姆斯最初提出了"社会翻译学（socio-translation studies）"与"翻译社会学（translation sociology）"的说法，并对其做了简要的阐释。但最终让两种称谓并列，则给学界留下了一个模棱两可的难题。其实，霍姆斯的意思是清楚的，在学科发展本身还不曾提供明显分化并且或甲或乙谁占上风并不清晰的时候，他并不急于将两种倾向规定在一种无端或武断的思路上，以免后人诟病。

在这种情况下，作者参考了国内外的有关研究，分析了借资语言学上的"语言社会学"与"社会语言学"的称谓，提出了自己的基本判断：

> 同理而言，社会翻译学是从社会等角度的角度对翻译现象或翻译活动进行研究的科学，其切入角度主要是社会学，研究对象主要是翻译现象或翻译活动，因而其研究属性基本上是翻译学研究，换言之，可以视其为翻译学的一个分支学科。对照而言，翻译社会学是从翻译学的角度对社会现象或社会活动进行研究的学科，其切入角度主要是翻译学，研究对象主要是社会现象或社会活动，研究目的主要是为了更好地认识社会现象或社会活动，因而其研究属性基本上是社会学研究，或者说可以将其视作社会学的一个分支学科。……而社会翻译学和翻译社会学作为社会学与翻译学的交叉学科，二者在研究对象上的确有许多重叠之处，然而即使对于同样的研究对象，由于出发点不同，分析方法不同，落脚点不同，其研究性质和学科归属自然

也就不同。所以，尽管社会翻译学和翻译社会学之间有许
多共性，但二者之间在理论视角、研究对象、研究目的和
学科归属等方面的分野也是非常鲜明的，至少在学理上如
此。(王洪涛主编：《社会翻译学研究：理论、视角与方法》，
第6～7页)

　　然而，学理上的分析是一回事，实际上学科的发展和名称
的使用情况却是另一回事。为此，作者既提到了国内外有影响
的人物的学科见解和有关情况，也重点引用了国内有关学者的
见解，特别引用了一段分析性文字，具有代表性：

　　　对于中国此类的研究状况，具有社会学专业背景的翻
译研究学者傅敬民是这样评论的："现在我国许多这类文章
都冠以'翻译社会学'之名。按说这样的名词是偏正结构，
前面的'翻译'是修饰词，后面的'社会学'才是意义的
主体。因此，从字面上看，'翻译社会学'应该是从翻译的
角度研究社会的科学，属于社会学的命题范畴。但是，从
那些冠名为'翻译社会学'的文章内容来看，显然是运用
社会学的研究方法和成果来探讨翻译问题。而这样的研究，
若一定要冠以'学'名的话，也应该是'社会翻译学'"。
(王洪涛主编：《社会翻译学研究：理论、视角与方法》，第
7页)

　　饶有兴趣的是，这一复杂的本末倒置的现象是如何产生的，
或者说其背后有无深刻的社会学的认识论的原因，才是我认为
最为重要的。我以为，以下两点是不言而喻的：
　　1. 无论学理上的分析基于何种依据，它基本上只是语法学

上的分析，这种分析的根据是英语的中心词位置的分析逻辑，而将前置的修饰语作为次要和附加的成分，然而，按照汉语的思维习惯，则把提前的首要说出的东西视为至关重要(限于修饰关系，而不是陈列关系)，所以，"翻译社会学"才有可能成为中国人心目中的"社会翻译学"，即傅敬民所描写的这种情况。当然，从根本上来说，"翻译"和"社会"原本是两个互不相干的词语，但作为名词，都有发展成为学科名称的机遇和条件，所以哪一个都有权利和机会修饰另外一个，将自己置于领先的决定的位置，这才是这种交叉学科所面临的名称上的二元对立或二律背反的实质所在。

2. 在中国翻译学为主要学科建构倾向的语境下，特别考虑到中国许多搞这个题目的人都是翻译学（语言学，外语教师出身）背景而不是科班的社会学出身，且不说社会学在中国的研究相对于国外要落后许多（在许多时候，把社会学误解为庸俗的社会关系学，是一个主要的社会认识原因，但其背后，对政治学的敏感则是更其深层的政治文化原因）。他们的研究目的和倾向，自然是为翻译研究寻找新的学科依据和经验借鉴，而不是用翻译学的方法解决社会问题，或者借助翻译学资料研究社会现象，或者以翻译学为前导解决社会学的出路问题，因此，无论采用何种名称，他们的研究目的、课题和方法基本上是在翻译学的领域内，无论采用激进的变革传统翻译学的立场还是保守的基于寻求翻译文本的语义归属问题的态度。由此引出国内翻译界对社会翻译学或翻译社会学的种种责难和反驳，就不是不可以认识的了。当然，在这种情况下，我同意洪涛先将这一争论搁置起来，或者暂且称为"社会学路径的翻译研究"的提法，然后，不失时机地进入社会翻译学的讨论。

学理的分析固然如此，而当前翻译学界对于"社会翻译学"与"翻译社会学"的普遍混用却是客观事实，现在比较务实的做法是一方面接受"社会翻译学"与"翻译社会学"在翻译学界同义互置的现状，必要时权且概称为"社会学路径的翻译研究"，另一方面仍需进一步明晰二者之间的差异，而将二者的最终取舍留待于该研究领域未来的深入发展，即像沃夫倡导的那样，将其称谓的订立寄托于"对翻译活动和翻译研究社会制约机制的深入探索"。（王洪涛主编：《社会翻译学研究：理论、视角与方法》，第7页）

在第一个问题得到暂时的讨论之后，我很有兴趣地进入第二点讨论，即关于社会翻译学的研究模式的优缺点的分析。这一部分的分析，更加见出作者对这一学科概念的熟悉和资料的掌握程度，而且表现出长于分析问题的能力。

关于"社会翻译学"研究模式的优点，洪涛提出三点分析意见：

> 首先，作为一种综合性研究，社会翻译学在汲取各种社会学理论基础上形成的研究模式，超越了翻译研究中主体与客体、文本与语境、内部与外部、微观与宏观等一系列的二元对立，融合并贯通了以往翻译研究的语文学、语言学、文化研究模式。（王洪涛主编：《社会翻译学研究：理论、视角与方法》，第11页）

洪涛认为，社会翻译学研究模式的这种优点体现在业已产生的各种社会学理论，例如：布尔迪厄反思性社会学理论所标举的"关系主义"方法论原则，旨在超越传统社会学研究中的个体主义与整体主义、主观主义与客观主义之间的二元对立，对破除社会翻译学研究中内部与外部、语言与文化之间的割裂具有特别的价值；卢曼的社会系统理论透射出一种要素融于整体、各要素之间相互关联的"整体论"思想。布泽林认为其"系统"可以是任何大小、任何规模，其理论可以支撑宏观、中观、微观的社会翻译学分析；拉图尔的行动者网络理论将社会世界比喻成"无缝织物"，因此"自然与文化、文本与语境、行动者与结构、人类与非人类之间并非是割裂的：它们通过不停的翻译过程，实现了连贯"。另外，社会翻译学研究模式不仅有效克服了以往一些翻译研究模式的弊端，而且其综合性的研究视角也易于将不同的研究模式熔炼在一起。切斯特曼认为翻译研究的社会学视角使得我们关注"一些纽带性的理念"，其中包括因果观念、翻译实践、话语与惯习，以及翻译的规范、指要与策略等，这些纽带性的理念将文本（textual）、认知（cognitive）与文化（cultural）等视角连接起来，而社会学视角"甚至可以朝着'融合'的目标向前推进，即将不同学科的知识统一起来"。

这诚然是一些至关重要的社会学理论，对于建立翻译社会学具有奠基的作用。但在我看来，其主要的理论形式，依然是反思性的而非建构性的，也就是说，学科思路的贯通大于基本原理的设定，理论的假设大于分析单位的确立。在这种情况下，我感兴趣的毋宁说是研究类型中所提出的三个层次论，即沃夫根据当前西方社会学路径翻译研究的发展现状，提出的三种类型："行动者的社会学（sociology of agents）""翻译过程的社会学（sociology of the translation process）"以及"文化产品的社会学（sociology of the cultural product）"（ibid.：13-18）。这一理论，使我想起上世纪末国外有人提出的文艺学的"生产理论"，即关于文学作品生产（不是精神产品的产生和创作过程）、传播

（不是传播学意义上的传播）和接受（不是接受美学意义上的接受）模式，但这一生产模式，机械地把物质生产、传输与消费的模式搬用于精神产品的产生、传播与接受过程，并且企图在社会运作的过程中加以全部的说明，即物质化的外显的归因和说明，那就不能不说是有问题的。换言之，越是到了"文化产品"一类模糊的说法，越是靠近黑格尔所谓的"精神现象学"一类概念，是人文探索的领域，而非科学的实证研究领域。这一实质性的学科文类问题，至今没有引起应有的重视。换言之，面对一个新兴学科的定位和设想，既不能完全墨守既定的学科归类和性质判断而不做任何变通，但也不能无视起码的学科归类标准和人类认识与活动的明显界限。相对于国内相应的反驳理由，例如"内部研究"与"外部研究"（仲伟合、冯曼）"文本回归"（赵薇）和"语言（学）回归"（赵彦春针对文化转向所发表的颇具代表性的观点）等问题和质疑，则是第二位的和退而存其次的问题。

其次，社会翻译学研究模式的另一大优势，是从社会学中借鉴了大量实证研究方法和其他科学的研究方法，这不仅丰富了整个翻译学研究的方法论体系，同时也利于社会翻译学自身尽早形成具有本学科特色的研究范式。

其三，社会翻译学研究模式深刻揭示了翻译活动的社会属性以及翻译活动背后隐藏的社会运作机制，彰显了译者与翻译活动在社会发展中的重要作用，同时提升了翻译学科在学术界的学术地位。……众所周知，翻译学科在整个学术界的边缘性地位由来已久，其中一个主要原因就是人们习惯上将翻译视作一种语言转换的技术，译者也常常隐匿在翻译文本与翻译活动背后，翻译乃至翻译学科的重要性自然不被认可，而社会翻译学研究模式不仅突显了译者，而且突显了翻译活动在整个社会发展过程中的重要作用，这自然大大提升了翻译学的社会价值和学术地位。（王洪涛主编：《社会翻译学研究：理论、视角与方法》，第 12～13 页）

相对于极为重要的第一点，第二点是社会学方法的应用，第三点提升翻译的学科地位的认识，都是不言而喻的。需要指出的是，将社会学实证的研究方法应用于翻译学研究，和社会翻译学并不完全是一回事，虽然这些研究都可以归入社会翻译学的研究范围。而揭示翻译活动的社会隐秘因素和提升翻译学的学科地位，则是一个附带的影响和意义的问题，这些都是容易理解的。由于这些问题带有深层的学术探究的性质，又和学科发展本身的问题纠缠在一起，所以，以下将结合社会翻译学的几个弱点的分析，做一综合性的但又是分条理的叙述。

关于"社会翻译学"研究模式的弱点，洪涛的评论有三点，涉及社会翻译学的模式统一问题、理论应用问题和解释力问题。以下分而叙述之，但叙述的顺序恰好相反，即从最后一个到第一个，因为从比较简单的显而易见的问题容易入手，逐渐达到综合性的评价和较为抽象的认识，是归纳式的思路。

先谈社会翻译学研究模式的解释力问题（即原先的第三点）：

第三，社会翻译学研究模式自身解释力也有局限。无论社会翻译学研究模式的优势多么突出，它毕竟仅代表一种翻译研究模式，必定有自身的局限和盲点。比如，尽管社会翻译学可以对文学翻译活动作出自己的解读，但对其中一些涉及想象、灵感、意境等偏重审美与艺术再现的微妙因素，恐怕难以作出精当的阐释。近日，牛津大学比较文学与翻译研究教授马修·雷诺兹（Matthew Reynolds）在接受笔者采访时就指出："想象的空间以及翻译工作是充满遐想、难以预测的，且并不完全在想象者和翻译者的掌控之下，因此也并不完全受制于社会或政治框架。我认为各种各样的事情都可以发生在翻译过程之中。由此而言，在对富于想象的翻译活动进行解读之时，尽管历史性、社会性与政治性的阐释很重要，它们也并不能代表全部的阐释。"（王洪涛主编：《社会翻译学研究：理论、视角与方法》，第 14～15 页）

　　理论的解释力，是学术研究的基本问题之一，它来源于理论的规定性、描述性和解释力三大特征或功能。规定性是指每一种理论在概括相应现象和范围的时候，会略掉一些不相干的次要非典型的现象，只把那些典型的核心的最惹人注目的想象囊括进来加以说明，这样，任何一种理论在描述现象的时候，实际上已经预设了一种典型的现象，并对其进行规范作用，通过理论家所使用的概念范畴和逻辑体系加以最后的完成。这样，理论家眼中的现实世界就不是客观的而是透过理论的有色眼镜来看待的世界了。这在社会翻译学也是一样，不了解这一点，就会夸大理论的作用，并把某些理论认为是真理。当然，这里还不包括每一理论家心目中的社会和翻译也可能是完全不同的东西，例如社会制度和社会分层等更为具体的问题。

　　关于描述性问题。一种理论是否具有描述同类现象的能力，取决于它的概念范畴是否和观照的现象相一致，但这只是词和物之间无限靠近的关系，并不是一一对应完全吻合的关系。所以，描述力不是百分之百的精确，此外，描述力还取决于另一种因素，即描述的人并不是制定理论的人，这里的误差是可以分为类型的，其一是理论与现实本身的误差（它是预设性的），其二是操作者（研究者）与指导者（理论家）之间的误差（它是理解性的），其三是描述条件与理想模式之间的误差（它是表述性的）。不言而喻，描述的精确与否，在很大程度上决定了它的解释力如何。就笔者所见，灵感、意境、想象一类文学艺术创作和翻译中常见的现象，是不属于社会学的实证方法的研究范围的，当然就不存在解释力的问题。这里的解释力，主要是应用社会学研究方法所产生的结果，是否能说明研究者要研究的问题，也即是可以解释相关的研究对象或现象的问题，它不仅取决于研究方法的信度和效度，而且取决于研究人员的正确运用与适当运用与否。

这是一方面，另一方面，它指的是理论的解释力。一种理论的解释力，取决于它属于什么样的理论，而且归根结底和相对应的学科性质有关，一般有三类：第一，规定性理论（对应于规范性学科，如欧几里得几何）解释力最强，因为它的理论假设与现象最为吻合。描写性理论（对应于文学批评），解释力次之，因为它只能是局部的例证性的描述，所以解释这些典型例证以外的现象，就不着边际或者阴差阳错了。最后，是反思性理论（对应于思辨哲学），因为它的对象是理论本身或研究本身，基本上是自说自话，所以无所谓解释什么，只要能自圆其说就行。就笔者的观察所及，目前的社会翻译学理论，许多是反思性的，基本上不涉及解释力问题，而描述性理论较少，它需要中等程度的可操作概念，一般是分析性的、可测量和量化的单位，即主客观的完全吻合的词语（专有词）与现象（观察片段）的关系，且是见之于翻译研究实践中的。也即是说，这一部分概念，要是完全脱离语言和文本，就难以观察和描述，也即是说，社会翻译学的研究至少在理论上，需要落实到语言和文本现象的分析或归因，才可能具有解释力和说服力（说服力是解释力的效果体现和心理延伸）。借助相关的语言学理论，可以列表如下：

1. 语言哲学：人文学科的真理叙述句子，纯粹假设，无法验证，说什么就是什么，只是推论，故而不存在描述性较低的问题，几乎完全不存在解释力；

2. "格"语法：建立在传统哲学思维范畴与语言范畴相同一的分类之上，对于语言表现有中等程度的描述力和一定的解释力。

3. 句法分析：可观察和分析的语言交际的最小单位，实证操作，描述性最强，解释性次之。

就本人所见，目前的社会翻译学理论，基本上介于第一和第二之间，其研究方法，则多数介于第二和第三之间，其效果可以想见。不再一一细究。

关于第二点，即社会翻译学模式的应用的困难，是一个十分现实的问题，也是一个十分棘手的问题。

第二，社会翻译学研究模式在实际应用中存在一定的困难。如前所述，社会翻译学研究模式是建立在多种西方社会学理论基础之上的，而这些社会学理论往往又脱胎于多种学科的理论思想，比如卢曼的社会系统论就融合了生物学、组织科学、语言学、解构主义哲学、控制论等学科的思想，往往比较复杂、抽象，将其真正应用到翻译研究实践中存在着诸多困难。难怪有学者抱怨："社会学理论过于抽象深奥，比如译者'惯习'的概念来自认知社会学，固然有主客兼容的优势，与场域、资本之间的互动关系相当复杂。但在具体的研究实践中，除了理论概念翻新以外，其理论优势体现得并不明显，在具体研究实践中可操作性并不强，社会学理论和研究对象结合得也很牵强甚至肤浅"。（王洪涛主编：《社会翻译学研究：理论、视角与方法》，第 14 页）

这其中的问题是显而易见的。第一，我们对于西方的相关学科不熟悉，所以无法吃透这些理论的精神和具体术语的确切含义，但更为深层的原因，是我们对于西方学术传统缺乏一以贯之的深入理解和整体把握，因此无法做出准确的判断和驾驭这些思想。另一方面——但这样说不是为了给自己开脱——则是西方现代学术的急剧发展和至今形成的一种学术泡沫（我这样说丝毫没有贬低这些思想家及其思想的意思），尤其是后现代语境下的学术思想与学术语言，已经不同于 19 世纪欧洲社会学经典作家的理论论述和语言风格了，主要体现为下列几点：

1. 少数思想家以极为激进的思想、方式和语言，表达对于当下学术状态的不满，形成一种弥盖一切的思想迷雾，但其中不乏精彩的评论和卓越的见解；问题在于，这些思想和见解许多是大而无当的观察感受，而不是对于具体问题的深入分析，即便在进行问题分析的时候，也采用一些并非传统规范的学术语言进行表达，这使得我们很难理解和把握他们的思想和主张。可惜学界把这些思想表述和理论讨论作为治学的领军人物和思想先锋，而不是特别关注那些脚踏实地扎扎实实进行实际问题研究的人及其最新成果，也不甚注意他们反映的问题和进展情况。这是一个十分值得关注的问题。

2. 在后现代思想影响下，哲学观点、文艺评论和社会批评混为一谈，加大了学术和文艺的联盟和共谋，整个语言状况是分析性的批判性的而不是建设性的和建构性的（且不说以语言本身为心理实体的极端观点，例如海德格尔"语言是存在的真理的家"）。这种情况一方面反映了各门学科之间的迅速渗透和相互影响，另一方面也反映学界不同背景的学者们的相互沟通的困难和相互理解的必要，自成一体和自说自话使得在同一会议上的不同发言都难以理解，甚至通过提问也难以彻底沟通和达成共识。一方面，激烈的争论和思想交锋与急功近利的学科建设和解决问题的急切心情此起彼伏不相上下；另一方面，现代媒体和印刷出版事业的迅速传播与信息积累，则把大量来不及消化的思想资料堆积起来或宣布过时与报废。这些复杂的情况在我们能够通过有限的途径得到一星半点国外的知识之前，似乎他们已经进入到另一种状态，让人应接不暇莫衷一是。

在这种情况下，关于社会翻译学的研究模式是否存在一个统一的问题，就显得既可能很必要、很及时，但也可能不大可能或者不必要。因此，对于洪涛的下列担心，就不能不产生复杂的情感反映，一方面是为社会翻译学的快速推进而激动，但同时也为这一两难问题本身而困惑：

第一，整个社会翻译学研究模式内部缺乏必要的统一性。目前，社会翻译学研究模式主要建立在布尔迪厄的反思性社会学理论、卢曼的社会系统理论以及拉图尔的行动者网络理论三种理论模型之上，而这三种理论模型之间不仅缺少必要的关联，而且还有彼此冲突的地方。比如武光军就质疑在布尔迪厄的"场域"、卢曼的"系统"

以及拉图尔的"网络"之间"到底是什么关系"，而布尔迪厄与拉图尔的理论模型之间的确有相互冲突的地方："布尔迪厄认为只有分析社会实践并将其与实践者在社会以及场域中自身的轨迹结合起来，才能对社会做出阐述，但拉图尔主张首先须对人类行动者与非人类行动者之间的相互作用进行分析才能理解社会……"。因此，不同理论模型之间兼容性的欠缺对社会翻译学研究模式的整体效度有所影响。（王洪涛主编：《社会翻译学研究：理论、视角与方法》，第13～14页）

假若我们放弃了对这些问题和提法的深层探究，只把注意力集中在如何对待和解决这些如何整合的问题的时候，首先一个反映就是可以把这三个理论模型加以整合，但如何整合则需要不同的研究思路和具体方法。

1. 作为反思性理论，当然是高屋建瓴的，但只可以为援而不可以为本，换言之，可以作为考虑问题的参照和警示，而不可以直接取其概念范畴以求搭建理论框架。

2. 在其他两个实质性理论之间，可以相互借鉴，形成结合模式，一者为主，一者为辅，一者借其实体概念（系统），一者借其关系概念（网络），这样可以形成虚实结合的系统-网络图式模型。

3. 具体的细节和链接，需要整合者创造性的工作，在这一方面，需要不同的能力：一种是连接和结合的能力；一种是创造新的理论范畴和完善其结构与构想的能力（特别是补充二级概念的问题和实现操作机制的问题）；最后，则是操作与验证一种理论模型的功能与效力的能力。

至于两者之间的观点，其实也不冲突。一者是要区分人类行为及其非人类行为，当然这是构建一切理论框架和研究模式的前提条件，由此分离出的人的要素是至关重要的，但在社会系统中则要给予其以适当的地位，并落实它的实践者身份，如作者、译者、读者等。另一者是强调在实践中把人类实践和网络融合为一，这是付诸实践的问题，属于真理的实现道路和实现阶段的问题，没有这后一个阶段中各种要素的综合作用和完美整合，就不可能有社会翻译学模式的完成和实现——哪怕只是模拟的完成和实现。

如果我们把学术视野再放宽一些，从各种学科可能的相互关系和学科优先的眼光来看，就有可能得出完全不同的分析结果和解决思路。例如，假若我们把现代翻译学成立之前早已成熟的西方社会学作为研究的学科框架和研究基础（或本体或方法），那么，翻译学就成为名副其实的后起学科和派生学科，它只能接受社会学的指导和方法的定向。例如，以人类社会为基本单位，社会分层为分析单位（个人在其中不是很重要的概念），或者引入社会变迁社会发展与社会崩溃的理论，都可以找到翻译在其中可以起到的作用，例如在社会（文化）之间的宏观的社会学翻译学、在社会阶层（阶级、团体）之间中观的社会翻译学以及社会个体之间的微观的社会翻译学。

然而，要是把翻译学作为一个更大的单位，来讨论社会的问题，那也不是不可能，虽然十分勉强。在理论上，翻译是一种活动（这里不是翻译学），它不可能成为一个存在实体，换言之，它是社会关系的产物和象征的存在形式，而社会（不是社会学)是"准实体"（请允许我试用这样一个术语，来表示个体与群体存在与活动的条件、环境和关系网络，毕竟社会现实不同于物理世界的实体概念)，要让社会学出现在翻译学中，除非把翻译构建成一个无限扩大、包容众多社会及其团体与个人的互动事件及其因果关系网，这显然不可能。但是，就社会而言，可以把社会的因果关系视为极为复杂的关系，因为社会是一个复杂系统（不是系统论意义上的复杂系统），所以，不能简单地用翻译活动来说明社会整体（形态）的变化，社会进步与退步（阶级关系，革命与渐进）的变化，以及人的思想和行为的变化。虽然，这种研究不是没有，而且并不新鲜。

关于世界历史上几次大的文化交流活动及翻译在中间的作用，这里姑且不论，单就我国"五四"以来的新文化运动，假若归结为西方近代以来民主与科学的熏陶，和西方文化文学典籍的翻译（严复和林纾），但它要经过一系列的中介和转换，才能进行认识，而不能直接表达和测量，例如，翻译交流、吸收消化、社会革命或改良运动、后续的社会效果。也许可以说，谁都知道这样一个道理，但谁都没有能力把这个至为复杂的问题加以学理的阐述和实证的证明或科学的论证。或者说，它可以写成一段历史，但无法归结为一个学科和学理的运动或翻译的运作过程（也许，这正是王宏志的翻译史研究所面临的学科困境）。而最后一点，即翻译在社会变迁中的作用，才是我所感兴趣的，也就是所谓的让翻译作为原因、社会变动作为结果进行的翻译学途径的社会研究的学理体现和科学描述。

但翻译与社会的关系，不仅仅如此。社会的变迁可以依赖于翻译，反过来，社会变迁也造成翻译的巨大变迁，例如，1949 年前后中国社会政治的巨大变迁，和新中国的翻译与文化政策，大大地影响了翻译活动，例如文学翻译活动的走向、取舍与翻译方法，以及翻译作品的署名、销路和接受评价机制。不过，这样一个单方面的观点，由于受到传统的决定论思路的影响，很容易产生社会文化政治政策决定翻译的单向决定论的研究结论。加之语境学的观点的引进，在目前国内的相关研究中几乎形成了和语境决定论相互支持的一种固定的思路，这是需要特别警惕的。

个案研究是近年来比较突出的一种研究选题和研究类型。在英语和俄语诗歌汉译的领域，翻译家查良铮（诗人穆旦）的翻译活动可以作为一个典型。40 年代已经以"九叶"派诗人而出名的穆旦（"九叶"是后来命名的），1949 年以后，他在英语与俄语两种外来语诗歌的汉语翻译活动中赢得自己的翻译成就和适应英美与俄苏文学的影响，并在适当时把自己的诗歌翻译成英语，当然不排除他的诗歌创作有许多与翻译借鉴及渗透的情况。不仅如此，在晚年，查良铮以自己的诗人身份进行创作，和翻译交替进行，以延续自己的创作－翻译使命，并实现自己的翻译－创作生命。本质上，他是一位诗人，而表现上，他是一名翻译家，或曰诗人翻译家/诗人－翻译家，或曰翻译家诗人/翻译家－诗人。当然，这项研究可以归属于翻译家研究，或翻译家适应社会的翻译－创作活动研究，要是算作社会翻译学的研究，那就是微观的研究了。

中国社会学路径的翻译研究稍迟于西方，但目前也已取得了很大的进展，其中有在考察翻译学研究范式演进规律基础上对"社会翻译学"理论建构的初步探讨，涉及对"社会翻译学"研究对象、学科性质、研究方法等基础问题的学理论证，也有跟进西方社会学路径翻译研究最新进展，对西方翻译社会学研究概况、布尔迪厄反思性社会学理论、卢曼的社会系统理论以及西方译学研究"社会学转向"所作的详细介绍与深入分析，而更多的研究则是借鉴布尔迪厄、卢曼、拉图尔等人的社会学理论与方法对中国翻译家严复、林纾、茅盾、马君武以及美英汉学家葛浩文、威廉·莱尔、蓝诗玲等人的翻译活动进行阐释与分析，另外还有一些研究难能可贵地对社会翻译学、翻译社会学研究的发展状况、主要不足、未来走向等进行了回顾与思考（王洪涛主编：《社会翻译学研究：理论、视角与方法》，第 2～3 页）。

从以上分析不难看出，在中国当下的社会翻译学领域，除了对西方理论的消化解释和学科建设层面上的工作之外，最有成就的仍然在个案研究上，即运用社会分析方法对经典翻译家及其翻译活动的分析上，这是不奇怪的。但我认为，社会翻译学的建设，其要害和弱项恰恰在于中间层次，既不是个案的微观层次，也不是理论的宏观层次，而是利用或寻找扎实可靠的社会学分析框架，纳入典型的翻译活动，进行有效结合式的研究（不是综合研究，也不是资料和框架的分开研究）。我把这个称为"中级研究"，并不是说它是局部的和个别的，而是在于对于大多数研究这而言，放弃大而无当的原则性讨论和关于学科名称的无谓争辩，准备好社会学的认识和研究工具，进入扎实的实证研究，而这个实证研究，就是瞄准具有全局意义的成块的事实（chunk），进行扎实的持续不断的研究。不要急于发表初步的研究结论，不要一有有限的发现就急于进行理论总结，而是坚持不懈，让其成为重大的项目，等待有了重大的发现，再做结论，进行理论提升和总结，由此构思出宏观的整合性的社会翻译学的理论来。

由于手头资料有限，仅仅以这些想法，与洪涛及有志于翻译社会学的同道们一起讨论。

并遥祝中国大陆翻译社会学首个论文集的问世。

是为序。

王宏印

2016 年 9 月 19 日星期一

于美国加州耳湾寓所

典籍译史，彪炳千秋

——为赵长江《十九世纪中国文化典籍外译史》而序

我与赵长江交往有年，直到他于 2010 年考入南开大学，成为我的博士生。在此之前，他是河北师范大学的外语教师，曾从事《红楼梦》翻译研究，写过一本有关《红楼梦》回目与人名的英译研究专著，当时我也为之作序。不觉十多年过去了，他已经毕业，博士论文也要出版了，而且纳入上海外语教育出版社的博士文库系列。眼看着要书稿发排了，我的序还没有到，作者和出版社很着急，作序者更是着急，因为太忙，虽然早有腹稿，但毕竟没有开始执笔成文，承诺在先，不能作数。

回顾我和赵长江的交往史，几乎可以说是"改题"的历史。《红楼梦》的翻译研究，当然是不错的选题。在中国之有"红学"，相当于英国之有"莎学"（莎士比亚研究）一样，抓住这两头，国学西学就有了依托。没有号称中西兼通甚至中西融通而不懂"红学"和"莎学"的，那只能是自欺欺人或自命不凡。况且，《红楼梦》诗词曲赋的翻译比较研究，既是我进入国学研究的第一站（此前很长时间在西学诸如心理学和哲学里），也是我于世纪之交进入南开大学参与举办"全国首届红楼梦翻译研讨会"的晋见礼，而恰在近来我的《红楼梦诗词曲赋英译比较研究》出了修订版的时候，赵长江的博士论文也要出版了。这岂不又是一轮巧合？回忆进入博士项目以后，赵长江踌躇满志，一心想要在《红楼梦》翻译研究上大干一场，我却加以制止，认为他不宜再做《红楼梦》翻译研究，甚至认为不适合再做《红楼梦》翻译研究。因为，第一，《红楼梦》翻译研究虽然在当时方兴未艾，但毕竟已经有了不少选题，盲目跟风选题，容易和别人撞车（即便后来南开大学博士还有冯全功重做《红楼梦》翻译研究，而且十分成功）；第二，长江素不喜理论，专注重实际，这甚至和他的为人忠厚性格直率有关，若继续做《红楼梦》而缺乏理论的导引和突破，我担心在博士层面上难于有大成，所以不再鼓励其继续做下去；第三，我观察长江的个性，发现他见多识广，记忆超常，谈起事情来有头有尾，头头是道，适合做历史研究，而文学的悟性是另一种素质。所以，建议他改作历史研究，而他当时已经对中国文化典籍的翻译领域颇感兴趣，所以，便自然地转向了典籍翻译史的研究。这样，不仅和国学不脱离，而且还需要有更广泛的西学基础和国学出路的考虑。做了一番长谈，长江也同意，这样，事情基本上就定下来了。

可是，在经过几年学习、进行开题报告的时候，却面临着又一次"改题"，不过这一次，不是全盘改题，而是局部改动，也可以说是压缩和精炼。因为，中国文化典籍浩如烟海，而西译外传的历史也愈数千年，即便从唐玄奘翻译《道德经》开始，那也有不少的年头了。在西方人的中国文化认识史上，从古希腊历史之父希罗多德对东方世界的传说到后来欧洲哲人对中国道德理想国度的想象，中国的历史和形象一直处于变动之中。就中国典籍对外翻译来看，中国儒家经典"四书""五经"等宗教哲学类典籍一直是翻译的重点，仅自明末清初到今天为止，一直在不停地翻译，涉及各个语种，译本不计其数。仅以英译

《论语》为例，已产生了 60 多个译本，至于道家经典《道德经》的译本，早已越过百千，过几天就会有新的译本产生。我的美国导师贝姆教授虽然不懂中文，也从数种英文本合译出《道德经》（*Dao De King*），并且把"道"翻译为 nature（自然）。佛典的西译，除了《六组坛经》之外，似乎多数直接译自梵文，甚至有译自日文的，从中文转译为英文的却较少。

面对如此浩瀚的资料和漫长的历史，假如事无巨细，不做选择地做一个通史，那难免流于浮泛而难以深入，这对于初次涉足者并不是一个好的主意，却是要忌讳的。而赵长江的第一个开题报告，实际上是一个完整的中国文化典籍西译史，从头开始，跨越数个世纪，依顺序而写，涵盖二十多章内容，断然是不成的。但这样准备一下也有好处，那就是督促他比较系统地阅读了所有的文件，脑海里有了一个概要而全面的图景。这使他认识到，如何通过翻译来表现中国的文化思想是翻译操作层面不可或缺的，在这一方面，不同的时代由于翻译目的不同，策略与方法也会有较大的变化。

赵长江认为，明末清初来华传教士对中国文化有所"美化"，旨在招募更多的传教士来华传教，于是把翻译与注释混杂在一起，且注释的篇幅远大于翻译，表现了传教士对中国思想文化的过度阐释。要了解这方面的翻译，可阅读 1867 年柏应理（Philippe Couplet, 1623—1693）等传教士用拉丁语翻译的《中国哲学家孔子》（*Confucius Sinarum Philosophus*）。19 世纪是中国与西方相互认识的一个世纪，传教士和外交官忠实地翻译了中国的文化典籍，一般采用"厚翻译"（thick translation）策略，以展现一个真实的中国，实际上，只能是他们眼中的文献的古老的中国。进入 20 世纪上半期后，中国从封建社会逐渐进入现代社会，中国文化典籍翻译也呈现多样化状态。比如，辜鸿铭采用"以西释中"的策略用以阐述中国文化思想；王际真和林语堂采用编译的形式来翻译；中国古典长篇小说开始有了全译本，等等，开始了一个中国人与外国人共译中国文化典籍的新局面。20 世纪 50 年代以后，在英美等国家的中国文化典籍翻译中出现了研究与翻译并重的趋势，代表学者有葛瑞汉、安乐哲（Roger T．Ames）、宇文所安（Stephen Owen），等等，纯粹以翻译为业的译者极少。20 世纪 90 年代以后，中国大陆学者以传播中国文化为己任，越来越多地加入到中国文化典籍英译的行列，但翻译的角度不多。例如，随着研究的深入和翻译难度的加大，六经之首《易经》引起了越来越多的关注，英国汉学家（《红楼梦》的合译者）约翰·闵福德（John Minford）从文学翻译也转向中国思想类典籍的翻译，花了 12 年功夫将《易经》译为英语，2014 年底在企鹅出版社下属的维京出版社（Viking Penguin）出版。而美国的诗人翻译家梅·丹理（Denis Mair），则一面持续保持与当代中国诗人的接触和中国当代诗歌的翻译，一面把目光投向古老的《易经》，从事英译，几近成稿，目前还在修改之中。关于《易经》译本，其英文也有十几种，包括早期汉学家的翻译、中国当代译者的翻译。在这一方面，我的弟子王晓农博士有专门的研究，其著作前不久已经出版了。

毫无疑问，几年读博期间，长江看了不少书，也勤于思考，对于历史很感兴趣，也开始关注理论问题，这诚然是不错的起点和刻苦学习的收获。我们通过谈话，由他确定做一个断代史的研究，他选中了"19 世纪中国文化典籍英译研究"，作为博士学位论文题目。我同意了。这个题目属于中国文化典籍外译史，事实上，虽然压缩了篇幅，只取中段，舍去两端，但要前瞻后顾，思路贯通，而文笔不能懈怠，仍然有很高的要求，而且有一定的难度，具体问题包括：首先，资料收集不易，100

多年前的译本甚至更早的译本都要看到，若采用二手资料就要方便得多，但有可能以讹传讹，不足为训。若能全部采用一手材料，则有可能发现和纠正以往学者使用和引用材料不准确和不适当的问题。其次，可借鉴的现成的研究成果非常少。中国对外翻译史的著作虽然不乏鸿篇巨制，但由于传统史学的影响，大部分是材料的堆积，较少有自己的观点。最后，切入角度的选择。在原则上，中国文化典籍翻译是传播中国的文化思想，进入西方后就会融入西方文明之中，因此，从世界文明史的高度和中西文化交流史的角度来看待这段翻译史，更能显示其价值所在，对于 19 世纪中国文明在世界文明中的总体地位和实际影响也能看得比较清楚。

从论文完成的情况来看，《十九世纪中国文化典籍外译史》基本上达到了预期的目的。作者概略性地对 19 世纪中国文化典籍英译进行梳理与研究，从中理出了 4 条翻译线索，各有所获：第一，传教士英译中国的"四书""五经"等思想类典籍。关于这一方面，长江的研究较为详尽，其中对于传教士的翻译目的和对中国儒家经典的过度阐释问题，讲得颇有见地。以我之见，这种从基督教观点阐释儒家经典的做法，在具体的个别结论上难以有令人信服的结论，一些翻译措辞也不尽如人意，但有宗教的世界观高度，进行文化比较，易于发现中国文化的弱项，许多问题虽然尖锐，但发人深思，对于中西文化融通也有一定的推进作用，不可一概而论。第二，外交官英译中国文学类典籍，其中的文学翻译是一种倾向；这种情况和他们的职业习惯只是部分相关，而文学翻译的个人趋向，是一种自由选择倾向，值得关注，但许多翻译还没有达到翻译文学的高度，需要给予认真的翻译评价和详细的专业评论。这样的观点，仍然是一个很高的期待。第三，期刊上刊登的中国文化典籍英译作品，同时受到当时刊物的取舍与连载形式的影响，后来收入集子出版和作为书籍出版与否，是一个很大的问题。但在当时，是和走在世界前列的英国社会报刊的发明与发行密切相关的，而且对于中国的刊物和传播媒介有促进作用。第四，汉英词典中有关中国文化典籍的术语和句子的英译。严格说来，这一部分也可以不包含在典籍翻译之中，但是，词典编撰作为典籍翻译的基础和起点，在翻译的起源和历史上具有奠基的作用，不可忽视。此外，辞典编撰本身的语言学价值、字典学价值，以及人类知识积累的价值，却远远大于典籍翻译本身的价值。这些方面，目前的研究极为缺乏，而且缺少文化战略眼光与专业求精精神，致使许多有价值的辞书束之高阁，蒙尘封闭。希望在这个领域能有新的认识和突破。

本书还对 19 世纪之前和之后的中国文化典籍翻译情况进行了介绍，使之首尾相接，勾勒出了中国文化典籍英译的大致面貌。此外，19 世纪英译中国文化典籍的译者都是外国人，且大部分居住在中国进行翻译，故提出了"侨居地翻译"概念，并对此进行了研究。我认为，这一概念的提出具有开拓性意义，是长江翻译研究的一个亮点，在理论上还可以有进一步的深入研究，包括定义的严格和分条的论列。

明末清初以来，大批传教士入华，不少传教士在中国一呆就是几十年，不少传教士客死在中国，为传教事业奋斗了终生，这是他们的信仰。除此之外，他们还写文章介绍中国，通过翻译把中国文化典籍送入西方，从这个角度说，他们是一批在异国他乡土地上生活的文化使者。进入19 世纪以后，除传教士继续来华外，随着贸易摩擦不断出现，外交官也来到中国，他们也长期在华生活、工作、翻

译中国文化典籍，为所在国的对华政策提供决策信息。传
教士、外交官等离开自己的国家来到中国，除正常的工作
外，利用业余时间在中国这块土地上翻译中国文化典籍，
这种现象可称为"侨居地翻译"。（赵长江：《十九世纪中国
文化典籍英译史》，上海外语教育出版社，2017 年，第 223
页）

以下综合赵长江博士的论述，就"侨居地翻译"加以简要
梳理：

1. 关于"侨居地翻译"的界定，主要有 5 点：一、译者来
自原住国，并接受了原住国的文化教育；二、在侨居地进行翻
译，也就是说，译者要脱离原住国的文化语境，在侨居地文化
氛围中从事翻译；三、加入侨居国国籍后，其翻译不再属于侨
居地翻译；四、翻译对象主要是侨居地文化典籍，即顺译，也
可把原住国文化典籍译为侨居地所用语言；五、出版地在侨居
地或原住地。据此来衡量 19 世纪的中国文化典籍英译无疑属于
"侨居地翻译"，译者是侨居在中国的外国人，翻译地点在中国，
即"侨居地"，出版地点主要在中国，也有部分译著在国外出版。
马士曼的翻译也属于"侨居地翻译"，只是其翻译对象不属于侨
居地文化典籍，但符合其他几条界定。

2. "侨居地翻译"在中国翻译史上早已存在。东汉末年，
佛经传入中国，佛经翻译随之开始。佛经翻译分为 3 个时期：
一、外国人主译期；二、中外人共译期；三、本国人主译期（罗
新璋，1984：53）。在"外国人主译期"中，译者主要来自西域，
有支谦、安世高、支娄迦谶、鸠摩罗什等，这些译者侨居在中
国将佛经译为汉语，这种翻译现象属于"侨居地翻译"。在"中
外人共译期"中，中外译者都参与了佛经翻译，属于本土翻译

与侨居地翻译混杂的一种状态。在"本国人主译期"则属于本土翻译，不是侨居地翻译。"侨居地翻译"不只是 19 世纪才有的现象，但在 19 世纪达到了高潮，其标志是：翻译主体由明末清初的天主教传教士变为新教传教士、外交官和部分商人，翻译对象扩大了，几乎重要的中国文化典籍都有了英语译本。19世纪"侨居地翻译"是中国文化典籍翻译史上一个重要的翻译现象，它持续时间长，参与人数多，与中国的近现代化密切相关，与中国的对外开放也有关系。

3. 进入 20 世纪后，仍有不少外国译者在华英译中国文化典籍，如邓罗英译《三国演义》、赛珍珠（Pearl S. Buck, 1892—1973）英译《水浒传》（*All Men Are Brothers*, 1932）等。即使中华人民共和国成立后，"侨居地翻译"现象依然存在，比如，沙博理（Sidney Shapiro, 1915—2014）英译《水浒传》《新儿女英雄传》《林海雪原》等，还有戴乃迭（Gladys Yang, 1919—1999）、爱泼斯坦（Israel Epstein, 1915—2005）等。但是，这一时期的侨居地翻译有些复杂，爱泼斯坦和沙博理分别于1957 年和 1963 年加入了中国国籍，在他们加入中国籍之前的翻译属于侨居地翻译，加入之后的翻译则变成了本土翻译。在"侨居地翻译"中还有一种混合状态，比如，杨宪益和戴乃迭的合作翻译即属于此类。戴乃迭在中国翻译了多年，但她没有加入中国籍，属于侨居地翻译，而杨宪益则属于本土翻译，所以杨、戴二人的翻译属于本土翻译与侨居地翻译相结合的一种类型，利玛窦和徐光启合译的《几何原本》也属于此类翻译。在这种结合中，本土译者和侨居地译者谁在翻译中起主导作用需要进一步考察。

通过以上现象描述，可以对"侨居地翻译"进行一些基本的理论说明：

1. 侨居地翻译是一种普遍现象。只要是外国人侨居在一个国土上，进行和这个国家有关的翻译活动（包括出版活动），都可以称为"侨居地翻译"；

2. 侨居地翻译的方向可以是侨居地文化典籍的外译，也可以是侨居者本土文化典籍向侨居地语言的翻译，但以前者最为典型；

3. 侨居地翻译产生的社会背景和条件，既和侨居者本人的本土文化状态相关，也和侨居地的开放程度相关，和二者社会关系的性质也相关；

4. 受以上条件影响，侨居者的身份会发生变化，从外国人（侨居者）转向本地人（本国人），或者返回原本土，如此，侨居者的身份消失，其翻译活动亦不再属于侨居地翻译；

5. 即使侨居者本人身份不变，侨居者和非侨居者也可以结成不同的合作关系，例如家庭内合作关系，非家庭的合作关系，由此构成复杂的混合的翻译类型、翻译思想和翻译效果；

6. 一般说来，在侨居地的时间越长、活动范围越广、研究越深入，对所在国的文化容忍度越高，翻译的效果就越好，越容易为当人所接受，为当地读者所认同；

7. 侨居者长期居住国外，对本土文化和语言有可能陌生，但程度不足以和对侨居地文化和语言的熟悉程度成比例；尽管如此，周期性地返回本土进行"充电"仍然是必要的；

8. 侨居者亡故在侨居地，无论生前是否转换为本地人身份，都会为本地人所纪念，作为国际友人获得荣誉，但也会为本国人所陌生或遗忘，这取决于在侨居地的时间长短，以及和本土文化联系的保持状态；

9. 由于各种原因，侨居者也可能最终返回本土，其侨居者的身份消失，但其影响和作品（翻译成就）并不因此而消失，一般会继续在原侨居地或世界各地流传；

10. 由于世界各国和各时期社会文化状况不同，侨居地翻译活动中的译者和接受者的关系会有不同，因此，对侨居地翻译的认识和评价也会不同。

翻译活动发生地在翻译史上有十分重要的意义。在我的《现代跨文化传通：如何与外国人交往》（南开大学出版社 2012 年版）中，甚至在此前该书的初版中，我已经提出了由翻译活动发生地判定"主文化"与"客文化"的区分。在我的新作《中华民族典籍翻译研究概论》（大连海事大学出版社 2016 年版）中，我借助于类似的翻译地区概念，对同类现象做了相应的推广和发掘，希望能说明新的翻译类型，尤其是中国境内民族地区在组织翻译和研究中国少数民族典籍的时候（例如，新疆地区在组织研究翻译民族史诗《江格尔》时的相对优势，和不同于汉族地区特别是京城学院派翻译民族典籍时在条件上的差别），其中包括可以借助的地缘和人缘优势，以及译本推广和评价上的不同特点，等等。

　　针对《江格尔》的翻译，我们想提出一个问题，那就是发生在民族地区的少数民族文学翻译，和在汉族地区甚至在国外的少数民族的文学翻译，例如曹雪芹的《红楼梦》在首都北京（杨译）和英国（霍译）等的翻译，是不同的。因为在史诗的流传地区组织人力翻译这样的史诗，不仅参加者主要是少数民族专家和翻译家，而且也便于找到一种现场的田野工作的感觉，即便这种感觉可能是跨越时空的，包括物理的时空和文化的时空。至于这一观点的系统总结，本书将结合其他作品的翻译情况，在其他地方得到适当的扩展和发挥。（王宏印：《中华民族典籍翻译研究概论》，大

连海事大学出版社，2016 年，上卷第 221 页）

行文至此，我有一个感觉，就是在目前中国大陆的学术研究中，即便是传统的国学研究的领域，我们也特别关注西方的理论，以之作为研究的出发的和终结，而不大注意国内的相关研究成果和进展，尤其不注意学理上的继承、发挥和研究资料的应用和解释。而在另一些领域，或者另一些问题上，却又特别拘泥于国学和国内已有观点的成见，包括对于西学、国学和翻译学的成见，难于有重大观点的突破，难于和国际同类研究对接，归根结底，还是缺乏有分量有特色的研究成果和具有普遍价值的理论上的总结。希望"侨居地翻译"概念的提出和讨论，能有助于此类现状的改善。

最后一个问题，我想借机说明一下历史叙述的问题。

众所周知，历史是一门叙述的学问，传统学术认为历史是记忆之学，固然不错，但相比之下，记忆之后如何叙述，则成为进一步的问题。要学会记述历史，讲述历史故事，就成为历史学的要点，不可须臾离开的了。就 19 世纪中国文化典籍的翻译而言，我以为，有几个问题，必须重申一下：

第一，在世界文明史的大背景下，讲述这一段断代史，当然要有世界文明史的贯通的学术背景，作为基础和开端，否则，单就中国文化典籍如何翻译讲起，是无论如何讲不清楚的，因此，一个简单的做法，就是要把整个人类的文明史按照编年顺序，作一宏观的梳理，以备后用；其中 19 世纪这一段历史处于人类中西文化交流的何种地位，以及中国文化处于和西方世界相对应的何种地位，中国文化典籍外译对于西方世界自身发展的意义，也就一目了然了。而翻译的必要性、翻译目的和传播效果的评价，都不是毫无根据的了。

第二，在 19 世纪，把重大的历史事件特别是中西文化交流的重大事件，作一梳理，进行编年，作为背景，然后，把中国文化典籍的对外传播和翻译的事件，作为前景，置于其中，两相对照，便立即可以看出前者对于后者的意义，以及后者对于前者的凸显；缺乏这种对照，就有许多说不清楚的地方，或者作者认为已经说清楚了，但实际上对于读者还是无法搞得清楚。19 世纪中国典籍对外翻译的过程本身，不是分类的而是编年的叙述，当然不是事无巨细的一览无余的叙述，而是摘取要者加以提纲挈领的叙述，即可见出开端和结尾、过程和高超，以及总体的发展趋势。

第三，历史叙述本身，作为一种学术的语言，自然也是要纯净的文笔，加之概括地叙述和流畅地行文，这样，读者才能读得下去，读得有心得，耐人寻味。要而言之，历史笔法可以有宏观的叙述，即抓住重大的事件和趋势，以如椽巨笔，加以概要的叙述，使人得其要领，观其大略。微观的叙述，即细节的叙述，甚至是静态的叙述，使人得其细节的真实感，要有分析和文本，有语言细节，有生活细节，有社会场景细节，甚至有奇人异事的细节，供人欣赏和思考。缺乏这种细节，就没有历史的真实感了。居于宏观和微观之间的叙述，是中观的，即半抽象半具象的描述或叙述，时而进入一个场景，时而从中摆脱出来，纵横交错，联袂成篇，涉笔成趣，让读者一起游走于历史和现实之间，获得信息和思路，陶冶情趣和心性，才算得上是成功的历史叙述。在这一方面以及以上三个方面，长江的这本《十九世纪中国文化典籍外译史》还有很长的路要走。作者自己也有同感，他感慨地说："翻译史的写作很难，稍有不慎，便会落入搬材料的尴尬境地。"这是过来人之言，可以为鉴。

但我以为，长江这本《十九世纪中国文化典籍外译史》的出版，正当其时，就其质量来说，虽未可谓名史，但与当下出版的一般博士论文相比，却毫不逊色，单就选题的前瞻性而言，则可谓占一步之先。无论如何，它的问世，对于当下的典籍翻译研究，都会起到警示和推动的作用。当然与此同时，我也期待有后来者，写出更加有分量的断代史著作，然后，再写出有分量的通史著作，为中国文化典籍外译的历史，树碑立传，扬名千秋。

王宏印（朱墨）

2016 年 11 月 8 日

于北京

集体记忆，传唱不息

——序王治国《集体记忆的千年传唱：〈格萨尔〉翻译与传播研究》

　　王治国毕业好几年了，他的博士论文要出版了，还是由民族出版社出版，放在我主编的"民族典籍翻译研究"丛书之中，大概是第四本了。王治国的博士论文题目是《集体记忆的千年传唱：〈格萨尔〉翻译与传播研究》，现在仍然以这个题目作为书名，经过认真修改，出版成一本专著。他的研究题目，广义上属于民族典籍的翻译研究，狭义上属于史诗的翻译研究。这个选题具有重大的意义，是我所带的博士生中唯一以史诗翻译研究为题的论文。在中国少数民族史诗中，《格萨尔》史诗是非常具有影响力的，与蒙古族史诗《江格尔》和柯尔克孜族史诗《玛纳斯》一起，统称中国少数民族三大活态史诗。关于《江格尔》的翻译研究，我没有指导过，也没有参与过其他博士的翻译研究，只有我个人一点独立的研究，发表在我的《中华民族典籍翻译研究概论》里，由大连海事大学出版社出版。关于《玛纳斯》的翻译研究，曾有北京师范大学郑海凌教授所带的博士生梁真惠的翻译研究，成果是《〈玛纳斯〉翻译传播研究》专著，已经在"民族典籍翻译研究"丛书中出版了，而且是我写的长篇序言。由于同是关于民族史诗的翻译研究，所以在那篇序言里已经涉及的相关内容，在给王治国《格萨尔》翻译研究成果作序的时候，就不再涉及了。

王治国史诗翻译的研究意义和评价，在他博士论文评审专家的一篇评论中有详细的说明，请允许我在这里引述一段：

> 作为一部长篇英雄史诗，《格萨尔》在我国文学史、翻译史上地位十分重要。这部世界文学珍品的英译研究，此前尚未得到应有的重视。论文作者试图经由其三大英语本之间和英译与《荷马史诗》、印度史诗翻译之间的多维比较研究，就口传活态文学翻译，做出一定的理论阐释，选题具有重大的学术价值。作者对《格萨尔》的基本情况，译介传播的谱系及相关文献，有详尽的了解，对本课题的国内外研究很熟悉。论文难度很大，须付出极大努力。论文重点探讨了三部典型英文译本的不同特色，结论中肯，并就史诗翻译理论作出了深刻的思考和概括，在详细阐释的基础上，提出重写中国翻译文学史的倡议。论述有理有据，分析严谨，表达清晰，体现出较强的独立从事翻译研究的能力。

对于这篇研究活态史诗翻译的博士论文，专家们也提出了一些具体的建议和希望，如指出"相关背景情况介绍，结构性铺垫固然是必不可少的，但作为翻译研究博士论文，似应进一步加大理论探讨的深度和系统性，使研究成果具有更高的学术含金量和结论清晰度"；"可进一步深化译本的对比研究，提出民族典籍的译介方略"。毫无疑问，这些专家意见都是非常中肯的，是值得认真研究和实施落实的。

关于王治国的博士论文，我认为最重要的贡献有以下几点：首先，他选中了一个特别重要的题目。在三大史诗中间，

《格萨尔》的复杂性在于：史诗是从西藏发源，然后传入蒙古地域，也就是说，史诗相继使用藏语和蒙古语进行创作和传播，在两个大的文化区域里呈现出相当规模的传播样态，一直传承到现在。所谓活态史诗的多级传播，在《格萨尔》史诗里得到了最完整的体现。

其次，王治国的研究，厘清了《格萨尔王》创作和翻译传播的起源发端、传承谱系和传播路线，以及主要的版本之间的先后继承的关系。这在史诗有关的研究里也是史无前例的。关于创作和翻译研究，最重要的就是要理清楚它的谱系，搞清各个原本和译本之间的相互关系，在这一方面王治国做出了开创性的努力。

再次，研究从对《格萨尔》史诗国外的翻译梳理，特别是俄罗斯、欧洲和北美的翻译研究，以及史诗在国内各民族域内的翻译研究，尤其是当下经过汉语本的再转译成英语，由国内向国外传播的路线，共同搭建中国民族文学外译的翻译传播路径，如此形成了域内和域外两个传播领域与平台。随之，他提出了史诗传播的三条路线，即欧洲汉学的域外关注、北美汉学的现代解读与中华大地的本土阐发。这些研究发现构成这篇学术著作非常重要的创新点，也为民族典籍翻译带来了最有启发意义的结论。

最后，就是他提出来口传史诗的翻译本体论的问题，把翻译文本从文字定型的文本返回并落实到口头的、民间的、不定型的文本的问题，由此产生文学传播的翻译模式，即以口传活态史诗为本体的史诗翻译模式。关于该理论的进一步研究与相关认识，在他博士毕业后赴美留学一年、师从俄亥俄州立大学的马克·本德（Mark Bender）教授学习期间得到了加深与精进。其相关修改部分在将博士论文出版为专著的过程中已充分体现，这是难能可贵的。

王治国的博士论文出版成专著，这是可喜可贺的。相关的后续研究，尤其是他在毕业以后数年发表的系列论文，陆续获得教育部、中国博士后基金项目和国家社科基金项目，已经形成了一个系统的《格萨尔》史诗翻译研究系列，引起了国内学界译界的关注。

王治国对于《格萨尔》的翻译传播研究充满了自信。尤其是本书第八章做出的结论，首次提到国际化的问题和学科优化的问题，与我曾在民族典籍翻译研讨会上强调过专业化、继承性和国际化的三个要点不谋而合。国际化涉及学科之间的重新调整和更新的关系，也有一定的时代意义。请允许我摘引书中的一段：

首先，格萨尔学突破了传统史诗古典学、语文学、语言学研究范式，已进入跨学科研究新阶段。古典学、语文学和语言学等学科对文本化之后的固态史诗研究做出了相当的贡献。然而，《格萨尔》的重新发现以及随之展开的研究推动了国际史诗学研究的范式转变。本书借鉴新近发展的口头程式、神话原型理论以及文化人类学和民族志诗学等相关学科的生成机制、传承方式、艺人说唱进行了重新解说，体现出国际史诗学研究的跨学科趋向。（王治国：《集体记忆，传唱不息：〈格萨尔〉翻译与传播研究》，民族出版社，2008年，结语）

当然，这一认识的深入同时体现在新近的学科发展和个人对于课题研究的深入中。就此看来，一个博士生是否优秀，并不完全在于他在校学习期间学业成绩和毕业论文的选题完成情况，也许更为重要的是，毕业以后他的同一课题和同类课题是否有继续的进展和扩充性的后续研究。缺乏这种后续的扩充性的研究，把一个题目一次性地做完了，一劳永逸地完成了，虽然听起来好听，看起来好看，但在学术和研究上并非最理想的状况。我以为相较于前者，后者会更重要。为什么在博士论文答辩的时候，要写上partial fulfillment（部分完成）而不说全部完成，就是这个道理。

当年胡适先生在给他的毕业班学生做演讲时，表达了对于学生毕业以后要继续读书、继续做学问的殷切期望。我记得他的原话是："不要抛弃学问。"毕业以后仍然有研究，甚至毕生都在研究，也许是同一课题或同类课题、相关课题或转向别的课题。生命不息，研究不止，研究不息，成果不止。这便是上策，也是最理想的。毕业后将博士论文加以整理出版，从此不见踪影，但对于博士阶段的学问，已经有所交代，有点就事论事、为学位而非为学问之意。这只是中策，不是理想状况。毕业后就不见踪影，博士学位论文不见着落，也不见发表任何的学术研究成果，将学问束之高阁，从此告别了博士阶段的研究，或者说与学问绝缘了，这就是沉沦，沦为下策，不值得一提了。

现在，我讲一下自己有关史诗翻译的几点认识和王治国讨论，并供学界译界同仁参考。

先就史诗概念和《格萨尔》这部作品本身，加以简要的归纳和叙述。

关于史诗，我们有一些不统一的认识，有些是非学术因素的干扰，有些是归类和处置不当，降低了标准，或者概念泛化，失去了史诗的意义。有一个认识是中国无史诗，当然是指汉族文学而言，因为缺乏史诗诞生的历史条件，所以没有史诗。至于拿杜甫的"三吏三别"来充当史诗的，现在已经很少见，不值得一提了。但近年来，在少数民族的文学典籍对外翻译研究中，有不少人把一些说唱文学不加区别地说成是史诗。如果是一种比喻性的说法尤可，但若是拔高了作品的品类和内涵，或者由此降低了史诗的价值和标准，则另当别论，难以苟同。当然，我们认为虽然不必以《荷马史诗》为唯一的文本样态或典型标准，但也不应在概念上完全脱离典型的史诗类型，甚至模糊了史诗的界限，变得似是而非，那大可不必。

《格萨尔》本身作为中国民族史诗的典型，具有复杂的来源和传承方式，不同于《荷马史诗》和世界任何其他民族的史诗。这一点，从史诗的演唱形式及其词源意义即可看出来：

> 《格萨尔》在长期流传、演变的过程中，逐渐形成了三种大的类型——"卡仲""杰仲"和"曲仲"。这种情况是别的任何一个民族史诗中都没有出现过的。这是《格萨尔》在流传、演变和发展过程中一个独特现象，也是政教合一的藏族社会里出现的一种特殊的文化现象。（降边嘉措：《格萨尔论》，内蒙古大学出版社，1999年，第53页）

由此可以看出，《格萨尔》具有民间叙事的原生态和口语底色，在此基础上的民族性和政治性，构成它的故事的第二层面，即添加和完善的叙事部分。

换言之，第一种是卡仲（Ka Sgrun），意思是"嘴里讲出来的故事"，也就是民间艺人讲述的《格萨尔》史诗，应当说，这是最原始的和原生态的文本，但随意性和变动性也最多。第二种是杰仲（Rgal Sgrun），意思是"国王的故事"，那是经过文人加工整理的《格萨尔》故事，最突出的有策仁旺杰根据多位艺人演唱而改编的该史诗的多部，如"霍岭大战"，具有文字工整结构严谨等特点；第三种是曲仲（Chos Sgrun），意思是"有佛法内容的《格萨尔》故事"，无疑有宗教意图和传授目的渗透其间，如将格萨尔说成是佛教的"护法神"或"战神"等，使意识形态的成分和宗教寓意增加（王宏印：《新译学论稿》，中国人民大学出版社，2011年，第151页）。

最后，就是佛教意识形态和宗教信仰对于史诗的加工和统摄。不仅如此，佛教信仰还提升了主题，改编了结构，使其首尾照应，前后贯通，所以并不是外加的和漂浮在表面的。

接下来讨论史诗翻译的问题，从概念和整体而言，不再仅仅限于《格萨尔》史诗翻译。

一是关于史诗翻译的口传问题。我以为即便是活态史诗，无论如何其翻译应该是同步的、原初的翻译，也就是本源的、口头的翻译。像是同声传译或者是交传一样，在演唱的过程中直接即时翻译，是没有延迟、没有任何界限的，不是事后的补加的翻译。事后补加的翻译，哪怕是口头的、配音的，也是第二位的，是人工的、合成的。这有点像电影的译制片，充其量也是后期配音，而不是原发的（primary），从而是继发的（secondary）。这是一个非常重要的问题。作为口传文学，史诗翻译有没有现场感、仪式感是生死攸关的问题；是"活态史诗"还是"死胎史诗"的生死存亡的问题；不能不引起我们持久的关注，乃至追求理论的解决、实践的解决或者二者相统一的解决。

在这一方面，一个关键的问题是formula（程式）。程式"是一种经常使用的表达方式，在相同的步格条件下，用以传达一个基本的观念"（弗里语）。程式本来是借自语言学的概念，它指的是一组形容词语，用来描述一个英雄的性格特征。翻译时是否和如何保留程式，是一部史诗能否完美翻译的关键问题。而程式化，就是翻译的文本化和语境化或再语境化。由此进入我们关于史诗翻译的文本问题，或文本层面。程式结构（formula structure）反映一部史诗的主题系列，狭义上而言，是其中最主要、最根本的一组主题及其关系的演进序列，即只就一部作品本身而言；而广义上而言，则是指一部活态史诗虽然可能有不同的文本（如由于民间文学的变异性造成的多种口头文本），但这么多文本仍然指向一个共同的原文的基础。在这个意义上而言，程式结构反映一部作品的基本样态，而不局限于一个具体的文本的细节差异。这些因素在口传文学中究竟如何进入翻译并影响到翻译的性质和质量，是需要进一步深入研究的话题。

　　二是关于书面文本的翻译问题。一直以来的史诗翻译，实际上谈论的是书面文本的翻译，也就是说已经是第二位的，甚至是第三位的了。和现场的表演（performance）没有关系。换言之，此种语境下的翻译是关于书面文本的翻译，即作为口传文学文字记录的书面文本翻译，其中许多是经过整理和修改的趋于定型的文本。虽然和口传文本一样，也在谈论押韵、格律等等，但毕竟是书面语言的押韵，而不是口头语言的押韵。可以说，其中有一些口头语言，比如生活化的语言、方言和对话，但也是文学语言，即，能够用文字符号记载下来的文学语言。特别是翻译成拉丁语，或者运用拉丁字母书写，或者是国际音标"转写"，或者是翻译成英语或者其他语言的时候，纵然保留了语音的部分，但已经是语言的符号、文字的符号和文学的文本。至于用文字文本和文字符号如何可以表现口头传承的东西，那归根结底还是在书面文本内部来活动和运作，是一种二级模仿，而不是用语音模仿语义的一级模仿。

　　从这个意义上而言，史诗翻译也不等于诗歌的翻译。诗歌的翻译，许多还是书面文本的、口头的、朗诵的；不是原始的、直接唱诵的那种诗歌，比如宗教仪式中的诗（蒙古酒歌，战歌）；

也不是希腊悲剧对神演出的那种诗歌（诗剧）。这一点也是必须强调指出的。史诗在叙事上晚于这些较为原始的文学样式（但在汉语文学史上，汉族的戏剧晚于少数民族的史诗），有点像长篇小说：单人叙述、不断地转换角色、进入戏剧化场景。既不像单独的诗歌那样零散，也不像在戏剧中那样多角度、多角色的扮演。史诗是一个人的表演、演唱与说唱艺术。可惜，被文本化后变成定型的文本。就好像剧本消失在舞台演出的背后，凝固成为手抄本或印刷剧本。就像朱生豪或梁实秋《莎士比亚全集》译本那样，成为书籍，放到经典的书架上去和小说一样，成为供阅读的对象。显然，舞台消失了，表演消失了，场景消失了。史诗文本自身成为翻译和研究的对象了。史诗进入文本，自然有文本本身的问题。我们老想套用小说来谈论史诗的叙事，套用诗歌（长篇叙事诗）来谈论史诗的抒情。但那样说是不行的，是不得要领的。

三是史诗的翻译的多文本比较问题。我们谈论的是文本的翻译，必须落实，不能悬在上面。不只是谈论如何翻译，而应落实到文本之间的对比，包括原文文本和译文文本之间的对比，以及不同译本之间的对比，特别是多语种文本之间的对比。这一点对于《格萨尔》史诗翻译是最基本、最重要的翻译研究，一点也不能忽略。从治国目前的研究来看，虽然在理论上重视口头文学的翻译样式，但实际上这一部分在实践上尚未真正能够落实。此外，关于《格萨尔》文本的翻译研究，仍然是一个弱项。尽管各种谱系之间的关系与传播路线的研究，都非常重要，但也不能替代文本翻译的研究。即便这篇博士论文在修改过程中加强了相关的译本比较研究，但我认为仍然是需要升华的部分。

就研究者而言，有无语言的感觉是第一位的。有专家指出，搞民族典籍翻译，就《格萨尔》来说，研究者需要懂得藏语和蒙语，因为藏语和蒙语都是它的源头从出的语言。作为综合研究和比较研究，会涉及英语、俄语、法语和其他语种的文本，多语种翻译研究的对于译者和研究者相应就提出了多语种要求。当然，对世界文学和比较文学功底与文本分析和译本鉴赏的功力要求，就更为重要。不仅如此，对于史诗有无本民族的感觉？有无古代观众或听众的感觉？也许，永远没有感觉，或者没有当地人的感觉。既然如此，是否可以通过研究和阅读史诗文本，来培养史诗感觉、挖掘史诗精神，这是一个根本的问题。它很难回答，也很难解决。

四是关于史诗翻译的格局问题。我认为史诗翻译有三种基本的格局。首先，不能认为只有押韵的翻译是唯一的。史诗翻译还要能够演唱，甚至还有乐器的伴奏。即便是作为书面文学文本，也可以翻译成韵体。比如，《荷马史诗》的翻译基本上都是翻译成格律诗，有的采用了英雄双行体，也有采用其他格律体。这种经验我们可以借鉴，当然西方研究主要集中在《荷马史诗》的风格方面，这是《荷马史诗》研究的经典题目，我们（的史诗研究）现在似乎还没有研究到风格问题。

第二种是散体翻译。译者在不能保留韵律的时候，仍然可以保留一定的诗意。借助于散体翻译可以在语义上有更多的接近，较少改动原文，比较忠实，能够传达原文的故事情节和社会文化背景。散体翻译较少受韵律和节奏的影响，即使审美方面有所减少，但文化方面有所保留、有所补偿，退而求其次也不失为一种选择。仍然要强调，作为文学翻译不能忽视风格，忽视了风格就没有了文学作品的灵魂。我们现在比较容易强调文化，但那是另外的东西。不能深入到文学里的文化，就像漂浮在臊子面碗表面的油花花，好看不中用。三大史诗各自的风格如何，不能不讨论。当然背后也会涉及文化问题，我们希望能够把文化翻译深入到风格传递里去，进行深入研究。

第三种就是自由诗翻译。虽然不押韵，但是保留一定的节奏性，以朗诵的口语体、以白体诗或者素体诗形式进行翻译。比如莎士比亚五音步抑扬格（或扬抑格）的素体诗，国内经常会翻成比较适合汉语的五言、七言等形式。但如果不押尾韵的话，那便是对传统格律诗的一种革新和变种，那也有它存在的价值，只是诗歌的节奏比较自由。可以说此格局是一种最少限制，但是又有相当的审美要求的翻译方式。它并不是没有形式，实际上对语言和审美的要求反而可能更高、更现代或更后现代。

我们现在对于这三种翻译格局，不能够很好地认识。往往只强调第一种，在强调文化翻译的时候，也不能很好地考虑到第二种的可能性。在朝其他方面的，比如，大众传播的媒体方面的翻译时，连第三种也不能容忍了。因为很多人的头脑里边，自由诗和新诗的概念混同了，自由诗好像就不是诗了。其实这是不能混合的，不能同日而语的。作为翻译，特别是作为回译，自由体有更多的可能性，国外有很高的认识度和可接受度。尤其是在多媒体之间进行改编时，应当说有更加自由的空间和灵活多样的形式。不仅仅涉及自由诗的问题，甚至连诗歌都不是，改变成散文诗或者散文体了。你能不能接受，看你的容忍度，看你的艺术视野，看你的综合素质。我在《文学翻译批评论稿》中讲到文体文类之间的等级关系，说明它们可以列出一个谱系来，在改编和翻译时可以上升或下降，讲的就是这个问题。这里有一个庞大的结构主义的世界文学图式在头脑里，可容纳下所有的文学作品，给他们各自一定的位置，可以上下移动、左右移动。翻译就在这个宏大无比的空间结构框架里进行。至于解构，让它们进入时间序列，那是另外一个概念。上面谈到的关于舞台演出退化为剧本抄本的问题，就属于解构主义的视野；关于表演缩回到文本的问题，也是解构主义的方法，可以参考。

这使我想起了"衰变论"。可以作为最后的结束语。

衰变论原是达斡尔学者赛音塔娜在其《达斡尔族文学史略》中提出来的一种观点，这里只借用这个衰变概念，用以说明史诗产生、传播及翻译的条件问题，这一点和解构主义的"延宕"和"差异"的概念在研究思路上就吻合了。

在时代上，史诗已经衰退。史诗的时代早已过去，并且不可能恢复，这就注定了史诗不可能恢复到最早的发端和兴盛状态，不可能有那么多人去欣赏，只能由少数人去研究，而且研究的结论也不能挽救史诗的衰退和消亡。这种情况和戏剧遭遇的命运一样。

在文体上，史诗属于古老的文体或文类，它诞生在戏剧和小说之前，是上古短歌连缀而成（这里仅以《荷马史诗》为例）。它作为一种古老的文体也已经消亡，它的整理和翻译，只是为了保存它的形式而言，并无创作的可能。向小说的改写（例如阿来的《格萨尔王》），只是文体的进步和解放，保留了故事而没有了史诗的感觉。

在思想上，史诗所塑造的古代英雄，其巨人身躯、超凡武艺、为人荣誉、牺牲精神、救世使命，都是今天的人所陌生的。他们就像古代的雕塑，高高地屹立在那里，供后人来瞻仰、来欣赏；而不能成为做人的标准和行为的准则，供今人效法。这是必须指明的。在这个意义上而言，衰变论未始不是一种伦理的衰变、道德的降格、人性的堕落与品位的滑坡。

在翻译上，史诗的翻译无法恢复演唱和表演形式。作为书面文本被翻译和改写的可能性最大，也最为现实，这是语体的解放和松绑。作为阅读文本尚可存在，但并非适合现代读者的口吻，所以需要改编成为现代人可以接受、乐于接受的阅读方式，否则，即便是翻译成诗歌文本，也难以接受。因为史诗原先的几天几夜的现场表演，并不适合于连续几天几夜的孤单的阅读。单一的韵式和孤独的阅读，无法享受到现场互动的乐趣，遂失去原始文本样态的实用价值，乃成憾事。

　　然而我们的整理和研究、翻译和传播，仍然是有意义的。这意义就在于经典的重塑与文化的积累，在于一切现代文明赖以生存和发展的精神滋养和艺术鉴赏。人类不可能只生活在当下而缺少对古代经典的回望。不能回头的民族是不可思议的，就如同没有前瞻的民族是没有希望的一样。回忆和展望是人类基本的经验形式，而当下的沉思同样重要。即便在当下史诗也是有意义的，这意义就在回忆和展望中：一半在回忆，一半在展望。

　　前不见古人，
　　后不见来者；
　　念天地之悠悠，
　　独怆然而涕下。

王宏印（朱墨）

2017年10月31日星期二晚

北京第二外国语学院寓所

传神达意，继往开来

——纪念汪榕培先生七十华诞

2011 年 6 月 25 日，来自全国各地的中国文化典籍翻译专家和大连、苏州等地高校的师生，特别是硕士生和博士生，毕业的和在读的，共约 130 人，集中在大连大学，为了一个大家所熟知的名字——汪榕培，为了他的七十华诞，为了他对于中国文化典籍的英译事业的献身精神和杰出贡献，为了他为之献身的外语教育事业以及他对于喜爱的英语词汇学的长期坚持，济济一堂，开坛演讲。大连，这座美丽的海滨城市，以她明媚的阳光、绚丽的海景和海洋一般的胸怀，接纳了与会学子和学人们的盛情，也接纳了汪蓉培先生灿烂的笑容和矍铄的精神。这是一个令人难忘的盛会，也是一个给人启发的人生境遇。

经过一天的学术讨论，大家意犹未尽，谈兴正浓。围绕汪先生关于典籍翻译的"传神达意"理论，从上午到下午，讨论一直在继续。晚上，学校以"创意"命名的的宴会厅，简朴而庄严，灯火辉煌，觥筹交错间庆祝活动渐入佳境，酒会渐入高潮，汪先生面带微笑，频频举杯应接来自各方的祝贺，有祝酒，有贺礼，有图书，有诗词。我也朗诵了自己写成了书法条幅的贺词《七言绝句：贺汪榕培教授七十华诞》：

南国修竹浴海风，

春秋七十始成翁。

留得老庄桃园意，

再造临川牡丹亭。

这里概括了先生出自吴门、上海求学、大连工作的历程，翻译《老子》《庄子》及陶渊明诗文的典籍翻译之路，以及最近几年一直致力于的汤显祖《临川四梦》戏剧翻译活动。当然，这只是一种艺术概括，无法穷尽汪先生的所有翻译作品，而且从未能进入到精确统计和彻底分析的地步。关于先生的翻译作品，会上制作了一个碟《汪榕培教授翻译作品选》，收录了先生的绝大部分作品，共计24种之多。

其后不久，于10月底在湖南大学召开的全国第七届典籍翻译研讨会上，我和汪老师又见面了。在汪老师的推动下，这次盛会又一次把文化典籍翻译的讨论引向一个新的高潮。其后不久，我收到了大连大学外国语学院院长门顺德教授发来的《"传神达意"翻译理论研究》书稿，实际上是6月会议的论文集，并嘱我作序。我很高兴，可是一直忙下来，快到年底了，而这项工作必须按时完成。于是，我把下载的论文仔细阅读，沉思之际，仿佛又回到了6月大连会议那难忘的场面。唯一遗憾的是，当时我的发言提纲没有保留，否则，写起来会容易些。

而这部论文集本身，能说明更多的问题。论文集包含两部分：第一部分是汪榕培教授论翻译，包括了汪先生12篇有关典籍翻译的论文，主要是序言，但内容相当广泛。有关于理论的，其中包括为王宝童教授译《三字经、千字文》、夏廷德《文学翻译与译介学理论新探》、黄中习《典籍英译标准的整体论研究》、郭尚兴《中国儒学史》、成昭伟《文学翻译概论》以及朱安博《归化与异化》等作品所作的序言。有偏于实践的，例如为登特-杨译《水浒传》、李静《叶芝诗歌：灵魂之舞》、邵斌《诗歌创意翻译研究》、李云启《英诗赏读与美感再植》、蔡华《巴赫金诗学视野中的陶渊明诗歌英译》以及成昭伟《此中有真译》等作品所作的序言。这些序言篇幅都不长，但言简意赅、切中要害，体现出先生对学术、文化和译事的见地，需要仔细品味才能真切地了解。

在这些序言中，有几段话给我留下了很深的印象。一段是在《为夏廷德著"文学翻译与译介学理论新探"所作的序言》中，概述了 21 世纪的文学翻译和文学翻译研究的盛况：

> 以文学翻译而论，中国的二十一世纪是文学翻译的黄金时期，既是文学翻译实践的黄金时期，又是文学翻译理论研究的黄金时期。从翻译实践的角度来看，在全球化和中国改革开放的大背景下，各种形式的翻译活动空前活跃。从翻译理论的角度来看，视野的开拓和学科的交叉使各种翻译理论流派层出不穷。每个理论流派都在不断的发展之中，而且发展的速度越来越快。(门顺德主编:《"传神达意"翻译理论研究》，上海外语教育出版社，2012 年，第 11 页)

另一段是在《为郭尚兴著〈中国儒学史〉所作的序言》中，先生对于中国先秦典籍的讨论，以及用英文撰写中国儒学史的意义的肯定：

> 我国的传统文化博大精深，春秋战国时期道家、儒家、墨家、名家、法家、阴阳家等学说的百家争鸣则奠定了这一文化的思想基础。诸子百家的学说历经此消彼长，至今

仍相映成辉，反映了中华传统文化的特质和内涵，不仅对我国的发展产生了持续的影响，而且在世界文明史上也占有重要的地位。有计划地梳理这些学说的精髓及其发展脉络，对于我国在 21 世纪全球化的进程中继承和发展优秀的思想文化遗产，并让世界了解中国进而构建一个和谐的世界秩序都是十分重要的。郭尚兴教授用英文编撰的《中国儒学史》就是向世界介绍儒家学说发展概况的一本好书，其意义是多方面的。（门顺德主编：《"传神达意"翻译理论研究》，第 23 页）

第二部分是有关"传神达意"翻译理论的研究文章，多数是先生的弟子和同事所撰写，约有 60 篇。有的比较宏观，涉及"传神达意"的理论探源，逻辑系统，以及深层内涵，有的则是结合这一理论深入到先生翻译实践的过程中，进行仔细的方法和技巧的探索和总结。也有侧重于探讨先生翻译思想的演变和翻译方法的成熟过程与成就的。在原则上，这两个方面都是需要的，而且都可以取得相当的研究效果，达到发人深思的结论。只要这种研究是客观的，严肃的，方法上对头的，就能给人以鲜明而深刻的印象。

这里引述两则理论研究的文字，以见其研究的概要。其一，赵长江和李正栓教授在《"传神达意"的理论渊源、理论创新与理论运用》中认为：

"传神达意"是汪榕培教授提出的翻译理论主张，内容丰富，影响较大，值得从学理上给予说明与总结。本文从"传神达意"的理论渊源，理论创新和理论运用三个方面进行阐述。从理论渊源上看，"传神达意"主要来自中国传统的"言意之辩"、传统画论，以及传统译论的演进与发展；从理论创新上看，"传神达意"可从多维度多视角来看待翻译，拓展了翻译理论的研究空间，把中国传统画论与传统文章学结合起来，从中产生了两结合的新译论，把"达"看作一个过程，赋予其新的意义；从理论运用角度看，"传神达意"可作为译者翻译的原则和依据，也可作为翻译评论的标准，此外，还强调了审美主体的参与。总之，"传神达意"是中国传统译论自然而然的一个发展结果，它不是凭空创造出来的，也不是理论的推演，而是从实践中得来又可回到实践中去，并概括了翻译的各个方面的一种全新的翻译理论。（门顺德主编：《"传神达意"翻译理论研究》，第41页）

其二，杨成虎教授在《典籍英译"传神达意"理论概念体系的阐释》中的一段论述，作了更为精细的理论说明，给人以严谨而明晰的印象，可以说是对汪先生传神达意理论的一种更为理性的解读：

本文认为，以上三组概念构成了典籍英译"传神达意"的概念体系。这一概念体系以"传"、"达"这组动词概念为核心，突出了译者的主体性，译者的目的是在"义"的基础上"（达）意"，"（达）意"的途径是"（传）神"。"传神达意"作为一个概念体系，体现了译者在典籍英译中根据原文本重构译文本，在此过程中处理各种矛盾，并达到最佳协调的结果。……

以上三组概念之间交互交织的关系构成了一个体系。第一，"传"与"达"实现从原文本到译文本的重构。其中，

"传"与"形"、"神"相连接完成重构中译文本的构成。"达"与"义"、"意"相连接解释重构中译文本的成因。第二，重构中，译文本的构成和成因构成了因果关系，可以从深度上解释为什么要译，为什么要这样译的问题。在这一因果关系中，汪先生关心的是因，要解释为什么这样译。他认为，传神是为了达意，要"传神地达意"。"传神达意"，从本质上是个解释性的理论，关心的是译文本的成因，重视的是译者及其所代表的那个时代的价值观（即译者之"意"），由此深刻地解释了典籍在不同的时代有不同的价值和不同的翻译从而实现了传承的现象。第三，原文本与译文本是重构关系。原文本的"形"与"义"是重构译文本"形"与"义"客观结构的原材料；原文本的"神"与"意"是重构译文本"神"与"意"主观结构的原材料。"原材料"需要加工才能成为"产品"，因此在译文本这样的产品中，不但有译者的加工技术水平，而且还有他/她可能添加的新材料。由此，作为原材料的原文本已经化入了作为产品的译文本之中了。第四，"形"、"神"与"义"、"意"是相互交织的关系。"形"与"义"是文本语言层面的概念体系，"神"与"意"是文本思想层面的概念体系。前者是后者的实现手段，后者是前者所要达到的目的。第五，"传神"与"达意"是手段与目的的关系。"传神"只是手段，"达意"才是目的。由此可见，"神"是文本之内的，而"意"是文本之外的。以文本为媒介，译者的"传""达"将内"神"外"意"形成一个整体，由此构成了典籍英译理论的一个大体系。（门顺德主编：《"传神达意"翻译理论研究》，第**90～91**页）

　　当然，汪先生的翻译实践和翻译理论博大精深、含义丰富，今后还要作进一步的更加深入而系统的研究。

　　最后，我想借机陈述一下我们目前学术发展中的师承和求学问题。

　　古人说，为师之道在于"传道，授业，解惑"。而今我以为，就翻译专业的学术研究而论，一个导师可以指导不同的学生，包括不同的学位论文的选题和写作，但未必一定要学生作得和自己一模一样，只要专业方向接近，在自己关注的领域内就可以了。但是，学生也要注意学习导师的知识领域、治学方法和学人境界。这是三个方面或三个阶段的问题。现在有些人认为，不管跟谁学习都一样，还不是读那些洋人的古人的书？这样的想法是有问题的，至少是很肤浅的。须知求学求知不仅是个人苦读寒窗的问题，它也是一种人际交流的行为，忽略了知识传播和探索的社会文化条件，以及具体的教育和训练的实现方式和途径，是难以进入到现代教育和现代学术的前沿的。

　　一般说来，掌握导师所掌握的知识，特别是专业知识，并不是很难的事，也不一定要完全重复，看同样的书，想同样的问题。但是，学生应当努力了解导师所涉及的领域，建立较好的学术基础，吸收导师的某些观点，进行反思或超越，不要原地踏步。因为他的最终出路是要做自己的题目，因此，必须经过自己的独特探索，对现有领域和课题进行扬弃，发现和形成自己独特的选题领域和研究兴趣，而且能长期搞下去，才能获得较大的研究成果。

　　治学方法较之读书求知更为重要。学生对导师的治学方法应能进行全面的了解，但追根穷源，抓住要点，心摹手追，学到最主要的，最终形成自己的研究方法和治学道路。学生未必要和导师的方法完全相同，这是由于社会和时代条件的不同，个人气质和性格、兴趣的不同，以及所思考的问题和无所接触到的材料的不同所造成的。加之治学道路是综合的起作用的，也有偶然因素在起作用，因而不同的个体就会有不同的治学道路和方法。治学道路和方法的不同，是学术研究多样化的必然和必要条件，过于追求一致，会影响自己的独立思考和独特性。

就学人境界而言，随着年龄的增长和经验的增加，一个人的学问和成就日积月累，也会增加，会越做越宽，越做越深，而其精神境界也会越来越高，越来越超迈。但总的说来，学问的境界提升，不仅仅是岁月和功夫的积累和成长，而且也是自身不断修炼和完善的结果，迟至形成一种人格魅力。因此，言传身教只是就导师一面而言，从学习者方面来说，学生自己要注意观察和领悟做人和为学的关系，特别是要有人生经验的悟性，举一反三，一般不是靠指点就能学会，甚至有的无法指点，无法言谈，而是如春风化雨，影响所致。总体说来，知识、方法、境界，依次下来，其可教性在减弱，而依靠自己独立学习的程度却在逐渐加强。因为求学一如做人，是一个连续的过程，从幼稚走向成熟，从荒漠走向绿洲，从惨淡走向辉煌，是一个不断发现、不断进取和不断自我更新追求完善的过程。

写到这里，冬日的阳光从书桌前方的窗外射入，透过竹叶和兰草，反射出一种祥和美丽的图景，光影浮动，美妙无比，反射在手提电脑的屏幕上。抬头望见，2011年的日历只剩下几个空格了。新的一年在前方召唤。我不禁想道：小小书斋，自有其寂寞和乐趣，翻译写作，教书育人也是自得其乐，有别的职业所无法感悟和领受的一份悠闲，一份安宁，一份充实，一份自由。而汪先生此时此刻，或许在苏州，或许在大连，或许在上海，总之，他一定也在窗前忙碌着，享受一份特有的悠闲和自得吧。

在这本《"传神达意"翻译理论研究》即将问世之际，让我们牢记汪先生的榜样，学习他的敬业和经验、文笔和风采，传神达意，继往开来。让我们重温中国的学术传统，了解世界的学术潮流，明了我们当下正在从事的是一项发展人类文化的事业，加强翻译理论研究，提高典籍翻译质量，推动典籍翻译的伟大事业向前进。

祝愿汪榕培先生永葆学术青春，有更多更好的作品和成果问世！

祝愿中国的典籍翻译事业，能够上一个更大的台阶，取得更加辉煌的成绩！

王宏印

2011 年 12 月 21 日午夜

22 日上午临窗修改毕

于天津，南开大学

幽兰芬芳，译韵悠长

——为《汪榕培学术研究文集》而序

汪老师要出他的论文集了，弟子王维波托出版社寄来书稿清样，还寄来了五年前出版的《"传神达意"翻译理论研究》，作为参考，要我写序。我当即应允。因为汪老师是我的前辈，是中国文化典籍翻译的带头人，又是著名的诗文翻译家，勤勤恳恳的外语教育家，著作等身，弟子无数，桃李遍布天下，影响遍及海外。能为汪老师的文集作序，是我辈的荣幸，岂有推脱之理。

打开《"传神达意"翻译理论研究》一看，却是似曾相识燕归来，原来五年前在大连召开的"传神达意翻译理论"研讨会也有纪念汪榕培先生七十华诞的意义在。我当时亲临会议，参加了活动的全过程。会后，应会议论文集主编门顺德教授之邀，写了序言《传神达意，继往开来——纪念汪榕培先生七十华诞》，如今读来，仍然亲切，往事历历在目，一如昨日经过。

2011年6月25日，来自全国各地的中国文化典籍翻译专家和大连、苏州等地高校的师生，特别是硕士生和博士生，毕业的和在读的，计日130人，集中在大连大学，为了一个大家所熟知的名字——汪榕培，为了他的七十华诞，为了他对于中国文化典籍的英译事业的献身精神和杰出贡献，为了他为之献身的外语教育事业以及他所喜爱的英语词汇学的长期坚持，济济一堂，开坛演讲。大连，这座美妙的海滨城市，以她明媚的阳光，绚丽的海景，和海洋一般的胸怀，接纳了与会学子和学人们的盛情，也接纳了汪榕培先生灿烂的笑容和矍铄的精神。这是一个令人难忘的盛会，也是一个给人启发的人生境遇。（门顺德主编：《"传神达意"翻译理论研究》，上海外语教育出版社，2012年，序第1页）

如今读来，却别有一番感受。想到今年暑期即将在大连举行的学术研讨会，也有纪念汪榕培先生七十五岁华诞的意思吧，而我到时却远在北美加州度假，不能亲临赴会，便有几分愧疚。想来这个论文集子，也是为这次未来的盛会准备的，能借此一角，写序抒怀，聊表对先生的敬佩之心意，当是人之常情，人生美意。于是连夜打开论文稿件，翻阅浏览之间，和先生的交往过程和经历的件件往事在眼前像电影一样经过，不觉泪湿眼眶，鼻孔酸楚，方知情到浓处，非人力可以抑制。清晨起来，意念恍惚，想到先生一生高义，淡泊名利，爱兰如君子，笔耕不辍，译诗不知疲倦，"幽兰芬芳，译蕴悠长"几个字不觉涌上心来，既有了标题，主脑已立，推开烦恼的日间事务，下床披衣，打开电脑，开篇写序言，岂不是最好的周末度法，最好的人间书生情怀的抒发方式！

记得五年前那个论文集分为上下编。上编是汪榕培论翻译，主要是先生为典籍翻译著作所作的序言，下编是弟子们关于汪榕培老师翻译思想和实践的研究论文，有好几十篇。我当时写的序言，一则侧重于"传情达意"翻译理论的内涵讨论。这是汪榕培先生提出的翻译理论，其核心内容和基本精神，可以说是立足于中国传统的文学理论和儒家的古典修辞学基础，其丰富的内涵和深刻的思想，则需要专门的研究和深入的讨论。另一层意思，便是关于师承问题。我结合古人《师说》中"传道、授业、解惑"的提法，提出继承导师的知识领域、治学方法、学人境界三个层面，三者依次下来，可教性越弱，而学习的自主性则越强。此一说也。

如今这个集子《中国古典文学经典英译和研究》作为汪榕培老师的个人文集，包含了五个方面的内容，更加全面，也更加深入，基本上概括了汪先生一生的主要活动领域和学术贡献。兹列举如下：

第一部分：中国典籍英译和研究，主要有典籍翻译的缘起，《中国典籍英译》（教材）前言，历届典籍英译会议上的讲话，其中《我和中国典籍英译》一文系统回顾了自己的学术经历和典籍英译的历程，给人以清晰而深刻的印象，有口述自传的价值。

第二部分：中国古典散文英译和研究，包括《老子》《庄子》《墨子》等英译本的前言，可见汪老师所谓散文，并不是一般的艺术散文，而是先秦诸子的学术散文。其中《庄子》和《墨子》还是纳入了《大中华文库》的译本前言。

第三部分：中国古典诗歌英译和研究，这一部分主要包括了《诗经》漫谈数篇、《陶诗》英译比录以及吴歌的翻译，其中陶诗的比录分析占有相当比例，内容也更其深入，可见汪老师对于陶诗的偏爱，具有至情至爱的性质。

第四部分：中国古典戏剧英译和研究，主要围绕汤显祖的戏剧《牡丹亭》《邯郸记》《紫钗记》英译和研究展开，其中《牡丹亭》的比重最大。这是先生晚年翻译的重心所在，投入的精力心血也最多，是其一生学术精华所在。

　　第五部分：杂录，主要是有关典籍英译的序言选辑，还有《典籍英译研究》《典籍翻译研究》的序言选辑，前者是为国内学者和博士论文出版所写的序言，后者是为中国文化典籍翻译研究会会刊所写的序言。学术价值和资料价值兼具，值得一读。

　　书后还有汪榕培著译作品一览表，包括了各类书籍、教材、辞书、译著、专著，共计九十六种，可谓洋洋大观，著作等身。

　　汪榕培教授的小传，简单而朴素，一如先生的为人：

　　　　汪榕培，1942 年 6 月 28 日出生于上海，1964 年本科毕业于上海外国语学院英语系，1967 年研究生毕业于复旦大学外文系。长期担任英语教学工作，1985 年评为英语教授，1985 年 6 月到 2001 年 9 月担任大连外国语学院院长。历年来曾获政府特殊津贴、陈香梅教育奖励基金一等奖、辽宁省优秀专家、大连市优秀专家等奖励。社会兼职包括中国典籍英译研究会会长、中国英语教学研究会副会长、中外语言文化比较学会副会长、辽宁省外语教学研究会会长、辽宁省外国文学研究会副会长、辽宁省委省政府咨询委员、大连市委市政府咨询委员等；现任大连大学特聘教授，兼任苏州大学、大连理工大学等校博士生导师。(门顺德主编：《"传神达意"翻译理论研究》，上海外语教育出版社，2012 年)

　　这样一个粗略的介绍，对于熟悉先生的人，其实也可以不要，因为在我的印象中，汪榕培是满腹学问而又平易近人的，他的内在素质和外表的朴实平易，没有任何区别。先生在学术研究和翻译事业上均取得了丰硕的成果，总括起来，至今已发表论文六十余篇，出版论译著五十余部，主审各类论译著和词典二十余部，涉及英语语言文学多个领域，主要是英国文学、英语词汇学和典籍翻译三个领域。先生自幼早慧，嗜书如命，博览而不生吞。他是外语专业科班出身，成绩就名列前茅，而他对英国文学的了解和认识，随着他一生不间断的外语教学而"教学相长"，似乎是一件很平常的事，而他却用"述而不作"几个字轻轻带过，对于他在外语教育的行政管理方面的贡献，始终只字未提。

我有幸听过先生一节文学课，终生受益匪浅。记得是在石家庄，他给本科学生讲的，不仅深入浅出，妙趣横生，而且运用电脑和PPT也十分的得心应手，使我望尘莫及。说起教学的事，他甚至觉得，许多时候，学生在自己研究的专业范围之内，比导师还内行，倒是导师应当向学生学习。这种虚怀若谷的精神，不仅让人感动，更使我对知识本身肃然起敬，因为先生所崇尚的，其实就是"吾爱吾师，吾更爱真理"的真学问、真精神。这使我想到，如今有些教授博导一生奋斗到达阶梯顶点，便自以为学问了不起，在学界目中无人、出语豪壮，尤其在博士硕士面前，耀武扬威，不避场合，每遇开题答辩，讽刺挖苦，甚至严厉斥责，近乎骂人。与先生相比，为师为人之境界，不啻天壤之别。

说起他的典籍翻译，汪先生显然是这一领域大家公认的专家和大家，不仅开始得早，而且持之以恒，终生不辍，成果自然累累，质量也不让先贤古圣。但他也只是轻描淡写，问起为何要进入典籍翻译领域，便以一个小故事，开始了他翻译老子《道德经》的生涯。其后的《易经》《庄子》等译著不仅率先进入《汉英对照中国古典名著丛书》，而且为后来《大中华文库》入主的八部译著开启了辉煌的大门。虽然如此，他也不怎么强调自己的突出贡献，而是简单地归结为道家著作、古典诗词和古典戏剧三个部分。这样一种平和淡泊的心态，使我感慨良久。还有先生的英语词汇学知识，固然是英语专业的基本功所在，但他在这一领域丰硕的著述和扎实的研究，却使他很早出名，蜚声于外语界，并与其后在字典学方面的贡献连为一体，审校了英汉语字典多种，从而大大地丰富和扩充了他的语言和翻译能力。由词汇学向翻译学的转变，正是在学问和知识技能的积累上有所选择，有所归宿的主动精神之表现，不必像有些词汇学专家，一生专注一头，却找不到出路和用武之地。由此也可以说明，先生为何特重视英语基本功，重视语言平实正确在翻译中的关键作用，这是因为在典籍翻译领域，找到了语言的用途和思想与精神的寄托，可谓一举两得。

说起这种精神，和他不加掩饰地说自己独喜欢陶渊明有关。在我的手里，有先生送我的两本小册子，一本是他自己翻译的陶渊明诗集，一本是陶诗英译的比录研究。以自己最喜欢的诗人译作和研究送人，正可见一种交友的高义，不俗的境界。其实翻开这个论文集，不难发现先生对于陶渊明思想的研究，已有相当的深度，尤其是那篇《一首深刻的寓言诗——"形影神"比读》。先生在此文中不仅首先试译了有关的几首诗，而且比较了英国翻译家布拉德斯特里的翻译，此后又列举了华兹生（Burton Watson）、方罗纳（Ronald C. Fang）、谭士麟（Tan Shilin）、海陶玮（James Robert Hightower）等人的英译。这种详加比较的研究方法，不离文本穷究精神，诚然可贵，更是诗歌译家的本色行文，如大河入海，千曲百折，不离本根。若要再深入探究陶渊明这几首诗的思想内容，也可进一步参阅陈寅恪的文章《陶渊明之思想与清谈之关系》（《陈寅恪学术文化随笔》，中国青年出版社，1996年）。

但我独喜欢的却正是先生对于陶渊明的推崇。他让我看到了汪榕培教授的人生观和真性情，看到他对于事业的追求，和对于权力的淡泊。大家知道，汪老师做过几年大连外国语学院院长，那时候的大连外院，因汪榕培而闻名全国，而他那个时候，就把行政的事做到极为简洁而可行，而院长却像个槛外之人，甚至在利用听会的空闲，构思和翻译诗句，写在一个小纸条上。那个时候，全国翻译界和外语界都知道大连外国语学院院长汪榕培是个大翻译家，爱惜人才。我的好朋友陈建中就是慕名从西安调到大连工作，在先生麾下从事学报主编的工作，不幸他因病早逝，至为遗憾。当时痛失好友，情不自禁，写下下列词句：

> 还我以慷慨陈辞兮，宏论纵出；
> 陈辞不复闻兮，只有痛苦。
> 还我以书生意气兮，广施发布；
> 书生不可见兮，只有痛哭。
> 天苍苍，野茫茫；
> 故人情，永难忘！

时值"2000年3月30日晨于西安，惊闻陈建中死于手术而作"，这一首未曾发表的旧诗，当时有模仿于右任《望大陆》的遗韵，如今已恍如隔世。而我对于汪榕培先生的最早印象，便是来源于好友陈建中的多次推举，言语中充满了崇敬之意。而陈建中的学问和见识，在我的心目中，至今仍是超凡脱俗，在一个相当的档次上，少有人能及。前一年，即1999年5月，大连外国语学院学报编辑部编辑出版了《编辑学者论集》，庆祝校庆35周年，打出"崇德尚文，兼收并蓄"的旗号，领全国之先。这本书，读来亲切面谈。而建中送我的论文打印稿，至今珍藏在我书房的抽屉里，散发着墨香。

　　有幸翻阅这本集子，读到了汪榕培校长为三十五周年校庆而作，也是这个集子的代序。

　　这是我看到的王先生唯一的一篇诗作，先生的才学胆识，我在心底里佩服和赞赏：

> 欣逢千禧百岁年，
> 神州赤子共翩跹。
> 看我大外众学子，
> 崇德尚文记心间。
> 兼收古今为己用，
> 并蓄东西作借鉴。
> 锦绣文章皆珠玑，
> 立言敢为天下先。

　　第一次见到汪老师，已经是数年以后，在石家庄第一次全国典籍翻译研讨会上，当时还有杨自俭老师、张后尘老师。张老师从《大连外国语学院学报》主编的位置上退下，进入京城，主编《中国外语》，另辟一片新天地，影响遍及全国。杨自俭老师领导着全国翻译学建设的大军，披荆斩棘，团结港台同行、共同奋斗，影响了一代外语和翻译学人。先辈对后辈的提携与鼓励，至今令人难忘。就在这一次，汪老师告诉我，他已经在苏州大学招收博士生了。我在心底为汪老师高兴。我和苏大文学院的方汉文教授是故交，汪老师加盟苏州大学外国语言文学博士点，可谓双赢。况且苏州是汪老师的故乡，而大连是他工作的地方，上海则是他求学和游学的地方。一生三地漫游，晚年回到苏州，为故乡做一点贡献，甚至翻译吴歌，另辟新径，当然是一个积极而理智的选择。

苏州从此成为继大连之后，全国典籍翻译的又一个圣地，也是我心中喜爱的地方。

记得在苏州，一天晚间，趁开会之余，汪老师请我们到他家聚过一次，译界高士，师生男女，云集一堂，欢歌笑语不绝于耳，记得还有罗新璋先生。我当时借举杯祝酒的时机开玩笑说罗先生是70后，汪老师是60后，我们是50后，大家笑得前仰后合，举杯之间，三代学人，欢笑一堂，其乐融融，至今难忘。

一个人的力量有多大，那要看你如何发挥。汪老师在典籍翻译领域，以身作则，堪称表率，大家心悦诚服。他坚持数十年，译著辉煌，先后出版了《英译老子》《英译易经》《英译诗经》《英译庄子》《英译汉魏六朝诗三百首》《英译孔雀东南飞·木兰诗》《英译陶诗》《英译牡丹亭》《英译邯郸记》《陶渊明集》《邯郸记》《吴歌精华》《评弹精华》《昆曲精华》《苏剧精华》等译著，其中8种已入选《大中华文库》，为当今典籍英译翻译家中入选最多者；毕其功于20载，翻译完成汤显祖"临川四梦"和《紫箫记》共5部戏剧，《英译汤显祖戏剧全集》已经问世。同时，汪榕培教授还撰写了一系列论文和序言，出版了专著《比较与翻译》和《陶渊明诗歌英译比较研究》，得到国内外学者的高度重视与好评。《人民日报》《人民日报·海外版》《光明日报》《辽宁日报》《大连日报》《大连晚报》等报刊曾发表通讯和报道，介绍他的先进事迹。

2016年，适逢中西方两大戏剧家莎士比亚和汤显祖逝世四百周年，第九届中国文化典籍翻译研讨会在无锡举行，汪榕培教授结合自己的《汤显祖戏剧全集》（英文版，上海外语教育出版社出版，2014看7月）的翻译和出版，做了热情洋溢的大会发言，号召大家积极翻译和研究汤显祖和莎士比亚的戏剧作品。

作为学会的老一辈领导人，汪老师自己就带了一个好头。同年，北京、上海等地举行专门的纪念活动和研讨会，汪老师因健康原因未能出席，但派他的高足参加，寄托了一代戏剧翻译大师对古典戏剧大师的深情厚谊，也为今后戏剧翻译提供了样板和精神食粮。这是值得大书特书的一件喜事。我则参加了在北京大学召开的莎士比亚逝世四百周年纪念和中国莎学学会年会，交流了莎士比亚戏剧翻译，包括我自己翻译《哈姆雷特》和《罗密欧与朱丽叶》以及后现代剧本创作的经验和体会，权作一种祖国南北译界研究的呼应，通过戏剧的翻译，东西文学沟通，世界趋于大同，算是完成了一桩心思。

由于译事辛苦，加之事物繁多，终于积劳成疾，更加年事已高，健康不如以前。先生住院期间，我曾和弟子李丙奎、大连海事大学出版社社长徐华东，前往探望。当时，手术已过，看到先生虽然消瘦，头发很长，但精神矍铄，乐观大方，加之师母精心养护，深信康复在望，还是有几分宽慰。不想中南大学举办第三届全国民族典籍翻译研讨会，先生竟能抱病撰文，带到会上，请弟子王维波代读，此情此景，令人至为感动。其中有这样的句子，与诸位同温习：

2012 年 10 月，我参加了由广西民族大学承办的"全国首届民族典籍英译学术研讨会，2014 年 11 月，参加了由大连民族大学承办的"全国第二届民族典籍英译学术研讨会"。这两次研讨会都非常成功，重要的是为我国少数民族典籍英译研究搭建了一个相互学习和交流的学术平台。尽管我不能参加今天的"全国第三届民族典籍英译学术研讨会"，但是我还是了解到，此次研讨在参会规模、成果交流、与会学者人数和研讨内容等方面，都比前两届又有了更大的进步和提升。看到我国民族典籍英译如此迅速富有成果的发展，我感到非常高兴。

我只能在心里默默祝福先生早日全面康复，祝愿中华民族典籍翻译事业越来越好。

在这篇序言接近尾声的时候，我的思绪又回到上次在大连"传神达意"研讨会议上，适逢先生七十华诞，师生团聚，少长咸集，好不热闹。重读昔日文字，仍然激动不已：

　　经过一天的学术讨论，大家意犹未尽，谈兴正浓。围绕汪先生关于典籍翻译的"传神达意"理论，从上午到下午，讨论一直在继续。晚上，学校以"创意"命名的宴会厅，简朴而庄严，灯火辉煌，觥筹交错，庆祝活动渐入佳境，酒会和祝词渐次进入高潮，汪先生面带微笑，频频举杯，以他的海量，应接来自各方的祝贺，有祝酒，有贺礼，有图书，有诗词。我也朗诵了自己写成了书法条幅的贺词《七言绝句：贺汪榕培教授七十华诞》：

　　　　南国修竹浴海风，
　　　　春秋七十始成翁。
　　　　留得老庄桃园意，
　　　　再造临川牡丹亭。

后来，在纳入《朱墨诗集》（创作卷续集）时，此诗有个别改动，并逐行加了注释，现略改一字，变"更译"为"译竟"，再度刊出，以为先生七十五华诞之纪念：

　　吴门修竹浴海风【1】，
　　春秋七十始成翁【2】。
　　会得老庄桃源意【3】，
　　译竟临川牡丹亭【4】。

【注释】

1. 吴门：本指明代以苏州为中心的吴门学派，包括书画和医学，借指先生祖籍苏州，并于晚年返回苏州大学任博士生导师。海风：借指海滨城市大连。先生在大连外语学院任院长多年，后在大连数所大学任职并招收研究生。

2. 春秋：指一年四季、个人年龄、典籍《春秋》、春秋大义等。这里主要指年龄，其他众义兼之。

3. 老庄桃源：老庄与陶渊明，都是先生的翻译研究之作。会……意：做单词时本指造字的"六书"之一，这里兼指译事上的心领神会，并喻君子之风。

4. 临川：指江西临川剧作家汤显祖，也指其作品"临川四梦"，其中包括《牡丹亭》。先生晚年集中精力翻译完成戏剧"临川四梦"，并致力于昆曲的复兴与推广工作，居功至伟。

　　一首旧作，虽有修订和补充，再三再四，终究不足以概括汪榕培先生丰富灿烂的学术成就和辉煌多彩的翻译生涯。尽管如此，这对于今年暑期在大连即将召开的这次会议，以及汪榕培先生七十五岁华诞，也是一种庆贺。至于作为序言，置于这本即将问世的《中国古典文学经典英译和研究》文集之首，实在是惭愧有加。虽然学会的事业，赖前辈后生，相继承续，乃得以发展，而学界之长幼有序，学阶高低，则不容超越。一篇小文，一首小诗，只能说是尽我微薄之力，为先生之人生辉煌，添一萤火之光。若后人之译学循此跋涉前行，倘得此微光辉映，方便领悟，余心下便觉满足。此为序为学之初衷，历时多年，与先生交往之始终，得先生提携之恩泽，未曾变也，未敢忘也。

王宏印（朱墨）

2017 年 4 月 2 日星期日

于天津，南开大学寓所

参考文献

1. 《〈阿诗玛〉英译研究》，崔晓霞著，民族出版社，2013 年

2. 《巴赫金诗学视野中的陶渊明诗歌英译——复调的翻译现实》，蔡华著，苏州大学出版社，2008 年

3. 《藏族格言诗英译》，李正栓等译，长春出版社，2013 年

4. 《传承与超越：功能主义翻译目的论研究》，卞建华著，中国社会科学出版社，2008 年

5. 《"传神达意"翻译理论研究》，门顺德主编，上海外语教育出版社，2012 年

6. 《翻译学的学科建构与文化转向——当代西方翻译研究学派理论研究》，王洪涛著，上海译文出版社，2008 年

7. 《翻译语境化论稿》，彭利元著，湖南人民出版社，2008 年

8. 《〈福乐智慧〉英译研究》，李宁著，民族出版社，2010 年

9. 《葛浩文小说翻译叙事研究》，吕敏宏著，中国社会科学出版社，2011 年

10. 《红楼译评——"红楼梦"翻译研究论文集》，刘士聪主编，南开大学出版社，2004 年

11. 《花儿：丝绸之路上的民间歌谣（英文版）》，杨晓丽编译，商务印书馆，2016 年

12. 《回望失落的精神家园：神话-原型视域中的文学翻译研究》，苏艳著，华中师范大学出版社，2014 年

13. 《霍译红楼梦回目人名翻译研究》，赵长江著，河北教

育出版社，2007 年

14.《基于自译语料的翻译理论研究——以张爱玲自译为个案，陈吉荣著，中国社会科学出版社，2009 年

15.《集体记忆，传唱不息：〈格萨尔〉翻译与传播研究》，王治国著，民族出版社，2008 年

16.《京华旧事，译坛烟云：林语堂 *Moment in Peking* 无本回译研究》，江慧敏著，上海人民出版社，2016 年

17.《〈玛纳斯〉翻译传播研究》，梁真惠著，民族出版社，2015 年

18.《毛泽东诗词英译比较研究》，张智中著，中国社会科学出版社，2008 年

19. 莎士比亚英国历史剧研究，宁平著，外语教学与研究出版社，2012 年

20.《社会翻译学研究：理论、视角与方法》，王洪涛主编，南开大学出版社，2017 年

21.《〈圣经〉汉译文化研究》，任东升著，湖北教育出版社，2007 年

22.《诗魂的再生——查良铮英诗汉译研究》，商瑞芹著，南开大学出版社，2007 年

23.《〈诗经〉英译研究》，李玉良著，齐鲁书社，2007 年

24.《十九世纪中国文化典籍英译史》，赵长江著，上海外语教育出版社，2017 年

25.《苏东坡传》，林语堂著，张振玉译，湖南文艺出版社，2012 年

26.《汪榕培学术研究论文集》，汪榕培著，上海外语教育出版社，2017 年

27.《文学翻译的境界：译意·译味·译境》，陈大亮著，

商务印书馆，2017 年

28.《译不尽的莎士比亚：莎剧汉译研究》，李春江著，天津社会科学院出版社，2010 年

29.《译逝水而任幽兰：汪榕培诗歌翻译纵横谈》，蔡华著，北京师范大学出版社，2010 年

30.《译学评论概要》，赵秀明著，天津教育出版社，2016 年

31.《〈易经〉英译的符号学研究》，王晓农著，中国社会科学出版社，2016 年

32.《英语散文的流变》，王佐良编著，商务印书馆，2011 年

33.《中国翻译》，2003 年第三期

34.《中国诗歌典籍英译散论》，杨成虎著，国防工业出版社，2012 年

35.《中国新时期翻译研究考察：1981—2003》，李林波著，西北工业大学出版，2007 年

36. The *Columbia Anthology of Chinese Folk and Popular Literature*, edited by Victor H. Mair and Mark Bender, Columbia University Press, 2011

附录一："民族典籍翻译研究"丛书总序

民族典籍，昭彰世界

——朝着中华多民族文化翻译的宏伟目标迈进

中华民族是一个多民族的国家，民族典籍在其中占有相当的分量，并具有不可替代的独特地位。在丰富的汉族汉语文化典籍之外，民族文学中的上古神话、英雄史诗、民间传说、小说诗歌以及戏剧文学等，为中华民族的整体文化和文学画面增添了无限的光彩。这一丰富的遗产如何继承和发展，一直是民族文学和文化研究的重大课题。南开大学外国语学院翻译研究中心，以英语语言文学的博士点为依托，近年来投入大量精力，从事中华民族典籍的对外翻译与传播研究，取得了一定的成果。现在，我们将这些成果整理成书，系统出版，无疑是一件好事。为此，有必要就其中的一些学术问题作一基本的交代，以期和学界同仁共勉。

关于中华民族是一个多元文化和多民族融合的事实，以及与之有关的一系列学术认识，是民族典籍翻译和研究的基点和起点。这一基本的认识，构成我们相关知识的基本领域和基本观点。中华民族是一个集合性的大民族概念，其中的各民族有不同的起源和发展历史，但都共同生活于中华民族的疆域和地理自然环境之内，生活在一个统一的中华民族的历史长河中，由此构成中国多民族长期生活的空间与时间概念。我们所说的

56个民族，是一个现在的概念，基本上是统计学上的意思。按人口而言，其核心的大民族包括汉、满、蒙、回、藏诸族，则是一些较大的民族概念，其中的汉民族所形成的主流文化，构成中原文化的基础和核心。而各个民族的亚文化则构成中华民族多样性的完整概念。长期以来的发展和融合，征战与和亲，也包含了共同反对和抵抗外来侵略的斗争和寻求能够共同富裕昌盛之路的努力，因此，在整体上，作为一个多民族的完整概念，是无可争议的，是不容置疑的。

按照文化学的理解和民族学以及人类学的理解，中华各民族都属于蒙古人种，但在起源和发展中有其不同的民族因素的融合，在生活习惯、宗教信仰、语言文字、婚姻习俗等方面，有各自值得尊重的特点，不可强求一律。与之相关联，在思想文化领域，则形成了各民族自己独特的文学文化典籍，其中既包括对物质形态的文字描述，也包括精神形态的核心的理念，例如文学艺术、音乐舞蹈等。正是这些付诸语言文字的有形的精神文化传统，构成我们相互认识和相互交流的重要的认识依据和人文价值，而对于这些文化典籍的翻译研究和传播，乃是我们中华民族炎黄子孙的文化使命，是责无旁贷的，不可推卸的。

从现有的资料和研究情况来看，构成民族文化典籍的东西，是十分丰富多彩的，充满着智慧和多元文化价值的。例如，世界各国历史上都有的原始先民的神话系统以及其中反映的原始先民心理的原型，稍后在民族迁徙和征战过程中形成的民族英雄史诗以及所体现的民族大义和英雄精神，构成一种活态的表演性的口头与书面相结合的文学艺术形式。此外，大量的作为精神文化的行为化作品的舞蹈和音乐作品，也是一笔十分有价值的文化遗产，其中一些适合纯粹的音乐而大部分则是有文字为载体可以翻译的歌词和诗词作品，也许可以成为我们进一步挖掘和开拓的研究领域和翻译项目。

关于民族文学的研究，大体说来，可以有如下一些基本的思路和选题范围：

一是用人类学田野工作的方法和其他实证研究方法，搜集资料，探求线索，就民族文学和文化典籍做文本和版本的实证研究和考据研究，促进新资料的发现和发掘，或者针对新近发现的民族文学资料做进一步的版本与文本的考据研究，在基本事实清楚的前提下，寻求丰富和加深对这些资料的理解和掌握的途径；

二是引入新的语言学的研究机制，针对新的资料的发现和发掘，做详细的文本研究和意义的分析研究，这一部分研究可以用文本分析的方法，也可以用传统的语文学的研究方法，进行注释和疏解性的研究，旨在探究这些文本的思想性和艺术性，并且进一步做社会历史渊源与文化学艺术学的解释和说明，以丰富和加深对于这些文献的理解和掌握；

三是引入翻译学和译介学研究方法，对民族文学文本进行翻译文本的对照研究，接受和传播研究，这里首先包括民族文本向其他民族文本的翻译、向汉语的翻译以及向外语的翻译研究。当然，反向的翻译研究也是可能的，那就是一个民族地区如何翻译外国语言文学、汉族语言文学和其他民族的语言文学到自己的民族语言，并作为翻译文学纳入本民族的文学史。不过，在目前的研究题目里，我们从事的主要是以民族文学的外译和汉译为基础的翻译研究。其他方向的翻译研究，也有待于学界更多的关注。

基于以上的认识和研究课题的基本思路，我们将逐渐推出南开大学中国民族典籍翻译研究的系列研究成果。这些研究成果基本上是博士生学位论文基础上的改写和完善项目，作为研究的专著予以出版发行。在研究范围上覆盖了大西北和西南地区的重要的典籍翻译，在民族上则包括蒙古族、维吾尔族、藏族和彝族的典籍翻译研究，在文类上包括了史传文学、英雄史诗、叙事诗和抒情诗等较为广泛的体裁。虽然我们的研究是初步的，题目是有限的，但我们希望这样一批研究成果，会在某种意义起到开拓和先行的作用，对国内外的民族文学翻译研究起到一定的推动作用，并为中国当前的翻译学学科建设贡献自己一份独特的力量。

诚恳地欢迎学界同仁的批评与指导，欢迎广大读者的积极参与！

愿朋友们携手并进为建构中华多元民族文化的翻译格局而努力！

王宏印

2010 年 5 月 1 日

南开大学寓所

附录二："中华民族典籍翻译研究"丛书总序

民族典籍，大有可为

——努力建设多元共生的翻译互动模式

中华民族是一个多元共生的民族大家庭，在其漫长的历史发展中形成了多元一体的灿烂文化。总的说来，可以将黄河长江流域的小麦稻米文化作为汉族文化的生产与生活的形态学基础，同时也是精神世界和文化心理积累的肥沃土壤。同时，北方雪域高原和林牧业草原上的民族迁徙与部落征战，却是繁殖英雄史诗的广阔天地。还有南方，这个多义的色彩斑斓的盆地与高原，海滨与江湖，横断山脉与怒江滇池之间，民族荟萃、传说频仍的地区，也有自己的特产和文物。虽然我们可以将之简化为以古老中原为核心的汉族文化和以边疆地带为侧翼的少数民族文化，也可以说，在总体上，这两种文化又相互竞争相互融合，呈现为中华民族百花园中万紫千红的灿烂景色，但毕竟是难免简单化的夏夷之辨的遗风流韵。

倘若在传统上，我们把汉族汉语汉文书写的文化典籍称为"汉族典籍"，那么，除此以外的众多少数民族用多种语言文字所书写的文化典籍就可以称为"民族典籍"了。如果说，前者以四书五经儒家经典、老庄哲学道家经典以及由印度传入汉语翻译的佛家经典为核心内容的话，那么，汉族以外的少数民族的经典，例如开天辟地创世神话、三大民族史诗、《蒙古秘史》

《福乐智慧》以及长篇叙事诗等以各种语言文字大量存在的典籍文献，则属于"民族典籍"的范围了。其中，佛典的传入和翻译经过了天竺梵语、西域胡语转入中原华语的过程（且不说南传佛教的传播路线和影响地区），而《蒙古秘史》则经过了蒙古畏兀儿语创作、汉语翻译以及近世蒙古现代语翻译的"古本复原"阶段。由此，也许可以得到一个简单的推论：汉族典籍和少数民族典籍，不仅各自经过了复杂的翻译转换过程，而且在某种条件下也有可能经过了共同的地域和语言文字的载体，因而难以截然区分你我。

近世以来，西方列强入侵、西方文化渗透西学东渐，伴随着中国半殖民地半封建的社会发展和民族独立文化自强的现代化运动，我们在接受和解释西学的同时，便将故有的中国学问赋予"国学"的传统根基和传承意义。这样，在我们将国学概括为"考据、辞章、经世、义理"之学的基础上，汉族的文学也以经史、诗词、小说、戏剧的形式得到了强调。当然，这一过程伴随甲骨、汉简以及大量地下金石与简帛文献的发现，构成 20 世纪中国学术的新的生长点，使之具有了知识考古学的意义。可是，与此同时，随着敦煌文献的发现、藏学与蒙古学的进展、突厥学与秘史学的开掘，还有三大史诗的翻译与传播研究，"民族典籍"的概念也进一步牢固地竖立起来了。更由于这些学问，从一开始或者迟至晚近，便与国际学术界就发生着不可分割的联系，以至于我们不得不在"海外汉学"之外，寻求一个新的更具包容性的名称，以便能够容纳汉族文化典籍之外的庞大领域和丰富资料——"海外中国学"或者"国际中国研究"，来容纳大量的中国多民族的文化典籍资料和学术研究成果。

在研究方法上，如果说，传统的汉学注重的是经典和文本注释,属于语文学的领域,以小学为基地对经典加以解释和注释(和西方以希腊罗马文献为主的古典学 Classics 适成对照),那么,新的民族典籍则需要民族学的基础,在珍贵的口传文学为源头的书面文献的基础上,特别注重人类学的田野工作和民俗学研究,以及地下资料的开掘作为二重证据法,再加上国际上相关学科的比照,才能完成王国维所谓的三重证据法的构想和实施。在这个意义上,民族典籍是民族学、古典学与翻译学三个学科的结合与综合研究,舍去其中的任何一个,都是不可能的,是不完全的,也是不可能付诸操作和最后完成的。毫无疑问,在这一方面,在将汉民族与汉文化典籍与其他民族典籍进行比照的时候,我们发现了其中存在着四种落差:时间与时代落差,文明与文化落差,文学与文本落差,翻译与传播落差。即便如此,这些落差也具有相对的性质,有可以重新考察的必要性。由此建立我们多元历法与纪实续统的思考、人类文明史及其文明形态重新排序的可能性、知识考古与文学姻缘的风云际会,以及经典重塑与重新经典化的翻译机制的基本线索追溯。而且,这四个面相和层级无论如何都不是截然分开的,而是交相辉映的整体运作和信息处理机制。

　　当我们追寻历史的脚步重新审视前辈先贤的足迹,我们发现,近世以来,我们的知识先辈们已经走过了三大步,那就是"五四"以来以及西南联大时期民间文学(特别是民歌)的搜集和研究、19世纪五六十年代的民族民间文学整理与翻译活动,以及改革开放以来即新时期的民族典籍重建与翻译工程。这不仅给我们提出继承前人传统,百尺竿头更进一步的继承性任务,以及加强专业训练和专门化研究的专业眼光与先进手段的要求,而且要求我们一开始就站在国际化和国际中国学的视野里审视问题和形势,占有资料和领域,开拓和加深新的民族典籍翻译和研究课题，力争超越前人和古人，进入国内和国际研究前沿，为中华民族的文化复兴做出新的贡献。在这一方面，我们不仅重新审视"五四"传统的成就和偏差，而且深刻理解了近代以来中国社会的变动轨迹和动力所在，那就是民国以来，几代志士仁人都把目光投向下层和基层，不断地民间化和平民化，不断地重心下移和贴近现实，寻求民族的真相和救国的真理。当我们以此观点审视当下的翻译形势和我们面临的民族典籍翻译的具体任务时，我们发现，这其中不仅显示出特定的民族性和民族精神，而且体现了现代意识和后现代的学术倾向与价值所系。

　　当然，我们的一切努力都立足于翻译和翻译学建设，这就要求我们把重心放在资料收集和文献学解释上，就像当年陈寅恪在欧洲留学期间直接受到文献学传统的熏陶和专业整理与分析的训练一样，没有新的资料和新的发现，一切学术思考都是空中楼阁，或者徒然地脱离实际的玄思与假设。当然，这里的文献不是封闭的、僵死的和一成不变，而是专业的、课题的和时代前沿的眼光注视下的活化石。专题式和专题史的研究是一种可能性，模式化是另一种抽象的可能。例如，就三大史诗而言，任何一个都是独特的个案，诸如《格萨尔》关于藏学与蒙古学的关系，由海外向国内转译回来产生影响的契机和过程，以及汉译综合后再度发出的对外翻译的可能性，对于《江格尔》和《玛纳斯》不一定适合。同样，《蒙古秘史》的成书经过和"古本复原"的理论假设，伴随着中华一统的历史大势与蒙元时代的辉煌追忆，也是独一无二和不可复制的。在此基础上寻求模式，虽然必要，甚或在理论上有可能，但并非总能找到。

　　不过我们坚信，只要立足稳定，方向正确，持续不断的追溯就有可能使我们找到某种规律性的东西，或曰"模式"。例如，关于三大史诗的翻译,特别是活态史诗的翻译模式和理想范型,在我们对《格萨尔》和《玛纳斯》做了重点研究,并且使得《江格尔》可以连为一片的时候,一种关于中国活态史诗的翻译理论就基本找到了,或者说成熟了。这里不仅改变了我们对于传统翻译的理论认识,从而更新了翻译理论,而且找到了"源本"与"原本"的区别、本体与变异的联系、"语际翻译"与"语内转写"的规则,并且基于"程式"与"程式结构"的认识,运用"故事范型"与"典型场景""重复主题"的机制,复制史诗的话语。这样,就有可能结合民族志诗学、深度描写(深厚翻译)以及影像文化志等手段,表现出活态史诗的基本样态和艺术魅力。毫无疑问,这样的实践和理论是不可能在传统汉学或单一的汉译外的理论认识中获得的。新的领域和类型使得我们有可能发现新的翻译问题、新的的思维模式、新的工作状态。

这一发现坚定了我们的信心和希望。虽然我们知道,在学术研究的生涯中,不应贸然进入不熟悉的领域,而且感觉到仅仅依靠个人的力量要完成无限丰富的我国民族典籍的翻译研究,是以有限之存在求无涯之知识,然而,只要我们抱定坚实的科学信念,采取脚踏实地的研究态度,加上正确的方法和必要的付出,就一定能够取得希冀的成绩。即便我们的成果是有限的,包括时间的限制、精力的限制、资料的限制、资历的限制,以及其他条件的限制,但是,只要我们密切配合,信守承诺,抱定必胜的决心,就一定能够完成既定的任务。

两年前,我们在十分有限的条件下,在几乎是薄弱的研究基础之上,和大连海事大学出版社一道,成功地申报了国家新闻出版署的研究项目"中华民族典籍翻译研究"丛书出版计划。这个动议,也是因为国内《大中华文库》已出版有汉族典籍百余部,但不包括少数民族典籍。所以,我们的工作确实是要另外开辟一个领域，去研究一系列新的更为复杂的翻译问题。我主编的"民族典籍翻译研究"丛书（民族出版社）是一套博士论文基础上的研究专著，已出版了《福乐智慧英译研究》（李宁）、《阿诗玛英译研究》（崔晓霞）、《玛纳斯翻译传播研究》（梁真惠）正在进行中，其他例如仓央嘉措情歌、格萨尔等翻译研究，也在准备中，计划陆续出版。这套丛书偏重研究，而迄今为止，还没有一套民族典籍翻译研究概论一类的书，能涵盖主要的民族地区与民族典籍，以及民族典籍的翻译情况和翻译特点等。因此，我们这套丛书希望把重点放在面上，放在普及上，也希望有更加广泛的读者，引起更大的社会反响。

我们当时制定了这样的编写原则：

学术研究，文学样式；资料翔实，文笔流畅；

文图并茂，主体突出；宏观论述，微观落实；

文化开路，翻译压脚；论述为主，兼顾分析；

形式多样，协调统一；专家参考，大众爱读；

我们希望这套丛书可以起到以下的作用：

对于重写中国少数文学史和翻译文学史，将提供最基本和最新的研究成果；对于文化研究、民族研究以及典籍翻译研究，将形成综合的交叉研究领域和课题；对于相关的民族教育和民间文学教学，将提供最必备的参考书和编写综合性教材的基础。

为达此目的，我和我的博士生们组成了一个团队，计划经过几年的努力，完成一套丛书。我负责总体的设计和全部书稿的计划与监督实施、各卷内容与体例的制定以及写作分工安排、通阅修改全部书稿，而且独立承当《中华民族典籍翻译概论》一书和丛书总序的写作。其他关于西藏地区、蒙古地区、新疆地区和南方诸民族的典籍翻译研究，则分配给王治国、邢力、李宁、刘雪芹等分头完成。在此过程中，师生合作、同学协助，体现了团队合作的可贵精神。崔晓霞完成了《阿诗玛》有关章节，纳入刘雪芹的西南民族典籍翻译研究一书；张媛帮助邢力撰写了蒙古族当代诗人诗作的翻译一章；荣立宇协助王治国撰写了米拉日巴诗歌、仓央嘉措情歌的翻译等章节，并帮助我完成了"汉英对照中国民族文学典籍篇目"的翻译；王晓农帮助我翻译了这个丛书的总序。另外，潘帅英也为李宁撰写新疆地区的典籍翻译积极搜集资料，做出了积极的贡献。没有这种亲密无间的合作，在短时期内要完成这样一套丛书是不可能的。在这一整个过程中，大家克服了教学工作繁重、家务拖累大，还有研究、写作的巨大压力，尤其是出版周期短和完成日期的紧迫，终于完成了这一项繁重的文化工程，令人感动。我要向诸位致以真诚的谢意。

至于大连海事大学出版社，尤其是社长徐华东，伴随着申报审批、写作编辑、出版发行的全过程，一直是这一项目的推动者；副总编林晓阳则集中精力在编辑出版过程中，和大家一起努力为此项目的实施做出了自己的贡献。出版社的编辑和校对，以及其他参与此项工作的人员，上下合力、全力以赴，分工合作，讲究质量，以敬业的精神和精湛的业务，保证了此套丛书的顺利出版，也在感谢之列。

这是一项具有重大历史意义和现实意义的开拓性的工作，做好这项工作，对全面总结多民族中国文学发展的历史，增强民族团结、繁荣社会主义文化事业和建设社会主义精神文明都是十分重要的。（中宣发【1985】18号文件）

在举杯欢庆胜利的时刻，让我们重温中央文件的指示精神，坚持不懈地进行中华民族典籍翻译研究的伟大事业，为使中国文化走向世界，加强和世界各国人民的文化交流，促进世界和平和进步的伟大事业，努力奋斗吧！

王宏印（朱墨）

2015 年 5 月 31 日

南开大学寓所

附录三:《十二生肖丛书》英文版前言

Illustrated series of Zodiac Signs in China

Foreword

What do you know about China and Chinese culture? And how do you know?

Perhaps you know China and its culture by reading the Monkey King story in *Journey to the West,* a fantastic mythological novel by Wu Cheng'en (1500—1582). And if so, do you know the other animals in Chinese zodiac signs, or do you really want to know more about China and its great tradition?

You sure know that China is a great country with a long history and rich resources. Its folk culture is colorful and profound through ages to become a heritage, which is especially valuable in variety and feature. Part of this heritage, however, is *Sheng Xiao* (生肖), or Animal Zodiac Signs in Chinese tradition. And here we have compiled a set of books (in 12 volumes) about Chinese zodiac signs in vivid English language and colorful book design, to tell the story of 12 lucky and lovely animals in this regard.

Actually, zodiac signs are found not only in China, but also in other parts of the world. For human race starts from individual birth, and his or her time of birth is related to natural phenomena in one way or another, for example, it may be related to stars overhead or animals on earth. And in Great Britain, to take only one example, animal signs are also found to be related to human birth as in China, but one of the differences lies in the particular animals involved in certain system to be meaningful to man. Perhaps, zodiac signs play different socio-cultural functions in different cultures and therefore, we say that zodiac signs are different in different human civilizations so far as we find and get familiar with. And so, an intercultural communication is perhaps necessary for them to become more aware of each other and, hopefully, better understood now than ever before. And reading is the most cheap and convenient way.

Zodiac signs in China is a system undergone a long-term development through its early history, probably beginning in Qin period (221BC), as a supplement to the *Gan-Zhi* (干支), or Stem-Branch counting system coming into being even earlier. It relates birth time (at any certain period in one day and night) of human beings to some animals all together 12, real or imaginary, and their regular activities, to become a circle to amount to 60 years, a complete circle applicable to both man and nature. It was not until Han Dynasty (206BC—220AD) that the names of the 12 lucky animals and the sequence of their match with the 12 Earthly Branches were agreed upon. A sequence of correspondence between the Branches and the animal signs was thus laid down, viz. Zi-Rat, Chou-Ox, Yin-Tiger, Mao-Rabbit, Chen-Dragon, Si-Snake, Wu-Horse, Wei-Goat, Shen-Monkey, You-Rooster, Xu-Dog, and Hai-Pig in the order as such. Chinese people believe that the individual human life must have some similarities found in his or her personal character and fate to be shared with those in the behavioral habits and activities of certain animal, say monkey, of the year of which he or she happens to be born into this world. Even more interesting is the fact that, there is some correspondence between human activity as a whole, for instance, farming, worshipping, or festival celebration, on the one hand, and regular activities of this 12 lucky animals, on the other, of which dragon, the Chinese Loong, is a sheer imagination in Chinese culture. This is most likely to be the duality of zodiac signs that play their cultural functions in a human civilization.

This series of books, entitled *Illustrated series of Zodiac Signs in China,* is a joint product of modern writers and translators whose research and translation made a great contribution to the final English works in terms of English expressions with Chinese cultural contents to be signified, which is, after all, not native to the English language as a signifier. And each of these books contains mythology and legends, symbols and pictures, customs and festivals, literature and arts, including paintings and sculptures, coins and stamps, potteries and porcelains, and other forms of instructions and entertainments—each aspect bears some unique features and special values of its kind. Readable and knowledgeable, we hope, are this series now presented before you, dear English reader.

The whole set of these 12 books are based on similar choice and arrangement of the contents. First, an introduction to the Chinese zodiac culture as a whole, and then each of the 12 animals discussed in detail, and last, we have a list of important persons grouped according to their birth year, that is, according to the same animal they share by birth, provided with their life stories and for some, also their portraits. There are emperors and empresses, generals and intellectuals, painters and poets, etc. some of them are already mentioned by passing or depicted in some length or discussed to some extent in the pages before. It is also provided, with quotations of prose or poetry together with human life stories and experiences, and usually, in the context of cultural theories an patterns whatsoever, to contribute to a deeper explanation of the Chinese culture as a whole. And it fundamental spirit, as we know about Chinese culture, is man and nature in one process of the world.

We hope that this set of books would be lucky enough to gain some popularity in the English spoken world around, with active cooperation of our readers and friends;

And we also hope that peoples allover this world would live a peaceful and happy life through intercultural communication and mutual understanding in variety of ways, of which, reading we believe, is the most cheap and convenient.

Wang Hongyin

Professor of Nankai University

Tianjin, P.R. China

Oct. 2011

附录四:《丝路花儿》英文版序言

Voice Fresh from the Flower Folk Song
—for the English Version of
Chinese Flower Folk Song: An Introduction

The Yellow River flows by ninety nine twists and turns,
And lakes by thousands spread in the Silvery Valley.

Spread wildest, but cluster closest,
Flocks of sheep bleat and bleat everywhere.

Knife of iron, Koran of bronze,
Allah blesses you all the way to the Northwest.

The lines above is written in the airplane, on May 7th, 2015 on my way back from Yinchuan, the Silvery Valley, to Tianjin, where I work and live. I wrote it in the tune of Wandering Chants of Northern Shanxi, to describe the natural environment and living conditions as well as the believes of the Hui People, whose Flower folk song is my favorite, which is again, related to love and marriage:

Free flowering love, but favoring fate,

Better Akhoond's bless than the utterings of go-betweens.

Their freedom in love is contradictory with their traditional marriage, but freedom of love and singing is the highest value for an ethnic group, freedom even in their religious belief,such as is shown:

There is a tree-shade of the human world,look up,

And you'll see a white peony in the nest on high.

The tree-shade of the human world is actually the home of human spirit and the white peony is the wife of a good husband of the Hui people, especially in the folk songs of flower and youth, girls and boys,as they sing in pairs.

The poem is thus related to my trip to the Northwest as well as to the flower songs there.

I went to the North Ethnical University in Ningxia last summer,invited by Ms. Wang Dongmei, the president of the foreign languages college, to give a speech about translating classics of ethnic groups, and I also serve to give some advices to the translation group of flower songs headed by Yang Xiaoli. And one of the English versions I gave them as a model is as follows:

A fast horse may be fat or thin,

Too much fat ruins a good horse;

A broad-minded love is my favorite

For too much jealousy ruins a lover.

（马快不在肥瘦上，

马肥了肉坠着哩；

维花儿要宽肚肠，

心窄了吃醋着哩。）

This time, also, I am glad to have met Ms. Wu Yulin, an expert in Flower songs, who present to me her major works *Chinese Flower Songs: An Introduction,* and another book on the performance and dance of the same kind. I am also glad to know that Ms. Wu is graduated from Shanxi Normal University, where I had been working for many years, before she went to Japan for her doctoral degree, back with an analytical method of the research and a new journey to Northwest China and even Russia for a wilder view of folklore and folk song study. Therefore, her works on this topic is really the most comprehensive survey of the flower song of the Hui People. Actually she included in this book the proper naming and singing and performing of the flower songs with their geographical distribution and logical classification as well as detailed description of the each type of the song. More than that, this book is not only a serious academic contribution, but also a collection of folk songs as examples for each major category, with detailed analysis for each case, thus a large number of materials provided with proper classifications and comments along with the original texts, making it all the way better and proper for readers and singers as well.

That is why this book is chosen to be translated, with some abbreviating and editing for English readers. Yang Xiaoli told me in the summer vocation last year while I was in U.S. with my family, that the translation is coming to a close and preparation for publication is needed. And I was supposed to write a preface for the English version after finishing proofreading it through. I was too glad to agree for it is one of my favorite topics of research and translation. One of the beneficent achievements, I noticed, is the original text of each song is provided with Chinese Pinyin for easier readership，and foot notes and comments for further reference. I highly appreciate the new edition of *Chinese Flower Songs* and I hope the foreign readers will enjoy it.

Can you guess what I am doing now, for this moment?

Of course, I am reading Professor Wu's book, reading the songs one by one, comparing the English version with the original text, and making my own judgment about the translation quality, while at the same time, I am thinking of the days gone by while I stay in the Silvery Valley, Yinchuan as is pronounced in modern Chinese. The silvery moon rises at one of the May flowery nights, and it shines brilliant over the *Minghu Lake*, or Brilliant Lake on the school campus, while we walk by the watering pond, talking about the flower songs with the silvery scene in view. By this time, my creative mind is stimulated by every thing around and some words occur to me so beautifully visualized which cannot escape but become a poem late on. And I jot it down while I am waiting for my flight at Yinchuan airport the other day:

While Flowers in Full Bloom

While flowers in full bloom, oh,
You stand by the moonlit Ming Lake;
I stand under the willow by Weiming Pool.

While flowers in full bloom, oh,
You sit in the reading room at Hiroshima;
I sit by the sakura in Nankai University.

Perhaps, last time
While flowers in full bloom,
You and I wandered on the Cambrige campus.

Perhaps, next time
While flowers in full bloom,
You and I will twinkle over the Manhattan skyline.

Zhu Mo

May, 7, 2015

9:15

At Yinchuan Airport

As poetic imaginations go images jump from one place to another, say, from Yinchuan to Beijing (Weiming Pool is on the Campus of Beijing University), from China to Japan, and then from China to the US where I would go. Yet shoddy wording in the translation above is obvious against the wonderful word in Chinese "Man" (漫花儿) , it could mean that the flowers occur to you as a sea of bloom on the hill slope, or the flowering songs greet your ear as a good music to blur with the view, the way the Northwesteners in China talk while they go out, they do not say "go out"　but simply "go romance" (逛，浪) and you know how romantic these folk fellows are! Without poem or poetic language, in case of mentioning flower songs, it is not up to the expectations of the people and land there, as is in the case of feast without wine. It is a pity that translation cannot do so well, and the romantic spirit is gone in English.

My attention had been paid to Hua'er for quite some years until not long ago I began to translate one or two of them. And I put my translation in the newly published book entitled *Chinese Folk Songs and their English Translation* published by the Commercial Press in 2014. I noticed that the basic pattern of Hua'er in Hehuang District is in a four-line pattern, as is shown below.

The Flower Songs in Hehuang

Walnut tree in bloom, none has seen it.
But the walnut is already this big.
We two talk and talk, none has seen it.
But our fame is already this big.

The first two lines and the last two lines have a similar

sentence structure, which makes a contrast and a point of interest for the reader, the English as well as the Chinese.

核桃树开花是人没有见

核桃树开花是人没有见,
绿核咋这么大了?
我两个说下的人没有见,
空名声咋这么大了?

Another folk song is more complex and difficult to express, especially in English. Judging from the shape of the three-line pattern of each stanza, one may have an image or impression that it takes the form of a shoulder pole with two buckets at the ends, indicated by the two parallel longer sentences in each stanza. But that shape is impossible to keep in the English translation, that is to say, we translate the meaning not the form. The following is the song in both languages:

青石头根里的药水泉

青石头根里的药水泉,
担子担,
桦木的勺勺子干;

若想叫我俩的婚缘散,
三九天,

青冰上开一朵牡丹。

Hot Spring Wells up

Hot spring wells up from behind the Greensickness Peak,
To carry it (in buckets), with a shoulder pole,
And drain it with a birch wood spoon.

Our marriage wells up from behind the Greensickness Peak,
To testify it, in the frigid weather of winter,
And see the peony grows on the icy cliff.

It is of great interest to us how the native speaker of the English language to translate Chinese folk songs, and how much difference is their translation from Chinese translators' version? Or how much do foreigners know about the Chinese Hua'er from the Northwest where the Hui people settle and sing?

The Columbia Anthology of Chinese Folk and Popular Literature edited by Victor H. Mair and Mark Bender is an example, in which a whole chapter is spent to introduce the Flower Songs from Northwestern China. They have a group of people working together for a better result since the songs are Collected by Ke Yang (Han), Ye Jinyuan (Hui), and Kathryn Lowry and translated and introduced by Kathryn Lowry.

Here is a paragraph introducing Hue'er in the book:

Flower songs (hua'er), a type of folk song common in northwestern China, are sometimes classified by Chinese researchers as *shan'ge* (mountain songs). Flower songs are sung at local festivals held in rural areas of Gansu and Qinghai provinces and in the Ningxia Hui Autonomous Region, an area of over sixty thousand square miles. The Linxia Hui Autonomous Prefecture, located in southwestern Gansu province, is an area where flower songs and so-called flower song festivals (*hua'er Hui*) are especially prevalent. The area is home to approximately sixteen ethnic groups, including Han Chinese, Hui (Chinese Muslims)， and Dongxiang. There are also a number of Bao'an, Salar, Tu, Tibetans, and others. As song traditions that involves people of many ethnicities in the region, flower songs employ local Han Chinese dialects (though most participants are not Han), intermingling vocabulary and grammar of the Tu, Salar, and Tibetan languages. (p. 93)

花儿是中国西北地区常见的一种民歌，中国研究者有时将其归入山歌。花儿经常在当地乡村的节日演唱，遍及甘肃、青海和宁夏回族自治区（面积为七万平方英里）。临夏回族自治州位于甘肃西南地区，这一带的花儿和花儿会特别流行。这一地区居住着大约十六个民族，包括汉族、回族（中国穆斯林）、东乡族，还有保安、萨拉、土族，藏族等。由于这一带许多民族都有歌唱的传统，花儿采用了汉语方言（尽管多数演唱者并不是汉族），其词汇和语法则结合了土族、萨拉族和藏族的语言。（笔者译）

The following are two hua'er songs quoted from the same book:

[Example one]

The moon shines, this bright lamp, how is it so brilliant?

Who hung it high up over the Southern Heaven's Gate?

Dear sister is the peony, ruler of the flowers.

Compared with a bird in flight,

She outdoes the phoenix up in the clouds.

(Ye Jinyuan, to the tune "Major Melody of Xunhua," p.97)

[Example two]

Oh—half the sky is clear, and half is cloudy.

Half it's cloudy, half's got the sun coming out.

Oh—this Young Man, listen clearly.

I shall instruct you:

Mu Guiying, she originally defended King Song [of Liao].

(p. 97)

Occasionally, notes and comments are provided to help the reader understand Chinese names of persons or places, and historical or legendary figures, at other times even *Hua'er* and *Shaonian* themselves become confused and need clarification: "Young Man (*Shaonian*) is capitalized because it refers to the song type, not to a person. As noted, in Qinghai the term *shaonian* and *hua'er* are used interchangeably for "flower songs."

　　I highly appreciate this kind of translation of Chinese folksongs.

　　At last, I hope that the translators from China and from other countries could work cooperatively in the translation and study of the Chinese Hua'er, and we also hope that the English version of *Chinese Flower Folk Song: An Introduction* could be a success in introducing the Chinese folk music to the English speaking world.

　　Let the voice fresh from the flowering folk songs from China be wildly heard through out the world.

Wang Hongyin (Zhu Mo)

Nankai University, Tianjin, China

First Draft on May 25th, 2016

Revised on June 11th